U0519909

国际文化版图研究文库
颜子悦　主编

作 为 武 器 的 图 书

二战时期以全球市场为目标的宣传、出版与较量

〔美〕约翰·B.亨奇　著

蓝胤淇　译

商务印书馆

2016年·北京

John B. Hench
Books As Weapons
Propaganda, Publishing, and the Battle for Global Markets in the Era of World War II
Copyright © 2010 by John B. Hench
Originally published by Cornell University Press

Simplified Chinese Translation Copyright © 2016 by Nanjing Yanziyue Culture & Art Studio. All Rights Reserved.

本书简体中文翻译版权归南京颜子悦文化艺术工作室所有,未经版权所有人的书面许可,不得以任何方式复制、摘录、转载或发行本书的任何部分。

国际文化版图研究文库总序

人类创造的不同文明及其相互之间的对话与沟通、冲突与融合、传播与影响乃至演变与整合，体现了人类文明发展的多样性统一。古往今来，各国家各民族秉承各自的历史和传统、凭借各自的智慧和力量参与各个历史时期文化版图的建构，同时又在总体上构成了人类文明发展的辉煌而璀璨的历史。

中华民族拥有悠久的历史和灿烂的文化，已经在人类文明史上谱写了无数雄伟而壮丽的永恒篇章。在新的历史时期，随着中国经济的发展和综合国力的提升，世人对中国文化的发展也同样充满着更为高远的期待、抱持着更为美好的愿景，如何进一步增强文化软实力便成为摆在我们面前的最为重要的时代课题之一。

为此，《国际文化版图研究文库》以"全球视野、国家战略和文化自觉"为基本理念，力图全面而系统地译介人类历史进程中各文化大国的兴衰以及诸多相关重大文化论题的著述，旨在以更为宏阔的视野，详尽而深入地考察世界主要国家在国际文化版图中的地位以及这些国家制定与实施的相关的文化战略与战术。

烛照着我们前行的依然是鲁迅先生所倡导的中国文化发展的基本思想——"明哲之士，必洞达世界之大势，权衡较量，去其偏颇，得其神明，施之国中，翕合无间。外之既不后于世界之思潮，内之仍弗失固有之血脉,取今复古,别立新宗。"

在这一思想的引领下,我们秉持科学而辩证的历史观,既通过国际版图来探讨文化,又通过文化来研究国际版图,如此循环往复,沉潜凌空,在跨文化的语境下观照与洞悉、比较与辨析不同历史时期文化版图中不同文明体系的文化特性,归纳与总结世界各国家各民族的优秀文化成果以及建设与发展文化的有益经验,并在此基础上更为确切地把握与体察中国文化的特性,进而激发并强化对中国文化的自醒、自觉与自信。

我们希冀文库能够为当今中国文化的创新与发展提供有益的镜鉴,能够启迪国人自觉地成为中华文化的坚守者和创造者。唯其如此,中国才能走出一条符合自己民族特色的文化复兴之路,才能使中华文化与世界其他民族的文化相融共生、各领风骚,从而更进一步地推进人类文明的发展。

中华文化传承与创新的伟大实践乃是我们每一位中国人神圣而崇高的使命。

是为序。

颜子悦
2011 年 5 月 8 日于北京

中译本序

流逝的时光，往往不经意地将历史纵深之处的那些参与历史进程且鲜为人知的人物与事件加以遮蔽。

而与此相关的那些构成历史的、已成定论的关键人物和事件，存在于已然归档存放的各类相关史料或文物之中，存在于已然付梓出版的相关专著和论文之中，存在于依据现有史料而进行虚构的文学、影视以及戏剧等文艺作品之中。凡此种种，皆强化乃至固化了人们涉及这些人物和事件的文化记忆，皆规定乃至限定了人们阐释、理解与评价这些人物和事件的历史视野。

然而，那些被遮蔽了的历史人物与事件，一旦被偶然发现或钩沉，同时加以重新考证与研究，并与此前的史实互文参照、互相印证，在如此融合的更为宏阔的视野中，相关的历史将更具其质感，更显其肌理，同时也彰显其自身本已丰饶而泓深的底蕴，因而再度激发人们对于诸多纷繁复杂的历史事件的反思与探讨，从而构筑起颇具历史张力感的想象空间。此乃史学研究的历久弥新的魅力所在。

人们往往会以"具有里程碑式的意义"来形容这样的史学研究成果。客观地看，本书应属此列。作者的研究从偶然发现的至关重要的史料或文物入手，围绕相关的历史人物和事件，悉心地加以抽丝剥茧般的考据并进行探本溯源的跨学科研究，进而向读者展示了一幅颇具历史底色、凸显历史纵深同时也呈现历史脉络的巨幅画卷——二战期间，英美等同盟国如何围绕图书的全球市场而进行长远的关乎战后国际关系和地缘政治格局的宏观战略谋划，以及为此实施的诸多相关的缜密而灵活的战术。

两次世界大战期间，美国的图书出版业基本上属于一个立足于美国本土的"文雅而传统"的产业，国内不错的生意让他们没有足够的动力去发现和拓展海外市场。就像《爱丁堡评论》的主编悉尼·史密斯在1820年曾经嘲讽的那样："在地球上的四个季度里，谁会去阅读一本美国图书呢？"

长期以来占据世界图书贸易主导地位的是英国、德国以及本书作者认为的低一级的法国，面对这些老牌出版强国，年轻的美国图书业自然缺乏足够的信心。

然而，第二次世界大战给"美国图书通往世界书架"提供了一次千载难逢的历史机遇，美国的战略家们确信"这种机会永远不会再次出现"。战争导致英、德、法三大主要图书贸易国向其传统市场提供图书的能力受到极大的削弱，从而引发了世界出版业的一系列深刻而长远的变革。

战争期间，英国像所有其他国家一样面临纸张和劳工的严重短缺，英国图书的印量急剧下降。不仅如此，1940年，英国图书中心布利茨遭到德国纳粹有预谋的轰炸，其损害程度相当于又一次"伦敦大火"，2000多万册图书惨遭焚毁。英国图书运往其传统市场的通路沿线由于军事行动和军事封锁，加之运力锐减，诸如南非、澳大利亚、印度、中国香港、加拿大、中东等英国传统市场难以获得大量英国图书。

法国图书贸易的情形同样非常糟糕。在被纳粹占领之后，法国处于维希政权的统治之下，图书出版业受到严格审查，迫使大量优秀的出版人和作家逃离家园，致使法国图书出版的品种和数量急剧减少，无法满足其殖民地或者加拿大魁北克和南美洲等世界其他地区法语读者的需求。

德国曾经一直保持着在科学、医药和技术类图书领域的世界领导者的地位，战争爆发后，纳粹元首的种族理论以及德国军队的残暴行径导致德国图书业在世界范围内迅速而彻底地丧失了信誉。与此同时，许多享誉世界的欧洲出版人沦为难民，被迫从希特勒魔掌下的欧洲逃亡到美国。

美国出版业的情形则截然不同。远离主战场的美国本土，虽然也面临物资匮乏和劳工短缺，但战争造成的世界市场对美国产品的需求极大地刺激了整个美国经济。战时的美国出版业同样获得了超乎寻常的利润，从而促使出版人开始思考如何能够在战后仍然持续这种利润增长。随着战事的发展，美国民众的爱国主义热情得到激发，出版人也希望能够利用自己的专业知识和技能为国家做贡献，并于1942年2月成立了战时图书委员会。

随着盟军与轴心国交战的战场的不断扩大和深入，来自海外战场的多份报告显示，纳粹已经广泛地"发展出一套高度有效地向被侵占国和中立国引进其图书和其他印刷资料的计划"，德国人选择的图书侧重于"面向官员、医生、工程师和其他专业人士的技术和科学类作品……因为它们是旨在给认为德国人拥有无敌优势的外国民众留下深刻印象的宣传路线的一部分"。纳粹宣传部长戈培尔还利用20世纪30年代被大量海外观众观看的好莱坞流行电影中的各种模式化的形象，宣传美国人的"资本主义贪婪和知识缺陷"。

纳粹持续多年的宣传取得了相当的效果，不仅欧洲大陆的民众对纳粹思想的攻击浑然不觉，而且纳粹思想也在南美洲大陆呈蔓延之势。

这就在客观上甚至使得同盟国的民众因此而逐渐形成了不利于美国和英国的印象，于是，同盟国的政治和军事家们不得不考虑如何采取措施增强同盟国宣传的力度以消除纳粹宣传的恶劣影响。当此之时，塑造美英这样的同盟国的良好国家形象已然迫在眉睫。

图书所具有的超乎纯粹经济学意义的政治价值和意义在战争时期尤为明显。罗斯福总统欣然采纳了出版人 W. W. 诺顿提出的"图书是思想战争的武器"的口号，并在全国加以推广。此时不难发现，美国出版人意欲拓展和培育海外市场的目标与美国政府希望利用图书武器作为在海外宣传和解释何为美国的目标完全吻合，这就促成了美国政府与私人领域的出版业之间史无前例的合作，从而为极大地影响了战后美国的国际关系的全球图书计划的有效实施创造了极其有利的条件。

美国战时新闻局与战时图书委员会在盟军远征军最高司令部心理战部的统一部署下负责图书计划的制订和实施，这一计划的战略目标是"要赢得从轴心国解放出来的民众的心"。根据这一计划，美军必须在被占领国的出版业恢复正常之前将数百万册的美国图书送到被解放的民众手里，从而尽快消除他们长期遭受的纳粹的荼毒。与此同时，英国也制订和实施了类似的图书计划，甚至早于美国开始了图书储备。美国和英国的图书计划在制订和实施的过程中遭遇了超乎想象的困难和挑战，但无论军人还是平民，每一位图书计划的参与者都表现出了爱国主义精神。

美国的图书计划是在其心理战部队收集的诸多情报基础上加以制订的。因此，这项计划制订的过程也是针对来自英国、德国、荷兰、南美洲、加拿大、中国、日本、澳大利亚、印度等国家和地区的情报进行收集和分析的过程。然而，计划确定之后的图书筛选则更加复杂，经过了多个层面的、坚持"广泛的战略目标"和"大量临时目标"的审核程序。从最终被选入专门服务于图书计划的海外版本和跨大西洋版本系列的92种图书来看，它们都是已经在美国出版的颇具话题感的新书，它们的目标读者是那些渴望阅读新书却没有机会阅读且受过教育的成年意见领袖。

值得一提的是，在图书计划实施过程中，翻译流程被认为是"最为棘手的阶段"。尽管美国政府制定并支付的每本书400—800美元不等的翻译稿酬标准在当时实属一笔可观的收入，但如同本书的研究所表明的那样，为"一个文本寻找一位合适的译者是繁重的工作"。在公开的档案中"记载了数量庞大的无果的探寻"。大多数译者的主要问题是交稿延误和质量低下的译文。这个问题似乎至今仍然是困扰各国出版界的一大难题。

美国图书受到被解放的广大民众的喜爱还有一个重要原因，那就是这些图书都是根据当地民众的阅读习惯和喜好而进行装帧设计的。譬如针对法国民众的版本就特别参照了伽利玛出版社的开本设计，让法国读者在阅读美国图书之际油然产生一种天然的亲切感。

本书的研究表明，美国政府与私人领域的出版业战时合作的成功主要缘于战争时期的"紧急状态"，战时的爱国情怀让出版人能够暂且抛下个人利益而以美国的国家利益为重。但正常状态下私人部门则难以担负本应由政府承担的责任和使命以及相关出版的成本开支，美国国际图书协会不到一年便被迫解散就是一个有力的例证。而该协会的解散并没有削弱美国图书进军新市场的竞争力，美国图书业迅速与相关产业携手联袂、互利共赢，作为美国产品进行全球化推广的宣传工具，美国图书尤其是技术类、医学类、教育类等领域的图书成功占据了世界图书市场的主导地位。

从总体上看，美国的战时图书计划体现了美国的战略精英立足于长远的国家利益的战略意志以及相关布局。诚如作者所言，"战时图书计划为美国图书在海外的长期扩张做出了贡献，虽然它们不是全部原因。战后美国作为超级大国地位的提升以及由此产生的经济和文化霸权，无疑使美国图书在全世界得以推广，同时在全世界得以推广的还有美国音乐、电影和电视，更不用说李维斯、麦当劳和米勒淡啤了。"

以上文字是笔者于2010年9月在南京仔细阅读了本书的英文原著后撰写而成的。笔者的初衷是以此作为计划中将于次年出版的中文版的序言。然而，由于译文几易其稿，本书中文版的出版一再延迟，如今才终于面世，笔者的心愿得以实现。

在此，感谢所有为本书中文版的出版付出努力的人们。

谨为序。

颜子悦
2015年12月于北京

献给李

图书不可能被烈火消灭。人死了，但图书永远不会死去。永远没有人也没有武力能够将思想关进集中营。没有人也没有武力可以从世间夺走图书，图书中包含着人类针对暴政永恒的反抗。在这场战争中，图书是武器。

——富兰克林·D.罗斯福

图书不会对大众的思想产生影响，但是会对那些塑造大众思想的人的思想产生影响——对思想的领导者以及大众观念的构想者产生影响。一本图书的影响可以持续六个月或者几十年。图书是所有宣传手段中最持久的。

——战时新闻局官员

美国图书通往世界书架的有利机会，可能永远不会再现。

——战时新闻局官员

目　录

前　言 ··· 1
致　谢 ··· 5
缩略语和缩写词一览表 ····································· 9
导　言　诺曼底海滩上的图书 ···························· 12

第一部分　培育新市场

第一章　使美国图书出版现代化 ························ 25
第二章　战争改变了一切——甚至图书 ··············· 36

第二部分　图书作为"思想战争的武器"

第三章　出版人为战争组织起来并为和平制订规划 ······ 67
第四章　"图书是最持久的宣传工具" ················· 96
第五章　寻求"通往世界书架的有利途径" ·········· 114
第六章　"除门卫以外的每个人"都参与了选书 ···· 129
第七章　利用图书对敌人进行安抚和再教育 ········ 150
第八章　制作"精美小书" ······························ 179

第三部分　美国文化在海外的影响力

第九章　用图书解放欧洲 ········· 203
第十章　美国国际图书协会的兴衰 ········· 236
第十一章　英帝国的反击 ········· 262
第十二章　为被占领的德国和日本而准备的图书 ········· 294

结语　1948年以后美国图书的海外拓展 ········· 336

附录A　海外版本系列和跨大西洋版本系列 ········· 352
附录B　新世界书架系列中的图书 ········· 359
注　释 ········· 361
参考文献 ········· 452
索　引 ········· 469

前　言

　　本书的源头要追溯到十年前，当时我小心翼翼地开始准备成为一名图书收藏者。我希望强调小心翼翼这个词。几乎花费了我毕生的时间，我收藏了数百本图书——许多，虽然不是绝大多数，都具有相当重要的意义。我也继承了我父亲的一些藏书，然而，这些继承的图书从未真正变成"我的"，而且我也从未以它们作为我的研究基础。尽管对图书有如此长久而深入的了解，但我从未感觉自己像一个真正的收藏者。变化发生在1999年的一天深夜，我决定要成为一名收藏者，主要收藏二战期间为美国海外部队出版的图书和杂志。

　　由于我出生于二战期间，因此这次战争总是令我着迷，而我更多地是着迷于二战时期社会的各个方面而不是各个战役的历史。战争让我最早期累积起来的收藏品变得丰富多彩，特别是父亲带回家的一些纪念品，他曾是国家医疗部队的一名上校。我第一次参观伦敦是我13岁的时候，也就是二战结束11年以后，这次参观激起了我的好奇心，日复一日的空中轰炸、家人和朋友的逝去、所有物品（包括图书）的匮乏，以及突然由V-1和V-2战机发动的炸弹袭击，我想知道要忍受这一切该是怎样的情形。当我开始研究历史的时候，我意识到战争的影响已经在多大程度上塑造了我所生活的世界，多少战争后果仍然影响着我们——冷战、德国和日本的重建以及它们转变为经济强国、以色列国家的创立、中东地区似乎无休无止的动荡,以及诸如非洲裔美国人和妇女对平等与社会正义的要求、国内对高等教育的更大需求等深刻的国内变化。

因此,我成了一名收藏者——可以肯定的是,收藏的是各种低档品,我已经和妻子达成了协议,我收藏的物品将是小而不贵的,并且通过出售目前的藏品以抵销新收藏的费用。新的收藏兴趣令我感到极其幸福而诧异的是,它引领我开始了一项有前途的研究计划,这项研究将我带入美国早期历史之外的领域,在美国早期史领域我受过训练,我与它的关系是在美国收藏协会收藏第三世纪藏品的时期建立起来的。然而,新的研究兴趣是一直以来深深吸引我的一个主题领域——图书的历史,或者,不太抽象地说,是印刷、出版、发行和阅读的历史。通过我的收藏以及对于档案的研究,我了解到战争如何极大地影响了美国的出版产业和其他国家的图书业。

我收集到的藏品包括几百册著名的军队版本系列图书和旨在为驻国外部队提供娱乐和教育的其他系列的图书,还包括数百册微型版本的《时代》、《新闻周刊》、《纽约客》以及数十种其他的流行期刊。然而,撰写本书的想法不是一开始就有的,我在易趣上发现并购买了一本叫做海外版本系列的图书,对此种版本的图书我竟然一无所知,至此萌生了撰写本书的想法。显然,其他学者或者收藏者也不会知道这种版本系列。发现并购买了其他的海外版本——以及诸如跨大西洋版本系列和新世界书架系列等类似系列的样本——令我确信自己有了一个有趣而重要的话题。

我的收藏在我的脑海里产生了许多引人入胜的问题。这些图书到底是什么?谁生产了它们?它们的目标读者是谁?最初的研究是在普林斯顿大学图书馆以及马里兰大学帕克分校的国家档案馆进行的,初期研究得到了一些答案，但也提出了更多的问题。关于这些系列图书的资助的完整故事，由于战时的各种隐蔽手段而显得模糊不清。看起来是由私人出版社出版的图书，结果也有秘密的政府资助。很快就清楚了，这些不同系列的图书不是为了美国军队，而是为了欧洲和亚洲的民众以及德国和意大利的战犯，从而在战争结束后改造他们的思想。我进一步发现，这些以及其他图书的目的不仅是为了实现美国的某些宣传目标，而且也是为了给美国的图书出版人提供激励和手段，使他们的产品可以获得前所未有的更大的世界市场份额。

长期对图书历史的沉迷，为我的研究和写作提供了一个坚实的基础和固定的参照标准。我得益于这种跨学科的研究，它揭示了与其他研究领域之间丰富的关联性，带来其他研究领域的新视角，这些领域包括军事、政治、外交以及贸易历史，甚至包括语言学。它也为图书历史研究的真正国际视野的增强提供了一次机会。在全球动荡以及美国军事和政治实力提升的时期，美国图书出版业的战时经历——小规模战斗和战役，以及与全球出版人和政府的合作与协调——提供了审视大西洋、太平洋周边以及泛美世界的历史的新方法。

本书所论述的各种计划和行动代表了美国政府和美国图书出版人针对一系列问题和挑战的回应。战争提供了机会——甚至必要性——以试图解决那些问题。鉴于此，本书分为三个部分，所有内容都围绕解决问题和迎接挑战这一主题。[1] 第一部分列出问题，这些问题导致了本书所描述的各种行动。对于政府而言，挑战就是寻找途径以利用图书为经受多年法西斯宣传控制的民众"解毒"，从而让他们产生对美国的友好感情。对于出版人而言，问题是如何充分利用战争地区的人民对于图书的极度渴望，以及主要的国际出版社的减少所留下的市场空白，从而为美国的图书寻求新的海外市场。第二部分是关于政府与出版业共同找到的解决方案。这些方案包括为了所谓的巩固性宣传而制订的 D 日计划的发展，利用图书赢得国外民众的人心和头脑，从而为美国出版社的产品在全世界构筑滩头阵地。第三部分是关于这些行动的结果和影响，包括长期的和短期的。美国图书闪电般地占领世界市场遭遇了许多障碍，但最终它们还是走到了世界各地的书架上，正如战时出版人、公务员以及军事官员们所展望的那样。

约翰·B. 亨奇

马萨诸塞州伍斯特

致　谢

我要感谢对我的研究与写作给予鼓励、促进和资助的许多人和机构。在才智方面，我最要感谢的是特里施·特拉维斯和罗伯特·A. 格罗斯，他们对我所做的努力给予了强大支持，他们的一些想法帮助我稳固了自己的工作。特里施是从事关于战时图书委员会历史，以及平民资助的军队版本和海外版本图书历史的学术研究的第一人。在一篇观点尖锐的文章里，她所明确的重要主题——现代化、出版人的职业理念以及利用图书创建"相互理解的共同体"等诸多压力——都体现在本书中了。[2] 至于鲍勃，我将他视为妙趣横生的想法的源泉，他总是非常慷慨地提供他的想法，不仅在我撰写本书的过程中，而且在我于美国收藏协会的整个职业生涯中。他早期建议我关注一下难民出版人和知识分子，他们来到美国之后成为美国图书出版国际化的一个重要元素，这种观点渗透在本书的诸多章节。

肯尼思·卡彭特数十年来一直都是一位模范的职业上的同事和朋友，各种想法的过滤者，是与图书和图书馆相关的所有知识的源泉，还是本研究项目的赞助者。

其他几位像我一样的研究20世纪战争时期和冷战时期图书作用的学者，也对我的思考做出了重要贡献。他们包括格雷戈里·巴恩希塞尔、埃米·弗兰德斯、朱丽叶·加德纳、瓦莱丽·霍尔曼、阿曼达·

劳杰森、简·波特、埃林·史密斯、米歇尔·特洛伊以及凯茜·特纳。如果将他们的名字继续列下去的话，关于战时图书研究的历史学家协会也要被比下去了吧？

如果没有以下短期或长期研究生奖学金的资助，我不可能完成本书的研究和写作，这些奖学金包括：普林斯顿大学图书馆弗兰德斯奖学金（2003）；吉尔德－莱尔曼奖学金（2004）；印第安纳大学莉莉图书馆埃弗里特·赫尔姆访问奖学金（2005）；美国文献协会马库斯·A.麦科里森奖学金（2005）；以及文献协会（伦敦）奖学金（巴里·布卢姆菲尔德奖学金）（2006）。2006—2007年为期一年的人道主义国家资助奖学金为我提供了非常重要的时间写作并完成大部分的研究工作。由于我大部分的职业生涯都是管理美国收藏协会的奖学金，我深知这些奖学金如何重要并且令人振奋。特别要感谢的是埃伦·邓拉普和爱德华·哈里斯，他们促使我利用这些奖学金开展我的研究工作。我非常感谢美国收藏协会的其他同事给予我的关心、鼓励以及研究方面的帮助，他们是：梅甘·博斯恩、保罗·埃里克森、芭贝特·格恩里奇、文森特·戈尔登、托马斯·诺尔斯、露西娅·诺尔斯、菲利普·兰皮、马尔克斯·A.麦科里森、贾克林·彭尼、伊丽莎白·波普和卡罗琳·斯洛特。

在其他的研究图书馆做一名来访的客人特别有趣。我感谢许多给予帮助和接待的人：克拉克大学的格温德林·阿瑟和莫特·林；哥伦比亚大学的琼·阿什顿、塔拉·克雷格、伯纳德·克里斯特尔和詹尼弗·李；国会图书馆的丹尼尔·德西蒙；莉莉图书馆的丽贝卡·凯普、埃里卡·道尔、布伦·米切尔、彭尼·莱蒙和乔尔·西尔弗；马里兰大学麦凯尔丁图书馆的英子坂口和埃米·沃瑟斯特罗姆；纽约公共图书馆的罗伯特·阿米蒂奇和戴维·史密斯；普林斯顿大学的琳达·博

致谢

格、史蒂芬·弗格森、查尔斯·格林、迈克尔·海斯特、丹尼尔·林克、格雷琴·奥伯弗兰克、安娜李·保尔斯、玛格丽特·里奇、南希·谢德和邓·斯肯姆尔；得克萨斯大学哈里·兰森图书馆的奥斯汀和理查德·奥拉姆；英国雷丁大学的维里蒂·安德鲁斯和布赖恩·赖德。还有许多我从不知道名字的人在马里兰大学帕克分校的国家图书馆以及位于丘园的英国国家档案馆给予过我帮助。

对于美国和英国的同事们对我的善意、借阅给我资料、给我指点、鼓励、支持和友谊，我希望向他们表达谢意：布兰卡·赫迪·阿恩特、约翰·Y. 科尔、约瑟夫·卡伦、亨德里克·埃德尔曼、威廉·格利克、沃卫克·古尔德、埃兹拉·格林斯潘、特里·哈利迪、莱斯利·赫尔曼、约翰·科尔、威伦姆·克鲁斯特、克里斯托弗·莱曼－豪普特、理查德·利嫩斯奥、伊曼纽尔·莫霍、萨姆·奈挺格尔、戴维·诺德、玛莎·诺德、唐纳德·拉特克利夫、威廉·里斯、乔尔·施瓦茨、詹姆斯·特纳、戴维·韦和伊恩·威利森。特别感谢杰夫·亚当斯为本书拍摄照片。

我非常感谢康奈尔大学出版社的员工为本书的出版付出的努力。与编辑迈克尔·麦根迪一起工作非常愉快。他要求高但灵活，并且总让我介入其中。我感谢他对我的工作的支持。埃米利·左斯和苏珊·斯佩克特非常能干地处理永无止境的细节，包括插图及其版权许可事宜、排计划等，并负责监督编辑流程。能力非常强的文字编辑玛丽·弗莱厄蒂－琼斯让我恨不得也有她那样的技能，既用于我已经从事了多年的美国收藏协会的文字编辑和校对工作，也用于我其他的工作中。

我的家人在我多年的研究和写作中一直给予支持。我的女儿梅利瑟和朱莉安，以及女婿杰夫对我的工作都给予了相当多的关心。他们的孩子——英迪阿、夏洛特、亨利和杰克——可能某一天会从书架上

作为武器的图书

取下本书且真正地阅读它,也许会在学期论文上占优势。我想我的已故父母菲利普·亨奇和玛丽·亨奇,以及我的叔叔艾奇逊·亨奇也会感到高兴的。然而,我最要感谢的是我的妻子李给予的伟大的爱和支持,还有做研究时我们在诸如普林斯顿、纽约、布卢明顿和伦敦等令人愉快的地方度过的美好时光。

缩略语和缩写词一览表

关于档案资料的缩略语会在参考文献中使用。

ABPC	American Book Publishers Council 美国图书出版人委员会
AIS	Allied Information Services 盟军情报处
ASE	Armed Services Edition(s) 军队版本
BNW	Bücherreihe Neue Welt 新世界书架系列
BOMC	Book-of-the-Month Club 每月一书俱乐部
BPB	Book Publishers Bureau 图书出版人协会
CAD	Civil Affairs Division, SCAP 盟军最高司令部民事事务部
CAME	Conference of Allied Ministers of Education 盟军教育部长会议
CBW	Council on Books in Wartime 战时图书委员会
CCD	Civil Censorship Detachment, SCAP 盟军最高司令部民事审查支队
CIA	Central Intelligence Agency 美国中央情报局
CIAA	Office of the Coordinator of Inter-American Affairs 美洲事务协调员办公室
CIE	Civil Information and Education Section, SCAP 盟军最高

司令部民间情报教育局

ECA	Economic Cooperation Administration	经济合作署
EMF	*Éditions de la Maison Française*	法国之家出版社
ESS	Economic and Scientific Section, SCAP	盟军最高司令部经济科学部
ICD	Information Control Division	信息控制部
JPA	Japan Publishers Association	日本出版人协会
MoI	Ministry of Information(UK)	英国情报部
NBC	National Book Council(UK)	英国国家图书委员会
OEI	Overseas Editions, Inc.	海外版本公司
OE(s)	Overseas Edition(s)	海外版本系列
OMGUS	Office of Military Government, United States	美国军事政府办公室
OPMG	Office of the Provost Marshal General, U.S. Army	美国陆军部队宪兵司令办公室
OSS	Office of Strategic Services	战略情报局
OWI	Office of War Information	战时新闻局
PA	Publishers Association(UK)	英国出版人协会
PID	Political Intelligence Department, Foreign Office(UK)	英国外交部政治情报局
PMG	Provost Marshal General, U.S. Army	美国陆军部队宪兵司令
PW	*Publishers' Weekly*	《出版人周刊》
PWB	Psychological Warfare Branch	心理战分队
PWD	Psychological Warfare Division	心理战部

PWE	Political Warfare Executive(UK) 英国政治作战部
SCAP	Supreme Command for the Allied Powers 盟军最高司令部
SHAEF	Supreme Headquarters, Allied Expeditionary Force 盟军远征军最高司令部
SPD	Special Projects Division, OPMG 美国陆军部队宪兵司令办公室特别项目部
TE(s)	Transatlantic Edition(s) 跨大西洋版本系列
USIA	United States Information Agency 美国新闻署
USIBA	United States International Book Association 美国国际图书协会
USIS	United States Information Service 美国新闻处
USO	United Services Organization 美国劳军联合组织
VBC(s)	Victory Book Campaign(s) 胜利图书运动
WPB	War Production Board 战时生产委员会

导言　诺曼底海滩上的图书

1944年6月6日——D日，盟军组建以来最大的登陆舰队运载了超过150万人的部队，抢滩诺曼底海岸，开始了打败纳粹德国、解放数百万民众的战役。从这些法国的海滩上，登陆部队疏散开来，占领了战略港口瑟堡，并及时拿下了巴黎。在第一批部队登陆后的几个月当中，大量后续部队，连同军事给养、食品和药品纷纷运抵从犹塔到索德长达40英里的海岸线，或是运抵像瑟堡和勒阿弗尔那样的被盟军攻占的大港口。

随先期物资一同运来的还有不像是用于战争的武器：成箱的图书。D日后仅仅几周，这些图书就被运抵海滩，每箱重约80磅，分别装有10本至27本数量不等的产自英美两国的图书和小册子，两国的图书数量相等。像先期登陆的英勇战士一样，这些奇怪的货物也遭遇了伤亡。坏天气和潮汐不仅使得书箱上的标签剥离开来，还造成了图书的破损，使它们分发到法国各大书店和报刊零售商店的时间被延误。然而，由于时机很好，这些图书抵达各销售点后马上被抢购一空，顾客们如饥似渴地想要阅读来自与他们熟悉了许多年的可怕世界完全不同的另一个世界的读物。[1]

在这场将数百万册美国图书运送到整个欧洲、中东、北非和太平洋地区民众手里的战役中，这些运抵诺曼底海滩的图书，是最具有戏

导言　诺曼底海滩上的图书

剧性的、富有象征意义的一个插曲。较少的图书已经随先遣部队运抵北非和意大利，这些是作为演习和试验的，如同1944年6月6日大规模登陆前的部队演习一样。与D日登陆的部队一样，这些运抵的图书也是用于解放事业的，是解放人民的思想的。在等待盟军登陆欧洲的整个过程中，这些运抵的成箱的图书自然被陆续抵达的后援部队——至7月1日超过100万人，截至夏末达到185万人——以及其他战争物资所掩盖，在D日后的数周内后援部队和物资自然是占先的。[2]但无论如何图书确实是先期运抵了，这表明民用和军事领导层对于图书所具有的能力是非常有信心的，图书能使刚刚被盟军解放的人民的思想获得自由。

为什么在美国的战争努力中图书会引起如此高的关注呢？答案在于美国的出版业与美国政府如何且为何联合起来，应对在战争前和战争中私人和公共领域参与者们所面临的挑战和问题。

在两次世界大战之间，美国文雅而传统的图书出版业从原来忽视现代化的呼声，转变成努力去解决现代化的问题。[3]最令人悲伤的是，出版业无法解决图书发行的老问题，也就是，如何将图书尽可能高效地发送到美国本土以及海外每一个需要或者想要图书的人手中的问题，以及与发现新兴市场相关的问题。虽然美国出版人受美国本土市场的庇护，这个市场从大西洋一直延伸到太平洋，但是，事实上，能够稳定地得到图书供应的地区仅仅局限于有书店的地区，而书店都集中在东北部、中西部和西部地区的一些较大的城市，以及全国各地拥有学院、大学或者其他文化机构的城镇。那些读书人的钱包能保证大多数出版人有不错的营业额和利润。实际上，由于生意不错，出版人往往没有积极性去承接拓展国内市场带来的各种挑战，也不想将图书或者图书的出版权销售给其他国家的客户。尽管美国出版人将图书销往海

13

作为武器的图书

外由来已久（包括国内版本图书的出口以及英语和外国语言版本的再版），许多人仍然怀疑所得到的回报是否值得其为之付出的巨大努力，尤其是面对历史上由英国、德国以及低一个级别的法国占据主导地位的国际图书贸易。

1931年，出版人协会对图书业的经济情况做了全面研究，最终的报告敦促业界采取现代商业的各种做法。但是大多数出版人拒绝采纳报告的建议，因为报告忽视了一点，那就是图书不仅是像汽车、收音机和洗衣皂之类的商品，这是业界所持的如同信仰一般的观点。[4] 战争为解决市场的诸多问题提供了一次实验机会。战争时期实际上对出版业非常有益，就像整个美国经济的情形一样。增长的图书需求，连同较低的库存，使得战时美国的出版业获得了非同寻常的利润。因此，出版业面临的最大挑战之一就是找到在战后能使产业利润持续增长的途径。一个途径应该是不仅在国内而且在海外培育新市场。在战争时期，这一目标与图书所具有的超乎纯粹经济学意义的价值以非常有趣而有效的方式融合在一起了。

战争实际上引发了出版业在世界范围的一系列深远变化。事实上所有国家都面临纸张和劳工的短缺，在欧洲这种短缺极其严重。军事行动、封锁、加之锐减的运力都严重地削弱了英国出版人通过英帝国和英联邦——从百慕大到南非、澳大利亚和香港向世界各地的市场大量而长期供货的能力。不仅如此，被占领的维希政府管辖下的法国也不能满足其殖民地或者魁北克和南美洲等世界其他地区的法语读者的需求。德国在科学、医药和技术类图书领域历来是世界的领导者，由于纳粹领袖的种族理论以及德国军队的残暴，德国图书业完全丧失了信誉。英国的图书库存由于新版图书和旧版图书的印量急剧减少而受到严重影响，而且，由于德国的空袭，估计有2,000万册图书毁于德军对英国出版社仓库以及机构和私人图书馆的轰炸中。更有甚者，在德国和日本占领的广大区域实行了审查制度，对图书和阅读进行控制，包括纳粹宣传部长约瑟夫·戈培尔主导的审查计划。与此同时，从希特勒的欧洲逃往美国的难民也迁移到美国的出版业，为美国的出版业带来了重要的变化。

在全球各个大陆的交战国家和被占领国家，图书的库存大量缩减，加之实施图书审查制度，导致全世界对新的、不被审查的图书的渴望，这些图书能有助于克服长期文化封锁带来的影响，这一事实被深入而广泛地记载了下来。美国出版人密切地关注着这一现象，美国政府也在关注这一现象。

政府面临的各种问题如同聚集在欧洲上空的暴风雨的乌云，当然比困扰出版人的有关市场和身份的问题更加广泛、更加危险。政府面临的诸多挑战中的一些属于公共舆论和宣传领域。即使美国对1939年9月爆发的欧洲战争宣布中立，政府仍然对纳粹影响的扩散更加接近美国尤其是拉美而感到深深的忧虑。由于与德国的长期贸易纽带关系，加上德国裔移民，拉美地区似乎特别容易接受纳粹宣传的传播。对于德国可能入侵南美的担心，虽然被公众的主流观点弱化了，但也不是不可置信。

随着珍珠港袭击事件的爆发，美国发现自己已经身处太平洋和大西洋两个战场的战争之中。敌人的宣传所覆盖的地域范围远远超出拉美地区，短期内，这成了影响美国军事和情报界的主要问题。不久，政府也开始担心其长期影响。戈培尔的宣传机器传播纳粹的种族理论和德国人的战无不胜，其中相当部分内容宣传的是美国人的资本主义贪婪和知识缺陷，从而明显故意地贬低美国文化和美国人民。美国的驻地工作人员发现各种模式化的概念在被占领的欧洲大肆蔓延，例如，

作为武器的图书

断言说"美国人是物质享乐主义者,他们最大的野心就是积累财富和生活舒适",还说"不道德充斥"美利坚,以及"美国有长远的帝国主义的谋划"。具有讽刺意味的是,纳粹宣传部长一直大量利用根植于好莱坞流行电影中的各种模式化的形象,这些影片在20世纪30年代已经被大量海外观众观看。这些电影经常描绘流氓和交际花,使得外国观众有理由相信大多数美国人要么与卡波恩同流合污,要么在斯托克俱乐部消磨他们的工作时间,松开他们紧抱艳舞女郎的双臂只是为了喝一大口曼哈顿鸡尾酒。这些负面的陈词滥调不仅在德国非常有效,而且也对我们的朋友,即英国和法国这些盟国的公众产生了不利影响。[6]

事态的发展迫使政府官员们考虑如何应对纳粹以及其他轴心国的宣传在各个被侵占国家所产生的恶劣影响,从挪威到希腊,最终也到了亚洲。他们如何才能利用对于在战争期间没有出版或者遭到敌人审查而逐渐自己显露出来的对读物的极度渴望?这些亟待解决的问题与其说是为了赢得战争,还不如说是为了赢得和平。

但首先必须赢得战争。珍珠港空袭之后,政府和私人部门——实际上,整个美国人民——都以史无前例的规模被动员起来。如同其他商业和产业界人士那样,美国出版人也热切地想为战争努力"尽他们的职责"。1942年春天,他们成立了一个非营利性团体——战时图书委员会(CBW),并有一个战时"文化计划",以凝聚出版人的集体努力。委员会的目标是建立和维持本土民众和国外部队的士气,也增加对战争带来的诸多问题的关注度,出版人认为,图书是解决这些问题唯一合适的办法。委员会采用了由出版人W. W. 诺顿建议、后来得到富兰克林·D. 罗斯福广泛推广的"图书是思想战争的武器"的口号,他们保证以这样或那样的形式所做的宣传会不断出现在委员会的活动中。[8]这也给了出版人一个利用并反映他们专业理想的事业。他们想，如果图书是武器，那么他们有权力去影响事件和历史的进程。

政府也感到有必要集中战时图书委员会与道德建设、公共宣传和政治宣传相关的努力。经过初期的一些摸索之后，罗斯福总统于1941年10月建立了令人鼓舞的"事实与数据办公室"（Office of Facts and Figures）。这个名称太模糊，因此在1942年6月罗斯福将它改为"战时新闻局"（Office of War Information）。组织结构分为国内和海外两部分，战时新闻局在国会和新闻界的严格监督下运作，在整个战争期间取得了毁誉参半的成功。

战时图书委员会与战时新闻局的官员们很快意识到他们的使命如何相近，以及如何通过在与文字印刷相关的事务上的合作才能更好地实现各自的目标。这个关于合作的故事是丰富的，有助于我们理解战争时期私人企业、平民和政府军事机构之间的互动，尤其是像图书出版这样一个产业，想到在相同背景下自己与橡胶和造船这样的重要战争工业同等重要不会首先觉得不好意思。

可以理解也很方便的是，双方都极大地利用了相同的一批平民来填充自己的力量——也就是出版业的人们。自然，委员会所有的志愿者和工作人员实际上都来自出版界——并且他们属于一个杰出的群体。W.W.诺顿（来自同名出版社）担任第一任主席。理查德·L.西蒙（西蒙和舒斯特出版社）担任副主席。（他是一直等到12月8日才向罗斯福总统奉上"我的力所能及的此时可能对国家有用的服务"。[9]）类似的著名出版人如贝内特·瑟夫（兰登书屋，并在20世纪50年代和60年代一直担任流行电视节目"我的观点是什么"的常任小组成员），以及罗伯特·F.德·格拉夫（袖珍图书公司）都是董事会成员。出版人在战时新闻局担任重要职务不是一定的，但许多时候是这样。在巩固战时新闻局和战时图书委员会的关系方面，尤其重要的是切斯特·克尔（大西洋月刊出版社）和哈罗德·金兹伯格（维京出版社）。

影响整个国家的战时动员在很大程度上不仅依靠爱国主义，也依赖于专业技术、创造力、勤奋工作以及许许多多男儿女儿们的牺牲，就像来自图书界的人们，他们以普通百姓的身份在像战时新闻局这样的政府机构和像战时图书委员会这样的非政府组织工作。通过研究这些战时图书计划，从而唤起对私人的非营利性的民间组织在战争中所发挥作用的关注。同样，来自出版界各个专业领域的白领和粉领志愿者们，有资格与美国大兵乔、铆钉女工罗茜以及产业工人队伍中罗茜的男性蓝领同事们一样分享这份荣誉，因为他们所做的一切支持了这个国家的事业。他们的贡献不仅仅在于国内和平民的战争努力方面。许多战时新闻局的工作人员实际上隶属于海外战区和后勤部的军队，尤其属于盟军远征军最高司令部（SHAEF）。他们的工作是利用图书做宣传，也利用图书作为调整朋友和敌人的世界观方向的工具，二战期间，这些可能只是军事行动中很小的部分，但绝不是不重要的。实际上，这个时期的一些关键性的决定都是由最高级别的指挥官做出的，包括总统罗斯福、德怀特·D. 艾森豪威尔将军和道格拉斯·麦克阿瑟将军。

委员会与宣传机构针对与图书相关事务的合作很快深入人心。这种合作伙伴关系促进了二战宣传的"巩固性阶段"，它是重要的并且在某种意义上属于唯一的长期战略的实施，在这个阶段美国开始着手要赢得从轴心国解放出来的民众的心。[10]这个战略要求将数百万册的美国图书尽可能快地送到被解放的民众手里，当然这只能在一种"紧急状态"的基础上进行，直到以前被侵占国家的出版业恢复正常可以自己填补信息的空白为止。[11]这是一个让美国出版人自然觉得完全情投意合的目标。这个计划的理由源自战时新闻局的信念，他们认为在欧洲被占领的多年时间里，几乎任何印刷材料都要被严格审查，有关纳粹宣传的出版物一直是公众可以获得的阅读材料，"美国图书能够对信息和宣传起到非常重要的作用……（并且）是帮助解放区人民精神重建的最有效的可用媒介之一"。[12]

美国的储备计划是一个更大的英美行动的一部分。英国宣传机构也同样储备出版物以发送到解放区。虽然英国和美国显然在为被解放的欧洲的未来市场展开竞争，但是两国的共同努力被认为在军事上和政治上极其重要，以至于由艾森豪威尔将军领导的盟军远征军最高司令部心理战部来进行协调。[13]

美国图书储备的供应来自各个渠道，包括出版社现有的库存，[14]但是随之而来的问题促使战时新闻局觉得有必要出版专门用于此项计划的图书。为此，战时新闻局鼓励战时图书委员会主要从重要的美国出版社的新书目录和重版目录中挑选图书用于海外版本系列，这是一个包括英语和其他多种语言版本的图书系列，这样做是"为了让欧洲人了解美国的遗产、历史、基本建构方式，以及我们在战争中的作用"。[15]图书储备计划在海外版本系列图书之外，还包括另一个规模较小的系列：由战时新闻局在英国生产的被统称为跨大西洋版本的法语和荷兰语图书。[16]

两个系列的所有图书几乎都是在战争期间在美国已经出版过的，因此被侵占国家或者敌国的民众是无法获得的。所有这些图书都必须符合确定的宣传目标，大多数都与为欧洲人"解毒"有关，以消除多年的纳粹宣传和审查制度对他们的影响，让他们知道美国为了和平而竭尽了全力。简而言之，这些被选择的图书是因为它们的宣传价值而

作为武器的图书

不是为了宣传而写。这些图书都是美国民众已经阅读过的，因此摆脱了有意识地进行宣传的污点。其中许多图书是出版社的热门文学品种，因此出版社寄希望于它们能够在全世界获得比之前在美国本土更大的销量。

此外，政府通过部队的一个分支机构出版了另一个系列的图书，专门用于另一群欧洲人——在美国战俘营的德国战犯的再教育，这些战犯很快将被遣返回国。这个计划就像海外版本和跨大西洋版本系列那样，服务于商业出版的利益，尽管承担这项计划的出版人是戈特弗里德·伯曼-费希尔，他是一个德国犹太难民，梦想在自己的家乡恢复出版事业，他出版的图书大多数是希特勒政权所禁止或者焚毁的现代德国经典著作。

这些战时图书计划经常会显得很奇怪，除了在最广泛的意义上，它们与战争本身并没有关系。这些计划是由平民——大部分来自出版产业——构想和支持的，他们在远离战场的战时图书委员会或者战时新闻局工作。他们的工作就是经过刻苦钻研来制订计划。然而，至于最后的执行，他们只能完全依赖军队，从最高的盟军远征军最高司令部层级，到从诺曼底海滩取走那些装满图书的板条箱运送到整个欧洲的平民那里的士兵或水手。他们永远无法确定他们装载或出版的这些图书何时甚至是否能够派上他们希望的用途。正如实际发生的那样，由坐在办公室里善于表达的图书出版业的平民制订的计划篇幅很长；而在欧洲和亚洲那些被轰炸的城市去执行这些计划，就远不是这么简单。但是，在阅读克尔、金兹伯格、诺顿和梅尔彻的书信时，令我猛然想起一件事，在他们的信中提及的战事很少。即使在 D 日的后一天或者德国投降后的第一天的信中，他们也主要围绕业务而谈。

导言　诺曼底海滩上的图书

通过与战时新闻局联手，美国的出版人设法通过"善举"来把事情做好。所谓善举，在他们看来，就是以爱国的方式支持他们的国家，在这场历史上最大规模的战争期间通过非常重要的巩固性阶段的美国宣传，以驱除纳粹化了的欧洲思想，以及，如同结果显示的那样，在随后的冷战期间阻挡共产主义宣传的传播。他们的"善举"做得不错，因为通过这种方式，他们有机会在欧洲和世界其他地区为他们的著作权建立一个前滩阵地。事实证明，政府是出版人的一个有益的同盟，政府支持他们的专业理念，也就是图书具有完成重要的文化和政治工作的力量，政府还帮助他们建立与国际出版界的业务关系，这对于他们将来建立特许经营非常重要。所有的一切都是国际化的。如同战时新闻局的一份关键的备忘录所记载的那样，"对于美国图书而言，不会再次出现通往世界书架的有利机会。"[17]

事实上，许多阻碍——战后海外的贫穷、硬通货的匮乏、汇率的波动，以及英国人拒绝在不经过斗争的情况下放弃他们在世界图书业的卓越地位——横亘在美国出版人想立即，或者如他们希望的那样充分利用战时努力而获得利益的道路中。许多限制因素超越了出版人的控制范围。

尽管如此，第二次世界大战的图书计划，因其发挥了冷战时期外交领域重要元素的先例作用而极大地影响了战后美国的国际关系，有时候是符合预期效果的影响，有时候是没有达到预期效果的影响。[18]从某种意义上说，政府与出版人之间的关系，包括明显的和隐蔽的两种情况（就像冷战时期有时出现的情况一样），代表了一种半官方的国家图书政策，而且，他们关系的此消彼长，不仅反映出美国与各个不同国家关系的变化，而且也凸显出国家的外交重点。在其他领域以及图书出版业，政府与私人企业之间的关系仍然是一项重要的并且经常

作为武器的图书

被用来实施战后文化外交政策的手段。[19]

20世纪下半叶，在美国文化海外的总体扩张甚至占据统治地位的过程中，这些由政府资助并包销的图书计划表现出一种经济意义较小但文化意义重大的特征。美国图书，无论是出口版本还是在国外用英语或一系列其他语种再版的版本，都已经如战时出版人梦想的那样得到了广泛传播。无论政府是否作为合作伙伴，美国出版人都努力寻求和开拓国外的新市场，这些努力可以被视作是使美国文化在20世纪下半叶成为占据世界主导地位文化的诸多途径中的一种。就像美国的政治力量和军事威力一样，美国文化的影响力已经受到尊重、嫉妒和斥责，也给我们留下了至今仍然存在的歧义、讽刺和紧张状况。当然，就普遍意义上的图书和作为解释美国的工具的图书而言，未来将如何被看待，对于一个充满怀疑的世界本身来说，这在很大程度上仍然是一个问号和挑战。

第一部分
培育新市场

第一章　使美国图书出版现代化

两次世界大战之间的美国图书业变成了显著的美国式——"更加混乱"并且带有"更加明显的赌博心态"——因此，越来越不像包括英国在内的其他主要国家的图书出版体系。在两次世界大战之间的那段时期，许多新的出版社成立，这个行业与包括戏剧、广播、杂志、电影在内的娱乐和信息领域的其他产业之间存在着利益关系，这一现象增强了文学经纪人作为复杂新业务的一种谈判工具的作用。在那20年里，图书业寻求一系列发展以促使出版产业现代化并为图书培育新市场。[1]

这一系列的改革为图书出版业与战时宣传相结合，并将美国图书运抵诺曼底这一重要战时计划提供了总体背景和模式。具有里程碑意义的事件包括设立现代文库、每月一书俱乐部、早期的大众平装书出版社袖珍图书公司，以及企鹅图书公司美国分公司。罗斯福政府通过纳尔逊·洛克菲勒的美洲事务协调员办公室来实施其发展与拉美国家和民族友好关系的政策，这是我在本书中所讨论的出版社与政府之间未来开展相互合作的运行测试。另外，20世纪30年代和40年代一大批著名的欧洲出版人作为难民逃到美国，他们在二战期间和战后对美国图书出版业的国际化产生了深刻的影响。尽管20世纪30年代的大萧条对出版业的影响不大，但这段经历却促使出版人不再依赖他们传统的市场和商业策略来获得收益和利润。

图书发行的问题

出版人有足够的理由去促使出版现代化并培育新市场。虽然第一次世界大战结束时，美国已经成为世界图书出版大国之一，但是由于国家地缘辽阔、人口分布不均，使得购买图书非常不稳定而且高度本地化。出版社经营图书的方式经常不像做生意，从而无益于开拓市场。1929年的股市崩盘促使出版业进行一系列的反省。当经济衰退显然还要延长时，1930年，全国出版人协会着手对出版业进行经济学研究。由银行家O. H. 切尼作为主要调研员，他的报告全面而彻底地指出了美国出版业面临的问题。

切尼报告中的几个图表，用三角形标示出这个国家图书销售网点分布的不均匀。切尼根据全国出版人协会提供的数据计算出，全国有书卖的网点只有4,053处，而且大多数网点都很小，库存很少。绝大多数的书店，无论规模大小，都集中在东、西海岸与内陆的一些大城市和大学城。切尼发现，实际上，美国三分之二的县以及几乎一半人口在5,000到10万人的城市和集镇甚至没有一个可以卖书的零售点。[2] 十几年以后，三位著名的英国出版人组成的代表团为了一个扩张的战时跨大西洋使命访问美国时，对美国的书店之少且分布不均的状况感到特别震惊。切尼作为银行家发现，美国出版社的商业模式有许多需要批评的地方。[3] 他的建议有16页之多，包括改进发行机制、减少浪费和损耗、提高阅读和图书购买、改善业务关系、增加现金流。[4] 业界成员觉得他发现的有些问题属于出版业的例外，切尼作为商人，其忽略了图书的无形的文化价值，出版图书不同于制造收音机、扳钳或手表。最后，出版业"体面地埋葬"了这份报告。[5]

第一章 使美国图书出版现代化

尽管对切尼的调研报告满不在乎，但出版人还是在两次世界大战之间取得了一些进步，他们试图寻找图书发行的新途径，创造新市场。最早是在1917年由博尼和利夫莱特公司开始启动现代文库丛书。这是恢复成本较低的再版图书出版的努力中的一部分，再版图书在当时不仅以质量差而出名，而且还是盗版书的特定形式。低廉的价格能赢得买不起原版书的客户。在阿尔伯特·博尼和霍勒斯·利夫莱特设立现代文库时，他们注意到，当时由达顿公司在美国代理发行的英国人人文库的再版图书系列，其价格低廉，设计富有吸引力。博尼和利夫莱特打破常规，让公众不再将图书当成一个个单本的图书，而是一个前后一致的整体，"有着自身已经确立的优秀声誉的易于辨识的系列"。他们的宣传趋于突出作为一个集体性的现代文库品牌的整体书目，就像许多图书经销商将相同图书陈列在一起，而不是与其他版本的图书一同放在书架上一样。[6]

博尼和利夫莱特一年后分道扬镳，利夫莱特通过掷硬币的方法决定了由谁来购买公司的另一半股份。1925年，利夫莱特卖掉了现代文库丛书，这令他的大多数员工感到惊讶，但公司年轻的副总裁贝内特·瑟夫除外，他与一个叫唐纳德·克洛普弗的朋友合资，以支付利夫莱特为这一出版界所谓的年轻世纪的出售开出的20万美元的价格。后来，瑟夫和克洛普弗成立了兰登书屋，从而为有价值的再版图书系列提供一个总体性的上层出版机构。两人逐渐增加系列图书的宣传，及时扩展到超出博尼和利夫莱特作为特色的先锋图书范围，将世界经典图书包括进来。瑟夫、克洛普弗和他们的编辑在挑选图书时采纳了诸如格兰维尔·希克斯、克利福德·奥德茨、埃德蒙·威尔逊以及詹姆斯·T.法雷尔等外界专家的意见。[7]这一系列图书很快赢得了声誉和地位。它的口号——"世界上最好的图书"——宣告了一个标准的创立，这是精明的消费者会明智地接受的标准。

哈里·谢尔曼公司于1926年成立了每月一书俱乐部，这是另一种希望对全国图书经销商不正常发货进行弥补的尝试。蒙特利尔出生的纽约广告人哈里·谢尔曼早在几年前就涉足图书的大众市场，与阿尔伯特和查尔斯·博尼出版社联合建立了出版世界经典作品的"小皮本文库"。数百万册的小开本图书与惠特曼的样书装在同一个箱子里以冲抵运费，或是卖给伍尔沃斯的廉价品店。后来，这些图书通过邮购方式进行销售，免去了中间商并且给谢尔曼带来了一些直邮营销领域的有用经验。[8]由于阿尔伯特·博尼参与了现代文库丛书和每月一书俱乐部的创新，因此小皮本文库结合了这两者的共同之处。

作为伟大革新中的几个创新，每月一书俱乐部为出版实践提供了范例，这个范例在后来于1944—1945年针对被解放平民的图书的生产中被采用，同时也用在许多其他实践中，战时图书委员会早先开始为海外的美国军队制作军队版本图书时就采用了这个范例。其中一个创新是利用选目委员会从许多近期出版的图书中挑选书目，选目每月产生或每月更新。选目委员会由博学且文雅的人士组成，如果品位一般、趣味低级，但已经通过自己的书、评论、新闻工作或者公共地位取得了相当的声望，这样的人士至少可以作为每月一书俱乐部的评审官。挑选战时海外储备图书书目，尤其是海外版本或跨大西洋版本系列书目时，也是由一个外部专家委员会和内部员工共同来完成的。例如，《星期六文学评论》（Saturday Review of Literature's）的埃米·洛夫曼就是每月一书俱乐部选目委员会的成员。聘用选目委员会的想法被看作是现代化的一个元素。[9]

现代文库丛书的书目选择没有聘用外部委员会。博尼的初衷是利用系列图书来推广一种前卫、自由的文化议程，[10]虽然没有包含激进的书目，但要求海外版本系列图书履行的文化工作中却清晰地反映了这一初衷。像现代文库一样，军队版本系列图书的规模也很大，但是它出版的任何级别的经典都是偶然产生而不是有目的而为之的。与此相比，海外版本系列的规模要小得多，其刻意避免经典文本，而是倾向于品位中庸并且题目特征显著的流行图书，这类图书能够单独或整体地推进一个具体的宣传目标，同时也能将近期销售强劲的美国图书介绍给欧洲人，从而希望他们形成对美国图书的持续兴趣。

尽管如此，美国20世纪30年代中期的平装书革命为军队版本和海外版本系列图书提供了最重要的模式，也产生了一些直接的效益。受德国和英国平装图书成功事例的鼓舞，特别是受到艾伦·莱恩的企鹅图书公司的鼓舞，罗伯特·德·格拉夫于1939年成立了袖珍图书公司，由西蒙-舒斯特持有公司另外49%的股份，意欲克服近年国内其他平装系列图书存在的缺陷。他成功的秘诀是一个为人熟知的商业理念：降低成本同时增加产量。像现代文库一样，袖珍图书公司取得了标志性的地位。袖珍的名字实际上成了模仿者出版的大众平装书的通用名字——图书界的"舒洁"。德·格拉夫通过改革，部分克服了图书发行过程中的种种困难，之前切尼曾对这些问题表示过失望，他将全国的药房和廉价品店而不是传统的书店作为公司主要的图书销售网点。[11]但是，他的改革并没有解决一个更大的问题，如何高效地将任何一本书送到任何顾客手中。

德·格拉夫的竞争对手之一是企鹅公司美国分公司，他们于袖珍公司开业前后在纽约开设了书店，由伊恩·巴兰坦担任领导。德·格拉夫实际上很欢迎企鹅公司的到来，因为"鞋店"理论说的就是同一条街上有几家店，生意就全在这条街上了。无论如何，他是无需担心的，至少有一段时间不必担心。欧洲爆发世界大战严重阻碍了企鹅美国公司的发展。无论是从英国出口企鹅图书到美国，还是将必需的资本金汇到美国从而使美国的生意能够稳住，两者都几乎不可能了。1941年，伊恩考察之后，几乎想关闭其美国分公司了，但当他遇到库尔特·伊诺克时，他找到了出路，库尔特·伊诺克是一位资深的德国出版家，曾创建了著名的信天翁图书系列——针对欧洲大陆市场的英语版本图书。伊诺克是一位犹太难民，刚从希特勒的暴政统治下逃亡到美国，希望另外成立出版企业。伊恩劝说伊诺克担任企鹅美国公司的副总裁。伊诺克解决企鹅公司困境的办法是尽可能多地将企鹅的产品搬迁到美国。[12]

袖珍、企鹅以及其他平装系列图书的成功，无疑使战时图书委员会和战时新闻局相信，平装图书不仅能够有效解决制造成本问题，也能解决将图书送到目标读者手中的运输困难问题——先通过军队版本送到军队成员手中，之后，通过海外版本送到欧洲民众手中。取得平装图书再版版权一事，由平装书出版社与大众图书精装本出版社通过协约确定，这套做法已经程序化。战时图书委员会和战时新闻局从中获益了。虽然提议的版税比商业出版社低，但是，通过激发出版人的爱国热情，战时图书委员会和战时新闻局还是从出版人那里买到了他们出版的精装本图书的版权，用于制作战时特别系列的平装书。不仅如此，袖珍图书公司通过美军军营内的军人服务社，甚至直接向战士推销图书，并且已经有了相当的经验，而企鹅公司通过与《步兵杂志》(Infantry Journal) 联合出版平装书系列也开始涉足士兵市场。[13]

将美国图书发送到海外被解放的民众手中的计划的明确特点是政府与出版产业之间强有力的合作。这在两次世界大战期间末已有一个先例：美洲事务协调员办公室，它是罗斯福总统对拉美的睦邻友好政策演变而成的一个机构。事实上，威尔逊·迪扎德作为美国新闻署的老将，声称美洲事务协调员办公室是第一个真正的美国海外宣传计划，该办公室在纳尔逊·洛克菲勒的管理之下，为战时新闻局以及20世纪50年代设立的美国新闻署开创了一个模式。[14]美洲事务协调员办公室是一个并不比战时新闻局小的战时机构。当美洲事务协调员办公室于1940年成立时，政府担心纳粹在拉美地区日益增强的影响力，甚至严重到认为纳粹可能企图入侵里约热内卢的南部某些地区。即使不担心其入侵，拉美也是许多德国血统的人的家乡，充斥着轴心国的宣传和间谍活动。[15]因此，美洲事务协调员办公室的各项经济和文化计划主要是为了中和纳粹在这一地区的影响力。

文化计划当中的一项就是出版美国图书的拉美语种的翻译版本以及拉美图书的英语译本。[16]事实上，出版人和图书馆长都密切参与了国务院关于设立美洲事务协调员办公室的讨论。[17]这个行动对美国在其以南地区国家的图书贸易产生了积极的影响。1939—1940年，拉美地区是美国主要的海外图书市场，《出版人周刊》也证实了这种情况。这种情况下的公共/私人联合，有助于为美国图书登陆欧洲的计划实施所需要的合作铺平道路。

欧洲难民的"敦刻尔克"

尽管不完全是一项创新，但逃离纳粹的一批重要人士的到来为美国图书出版产业内部开拓国际视野提供了重要的新环境。最有影响力的是德国人和奥地利人，他们成为定居在美洲其他地区的一个更大的同胞群体的一部分，这些地区主要包括墨西哥、阿根廷和巴西。来自其他国家尤其是法国的重要人士也移民到美国。[18]这些人是被第三帝国视为不欢迎的不同民族、宗教和政治团体的代表，包括有犹太人、

作为武器的图书

社会学家、共产主义者和其他成为纳粹政权迫害目标的人士。难民中的许多人是知识分子——学者、科学家、作家、记者、图书经销商和出版人。难民总人数约有22万—25万人，他们对所移居的美国的艺术和科学产生了极大的影响。[19] 难民作家中包括托马斯·曼、弗朗茨·韦尔弗、利翁·福伊希特万格，是一个特别杰出的群体。随着他们的逃离，"对我们的文学的肉体拯救已经实现，"流亡作家马丁·冈伯特如此写道。"这是一次对文学具有不可估量的影响的敦刻尔克大撤退。"[20]

与作家群体一样杰出的还有出版人，在美国开始新生活的他们，希望出版的图书既能满足流亡者社区自身的需求，又能偷运到德国以支持对纳粹政权的抵抗。在纽约以及其他地区的许多难民图书经销商，对从国外引进反纳粹的文学作品有着强烈的兴趣，主要是从瑞典和瑞士两个中立国家重要的德语出版社引进。由在美国的难民出版的德语图书相对比较分散：353种德语图书由8家不同的出版社出版。其中的巨人是弗雷德里克·昂加尔，他是一位重要的奥地利出版人，于1938年先逃到瑞士，后于1940年才逃到美国。昂加尔出版的全部110种图书（占了全部引进图书的近三分之一）几乎都是经典著作和参考书，是他以前在维也纳的老公司土星出版社的存货，这使得他与其他流亡出版人区别开来，那些流亡者通过"传播流亡文学和观点"并作为反纳粹的德国人的发言人来定义自身。[21]

弗雷德里克·克劳斯是一位在美国定居了十年的侨民书商和出版人，他认为他们这样做的回报将是"精神的大于金钱的"。资金短缺不仅限制了多数出版人出版图书的数量，同时也限制了他们从欧洲中立国的德语出版社引进图书的能力。如果他们能从数百万的德国裔同胞那里得到哪怕任何一点支持或者同情的话，他们就会获得比现实大得多的美国市场。然而他们没有得到，这无疑是因为大多数德裔美国人对他们在第一次世界大战期间所遭遇的针对他们群体的猖獗诋毁和歧视仍然极其敏感，因此在第二次世界大战期间都不愿承认自己不是百分之百的美国人。与此相对照，在美国的法国流亡出版人却得到了美国和加拿大的法国裔同胞的支持。[22]

其中有些人，像库尔特和海伦·沃尔夫，在美国设立的出版社一直持续经营到战争结束。而另外一些出版社则在短时间内就关闭了。有些出版人，像戈特弗里曼·伯曼-费希尔，勇敢地回到德国重新建立自己的公司。有些在20世纪20年代希特勒当权之前移民到美国的犹太人，在战争期间也出版图书。其中有两个人分别叫艾萨克·莫尔霍和维塔利斯·克雷斯平，在曼哈顿合开了一家法国书店，这里便成了法国沦陷前后逃亡到美国的法语作家和其他知识分子的天堂。后来，他们俩又成立了一家出版社，专门服务于在美国的法国难民和那些被战争切断了来自法国的图书供应的世界其他地区的法语阅读社区。[23]

许多难民出版人在他们逃亡途中遭遇了极其险恶的条件。比如，马里安·斯基特和汉纳·基斯特，他们是一家著名的波兰出版社——罗伊出版社的所有人。德国人查封基斯特的公司的前两天，汉纳·基斯特设法与小女儿一起逃离了华沙，"我们就只有一瓶糖水和2美元"。他们途经丹麦、意大利和法国。在巴黎附近的韦尔马赫特，他们去到西班牙，再飞到葡萄牙的里斯本，那里是难民们大西洋航程的主要登船地点。1941年，他们在纽约重新设立了名叫罗伊的出版社，最后又在蒙特利尔开设了一家姊妹公司。[24]他们能够来到美国是得到了约翰·戴公司的老板、出版人理查德·J.沃尔什和他的妻子赛珍珠的帮助，他们曾经在波兰出版图书。沃尔什夫妇为基斯特家人递交了宣

33

作为武器的图书

誓书，证明他们愿意为其家庭提供一些经济支持。[25]

在美国设立了出版社或者在既有出版社担任重要职位的难民们影响了美国的图书出版业，他们引入新的且不同标准的文学品味、世界主义，以及与旧世界的重要出版者和机构建立起紧密联系。难民出版人与许多资深的、本土出生的业内人士一起，为20世纪40年代美国出版产业成为国际图书市场更积极的参与者做出了贡献。

大萧条和战争谣言

当战争乌云笼罩欧洲和亚洲大地的时候（迫使这些难民以及其他数以千计的难民逃往美国），美国则正在经历大萧条。出版业未能免于严重衰退造成的一些影响。时局艰难导致出版人与图书经销商之间针对降价，以及出版业劳工甚至编辑人员的一些骚乱产生了巨大争议。[26]

总体而言，出版业安然度过了大萧条。习惯了这种周期性的衰退，出版社形成了一种相对勤俭的运营模式，这种模式使之有了在必要时等待更好的商业机会的自制力。出版社尽量削减运营开支，并且尽最大可能地库存图书。据此大多数出版人降低了利润预期，然而有些出版社惊奇地发现他们的生意比以前还要兴旺。只有一家主要的出版社——霍勒斯·利夫莱特公司——失败了。有些更小的出版社通过并购或者任务外包使生意得以为继。大萧条对农村地区的巨大影响加速了人口从小城镇往大城市迁移。[27]很容易地到书店买书还是仅限于城市居民才能享受的一种奢侈待遇，但至少城市居民人数比以前增多了。

联邦政府的新政也帮助出版业站稳了脚跟。联邦作家计划，隶属于工程进度管理局——美国历史上伟大的"经济刺激"一揽子计划之一，雇用那些著作出版发行量超过3,800册的作家，包括广受欢迎的美国指南系列丛书。政府的资助也为出版大众图书的出版社提供了可观的销量。[28]大萧条年月产生了相当的文学动荡——社会现实主义作品与哈莱姆文艺复兴的繁荣——这无疑使得出版产业在艰难岁月里感到了振奋。[29]

20世纪30年代的磨难为美国图书出版人应对20世纪40年代的战时状况导致的经济紧缩提供了很好的锻炼。然而，大萧条并没有使他们完全准备好应对战争开始时出版产业将要经历的令人难以置信的业务激增，或者应对两次世界大战之间的革新已经使之成为可能的各种战时计划。

第二章 战争改变了一切——甚至图书

1939年至1945年横扫全球的全面战争，在城市和战场上造成了严重破坏，致使平民和士兵大量死亡。社会或文化的任何方面几乎无不受其影响，包括所有国家的图书业。美国以及中立国瑞士和瑞典的出版人虽有不便之处，但并没有遭遇像英国、被德国和日本军队侵占的国家以及轴心国自身的出版人所经受的那种困境。图书是这场邪恶战争中最突出的受害者。数以百万计的图书毁于空袭、沉船、士兵袭击、有计划的焚毁和民众的纸张需求。这些战争影响，加上生产新书的纸张和劳工的极度短缺导致新书产量剧减，以及在敌占区对印刷文字的审查制度，造成了对图书的巨大需求，而这些被积压的需求必须等待和平到来之后才能得到缓解。

在美国（英国也一样），实实在在的、经常也是即兴的试图要求政府取消对图书业限制的游说，促使出版人及其行业协会展开了范围更广且更为细致的讨论，以证明图书不仅在战时而且在战后的和平时期都可以担负起他们所希望的重要作用。与此同时，一项重大的战时文化计划为美国出版人提供了一个黄金机会，让他们考虑如何拓展战后新的国际和国内市场，从而有效缓解全世界对图书的需求。

战时美国图书贸易

对于美国图书出版人而言，第二次世界大战既是一次巨大的挑战，

第二章 战争改变了一切——甚至图书

也提供了重要的机会。战时状况迫使出版人重新思考他们以前做过的几乎所有的事情。出版社遭遇了劳工和图书原材料的短缺，尤其是纸张的匮乏。许多重要的员工，从高管到编辑以及办公室职员都应征到部队，或者参加了在华盛顿的文职工作。留下的人不仅要完成自己的工作，还要担负起离开的那些人留下的工作。政府执行的战时配给政策逐步削减了给出版社的纸张供应量。截至1944年，出版社只能使用战前用纸量的75%。[1] 各种短缺迫使出版社设立一定的制度，它们不得不将销售计划做得更仔细，而且不接受超过印数的订单。

短缺时期实际上是美国出版人的鼎盛时期。简单地说，图书需求增加了，而纸张供应和出版的图书品种却在减少，以致当一般行业遭遇暂时的经济挫折时，出版社却能够将它们出版的任何图书都售罄。[2] 虽然图书品种减少了，却有更多的图书在流通，部分是因为批量生产的平装书的增加。[3] 即使市场上的图书数量实际增加了，图书还是经常售空。位于曼哈顿第五大道的斯克里布纳书店，当它的经理后来被问道在战争期间如何应对顾客潮时，他说，"噢，9点钟我们刚一开门，就被挤到一边了"。[4]

正在部队服役的纽约出版界的一位经理人唐纳德·S. 克洛普弗，兰登书屋的联合创始人，他一直与他的合作伙伴贝内特·瑟夫保持稳定的通信联系。当克洛普弗担心会破产时，瑟夫告诉他，"你现在每天挣的钱比你梦想的一辈子要挣的钱还多"。[5] 即使在1944年进一步削减纸张配额时（同时结束了出版社能够买卖他们未用的配额的做法）也未能挫伤瑟夫的喜悦之情。[6] 对于他来说，战时提供了一个绝佳的机会去计划公司在战后的未来。他将时间和利润花在准备公司的现代文库丛书以迎接可以预见的战后繁荣，他用"好的译本取代差的译本"，同时将数十种系列图书的铅铸版进行重新制作，这些铅铸版因为经常重印已经老化了。[7] 从他在加利福尼亚部队服役的角度，克洛普弗意识到《退伍军人安置法案》给图书出版人提供的巨大潜在机会，他梦想着建立一个"大型学院教材部，实际上由政府承担所有费用，只要几年后学院恢复正常就可以实际操作"。[8]

甚至在珍珠港空袭迫使美国成为交战方之前，通过更新某些类型的图书和培育重要的新读者，战争就为出版人创造了新的销售机会。他们尤其集中精力向全国不断增加的士兵训练营里营销他们的产品，将单行本直接销售给士兵，也批量销售给部队的营地图书馆。刚刚投身随时待命的军队文化的受训士兵们属于那种无权选择的受众，他们渴望阅读。兰登书屋针对三分之一的兵营所做的关于阅读习惯的调查显示，士兵实际上比平民有更多的时间阅读。调查显示，15%的士兵平均每两周读一本书，大多数是内容简短的图书或故事，而且主要是轻快的逃避现实的文学作品。[9]

一旦美国士兵参加了战斗，有些出版社就会向参战部队的士兵以及士兵家庭销售圣经、祈祷书和其他类型的宗教书籍，并因而获得可观的营业额。整个战争期间图书需求一直都很旺盛，出版社和图书销售商却难以满足这种需求。行业杂志《出版人周刊》将圣经的畅销称为"珍珠港空袭之后，'图书销售商'最头疼的图书库存问题之一"。一家出版社试图将挽留上帝的恩典与人身保护结合起来，向市场推销钢制封面的圣经作为信仰的盾牌来抵挡子弹，但联邦贸易委员会指控这种图书的保护性特质的宣传属于虚假广告，战时生产委员会指出这家出版社未经授权使用了3.1万磅重的钢材。[10] 地图册、地球仪以及字典也都销售得很好，在整个战争期间一直缺货。[11] 所有这些需求使得图书库存消耗殆尽。出版商对非常畅销的图书品种通常都采用给书店和批发商按配额供货的方式。[12]

第二章 战争改变了一切——甚至图书

重要物资的短缺导致价格上涨，甚至价格管制。自1942年至1947年，根据不同纸张类型图书用纸的成本增长了37%至45%。用于装帧的布料价格涨了60%之多。除了油墨和铸字的金属材料价格上涨之外，劳工短缺也促使制造业的成本上升。就拿胶印的成本来说，根据印数不同，上涨了39%至66%，而凸版印刷的成本则上涨了54%至58%。[13]由于包装和运输的纸张材料短缺，一些出版社停止给客户邮寄小包裹，集运或者单本订单的折扣率从40%降至33.3%。[14]然而，各种各样的做法不可避免地给图书经销商"带来困扰和障碍，除了出版社能赚到更多的利润之外，经销商却没有利润"。[15]战时对旅行的限制也阻碍了正常业务方式的开展，阻碍了出版社的业务员邀请书店和学院教授参加地区性以及全国性的大型和小型销售会议。[16]

政府在战时比平常总要更多地介入民众的日常生活，1941年至1945年的美国政府就是这样的。这种大的管制氛围以各种方式影响了美国的出版人，而它也与其他国家不同，尤其是英国。总体而言，美国的管制可能比英国要少。美国图书业在向战时生产委员会和战时人力委员会提交了请愿书，要求宣布整个图书产业是一个必需的产业，但这一努力却是徒劳的。这就意味着图书业的雇员比那些被官方确定为"必需的"岗位上的雇员更有可能被征兵。政府对于图书出版产业的态度让出版人感到特别恼火，因为报纸和杂志产业已经被认定为必需的活动，因为它们"主要致力于公共信息的传播"。[17]

图书出版人协会作为主要的行业协会，特别积极地致力于扭转这个局面。图书出版人协会采取了一种高调的姿态，1943年3月，它向全国的各个文学组织发了一封通函，认为政府实行的纸张配额方案限制了美国公民阅读的权利，希望就这一主张寻求支持。图书业三名杰出的成员在通函上签了名，信函强调图书在任何时候都是必不可少的，在战争期间尤其如此。撰写信函者认为,"具有随意性和短暂性特征的广播、电影以及口语化媒体"在传播公共信息和娱乐中的作用被过分强调了。图书具有更大的价值。"阅读、重读、思考、翻阅参考资料并与另一部作品进行比较,这个安静而孤独的过程,有益于形成更清晰的思想和更稳定的士气"。出版人永远都不会支持配额计划,因为计划无助于提供任何"前方战斗需要的资料和兵力",他们强调战时委员会和公众必须意识到"图书用纸比平民用纸更重要,而图书印刷和装订的人力使用也比其他一些生产操作要重要得多"。[18]

后来,图书出版人协会的战时委员会准备了一份构成争论核心的报告,以使各个公共机构意识到"图书的必要性",从而给予图书出版高度的优先权。在报告中,委员会成员承认出口市场在战前并没有特别引起出版业的兴趣,但是,他们强调,现在全世界都希望美国在诸多令人烦恼的问题上起领导作用。而图书是交流这些观点的一个重要媒介。委员会成员指出,在伦敦的挪威流亡政府已经向美国采购图书,要求将这些书一直保存到纳粹撤退,然后再运到挪威图书馆。中国、苏联和各拉美共和国也在"要求我们供应部分图书"。美国图书出口的重要性日益显著。然而,出版人强调,外国的市场需求只能通过增加出版数量才能满足,而不能通过减少国内需求来实现。因为联邦政府的部分机构——美洲事务协调员办公室、国务院以及战时新闻局——已经在积极向海外市场推广美国图书,运用的手段包括资助出版人到英国、南美和其他地区去考察情况并了解潜在的需求,对于实际控制着出版业的纸张和人力供应的政府部门而言,必须为出版业提供必要的资金以推进这个重要的国家战略目标。[19]

对于出版界的诉求,监督和分配全国纸张供应的战时生产局下属的相关部门没有任何回应。技术和教育类出版社的情况没有行业内其

第二章 战争改变了一切——甚至图书

他出版社那么严重。[20]《出版人周刊》的编辑弗雷德里克·梅尔彻意识到指明以下事实是无用的，即便将所有的图书印刷全部关闭一年也只能节省全部纸张供应量的1%，或者说一家流行期刊所用的纸张比整个图书出版行业的用纸量都要大。[21]图书出版业只能通过自身寻找原因，整个行业并没有竭尽全力来保证纸张的供应，没有设法通过缩减开本并用更轻的纸张把书做得更薄，就像英国那样，这样可以在降低纸张成本之外，节省一点装帧用的布料。三位英国出版人于1943年因为互访任务来到美国考察，对美国如此的纸张浪费情况感到震惊。[22]出版人协会战时委员会的成员两次到华盛顿直接向各政府官员施加压力，但战时生产委员会的职员告诉他们，就像委员会成员报告的那样，毫无疑问，"如果出版业不自愿并且不马上开始真正节约（用纸）的话，它将因为华盛顿方面的新指令而被迫这么做"。在他们递交给出版人协会代表的备忘录中，委员会认为战时生产委员会是正确的，他们亲自检查出版人协会办公室书架上摆放的新近出版的图书，许多图书都表明出版人"丝毫没有打算节省纸张"。[23]图书出版人协会实现其目标的运动可能已经取得有限的成功——至少在人力问题方面——因为1944年2月发布的政府必要战争活动目录得到了修改，图书业的有些工作被纳入其中。[24]出版人终于开始，尽管很勉强，将图书做得更简洁，削减"图书业中剩余的巨型开本，即那些被亲切地描述为'大家伙式的图书'"，贝内特·瑟夫如此形象地说道。[25]

总体而言，联邦政府与出版业是站在一起的，从最高层到下面各个层级——至少道义上是这样的。毕竟，罗斯福总统采纳了战时图书委员会的口号，即图书是与法西斯主义恶魔进行思想战争的武器。他给1942年美国图书销售商协会年会的参会者们传达了一个信息，确定了"要让图书成为争取人类自由的武器"。[26]

战争对英国图书出版业的影响

20世纪30年代的全球大萧条对英国图书出版业的影响是令人惊讶的温和，它得以保持业务强劲，部分原因是图书比其他消遣更让人负担得起，也更易于获得。但是图书的国际业务却出现了极大的停滞，这使得英国出版业在另一场世界大战的灾难性影响下变得更加脆弱，战争很快就来临了，比美国卷入战争早了两年多。[27] 截至1938年，事实上，希特勒德国发出的各种"警报、恐吓和危机"还是对出版业的各项底线产生了负面影响。[28] 预见到战争可能降临，英国出版人在纳粹入侵波兰的前一年就自发组织起来，主要聚焦于空袭准备以及为迁出伦敦做计划。[29]

在战争期间，英国出版业经历了与美国相似的时好时坏的遭遇，但实际上，更严峻的形势困扰了英国出版业。为了尽量避免被实施正式的纸张配额制，出版社提出了一个自愿削减到战前80%用纸量的建议。虽然他们没有完全取得配额控制豁免，但是至少使得图书被指定为必需品，在有纸张供应的情况下，可以增加用量并获得额外配额。1940年3月英国正式开始的配给制比美国的情况严重得多。[30] 刚开始，分配给每家出版社其正常年用纸量的60%，这个正常用量是以1939年8月31日前的年用量为准的。那个基准年份的整个用量大约4.5万吨，足够生产大约1.35亿册250页厚的小说。如果纸张削减到60%的话，就只能生产相当于8,100万册同样厚的小说。[31]

所有的出版社对削减配额都感到失望，而有些出版社还抱怨政府选定1938—1939年的年用纸量作为配额核定基数不公平。对许多出版社来说，那个年度选得不好。因为1938—1939年对战争的恐慌增加了，消费者减少了对图书和其他商品的购买数量，因此，以那个年度

第二章 战争改变了一切——甚至图书

为基数计算的配额量比以正常年份的用量计算出的配额量要少得多。平装书出版社企鹅图书公司却例外地获得了非常幸运的巨大成功，它有一个了不起的1939财政年。乔治·艾伦和昂温出版社的出版人斯坦利·昂温数年后抱怨说，图书业总体上"就没指望那些最终决定纸张配额的人"。[32]

实行配额制度一年以后，纸张配额减少到1938—1939年年度用量的50%。到了1941年，额度进一步削减，降至42%。自1942年1月初开始，当配额减至37.5%时，随后比例逐渐提升，欧洲胜利日之后上升到50%，1946年3月上升到75%。[33]不仅战时图书用纸短缺，而且纸张质量也较差——用乔治·奥威尔的比喻来说，如同面临战时紧急状况一样，如厕用纸也变得像薄片金属。[34]配给制度直至1949年3月才正式终止，这个时间对于英国出版人来说比1945年战争结束时更为重要。[35]

削减配额带来的困扰至少在心理上由以下这一创举抵消了，即1941年末，一个特殊的公共纸张资源池得以创立，以沃尔特·莫伯利爵士来命名该公共纸张资源为莫伯利池，莫伯利爵士是计划管理委员会的第一任主席，莫伯利池中的纸张被分配给出版社，基本上是用于重印的图书，这些图书在战时具有国家重要性，而成为所谓的"必需"图书的印刷用纸则不占用出版社正常的配额数量。

为使配给的纸张能够生产更多的图书，出版社与战时经济图书生产供应部经过谈判达成协议，规定了缩减图书开本、各类图书尺寸以及战时图书用纸的克重。无论是否必要，变化可能已经发生，使得图书因其"令人伤心的'实用性'外观"而不具吸引力，造成它们在出口市场与美国图书相比处于劣势竞争地位，这一不利条件在战争结束后持续很长时间。[36]英国出版业认识到必须改正这一问题。[37]

作为武器的图书

更令人失望的是，数次纸张配额的削减给出版业带来的困难又因劳工短缺而雪上加霜。在劳工问题上，如同纸张一样，出版人协会游说政府部门制定对出版业有利的规则，以保证各个不同岗位上的员工免被征募。他们取得了一定程度的成功，但直至战争结束时，因为缺少印刷工和装订工而使许多原本可以用来生产大量亟须的图书的机器闲置在那儿。[38]

英国政府难以满足对纸张和印刷品的需求造成出版业生产的短缺而遭受责备。在战争最严峻的时候，官方的出版物每年消耗 10 万吨纸，而图书出版的用纸量却只有 2.5 万吨。[39] 1939 年至 1945 年期间，英国每年出版的图书品种从 14,904 种降到 6,747 种。[40] 但是对图书的需求量却急剧增加，因为灯火管制和空袭使英国人减少了其他常见形式的娱乐活动，包括去看电影和去酒吧。像美国士兵一样，英国军队士兵的阅读量也增多了。在这种物资匮乏而需求增加的情况下，英国出版人像美国同行一样，发现他们几乎可以卖掉任何他们生产的图书但仍然无法满足国内和海外的需求。"实际地说，他们不需要承担任何风险，"一位来访的美国出版人如此写道。[41] 缺乏想象力的作品像好的文学作品一样能卖得不错。[42] 有一个地方上的图书经销商给伦敦一家大众图书出版社下订单要"1,000 册各个品种的小说——任何小说"，但出版社只能给他 150 册。[43]

到了 1942 年，情况更加糟糕。两年后，当时克洛普弗仍在部队服役，他获准有 48 小时的时间在伦敦拜访各家出版社。他带着对英国情况的一点同情而离开。"出版社只要把书分发到这里就可以售出当季出版的任何一本书，"他在给合作伙伴瑟夫的信里这样写道。"没有一家出版社有任何令人激动的书。他们所有人都在坐视并说从未想过事情会是这样——所有书都很赚钱，然后上交政府，他们所有人都在出

第二章　战争改变了一切——甚至图书

售著作权,因为库存正变得越来越少。"[44]

英国出版人未来的前途变得更加渺茫,1940—1941年间,在著名的布利茨,纳粹空军轰炸了出版社和图书经销商的仓库,销毁了许多库存——通常是长期财务健康与信誉良好的出版社的主要资产——至少有20家出版社的库存。[45]轰炸也销毁了图书馆的图书,昂温的出版社是在敌人的空袭中损失了相当库存的出版社之一,据估算,在战争中"不少于2,000万册图书毁于敌人的轰炸行动"。[46]在一次空袭中,艾伦和昂温出版社超过一半未来得及转移的图书毁于德国人的炸弹。"几分钟之内,二十五年的心血付诸东流,"他写道。[47]最严重的损害发生在1940年12月29日的那次德军空袭,其毁坏程度可称得上又一次"伦敦大火"*,如同塞缪尔·佩皮斯亲眼所见的那样,实际上这次轰炸的地点就在圣保罗大教堂附近。在勘察所遭受的损毁时,一名观察员注意到"那发光的大窟窿,原来都是堆放图书的地下仓库,现在却成了这个城市图书世界的焚烧炉"。[48]虽然不像是德国空军特别将图书仓库设定为袭击目标,但一本由美国图书行业协会和产业促进会制作的用于鼓舞士气的宣传册断言,希特勒"轰炸伦敦的图书仓库是为了销毁数以百万计的图书。他知道图书是反击他的武器"。[49]艾伦和昂温出版社在这次空袭中也蒙受了重大的损失,虽然大火对其造成的损失比其他出版社小很多,但因为存放图书的地下室被空袭管制部门征用作为整个街区的庇护所,而使得存放的图书被盗。[50]在新书缺乏的刺激下旧书市场变得很活跃,至少直至因纸张需求而迫使5,000万册图书被放进碎纸机并化为纸浆时,阅读物的供应和需求之间的缺口就进一步扩大了。[51]

---

* 发生于1666年9月2—5日,是英国伦敦历史上最严重的一次火灾。——译者注

45

作为武器的图书

英国在战争中遭受的苦难使英国出版人获得了多数美国同行的同情，但克洛普弗除外。尤其例外的是弗雷德里克·G. 梅尔彻，作为行业刊物《出版人周刊》的编辑和出版人，他为英国出版人从出版产业的"天字第一号讲坛"（bully pulpit）走下来而干杯，并为此感到振奋。[52] 大西洋彼岸的蒙纳公司的比阿特丽斯·沃德，欢迎一种正义的姿态以及更为实际的帮助，因为两国的图书业必须达到双方共同的目标，即击败纳粹极权。[53] 许多出版人都表达了他们的关切，并向有贸易往来的英国出版社表达了个人的美好祝愿。约翰·戴公司的理查德·J. 沃尔什在大火之后的第二天给乔纳森·凯普写信，"真诚希望你逃过最严重的灾难"。[54] 有些出版人做的还不止写信。梅尔彻组织了一次成功的募捐，为因轰炸而无家可归的伦敦出版业同行们办一个流动餐厅。[55] 哈考特出版社的唐纳德·布莱斯收留了撤离出来的凯普的 11 岁的儿子和 15 岁的女儿，并将他们送到康涅狄格的预备学校读书。[56] 后来，由于美国出版人想要获得曾被英国占领的国际市场的欲望变得更加强烈，对伦敦出版业同行的关心和同情逐渐变得空洞了。

毫无疑问，英国图书在它们传统的有影响力的地区面临不确定的未来，像欧洲大陆，以及尤其是英帝国和英联邦，这些地区的市场由于战争都不同程度地受到削弱。昂温认为，与库存短缺低于公司底线的担心相比，他更担心艾伦和昂温公司与其他出版社是否有必需的库存来维持英国图书在海外的发行，从而传播英国的文化和价值观，并赚取亟须的外汇收入。[57]

美国出版人完全知道他们的英国同行将采取哪些行动，毫不奇怪，他们开始意识到未来从英国人的痛苦中产生的机会。有些人很早就表达了他们的这种想法。譬如，大萧条以及欧洲战争的爆发使纽约的麦克米伦公司的总裁小乔治·P. 布雷特相信，他必须更加关注自己公司

第二章 战争改变了一切——甚至图书

的出口业务。"在这样的困难时期,我们需要我们能得到的一切生意",欧洲战争爆发刚两个月,他在给未来的总理、麦克米伦公司的哈罗德·麦克米伦的信中写道。英国战时的状况也使布雷特有理由相信,美国出版社的扩张将会以牺牲英国出版人的生意为代价,甚至牺牲原麦克米伦公司的业务。[58]约翰·戴公司的沃尔什持有同样的观点。欧洲战争爆发后的九个月内,他对于向澳大利亚和新西兰出售版权非常动心,而不是向英国出版社出售版权,再由这些英国出版社再版他们的版权图书后进行销售,这是当时的普遍做法。然而,那个时候,沃尔什无论如何都不愿意"跳上英伦半岛,因为她正在下沉",他相信继续这种普遍做法的日子屈指可数,这是不可避免的,无论英国在战争中获胜还是失败。[59]

后来,在1942年12月,图书出版人协会向其成员单位发了一份秘密备忘录,强调美国图书如何已经在英国图书业发挥着比1939年以前更重要的作用。"在现在这个时刻,"备忘录的作者、雷诺和希契科克出版公司的柯蒂斯·希契科克——他曾被图书出版人协会派去考察英国出版人——写道,"我被告知目前在英国出版的大约27%的图书,尽管存在纸张短缺和其他所有的情况,但仍然都是美国的原著……这个伟大而友好的利益的进一步证据是这个值得称赞的计划是由英国军队用它的武装力量执行的,这是对美国的事情所给予的特别重视。"同样很重要的是,只有大约2%的英国图书在美国出版,因为品味不同或者通信中断,"可以看到的事实只是令那些担心英国思想传播的人感到焦虑"。[60]

无疑,对美国作品的需求部分地是由于英国作家新的虚构和非虚构作品的缺乏所致,他们忙着躲避轰炸和子弹而不得不放下手中的笔。正如报业大亨比弗布鲁克勋爵所说,战争年代没有文化的空间。[61]畅销

作为武器的图书

历史小说家沃恩·威尔金斯,在他50岁的时候,仍然是一个平民但却担负了如此多的新责任——担任教区临时营地的长官,负责照看撤离出来的孩子们的起居,包括照看6个带回他自己家的孩子,后来成了"家庭卫兵"的成员——以至于他觉得自己根本没有时间和精力继续正在创作的作品。[62]哈密什·汉密尔顿出版社为了寻求最好的战争小说而举办大奖赛,甚至提供了1,000英镑的奖金,因为具有足够优点的手稿非常缺乏。[63]英国出版社和书店通过进口美国图书在英国销售以帮助弥补这个缺口,但贸易委员会严格限制图书进口,从而保存美元和海运舱位以供给更加重要的战争物资。当美国成为欧洲战争的交战国之后,美国的商船也限制进口图书的舱位。[64]

希契科克的备忘录试图提醒他的同事们注意英国出版人对于他们战后未来的担忧,特别是关于国外市场的担忧,他写道,"很自然,英国出版人对于他们的海外市场的话题可谓一触即痛,他们正确地认为战争结束之后这些市场必将繁荣"。作者补充说,这样的担忧导致了英国人的一些怨恨,抱怨"美国出版人方面哪怕很小的似乎想要抢占市场的各种行动,即使这种抢占行动是好事"。[65]譬如,昂温抱怨美国出版社针对英国出版社传统市场的作者和同行所采取的进攻性做法,而且这些令人不快的美国出版社经常下手早、动静大。[66]英国人怀疑部分美国出版人的"帝国主义"倾向,实际上是出于对一个有同情心的美国佬理查德·海因德尔的担心,他是伦敦"美国图书馆"的有能力的管理人。[67]

战争对欧洲被占领国家出版业的影响

然而,与美国和英国相比,被德国军队占领同时又处于纳粹宣传和审查控制之下的国家的出版业形势则是严峻的——甚至"被击成碎片",用美国政府宣传机构所做的备忘录的话来说。[68]在占领早期,纳粹官员在防止一些对第三帝国不友好的图书出版方面还相对较松。例如在荷兰,甚至有些被认定为"侮辱纳粹理想"的书只要不陈列出来都被允许销售直至库存清空。而且,一开始很少追究图书经销商对他们所销售图书的政治正确性的个人责任。另一方面,1933年被纳粹焚毁的一些书已经由阿姆斯特丹的奎里多出版社和阿尔伯特·德·兰格出版社大量重印,却很快被没收,而这些被查封的资产的所有人没有得到任何补偿。对出版人的控制自1942年初开始变得相当严厉。[69]尽管如此,许多出版社还是冒着极大的风险让那些未经审查的文学作品保持流通而不被彻底封锁。

德国军队对外部图书和期刊的封锁不是完全有效的,尤其是那些来自美国和英国的。丹麦的德国占领军至少早期实际上是允许当地出版社出版一些美国和英国的图书的,只要他们也同时出版宣传纳粹的作品。丹麦出版社尽力设法搁置并延迟纳粹图书的生产和发行。在荷兰,一位出版人感到很惊讶,德国当权机关竟然破例没有禁止他们出版约翰·斯坦贝克的《愤怒的葡萄》、辛克莱·刘易斯的《巴比特》以及艾里克·林克莱特的《胡安在美国》(*Juan in America*)这些美国或英国作品的英语版本或荷兰语版本,因为纳粹认为这些书是反美的。据这位出版人介绍,荷兰人民确实"为能够读到一本来自大洋彼岸的好书感到欢欣鼓舞",并因此而抢购。[70]

但在丹麦和其他国家,英美图书的流通更广泛地是通过支持者们的地下交易而不是公开的买卖。丹麦一流的出版社和图书销售商之一亨宁·布兰纳就是这种秘密交易的一个联络点。温德尔·威尔基的《天下一家》(*One World*)在美国出版不到三个月,亨宁·布兰纳就已经委托翻译并用复印机印了3,000册。另一本书《目标:德国》(*Tar-*

作为武器的图书

get：Germany）在哥本哈根印刷，封面制作像一张时刻表。伴随着占领而来的是，地下交易变得越来越危险。有几个出版人被逮捕了。其他人设法逃到了瑞典。或许布兰纳最重要且最具胆量的行动是，印刷并发行由战时新闻局资助的漂亮的 24 页厚的图片杂志——《图片回顾》(*Foto Revy*)。他的妻子翻译了由战时新闻局提供的文字内容。布兰纳要花 14 天的时间才能出版一期，使用的是一台小型印刷机，每次只能印两页，用的是他在战前储备的高质量的铜版纸。在被占领的最后两年，布兰纳一家为了躲避盖世太保先后搬了 17 次家。最终，他不得不完全进入地下状态。[71]

像他的美国同行一样，布兰纳在战争时期就为将来作打算。冒着相当大的危险，他设法至少 6 次到瑞典出差，通常是乘坐运煤的驳船，躲在报纸下面。在那里他能看望他的父亲波弗·布兰纳，他父亲于 1944 年盖世太保逼近时离开哥本哈根到了斯德哥尔摩。在斯德哥尔摩，小布兰纳能看到最新的英美图书的样书，可以为将来的翻译和版权事宜做安排。在父亲的帮助下，他在瑞典边境囤积了大量的图书。其中一些是波弗·布兰纳与战时新闻局合作出版的最重要的美国战争图书。他们也开始在斯德哥尔摩出版英语版的图书。丹麦解放后的第二天，1945 年 5 月 5 日，布兰纳一家将 700 箱囤积的图书用船运回家乡，两天后又运回另外 500 箱。[72]

在法国，根据战时新闻局备忘录的记载，战争开始时其出版业处于"一种糟糕的状态"。整个大萧条期间，出版业就已经稳步衰退，随着战争的爆发，出版业遭受了更深的跌幅。部分原因是法郎贬值，出版社因为公众抵制价格上涨而得不到补偿。这种状况极大地削弱了出版社的经济基础，同时也打击了作者们的积极性。[73]

在维希政府时期的法国，由通敌分子控制的法国西南部地区，像

第二章 战争改变了一切——甚至图书

其他地区一样，地下出版社的业务开展得有声有色，虽然参与这种业务是"无比危险的"，一位纽约牧师霍华德·L．布鲁克斯，在一神论服务委员会的资助下在那里度过了1941年的夏天，他见证了这一切。盖世太保经常渗透到地下交易当中，同时维希政府也尽可能地抵消这些隐蔽出版物的影响，通过出版和发行假冒图书——在图书的封面模仿持反对意见者的语气传递相反的结论，从而作为纳粹信条的有力依据。[74]布鲁克斯在关于他的使命的回忆录中，记录了自己参观位于蒙彼利埃的加斯东·博杜安的书店的一段经历，这家书店在大学附近，店主吹嘘说，他的店"曾是蒙彼利埃知识分子的中心"。但它再也不是了。"我卖的几乎都不是好的现代作家的书，"博杜安告诉布鲁克斯。"H．G．韦尔斯、萨默塞特·毛姆、托马斯·曼、罗曼·罗兰，任何曾写过反对希特勒的作品的作家都被禁止了。任何一个曾说过支持民主的哪怕一个字的作家都被禁止了。幸运的是，在地窖里我仍然藏了一些书。是为了我的好朋友们藏的。"

几乎没有什么新书，因为维希政府的审查官要么拒绝公开申请，要么不批准申请，这与拒绝公开申请的结果一样。只有一些二流作家写的新书，这些作家眼看大多数好的法国作家都逃往美国、英国或者南美了，他们有了出书的机会，便乐意写一些对现行体制做一些不置可否的赞美的书。博杜安介绍说，这些变化导致了法国的"一种知识饥荒"。"人们不仅因为找不到充饥的食物而感到饥饿，而且也因为得不到任何营养补给使他们的思想感到饥饿。"[75]当地的一位教授邀请布鲁克斯到家里参观自己的书房时告诉他，维希政府已经让自己对待书不得不以退为进，"但我不抱任何幻想，我知道不会持续很久……有人会因为某些事情谴责我……然后国家就会派人来搜查我的房子。他们就会拿走上百甚至上千的图书，只要是他们发现他们不喜欢的。"[76]

作为武器的图书

在波兰等东部被占领国家，关于图书的战争甚至更为残酷。如同在其他国家一样，纳粹没有立即严厉禁止图书贸易。然而，盖世太保及时地搜查了所有的书店，明确了被纳粹禁止的德语和英语图书。[77] 纳粹占领者不仅毁灭了五分之一的波兰人口，他们还试图通过毁坏博物馆、图书馆、剧院以及学校，从而系统地消灭波兰文化。如同波兰的纳粹统治者所言，"一个奴隶国家不需要高等教育。波兰必须被改造成一个知识沙漠"。在禁止新书流通的同时，纳粹销毁了数百万册既存的图书。据估算，波兰科学图书馆四分之三的藏书——1,600 万册——被销毁，与此同时，80% 的学校图书馆也毁于官方的故意破坏行动。纳粹至少焚毁了马里安和汉纳·基斯特的罗伊出版社的 100 万册库存图书。一种英勇但小规模的报纸和图书的地下交易试图保持信息的自由传播，但这一努力使数百名支持者失去了生命。[78] 基斯特一家属于幸运的逃离者。

战争对于中国出版业的影响

战争也对日本的占领国尤其是中国的图书业造成了巨大的影响。1937 年日本入侵中国，就在德国占领波兰的两年前，亚洲和太平洋的大部分地区已经在日本的军事控制之下，甚至比希特勒侵占任何欧洲国家的时间都长。日本对中国部分地区的攻占——以及它的暴行——唤起了美国对中国人民的许多同情，由于长期的贸易关系以及数代美国传教士的经历，美国人因此对中国人相当熟悉。像赛珍珠和林语堂这样的作家写的书在美国非常受欢迎，并且进一步牢固确立了美国对于中国人的认识。记者、政治家和传教士组成的所谓院外援华集团在美国的媒体和国会具有相当大的影响力。然而，在总体上，美国的出版人和美国民众对中国、日本以及其他亚洲国家的熟悉程度普遍不及

第二章 战争改变了一切——甚至图书

他们对欧洲和拉丁美洲国家的了解。战前，美国图书出版人与亚洲出版人之间的联系相当薄弱，而 W. W. 诺顿、阿尔弗雷德·A. 克诺夫以及乔治·布雷特与他们在德国、法国和英国的同行的关系则很融洽，相比之下，他们与亚洲的关系是非常紧张的。从美国进口的图书相当昂贵，因此盗版猖獗。

中国进入战争多年来出版业虽然孤立但却是健康的。当中国的出版业不断增长的同时，西方的出版业却正经历大萧条的困境。1933 年至 1936 年间，中国出版的图书品种从每年 4,000 种增加到 9,000 种以上，然而，1937 年日本入侵以后，这一趋势被逆转了。截至 1941 年，每年出版图书的品种下降到 3,000 种。日本的入侵也对中国出版业的地理分布产生了深远的影响。当日军占领了沿海和沿江地区之后，许多出版社的整个出版和印刷业务全部迁至内陆地区。此前一年，86%的中国图书是在上海印刷的，然而，经过这种大迁移，许多图书生产都向西或者向香港转移。战争引发的变迁不仅导致每年出版的图书品种减少，而且出版的图书类型也发生了变化，在战争时期对"及时性主题"的图书包括纯科学和应用科学类的图书给予了极大的关注。[80]

尽管发生了特别的变化，但是中国和其他亚洲市场对于美国的图书产业和美国政府而言是有足够吸引力的，因此继欧洲和拉美之后，美国派出了另一位实地调查的出版人代表。在图书出版人协会和战时新闻局的共同资助下，1943 年 8 月至 1944 年 2 月，威廉·斯隆搭乘"自由号"轮船经过 1.4 万英里的航程历时 59 天抵达加尔各答，随后从加尔各答飞往中国。返程时他花费了 10 天的空中飞行。[81] 洛克菲勒基金会为他的此行提供了 5,000 美元的资助，节俭的斯隆最后还返还了未花掉的 1,452 美元。[82] 这次非同寻常并且具有详细史料记载的调查，重点关注的是美国出版人在扩大他们对传统海外市场以外地区的影响

作为武器的图书

方面的利益，以及愿意推动扩大影响这一目标的美国主要出版社所面临的困难。

斯隆是亨利·霍尔特公司贸易部副总裁和经理，战时图书委员会的董事会成员，也是一位小说家（与他人合著了《自来水的边缘》[The Edge of Running Water]）。斯隆的目标是要调查战争时期中国出版和其他文学生活方面的现实情况（也就是构成"自由"或"非占领"的中国的那些地区的情况），并且由此判断当美国出版人有兴趣与中国出版人建立互惠的业务和文化关系时可能面临怎样的机遇和阻碍。毋庸置疑，首要的障碍是两国之间缺少一个有效的版权协定，而这是美国著作被大量盗版的主要原因。[83]

为了让斯隆在海外有一定的政府代表身份，战时新闻局任命他为战时新闻局图书部顾问，正如1942年希契科克作为独立代表到英国一样。[84]尽管如此，斯隆仍然保留了很大的私人公民身份，由于几乎没有什么影响力，他不得不等待了好几个月才得以被安排中国之行。[85]这种不确定性令斯隆和他在图书出版人协会的赞助人都很担心，他们认为，乘坐非重要等级的海船而不是重要等级的飞机去中国将会危害整个行程的完整性，因而降低在他所要会见的美国人以及中国人心目中的重要地位。[86]回顾当时的情景，斯隆对于乘坐很慢的轮船去中国表现得很理性。"一个人如果不能共享他那个时代的大众体验的话，那他就有脱离那个时代伟大的中心主题的危险，"在未经发表的旅行回忆录中他如此写道。"自由号轮船，不是飞机，成为连接太平洋的最基本的桥梁……海上航程越远行驶得就越慢，对于一个美国人而言，他应对远东的慢节奏就越是准备充分。"[87]

有时斯隆一定觉得自己是在干一件傻差事。他发现战时的中国几乎没有生产任何形式的文学或者学术产品，更不用说任何实际上值得

第二章 战争改变了一切——甚至图书

介绍给美国大众的产品,然而,这与战时欧洲和英国的情形几乎没有什么不同。中国政府抑或出版产业都没有足够的基础设施来促进国际文化交流。不仅如此,由于和中国出版人几乎没有交情或者合作,这意味着出版界不会为他举办宴会(因此也就没有为《出版人周刊》提供照片的机会),而这是美国、英国、加拿大和拉美出版人在战时代表团互访中的固定接待方式。因此,要向中国出版人转达美国出版人的良好祝愿比向非亚洲同行转达问候难得多。[88]

美国图书在中国非常罕见,这种状况既反映了一个僵化的现实,同时也预示着巨大的市场潜力。譬如,斯隆在拥有50万人口的昆明市发现,在这座城市的任何一家书店都没有美国的新书,而只有少量的英语书。[89]将一些图书实实在在地送到有影响力的中国人手中是非常重要的。然而,在目前的形势下,他认为即使想将一些小册子运到这个国家进行展示都是不可能的。即便如此,实现一些有限的目标总比什么都不做要好,哪怕在中美出版人之间建立如同与其他西欧出版人一样的自然而常规化的关系需要相当长的时间。[90]

随着旅程的继续,斯隆变得越来越乐观。尽管他认为推动美国图书在中国的实质性发展有待于版权状况的改善,然而,至少他认为"大量的"中国出版人也与美国出版人一样关心盗版问题,甚至比美国出版人更关心这个问题,因为一家合法的中国出版社由于盗版而损失的潜在利润,远比美国出版社向中国合法出版社转让翻译版权而获得的版税多得多。在斯隆看来,只有两家中国出版社"能够于战后在中国管理和建立重要的全国规模的出版"——商务印书馆和中华书局。也许有其他十来家出版公司能够成为美国出版社未来的业务伙伴。斯隆高兴地看到许多这样的公司"很想拥有第一机会出版美国图书,尤其是以远东的角度被看作畅销书的美国图书"。[91]

与中华书局负责人李叔明的对话尤其令斯隆备受鼓舞，中华书局被认为是中国最好的印刷和出版公司。它对于英语图书非常感兴趣，并且积极设法出版它能够出版的美国作品的中文译本。尽管不经常出版翻译图书，但是它最近出版的译本是约翰·斯坦贝克写的关于德国人占领挪威的小说《月亮下去了》（*The Moon is Down*）。斯隆判断李叔明将是"最充满活力和朝气的有能力将事情办成的人"，比如说他将率先促进中国出版人与美国出版人建立更加紧密的联系。李叔明已经指定美国的一家代理公司与美国出版社接触，希望在新的版权协定签署之前中国的出版权合同能够合法化地履行。[92]斯隆描绘了李叔明的计划的特征，"从这里的条件来看"，是"不乏轰动效应的"，因此促使出版人同时也是与出版业相关的官员马尔科姆·约翰逊回国后立即策划一个美国方面的回应。[93]

斯隆相信，在战后建立两国之间出版业的联系，其结果将影响"亚洲的文化霸权"。重要的是，是中国而不是日本统治着亚洲的文化。美国图书在战后即将形成的亚洲出版体系中的主导国家取得一个支撑是至关重要的。"我们的朋友苏联人"，充分意识到通过图书对文化施加影响的必要性，斯隆强调，"因此他们所准备的材料比我们充分得多。英国人在这些领域也变得更加精明而积极"，他补充道。"我们必须关心这种局面，并且我们必须不辞辛劳地去做一些事情，即使现阶段不能从中得到现金收入。如果我们想要在战后与中国出版人开展业务的话，那么我们就必须保持这种联系，可能的话现在就让这种联系繁荣起来。"[94]

斯隆于1944年2月底回到美国，对于出访使命是否成功，以及对于两个盟国的出版人之间紧密而持久联系的前景，他都感到担心。[95]但他在中国已经看到一些希望的迹象，包括那里挤满顾客的书店。从他的中国访问中,斯隆看到了中国图书文化的强大力量以及对于书写文字的神圣信仰。他回国后告诉全美的广播听众,中国的"文学传统太深厚太悠久,以至于炸弹都无法消灭它"。[96]回国后,斯隆很快得知,中华书局的美国代表实际上正在按照公司计划,为了英语版的美国图书在中国的再版权利而与美国出版社建立正式的合同关系。[97]给予美国图书充分的版权保护的更大问题则更加难以解决,而且至今仍然是一个问题。[98]

战时中立国家的出版业

如同人们预期的那样,中立国家的出版产业总体上呈繁荣局面。《出版人周刊》的一篇文章用"非凡的"一词来形容瑞典的图书业务,那里长期以来一直都是英语、德语以及本土语言图书重要的出版中心。战前一本图书销售2万册就被视为畅销书;战争期间,销售3.5万册到4万册都不算稀奇,即使书价很贵。[99]

实际上,瑞典图书出版人在战争期间遭受的损失很小,瑞典王国的出版局面呈现出一种几乎怪异的常态。从1941年年中到1942年年中,大约100种英语图书被翻译成瑞典语,其中包括诸如欧内斯特·海明威、威廉·L.夏勒以及外交官约瑟夫·E.戴维斯等美国人的作品。这些书就像战前那样在书店展示,同时展示的还有瑞典本国语言的图书以及伟大的当代德国作家的作品,其中许多人当时已经逃往美国。图书产品的质量仍然很好。纸张是充裕的。丰富的森林资源使瑞典成为主要的纸张制造国,德国军舰使其出口数量锐减,从而使得更多的纸张可以用于国内。瑞典人发明了一些稀缺材料的替代品,像印刷用的油墨以及让图书用纸变白的漂白剂等。尽管如此,但邮路封锁阻碍了美国和英国图书的运输,使得可以用于翻译出版或者英语再版的最新作品的样书很难获得。

但在纽约的一位瑞典出版人代表仍然宣称,"现在与以前一样,瑞典图书业可以提供包含任何欧洲国家当代文学界最重要的新书的最全面的书目。"[100] 发现几乎不可能用海运方式将英国图书运往瑞典后(再从那里运往丹麦、挪威、芬兰以及其他国家),英国出版人吉尔德与瑞典出版人利亚斯合作,安排在瑞典出版一系列的战时图书。还有另一家瑞典出版公司邦尼尔,确立了英语版的英国和美国图书的"西风丛书",该系列针对有着莱比锡的"陶赫尼茨珍藏版图书"传统的欧洲大陆市场,德国难民戈特弗里德·伯曼-费希尔在他逃往斯德哥尔摩的时候,给邦尼尔斯带来了许多被纳粹禁止或焚毁的作品的版权,瑞典实际上已经成为德国出版业的一个替代角色,至少部分德国出版业得到了最大的保护。[101]

然而,瑞典的中立在面对它的民主的邻国的可怕窘境时引起了许多憎恨。伦敦的出版人吉尔德曾满怀期待,挪威和丹麦一旦解放将成为瑞典生产的吉尔德图书的强大客户,然而,与此相反,他发现"挪威人和丹麦人根本就不愿意购买任何瑞典的或瑞典生产的图书。结果,销量非常令人失望,在瑞典进一步生产的想法也因此而放弃"。[102]

其他主要的(非法西斯的)欧洲中立国瑞士,也没有使"它们的图书在战争期间受到其他邻国的极大欢迎",英国出版人沃尔特·G.哈拉普如是说。"我收集了它们出版的许多盗版的德语和法语图书,像我们的孩子们一样,认为德国人将接受在瑞士印制的德语书"——哈拉普所设想的一个结果,认为它们会受到德国人的欢迎就像瑞士出版的英语书会在英国受欢迎一样。[103]

战时敌国的出版业:德国

不像战时的大多数国家或者被占领国家,德国作为活字出版的发

第二章 战争改变了一切——甚至图书

源地,仍然能够维持它的出版活动的水平,至少在战争的前半段时期是这样的。如同英国和美国一样,人们对于出版的任何类型的图书的需求都十分旺盛。图书实际上都卖掉了。得益于该国充分的就业,顾客有许多钱可以用于购买图书。在德国图书业背后的组织是位于莱比锡的著名的令人羡慕的德国出版商协会,该协会得到纳粹政权的极大支持,像以往一样,好似一台运转良好的机器在发挥作用。初期,也遭遇过纸张和机器的短缺,但是,当有必要供应国内产业的时候,纳粹德国能够在占领区获得原材料和制成品。除此之外,占领区的民众也为德国图书提供了新的市场,尽管他们很不情愿。在帝国的扩展区,通敌的或纳粹化的出版社和图书经销商成了德国出版商协会的成员。

当然,只有某些出版人被允许兴旺发达。许多出版人,主要是犹太人,已经逃离第三帝国,前往更安全的中立国、英国和美国这样的避风港。那些留下来的犹太出版人或者与犹太人结婚的出版人,以及那些主张自由的政治或社会理想的出版人,发现自己正遭到雇员或者竞争对手的谴责。一开始,他们可能发现自己的纸张供应枯竭了。后来,会找一些借口撤销他们帝国文学协会——戈培尔文学协会的会员资格,这就意味着他们不能再从事图书业了。最糟糕的是,他们会被送往集中营。[104]

纳粹对于图书作为战争武器这一观点持完全肯定的态度,如同美国即将认识到的那样。因此,宣传部是第三帝国出版界主要利用的手段和保护人。德国人一直以来都十分重视图书,尤其是图书的出口贸易,这使得图书成为德国科学技术、文化和贸易的领导者。[105]然而,德国一直以来所赞赏的这种图书文化在纳粹统治下不复存在。"整个文学的一代人集体离开了自己的祖国,这可能是史无前例的,"德国的一位难民作家马丁·冈伯特写道。"只有一些有声望的作家仍然留在德国，而这些人要么停止创作，要么如同年老的格哈特·豪普特曼那样，他们的工作已经失去了所有的力量和自发性，"他接着写道。"经过细致的调查，可以带有权威性地说，没有任何新的人才出现过。"[106]同样，通过流放国外或逮捕驱逐那些不合需要的出版人，并向出版人颁布严厉的命令，政府即使不完全审查每种图书也能够使统一的观点得以实施。[107]一位战争爆发前一年到德国的访问者感到甚为绝望，"因为我找不到任何德国出版的有价值的图书"。[108]

随着战争打响，图书业的条件最终进一步恶化。纸张和设备的供应愈发稀少。越来越多的工人被征调到部队。许多书店关闭。[109] 1943年12月和1944年2月发生了毁灭性的攻击，盟军轰炸了莱比锡这个历史上德国出版业的中心城市，摧毁了出版社、仓库、书店和图书馆。德国的统计数据显示，截至1944年5月，100家顶级出版公司中的32家遭到空袭的严重破坏，另外21家也遭到一些毁坏。[110]只有那些从莱比锡转移到更小地区的图书库存才得以幸免。战时新闻局的调查官员通过追踪出版商协会的行业报纸上由出版公司刊登的广告，而获得一个关于轰炸所致损害的判断，这些公司的广告显示它们的业务正由其他公司代为运行，或者它们更换了营业地址以及其他方式。[111]图书产业是否是盟军精心策划的空袭目标，有人可能认为空袭是对德国空军在闪电战期间摧毁英国图书库存的一个恰当的回击——但是《出版人周刊》的梅尔彻否认了这种说法，他评论道"我们丝毫没有欣慰的感觉"。[112]

最终，由于全面战争的爆发，纳粹法律不得不于1944年秋季颁布，这"几乎粉碎了德国的图书业"，美国占领区的一名官员后来强调称。仅有200家出版商被允许继续经营，而且只出版与战事直接相关的图书。出版社与图书经销商持有的图书库存只有和平年代正常库存量的四分之一。莱比锡的行业组织岌岌可危。[113]

战时敌国的出版业：日本

珍珠港袭击之后，关于日本图书出版的记录资料比战时德国的要少，然而，这两个敌国之间存在明显的相似性，同时也有一些差异。两国的民众历来都好读书，拥有组织严密的出版业。两国的出版业在总体上都很繁荣，至少一段时期如此。战争期间，德国和日本都对出版人实施了严格的控制，审查并没收对军国主义体制不利的图书，图书制作和销售的基础设施也遭受了严重损害。

美国图书在战前曾大量销往日本。据估算，1935年至1941年期间，丸善公司作为日本的图书经销商巨头以及领先的图书进口商，美国是其第二大进口图书来源国，占据其进口图书总量的25.5%，相比之下，德国图书占42.6%，英国图书占21.3%，而法国图书占3.6%。[116]日本一直都很重视学校的英语教育，尤其是英语阅读，因此，对于世界上两个主要以英语为母语的国家的图书有一种内在的接受性。然而，英语在学校和日本社会的地位通常成为战争期间一个非常令人烦恼的话题。作为益格鲁-撒克逊文化的产物，英语被认为是与日本文化格格不入的。然而，英语长期以来一直被视为日本接触更广阔世界的窗口。无论如何，英语被视为管理大东亚共荣圈的一种实用和暂时的社会语言，因此，继续容忍英语而不是敬重它，这一选择胜出，直至将来某一天日语能够担负同样的角色。[117]

将美国图书翻译成日语一直都比进口英语图书更成问题。在两国签订的1906年条约的框架下，美国的著作在日本得到版权保护，日语著作在美国也得到版权保护，但是翻译版权不受条约保护。[118]这就意味着美国（以及其他国家）图书在日本可以自由地翻译和出版，不必经过许可，无需支付版税，也没有盗版的概念。有时候，在市场上会在同一时间出现翻译版本的竞争。约翰·莫里斯是一位英国作家，自1938年10月起居住在日本担任大学讲师，他发现许多书——但不是全部——的翻译质量都很差。外国图书，尤其是畅销小说，经常在原著到达日本后的两三周内翻译版的图书就会出现在书店。为了达到这样的翻译速度，图书被拆分为多个部分，分别交给几位不同的译者，通常是大学的学生，同时进行翻译。莫里斯的一个学生通过从事这种工作而获得稳定的收入。有一次，这位学生"得到一本美国小说的其中30页进行翻译；没有关于这本书的任何线索，而他要翻译的这部分是从一句话的中间开始的，又在另一句话的中间结束"。像这种快速拼凑在一起的译本通常以"某些相对知名的文学家的名义出版，他们允许用其名义并因此得到相当价值的回报"。毋庸置疑，许多译者是独自完成工作的，他们非常认真地完成他们的翻译任务，尽管没有总是完成得很成功。莫里斯报告称："存在两个完全不同的詹姆斯·乔伊斯的《尤利西斯》的翻译版本，我被告知两个翻译版本之间没有任何相似之处，与原著也不像。"战争期间，西方图书的进口与翻译几乎消失殆尽。[119]

如同德国一样，图书出版人的生意很好，至少在战争期间的前几年是这样的，直至美国的轰炸开始对这个国家的基础设施和人口造成重大破坏。1942年，共有15,200种涉及各领域的新书出版。尽管面临纸张短缺和空袭，岩波书店继续出版它的廉价但高品质的平装书系列。[120]

所有的印刷、出版和发行都受到政府的严格控制。根据东条英机将军的指令，日本出版人协会于1943年接管了宣传、审查与分配纸张的工作。[121]所有进入日本的图书在交到图书经销商和顾客手中之前都必须接受审查,通常那些令人不快的页面会被撕掉。莫里斯的一本由W. H. 奥登与克里斯托弗·伊舍伍德合著的《战争旅行》(*Journey to a War*)复本,到他手里的时候"少了一幅被中国军队俘虏的日本犯人的照片,因为这张照片打破了没有日本士兵允许自己被俘的神话"。马克思主义以及反战的图书尤其容易受到审查或者压制,虽然像德国一样,但这在日本是没有计划性的。[122]

尽管受到控制,然而在战争期间著者写书仍然在继续,几乎没有什么减少,这可能比德国的状况要好,也与英国和其他欧洲国家的状况形成了鲜明对比。这主要因为大多数知识分子(不是马克思主义者或者和平主义者)都具有相当的民族主义情怀,而将对战争的热情支持视为针对西方帝国主义的一种有效回应。实际上,没有出现德国以及许多被纳粹占领的地区那样的情形,没有学者和作家逃离日本的人才流失情况,如果有的话,也只是少数地下抵抗运动的成员。珍珠港突袭一年以后,大日本爱国作家协会成立,重点支持日本取得的胜利。尽管如此,总体上,选择保持沉默的知识分子和其他作家并没有受到骚扰。战争本身成为最受欢迎的图书主题。[123]

战争期间,日本的图书业遭遇了极大损害,如同德国一样。图书业自然集中在首都东京以及重要的次中心城市大阪和京都。除了京都之外,这些城市都遭到了严重的轰炸。调查显示印刷的品种从1942年的18,225种降到了1947年的3,833种。日本大约一半的印刷设备被摧毁,1,800名印刷工人在战争中丧生。[124]

由于切断了美国和其他西方国家图书的流入,在日本形成了如同其他任何被占领国或敌国一样的对图书的渴望以及被压抑的需求。战争期间世界各地都有着对于自由、不经审查的图书的渴求,这种渴求与人们对于食物的需求一样强大,美国的宣传官员以及出版商之类的

作为武器的图书

人灌输一种理念,那就是一旦那些国土从纳粹的统治下解放出来,欧洲将为美国图书提供一个巨大的市场。与此同时,国内一些机构的发展也影响了出版界,这将有助于这些机构自身以及国家为填补市场空白的努力铺平道路。不均衡分布的战争破坏力使得美国图书业处于一种独特的能够满足市场需求的地位。要想实现图书业和政府共同的海外目标,仍需要细致敏锐和巨大的耐心。

第二部分

图书作为"思想战争的武器"

第三章　出版人为战争组织起来并为和平制订规划

"难道你不知道一场战争正在打响吗？"[1]这无疑是一个反问句，但大部分美国人还是会给出肯定答案，即便他们缺乏英国人不得不提醒他们的那些体验线索——频繁的空袭、被轰炸的建筑物、大量的美国佬"占领军"（幸亏不是德国人）。[2]通过配给制度（比如轮胎、汽油、黄油）而作的牺牲以及向美国民众而不仅仅是企业征收的高额税金——更不用说失去的亲人和朋友——的事实，让几乎所有人，甚至包括偶尔逃避责任的人都清楚地意识到，这个国家卷入了一场战线从家门口扩散至整个世界的战争。

美国志愿主义的倾向也为战争做出了贡献，尽管这还不足以预先阻止征兵制度。许多民众在忙着收集纸张、锡或油脂的同时，还在为美国红十字会或者联合服务组织（United Services Organization，USO）服务，或者在东海岸和西海岸的许多建筑物顶上担当起了飞机侦查员的角色。联邦政府新设了一些机构来应对临时的紧急战时事务。各行各业的民众，包括那些电影、写作以及图书出版等创意产业领域的人们，形成了各种组织以为支持战争做出自己的努力。这些机构做得最多也是最好的就是——为未来一周、未来半年，以及大多数美国人都相信会在一定时期到来的和平而进行的规划（并且将会留下大量的规划文书）。在形成某种与美国普通经济结构相对应的结构的同时，参加政府机构或者志愿者协会工作的人们——大多数是白领工人和他们的粉领助手们——以各种方式为战争做贡献，但这些方式受到的重视程度要小于美国士兵以及在工厂的蓝领工人和铆钉女工罗茜所做的工作。如果没有那些为政府机构，或者与战争相关的、各个产业领域的私人非营利机构提供日常工作的官员和职员的话，就不会有美国图书在海外的 D 日。

战时图书委员会的创建

  与其他行业和产业的相应机构一样，美国出版人也非常迫切地想要为战争"贡献自己的一份力量"。为了将力量集中起来，他们于1942 年初创建了一个非营利机构——战时图书委员会。战时图书委员会的创建为出版产业提供了一个论坛，以重新审视这个产业的专业身份，探寻该产业可以为国家或者自身不仅在战时而且在战后做些什么。在这个层面上，委员会确保那些喜欢将自身视为"文人（bookmen）"的出版人，可以在提供重要的公共服务的同时获得经济效益。[3] "图书是思想战争的武器"，这一理念由出版人兼委员会主席 W. W. 诺顿提出，并由罗斯福总统在全国范围内进行了推广，委员会的领导和普通成员在这一理念的旗帜下前进着，他们迫切地想要发展一些将在老百姓和现役男女军人中建立士气，同时传播关于战争的关键问题的项目。[4]

  2 月初，也就是在日本袭击夏威夷珍珠港的两个月之后，设立这一机构的想法就开始在许多出版人中传布。3 月 17 日一个非正式工作委员会决定建立这一组织，尽管那个时候这个组织仍然是"一个寻求项目的委员会"。[5] 然而，规划者们相当迅速地形成了一个更为广泛的日程而不仅仅是管理一系列计划，他们以这样或那样的方式强调书籍

第三章　出版人为战争组织起来并为和平制订规划

对于传播信息和建立士气的重要性，这在战时环境下是非常重要的。实际上，战时图书委员会的创建者们认为，他们应该利用战争危机"作为解决盈利能力与专业身份这两个互相关联、久而未决的问题的一次机会，而且解决这两个问题不仅为了战争时期，而且为了长久时期，为了某位观察家所谓的战争之后'聪明人类的和平'"。[6]创建该委员会所依据的智慧和战略基础，直接而深远地指明了出版人为数百万海外民众的知识解放提供图书时的方向。

能够被视为这群出版人（偶尔也有女性）组成这个委员会的宣言的，包括弗雷德里克·G.梅尔彻于1942年4月25日在《出版人周刊》上发表的主要社论，以及《纽约时报》记者麦考密克和副国务卿阿道夫·伯利于同年5月在《纽约时报》"时代厅"举办的一系列讨论中面对五百多位听众所做的演讲。他们三个人通过不同的途径得出了关于现代生活的基本问题的相似结论，由战时急需而得以振兴的出版业可以帮助社会改进。他们认为核心问题是信息过剩，这些过剩的信息需要一种深思熟虑的、自由的引介——这是唯有图书出版人才具备资格可以提供的一种引介。[7]

梅尔彻敦促出版人将他们的关注重点从出版那些有利可图但却往往内容空洞的关于"信息和消遣"的图书上转移开来，并且通过极其认真地选择、出版、发行有关思想的图书从而体现他们的职业责任感，不是因为这些图书带给读者的快乐，而是因为它们可以在处理一些必须得到迅速而正确答案的问题上为我们提供思路。麦考密克认为，关键的当代问题是信息的随意冲击导致的一种麻痹。"现代生活的问题如此地阻碍了才智并削弱了意志，"她说，"以至于数百万人干脆放弃使用自己的头脑。在他们的迷惑和不解中，他们将思考的权利让给了另外某个人，并让其代为自己行动。"希特勒无疑是主要的、可怕的

"另外某个人"。他的宣传不仅充斥法国,使"法国人在思想上……毫无准备"应对他的进攻,同时也扩展到新世界,使得南美洲成为"一个浸透着纳粹宣传的大陆"。伯利还得出结论认为,太多的信息,特别是技术信息是现代的祸根,并敦促现代人从掌握一种"信息文学"转变为一种"力量文学",这是一种"打动人类精神……(并且)到达人类灵魂源泉"的文学。[8]

麦考密克和伯利都认为,如果图书要在战争中有所作为,"它们必须不止是贸易的对象!"(伯利),也不仅仅是"另外一种商品"(麦考密克)。战时图书委员会对似乎得益于战争的出版业的反复无常,源于长期形成的该行业的专业身份特征的文雅传统。出版人也担忧,随着战争的进展,委员会与联邦政府的联合愈来愈紧密,会给市场带来宣传的污点。在某种程度上,围绕这两个密切相关的问题,委员会成员认为其职责是推动阅读而不是促销图书。因此他们可以被认为是在没有直接"叫卖"的情况下推进了公益事业,并且在没有坚持联邦政府任何特别的意识形态的情况下推动了民主。[9]

战时图书委员会采纳了梅尔彻、麦考密克以及伯利的逻辑,认为对于能够在杂乱的现代信息中开辟道路的严肃图书的需求,以及对于促进阅读(而非直接图书销售)的需求是合理的,从而适时引入了应该如何阅读图书的建议。关于这一点,委员会的创建者们从印刷业在促进美国革命过程中所发挥作用的历史中找到了灵感,特别是托马斯·潘恩的《常识》——由此确定了一个实际上分为两部分的过程,在这一过程中,一个特定文本的读者与其他人以个体或群体的方式分享文本中的信息以及他们对文本的印象,从而建立起文学研究者们所谓的一种阐释或阅读群体。令委员会感到欣慰的是,事实上,这个分为两部分的阅读方案在阅读"军队版本"(Armed Services Editions,简

第三章　出版人为战争组织起来并为和平制订规划

称为ASE）的美国现役男女军人中的确实现了，这种"军队版本"是由委员会根据与美国陆军和海军所签订的合约而提供给军人们的。在满怀感激之情的美国军人寄给委员会的信中，许多内容都记录了这样的群体，譬如，他们提到，阅读某部作品"在我们中间引发了相当多的讨论和辩论"，并且"士兵和部队后勤人员都在不断地阅读和讨论"。如果类似"战士与水手之间的热烈讨论"在战后仍能继续的话，委员会官员威廉·斯隆指出，"那么我们（有关军队版本）的计划的正确性将会得到百倍的证明"。[10]

简而言之，战时图书委员会形成的工作哲学的元素——确认内容严肃的书籍所具有的文化价值，促进阅读而非仅仅是图书的商业销售，以及鼓励阅读群体的建立——为整个战争期间委员会的努力构建了基础，尽管其中并不是没有矛盾。斯隆预见到，出版人通过与政府资助的"军队版本"的联系正在为他们的图书创造有利可图的新读者，这一事实说明要避免商业主义的痕迹多么困难。委员会的这种理论支持也深远地影响了储备与出版系列图书的方向，这个系列图书是由委员会的附属机构——海外版本有限公司在战争后期与战时新闻局联合开发的。从程序上来看，委员会也借鉴了英国国家图书委员会的战时目标——鼓励阅读和图书的更广泛的传播，使书籍服务于国家战争，并塑造战后新一代的图书购买者——因为它与美国图书委员会的努力密切相关。[11]

战时图书委员会的会员制度是机构性而非个人性的。其成员几乎全部来自于一般图书出版人或称大众图书出版人，以及科学、医学和技术的专业图书出版人，他们要么设有大众图书分部，要么基本上像大众图书出版社一样运营。他们大多数都是图书出版人协会（Book Publishers Bureau，BPB）的成员，图书出版人协会是大众图书出版人的主要行业协会。教科书出版人直到最近才建立了自己的行业协会，即美国教科书出版人协会（American Textbook Publishers Institute），其成员大多数都没有选择加入战时图书委员会。[12]在早期，人们无疑都认为，战时图书委员会的出版人会员仅限于大众图书出版人，不包括图书管理员和图书经销商，但是在信笺抬头为战时图书委员会的信纸上明确地写着："战时图书委员会是一个由一般图书（大众图书）出版人、图书管理员和图书经销商构成的组织。"[13]这一对成员范围的决定对最初委员会将教科书、教育图书以及技术图书排除在"军队版本"之外的做法产生了影响。然而，在"军队版本"的成功变得显著之后，将军人——并且他们很快将成为退伍军人——想象成主要客户的教科书出版人，对他们的许多出版物被排除在考虑范围之外提出抗议，但多数都未获成功。[14]因而，战时图书委员会内部对大众图书而非技术类图书和教科书的强调，深刻地影响了政府和图书业在海外拓展美国大众图书的努力，这种影响开始于储备计划的实施和海外版本有限公司的设立。

作为一个由志愿者作为员工的组织建立起来以后，战时图书委员会在曼哈顿第五大街347号图书出版人协会的办公室获得了一个免费场所，在1942年和1943年之交的冬天，它决定进行重组，从而更有效并且更彻底地履行战时职责，更重要的是，使委员会的工作更有针对性。尽管一项包括更多预算和全职付薪员工在内的大规模重组计划遭到了拒绝，但是委员会确实聘请了一名全职付薪的主任（最初是珍妮特·卢姆）和少量的辅助人员。它也搬入了自己位于麦迪逊大街400号的办公室。这是一个典型的非营利性组织，也就是说，它有自己的章程、一次年会、董事会、执行委员会以及诸多项目委员会。董事会第一任主席是出版人W. W. 诺顿。[15]

第三章 出版人为战争组织起来并为和平制订规划

重要的是，战时图书委员会也经由战时新闻局国内分部图书局的切斯特·克尔来接受战时新闻局的提议，以使二者的联合更加紧密，也就是"使战时图书委员会的目标与战时新闻局的目标相符合"。[16]宣传机构与委员会完全分享其计划，以便后者能够协助这些计划的宣传和执行。同时，对战时新闻局有兴趣考虑出版但自己却无法出版的那些与战争相关的书籍，委员会也要承担起出版人或者赞助人的角色。战时图书委员会仍然保留拒绝出版由战时新闻局推荐的图书的权利，"但与此同时"，用克尔的话来说，"让战时新闻局使用其设备，因为他们相信政府 a) 最有能力制定战时信息政策，并且 b) 不会滥用其权力"。为了促进这种更加密切的关系，克尔每周花一天的时间在纽约，"在这一天当中，他所有的时间都完全由委员会领导和委员们来安排支配"。克尔向委员会成员保证，他们在销售将为赢得战争做出贡献的图书时无需有负罪感。更重要的是，他在委员会成员面前主张，书籍是思想的承载者，出版人不仅有权力也有义务帮助塑造历史。[17]

为履行其职责，说服战时图书委员会朝新的方向迈进，战时新闻局主任埃尔默·戴维斯告诉诺顿说，增强一个具有高度竞争性的产业的参与者之间的合作水平或许"听起来像是一个激进的概念"，但整个国家的民众都在学习为服务于战争而一同工作。[18]为了敦促重组计划的实施，在1943年2月2日战时图书委员会年度会议上展开的辩论中，诺顿代表委员会的诸多成员发表讲话，他坚信"如果我们不为政府去做，政府会自己去做，如此一来我们不仅错失了为国家服务的机会，也错失了履行我们希望在战后可以保留的职能的机会"。[19]至少有一位具有影响力的成员，也就是当时的双日多兰出版公司的马尔科姆·约翰逊开始后悔与政府结成如此密切同盟关系的决定，这主要是因为这个决定限制了委员会承担各种图书推广活动时的"商业化"程度。[20]尽管如此,在承担其额外职责之时,委员会能够与政府主要的宣传机构形成一种非常密切而又颇有成效的伙伴关系,这种关系有助于国家的战争努力,甚至推进了委员会自身的一些最为重要的目标,即在战争结束之后拓展其领域。

在后方,战时图书委员会开展了几项宣传工作——为图书馆和书店提供有关战争和美国及其盟国的战争目标的书目,举办图书论坛和展览,利用广播和电影来宣传委员会的信息。委员会利用广播来强调图书重要性的最佳努力,是在1942年5月10日美国全国广播公司(NBC)的全国联播上播出了著名作家斯蒂芬·文森特·贝尼特的作品《他们焚毁了图书》(They Burned the Books),这部作品描写了就在九年前的那个夜晚,纳粹暴徒在柏林、慕尼黑和其他地区焚毁了成百上千的由犹太作家和其他"颠覆性"作家所著的书籍的事件。提出以这次焚书事件作为宣传主题的人是克尔,这在战时新闻局和战时图书委员会存在的整个期间,都被证实是一项卓有成效的宣传。实际上,在战后提供给德国人的图书中,这批被纳粹焚毁或禁止的图书占据了重要位置。

战时图书委员会的其他主要项目毫无意外地直接使用了印刷媒介。其中之一,这也许是委员会早期最富雄心的一项事业,就是选定一些有益于后方宣传的书籍作为"必读图书"的计划。这些图书包括W.L.怀特所著的《他们是可以消费的》(They Were Expendable)以及约翰·赫西的《进入山谷》(Into the Valley),这两本书的内容都与英勇的美国军事行动有关,在出版人的版本上显示有"必读图书"的标志,并在封面印上了这个口号。政治和外交领域的书目包括温德尔·威尔基的《天下一家》和沃尔特·李普曼的《美国外交政策》。由于出版社为了使自己青睐的图书被指定为"必读图书"而彼此竞争,这项计划有时背离了初衷而演变成赤裸裸的重商主义。尽管"必读图书"计划被认为是委员会项目中比较不成功的一个,[21]但它还是突出了构成海外版本系列被选图书核心的重要的战时图书的种类。

克尔还与战时图书委员会合作提出了一项更富雄心的计划,即战时新闻局出版的图书将以平装本出版,并低价出售给美国公众。这一计划仿效了战时新闻局的英国同行——英国情报部的一次非常成功的冒险,他们使得诸如《为英国而战》(The Battle for Britain)、《轰炸机指挥部》(Bomber Command)和《战争运输》(Transport Goes to War)等关于战争的大量图书的销量从20万册增长至400万册。然而,该宣传机构的整个国内出版计划却未能实现,因为当时的国会多数党担忧罗斯福及其新政政策获得过多的宣传,于是明确规定"战时新闻局不得使用自身或任何其他拨款来准备或者出版任何宣传册或其他向美国公众发行的作品"。[22]反对战时新闻局为国内市场定制新书,使它在为海外民众挑选图书时坚持选择那些最初为国内消费而写作和出版的印刷图书。与此相反,英国为解放了的民众而储备的许多图书都是上面提及的那种特定目的的图书。

军队版本和针对军队的其他书籍

尽管战时图书委员会在国内图书出版方面不能再与战时新闻局合作,但在发行到美国之外的出版物领域,二者之间仍有大量的合作。事实上,到目前为止委员会最重大的工程是这样一个项目,一个名副其实的著名的"军队版本"图书系列,由委员会专门成立的分支机构负责出版,意在为美国海外军队人员提供可供娱乐和丰富生活的图书。1942年至1943年,由美国劳军联合组织、红十字会,以及美国图书馆协会赞助,依赖于后方民众自愿捐赠旧书的所谓胜利图书运动

作为武器的图书

（Victory Book Campaigns）失败之后，从 1943 年秋天直至 1947 年秋天，"军队版本"公司共发行了 1,322 种图书，总计 122,951,031 册，这些图书都出售给了美国陆军和海军用于分发给美国的海外服役部队。[23]（战时新闻局没有参与"军队版本"项目。）此外，应加拿大、澳大利亚和南非部队的要求，美国军方向这些部队提供了大量的军队版本图书。委员会知道，使讲英语的盟军战士都能读到这些图书，"是向我们认为将要在战后与之贸易的世界其他地区普及美国图书的另一种方式"。这引起了英国出版人的担忧，他们警告美国人不要侵犯英帝国的出版权。[24]

亦被称为"委员会图书"的"军队版本"图书的天才之处在于其书目的多样性及其规格的统一性。尽管公众的呼吁是如同俄勒冈的一张海报上所表达的"传递你曾经喜爱的书籍"，[25]但是由后方民众所捐赠给胜利图书运动的 1,850 万册图书，大部分是捐赠者自己不喜欢或者甚至未曾读过的。捐赠者自己都不想阅读的图书，对于受赠者来说也难有吸引力。事实上，这两次运动所捐赠图书的 40% 以上被认为不适合服役军人。[26]这些被抛弃的图书形状、开本、装帧（大部分是精装）各异，因此在打包和配送过程中出现了无尽的麻烦。[27]在战争的早期阶段，捐赠给胜利图书运动的书籍主要用以分发给美国国内的军营和海军基地，"尽可能地在收集图书的城镇就近分发，以节约时间和运费，同时也为那些帮助邻近的美国军队的民众带来满足感"。[28]总而言之，两次运动收集到的数百万册图书中只有 10% 被运往海外。[29]

在两次运动期间，一项以"我们的军人需要图书"为口号，由行业期刊《出版人周刊》牵头，委员会领导组织的特别计划，试图通过发动公众在当地书店购买新书，并邮寄到一个仓库以便分发到国内军营的方式来解决胜利图书运动中公众捐赠图书不合适的问题。因而，

第三章 出版人为战争组织起来并为和平制订规划

为"男孩们"购买美国出版社目前出版的图书,成为了一种爱国举动,同时也推动了出版业的发展。《出版人周刊》的梅尔彻也为筹集资金做出了自己的贡献,他为委员会开具了一张金额为344.49美元的支票。[30]供应的印有地址的标签通过书店进行分发,以方便公众将购买的新书邮寄到各个军营。这项运动初期共销售和运输了约2.5万册图书,花费了出版社3,500美元的成本。虽然这个销售额并没有给出版社带来很多利润,但是霍顿·米夫林出版公司的李·巴克呼吁大家要有耐心:"在我看来,重要的是我们让人们亲自去做这件事,并让他们习惯于为军营的士兵们寄送新书。他们会一直寄送图书,从现在起的六个月以后,这个数字可能会翻倍。"[31]

与胜利图书运动中那些开本与版式迥异的图书不同,"军队版本"的图书很轻,大部分都是长方形横开本的平装书,四本印刷在一起,然后用切纸机切割三次,形成四本带有系列图书特征的非标准图书。它们是用和平时期用来印刷杂志和目录册的卷筒轮转印刷机印制而成,这种印刷机器能够完成超过日常需求的印刷任务。这些图书有两种印刷尺寸——6.5英寸×4.5英寸(譬如像《大众机械》[*Popular Mechanics*]杂志的一半大小)和5.5英寸×3.5英寸(譬如《读者文摘》以及类似期刊的一半大小)——这使得包装和运输变得相对容易。文本内容分为两栏印刷在长方形页面内,据称这种设计并不会像纵向两栏的页面版式那样显得拥挤。[32]每一行的长度也被缩短至方便阅读的长度。这些在设计和技术上的各种创新使得"军队版本"书刊的印制和配送更加便捷,甚至可以称之为奇迹。确定了在轴心国执行占领任务的部队仍然需要图书(尽管数量少了些)之后,出版版式变成了人们业已熟悉的类似于企鹅出版社的口袋本图书以及其他大众平装本图书的竖开本。[33]

作为武器的图书

这些超过 1,300 种的图书所提供的内容几乎能够满足各种阅读口味，包括了从古典文学到西部小说到神话故事到有关体育的书籍。其中一些书籍描述了战后世界的政治形态，或为美国士兵离开军队后去谋求新的职业提供帮助——战时文化规划的另一个成果。这在一定程度上是由委员会修改他们的图书选目政策而产生的，考虑到战后的行业劳动力需求，委员会决定将更多教育性或技术性的书籍纳入选择范围，他们认为战后各行业劳动力对于"纯粹娱乐性"书籍的需求会减少。战争结束后不久，"军队版本"行动就被描述成"史上最伟大的大众出版事业"，[35]此后六十多年这一评价从未受到过质疑。

虽然"军队版本"图书占据主导地位，但它们并不只是以系列出版，冠有一些合适的合集书名，提供给战场上的军人们的图书。这些图书中最重要的就是"战斗力"（Fighting Forces）系列图书，它们是由面向步兵军官的领军专业出版社《步兵杂志》和企鹅图书公司美国分公司合作发行的系列图书，二者之间的合作关系松散却具有独创性并颇富成效。企鹅图书公司业已成为《步兵杂志》的图书发行商。[36]这种不同寻常的组合对双方都有好处。《步兵杂志》于1904年由美国步兵协会创办，该协会是与美国军队各分支有关联的几个专业协会之一。它的地位是模糊的。它虽然是一个私人非营利组织，并且声称其内容"没有承载官方批准的印记"，但是杂志的编辑基本上都是现役军官，并且处于军队的总体监管之下。尽管如此，《步兵杂志》大体上享有编辑的独立性，而且偶尔还会发表一些批评现行军队秩序的文章。自20世纪30年代开始，编辑们鼓励超越专业士兵领域的写作风格和话题选择。1943年初，该杂志声称拥有超过10万名的读者，包括一些普通民众。[37]与企鹅图书公司的合作为它赢得了更多的普通读者，包括那些能够影响公众意见的人。

第三章 出版人为战争组织起来并为和平制订规划

合作的推动者是约瑟夫·I.格林尼中校（后来成为上校），他是一名现役军官，从 1940 年开始担任《步兵杂志》的编辑，同时也是在时代大厅举办的推动战时图书委员会创立的一场会议中，关于图书战时作用研讨小组的成员。格林尼曾安排企鹅图书美国分公司的负责人伊恩·巴兰坦参加会议。[38] 据一名观察家所说，尽管很少为出版史学家知晓，《步兵杂志》却是战时图书出版界的一个重要存在，当时每天出版或发行的大约 1 万册图书上印有其自身或者其他出版社的标志。[39]《步兵杂志》可以将自己的一些具有高度优先权的纸张份额转给企鹅美国分公司，该公司作为一家新设立的企业只有一份难以兑现的调剂配额。作为回报，企鹅公司为他们提供了军事出版公司缺乏的图书出版和营销技术。[40] 它还负责为《步兵杂志》和另一家充满商机的出版公司——军事服务出版公司（Military Service Publishing Company）发行大众图书。[41] 一些系列图书上印着《步兵杂志》或者企鹅图书公司的名称，其他的图书则印有两者的名称。大部分的系列图书为士兵带来了有用的信息，这些信息包括军事科学、敌人和盟军的性质，以及他们服役的各地区情况。格林尼在后来的许多与美国海外图书相关的项目中成为一名重要的参与者，如同后面的章节中将会看到的那样。1945 年 5 月，当伊恩·巴兰坦离开企鹅美国分公司而去设立班坦图书公司时，他带走了许多员工以及与《步兵杂志》的合同。[42]

在策划"军队版本"时，战时图书委员会的成员坚信这一系列图书会为"即将来临的世界的大众图书阅读"做出贡献。[43] 他们是正确的。历史学家们普遍对"军队版本"赞誉有加，其不仅将书籍带给了那些在战前没读过多少书的军人，同时还促进了平装书在战后数年的繁荣发展，并且培养了一批新的消费者。[44] 当然，军队可以获得的其他书籍也做出了贡献，但是它们中没有一本拥有这样的普及范围，也没

79

作为武器的图书

有一本获得了政府授予的"军队版本"出版许可。此外,组织"军队版本"系列图书为私人部门和政府共同承担大型出版项目提供了一个先例,也为所谓海外版本的概念和实施提供了一种模式。

尽管战争结束以后,关于以某种形式保留委员会有过讨论,但是这样的努力失败了。1946年1月31日,在举办完第四次也是最后一次年会后的第二天,战时图书委员会解散了。[45]然而,其附属机构军队版本公司为了完成为美国占领部队出版新书的工作,仍继续运营至1947年。[46]

战时新闻局的作用

就在战时图书委员会成为出版产业的代表之际,紧随1942年6月的一项重要重组,战时新闻局取代了事实和数据办公室以及其他几个机构,而成为二战期间联邦政府主要的宣传机构。其职责包括国内和国外的项目,也包括反映选区民意的分支机构。战时新闻局经常遵循内部的意识形态和政策路线,这些路线取自不同目标的观点以及美国战争时期的宣传活动。由于内部最高官员的权力斗争、国会的持续不满以及公众的嘲讽,战时新闻局的作用被削弱了。其反对派主要由共和党人和南部民主党人构成,这些人不信任战时新闻局,尤其是其国内分支机构——出版局,视其为"罗斯福及其政策的宣传者"——一位曾经受雇于出版局的作家小阿瑟·M. 施莱辛格如是说。[47]主要源自政治动机的诸多问题和危机损害了这个短暂存在的机构。如果在关于战争本身的高层决策上该机构有一席之地的话,那么一些问题和危机是可以避免的。詹姆斯·P. 沃伯格,一位在一次重要变动中失去了自己职务的该机构的高级官员,指责战时新闻局的主任埃尔默·戴维斯没有行使好罗斯福总统赋予他的广泛权力,称其更喜欢充当一个区区

第三章 出版人为战争组织起来并为和平制订规划

宣传代理人,而不是致力于信息政策的制定。[48]秘密的英国政治作战部(PWE)的负责人罗伯特·布鲁斯·洛克哈特认为,战时新闻局没有参与最高级别的战争规划很可悲。[49]

戴维斯是一位受人尊敬的记者和广受欢迎的广播评论员,但并不是一位外交政策专家。负责海外分支的是罗伯特·E. 舍伍德,他是著名的剧作家,也是罗斯福总统的演讲稿撰写人和密友。戴维斯在国内的几位重要同事包括:诗人和国会图书馆馆长阿奇博尔德·麦克莱什,他曾担任战时新闻局的前身事实和数据办公室的负责人;华盛顿的官员密尔顿·艾森豪威尔,他是艾森豪威尔将军的兄弟;以及小加德纳·卡洛斯密尔顿,一个著名的中西部报纸和杂志的出版人,其负责国内的分公司。

这里只能对战时新闻局的磨难做简短的概括。战时新闻局的各部门是在国内分支机构中发展起来的,派生于不同目标的观点以及美国关于后方战时宣传的行动。这个机构怎样才能向美国民众最好地解释我们为何打这场战争?机构里许多自由主义者——包括麦克莱什——都是战争的坚定拥护者,因为他们痛恨法西斯主义,希望根除所有地方的法西斯主义。在日常生活中,这些官员中的许多人都是作家、学者或出版人。他们认为自己的职责是教育美国人民关于战争背后的根本问题,并且重要的是,告诉美国人民未来的战后美国的目标应该是什么。这项职责还包括阐明在击败法西斯主义的崇高目标中美国的利害关系如何,从而作为证明参战之人和经济成本合理性的一种方式。[50]一些意识形态倾向不太明显的官员,譬如艾森豪威尔和卡洛斯,则希望以各种方式将信息集中,尽可能在短时间内最大程度地提升军队士气和实现军事目标,而不是将他们的努力用于那些不断扩大且进一步加深的左翼思想的愿景中。[51]在某种程度上,争议体现在,一些人认为

作为武器的图书

从试图塑造公众对于重要事情的观点的意义上讲，战时新闻局不应该害怕传播宣传，而其他人却认为战时新闻局的目标仅仅是发布信息。对于麦克莱什而言，后者等同于将这个机构削减为"一个为政府部门发布信息的机器"。[52]

当然，自由主义者并不反对传播信息，但是他们希望能够诚实地，以一种建立在思想基础上并且有深度的方式进行传播。1943年4月，争议达到白热化的程度，当时大量的机构成员（包括年轻的施莱辛格）辞职，以抗议他们不被允许"说出"关于战争以及战时新闻局工作的"全部真相"。抗议者们发表了一份声明，指出这项国内计划已经"被高压推广者们控制，他们更喜欢狡猾的推销手段而不是诚实的信息"，以此弱化坏的战争消息并对冲突中的高风险保持沉默。这个机构不再是战时新闻局，抗议者们说，而是"战争大吹大擂办公室"。一位表示赞同的绘图艺术家制作了一幅海报讽刺了这种新动向，在海报中，自由女神像原本握着火炬的手举着四瓶可口可乐，标题写着："振奋精神的战争：四瓶美味的自由"。[53] 而事实上，"宣传"和"信息"的方式往往相互融合。

实用主义者胜利的一个理由是，那些认为美国人需要理解他们是在发起一场反法西斯主义战争的人提出的缜密且有远见的观点，没能让海外军队或后方民众真正信服，因为这些人主要认为我们正在为美国和"美国生活方式"而战斗。这种观点对于美国和海外的民众而言都是有用的。对于国内民众而言，这是舒服而令人放心的；这也是向世界上其他地区显示美国的行动是崇高的和正当的。通常情况下，这些观点是通过描绘美国普通民众的日常生活来展现的。在国内，这种观点导致的结果是弗兰克·卡普拉为美国陆军部拍摄的《我们为何而战》（*Why We Fight*）系列电影，以及宣扬美国价值观的同时在全世界

第三章 出版人为战争组织起来并为和平制订规划

推销包括可口可乐在内的各种产品的大多数战时广告。[54]

这种方式在全世界的运用，意味着要应对那些关于美国的被扭曲但却被广泛持有的看法，即视美国为一个颓废且歹徒横行的国家，这种形象是好莱坞电影和流行文化的其他特征向国外介绍的，也是戈培尔在德国国内反复批评的形象。事实上，对于海外分支机构的自由主义者来说，着重向外国人刻画美国人的生活方式并不都是与其观点相悖的。毕竟，法西斯主义可以被刻画成"美国方式"的反面。这种观点并非完全短视，因为其隐含的意义是美国必将成为世界事务方面的领导者。对于戴维斯来说，传递的信息就是"我们要来了，我们将获胜，并且最终因为我们的胜利每个人都将生活得更好"。[55]

因而，以坚决反对法西斯主义为基础的较为理想化的观点在整个机构中被更加务实的观点所取代，但重要的是，这种理想化的观点在海外分支机构中得以幸存，尤其是在其图书局。海外项目的大部分关键人员是自由主义者，是具有国际化思想的反法西斯主义者，他们不同于战时新闻局的国内分支的员工，实际上必须与法西斯主义的邪恶影响作斗争，而且必须应对法西斯主义恶果的确凿证据，这是他们日常工作的一部分。

对美国及其民众这种令人印象深刻的乐观刻画，开始主导海外分支机构专为外国民众制作的宣传册和杂志的内容。这也使得在海外分部图书局内部形成了一个主要的，并且从某种程度上来说唯一的长期策略，这种策略就是所谓的二战宣传的"巩固阶段"，美国在此阶段开始赢得从轴心国获得解放的民众的支持。[56]这项旨在将数百万册图书尽快送到被解放的民众手中的策略与美国图书出版人的目标完全一致，因为他们希望在建立和平之后扩大海外市场份额。 [57]

这一策略的实现完全取决于战时新闻局与军队的合作。在战争初

83

期，对于战时新闻局能否在军事宣传领域发挥作用——或者是否会有许多军事宣传，并没有被寄予太多希望，因为美国军事官员对其办事效率感到怀疑。更重要的是，所谓心理战的混合特征——部分军事性质，部分平民性质——始终令人感到困惑，直至明确了该机构的使命就是解释"军事危急情况下平民的政治和宣传政策"。[57]1942年7月，麦克莱什和沃伯格来到伦敦，为战时新闻局的海外运作设置主要基地，并与英国政府的相应机构建立联系。[58]

在伦敦的时候，沃伯格和英美军事参谋一同与艾森豪威尔将军进行了会面，当时艾森豪威尔将军刚刚抵达伦敦，担任军队的欧洲战区总司令。尽管艾森豪威尔将军承认自己对心理战了解不多，但他还是决定一试。那个时候，他正在策划盟军登陆北非的计划（"火炬行动"），他觉得心理战对这次行动会有所帮助。但是他坚持认为，如果像战时新闻局这样的民事机构参与进来的话，它们必须接受直接的军事指挥。[59]战时新闻局的确为军事战略计划做出过贡献。得益于沃伯格，他提议将战时新闻局与英国政治作战部整合并入美国陆军的心理战分队（Psychological Warfare Branch，PWB），两个机构根据各自的优势领域发挥作用——美国方面提供人员和机械，英国方面提供政治智慧。[60]后来在战争中，美国心理战分队变为盟军远征军最高司令部心理战部。

战时图书委员会与战时新闻局公开和秘密的合作关系

将书籍送到欧洲平民手中的任务是政府首要宣传机构与美国各大出版社之间的一次合作尝试，这种合作是极其紧密的，如果不用关系混乱来形容的话。战时新闻局与美国图书出版人的利益应该是一致的，这一点丝毫不令人感到惊讶，因为宣传机构的工作人员中多数是出版人、作家和记者，当然，由出版产业发起的战时图书委员会的人员构

第三章　出版人为战争组织起来并为和平制订规划

成也是如此。与战时图书委员会或战时新闻局有联系，或者与两者皆有联系的人的一份名单列表看起来就像一个名人录，他们不仅有来自当代出版界的名人，也有20世纪的巨匠。这些在战时新闻局国内和海外分支机构担任要职的出版人包括：大西洋月刊出版社的切斯特·克尔，他在被派往国外分支机构前曾担任过国内分部图书局的负责人；维京出版社的哈罗德·金兹伯格和密尔顿·B.格里克；鲍勃斯－美林出版社的阿奇博尔德·G.奥格登；利特尔和布朗出版社的C.雷蒙德·埃弗里特；霍顿·米夫林出版社的保罗·布鲁克斯；利平科特出版社的乔治·史蒂文斯；哈珀兄弟出版公司的卡斯·卡菲尔德和西蒙·迈克尔·贝西；多德米德出版社的爱德华·H.多德；法勒－莱因哈特出版社的约翰·法勒和菲利普·霍奇；双日多兰出版公司的特里沃·希尔；以及亨利·霍尔特出版社的凯斯·杰尼逊。虽然霍尔特出版社的威廉·斯隆并不是其员工，但他曾作为战时新闻局的顾问，在战争期间对中国做过一次重要访问。作家代理人阿米蒂奇·沃特金斯，曾在纽约的海外分支机构服务。

其他一些重要的战时新闻局的工作人员来自杂志社或报社。其中一位就是维克多·韦布莱特，他曾经为巴特里克出版社和《读者文摘》工作，作为战时新闻局与英国出版业的联络人，他在伦敦的美国驻英国大使馆的工作非常有价值。战后，他利用那段时间积累的经验和关系进入美国图书出版业，最初在企鹅图书公司美国分公司，后来成为新美国图书馆出版社的创建人之一。[61] 另一位是路易斯维尔《信使日报》（*Courier-Journal*）的前任编辑赫伯特·阿加，当他在伦敦作为海军少校服役时，韦布莱特把他"借来"作为自己与英国出版业的联系人，这样韦布莱特就能够集中在图书这种"慢速媒体"方面维持与英国的关系。副董事爱德华·克劳伯在加入美国哥伦比亚广播公司之前是《纽约时报》的编辑。同样来自《纽约时报》的詹姆斯·B."斯科蒂"·莱斯顿,负责设立战时新闻局在伦敦的新闻办公室,同时也负责监督驻守伦敦的美国军人不当行为的损害控制。[62]另一位《纽约时报》成员塞缪尔·T. 威廉姆森是克尔在海外图书局的上司。[63]《星期六文学评论》的编辑诺曼·卡森斯是海外出版局的一名顾问。乔治·史蒂文斯在加入利平科特出版公司前是《星期六文学评论》的卡森斯的前任,之后加入了战时新闻局。詹姆斯·A. 林恩在战时新闻局的阶段性工作结束后,重新回到《时代周刊》杂志,并在适当的时候成为了该杂志的编辑。来自《宝冠杂志》(Coronet)的奥斯卡·迪斯特尔负责战时新闻局的杂志和宣传册的工作。20 世纪 50 年代,他成为班坦图书公司平装书出版领域的一名主要负责人。[64]

克尔并不是唯一一名不仅要在战时新闻局执行政府工作,并要同时保持与出版界密切联系的人。奥格登与官方的联系更为紧密。在克尔等待进入军队而从国内分支机构辞职之后,委员会慎重考虑之后要求战时新闻局宁可保留这个空缺也不要用一个价值较小、效率低下的联络人。为此,战时新闻局让奥格登担任民间非营利性组织战时图书委员会的执行董事,并兼任战时新闻局图书与杂志处图书分部的临时成员,穿梭于纽约和华盛顿之间,"这样就可以在图书和杂志处与出版业之间建立一种自然的联系"。[65]在加入战时新闻局的同时保持其在战时图书委员会的工作,奥格登实际上是为了取代与军队有明显联系的克尔。然而,克尔却很快在海外分支机构担任威廉姆森的助手,这在前文已经提及,这是他在等待 6 月中旬参军时的一个临时职位。令人惊奇的是,他并没有被征入伍,而是继续在战时新闻局新的职位上工作,直到战争结束。[66]

战时图书委员会和战时新闻局工作人员之间的密切关系给宣传机

第三章 出版人为战争组织起来并为和平制订规划

构内部的一些人造成了麻烦。譬如,1944年4月,战时新闻局副主任克劳伯指控克尔在战时新闻局的职位上,代表商业出版社的利益从而导致了利益冲突(这在某种程度上来说是事实)。克尔将此案件交给了支持他的埃尔默·戴维斯。[67]大多数与出版业有紧密联系的战时新闻局的内部工作人员都竭力避免出现这样的冲突,尽管大体上说他们并没有偏向任何出版社,即使他们制定的政策和计划可能会使得整个图书业受益并同时有助于赢得战争和保护和平。但这并不是说一些官员没有被诱惑而做出越线之事。德国投降之后,当霍顿米夫林出版社的布鲁克斯作为战时新闻局的官员到达伦敦的时候,出版社在伦敦的代表告诉戴维·昂温,布鲁克斯"不能做生意"。尽管如此,她说,他计划"对出版社进行纯社交性的拜访,并告诉我他特别想要拜访艾伦和昂温出版社"。[68]

这群由出版人转行的公务员是20世纪中期前后相当有代表性的最重要的出版人群体,只是缺少了于20世纪20年代进入图书业的杰出犹太裔出版人群体的代表。[69]这个犹太裔出版人群体包括:阿尔弗雷德·A.科诺夫、霍勒斯·利夫莱特、阿尔伯特·伯尼、查尔斯·伯尼、理查德·西蒙、麦克斯·舒斯特、唐纳德·弗里德、帕斯卡尔·科维奇、班尼特·瑟夫、唐纳德·克洛普弗、本杰明·许布希以及哈罗德·金兹伯格,其中只有金兹伯格在战时新闻局供职。一个来自哈珀出版社的年轻人西蒙·迈克尔·贝西也在战时新闻局任职。尽管存在宗教和种族差异,大多数最重要的犹太裔出版人与他们的非犹太裔同事都有着类似的背景——在东部出生长大,来自上层中产阶级家庭,受过大学教育,许多都是常春藤院校或"小常春藤"学院的毕业生。[70]在战时新闻局工作的出版人中来自东北部精英大学的毕业生包括:金兹伯格、史蒂文斯、布鲁克斯、坎菲尔德、贝西和格里克(哈佛大学);克尔、希尔、埃弗里特、法勒和霍奇(耶鲁大学);奥格登和杰尼逊(威廉姆斯学院);以及索恩(普林斯顿大学)。

这个"老男孩"关系网包括了波士顿与纽约的出版人之间的亲密关系,并且除了战时新闻局之外还涉及他们生活的其他方面。大多数出版人都是自由主义者,强烈的反法西斯主义者,坚定的新政支持者,具有世界主义和国际主义色彩。他们中的许多人活跃在各种不同的非营利性组织里,包括许多处理战后事宜的组织,比如美国公民自由联盟和自由之家,这些组织的目标与他们的哲学理念相吻合。自由之家创建于1941年,是一个反对左翼或右翼专制的非政党组织,它吸引了许多像作家、出版人和记者这样的杰出人士参与,同时也积极提供战时服务。1942年,这个组织的委员会成员包括报纸编辑阿加、专栏作家多萝西·汤普森、神秘主义作家及战时作家委员会负责人雷克斯·斯托特、每月一书俱乐部主席哈利·谢尔曼以及出版人法勒和金兹伯格。[71]出版人志愿主义的另一个受益机构是位于纽约市的民主重建国际研究中心,奥格登和金兹伯格皆是其委员会成员。欧洲难民艺术家和作家在组织成员中非常突出,是该中心一个关键项目的焦点。[72]兰登书屋的瑟夫是苏联战争救济公司(Russian War Relief, Inc.)的委员会主席,负责收集被纳粹分子劫掠和摧毁的苏联图书馆和学校的图书。[73]

战时新闻局的两位出版人:切斯特·克尔与哈罗德·金兹伯格

克尔和金兹伯格在战时新闻局的图书计划中扮演了极其重要的角色。克尔不仅涉足大众图书出版领域,也服务于战时政府部门,他主要负责将诺曼底登陆后美国宣传的战略目标与美国图书出版机构的长远利益结合起来。克尔于1913年出生于康涅狄格州的诺沃克,1936年毕业于耶鲁大学,是优秀班级的一员,这个班级中包括他的室友约

第三章 出版人为战争组织起来并为和平制订规划

翰·赫西以及布伦丹·吉尔、沃尔特·W.罗斯托、奥古斯特·赫克舍、斯图尔特·艾尔索普、乔纳森·宾厄姆、C.狄龙·里普利和戴维·德林杰。[74]在耶鲁大学，克尔主修历史和国际政治学，那时的他或许关注外交部门。他承认自己在校的成绩"不稳定，主要因为专注于'耶鲁新闻'的编辑工作以及在政治联盟的辩论活动；自己感兴趣的课程的分数则很高"。[75]从耶鲁大学毕业两个月以后，他成为了纽约哈考特-布雷斯出版公司的实习编辑，由此开始了自己的出版生涯。经过训练后，他越来越多地承担起与作家、代理人打交道的责任。1940年6月，他离开了哈考特公司，成为位于波士顿的大西洋月刊出版社的理事，该出版社每年约20种图书的制作和发行由利特尔布朗公司负责。1942年3月，应阿奇博尔德·麦克莱什的邀请，克尔加入了事实和数据办公室，三个月以后该机构更名为战时新闻局，他最初负责其国内分支机构的图书部（后来的图书局）。

克尔认为自己在促进战时图书委员会的组织工作上功不可没，同时也"是'军队版本'系列图书的创始人物"。[76]1942年6月18日，他在战时图书委员会组织的午宴上发言时表示，他相信该组织在战争时期的工作将会影响战后图书业的发展方向。"一个具有代表性和权威性的战争委员会，"他对他的同僚们如是说，"将会成为一个广受欢迎的机构，通过它去集中解决图书业与政府信息部门之间全面合作发生的所有问题。""如果足够多的美国人有机会认识到在战争时期一本图书能够为他们做的事情的话，"他补充道，"他们在和平时期将会对它的价值和功用有一个新的评价。你可以在今天养成将会在明天仍然保持的习惯。"[77]

1944年3月，克尔从战时新闻局辞职，一方面是因为他在等待接收他的征兵通知，另一方面是因为国内图书局的地位逐渐下降，而他认为随着战争临近尾声，海外图书局的重要性将会继续提升，尽管在克尔看来，海外图书局的负责人文森佐·彼得鲁洛"不怎么样"，因为他的性格以及缺乏出版界经验将不会给"这个行业留下深刻印象"。[78]他起初曾想在海军情报部门谋求一个职位，最后因为视力不好被拒绝。他没有收到征兵通知，显然是因为针对26岁以上男子入伍的新规定。[79]因此，他于1944年4月又重新加入战时新闻局，这一次是为海外分支机构工作，担任出版局负责人威廉姆森的特别助理，在那里他见证了即将到来的行动。

在这个职位上，克尔负责管理战时新闻局的海外版本项目，他也是该机构与出版产业和国务院关于国际图书问题的联络人。对于任何一家美国出版社来说，克尔都是一位不可多得的人才（甚至位于伦敦的费伯与费伯公司的老板杰弗里·费伯也设法聘请过他），但是他决定在战争结束之后才回到出版界。"我来这里是为了战斗，"他对一个出版界的同行说，"如果国会允许我这么描述战时新闻局的工作的话。无论是从战时新闻局角度还是从对海军的有利角度……或者从受威胁的角度来看，我都希望战斗到战争结束。"[80]从战争到和平的过渡期间，克尔和国务卿助理威廉·本顿合作，将战时新闻局的部分机构发展成为美国新闻处。

在政治上，克尔属于中间偏左派。与其他大多数为战时图书委员会或战时新闻局工作的出版人一样，他也是一个坚定支持罗斯福新政的民主党人。1943年，位于纽约的《世界电讯报》的一篇文章指责克尔压制了一本共产党不赞成的图书，因此给他涂上了红色。但是，这本书的出版商双日出版公司、《出版人周刊》的编辑梅尔彻以及一些其他人立刻开始为克尔辩护。[81]

克尔于1945年末第二次离开政府部门之后，成为美国国际图书协

第三章 出版人为战争组织起来并为和平制订规划

会的代理理事,该协会曾短暂接替战时新闻局在促进美国图书海外销售方面的工作。[82]克尔虽然是一位要求严格并且经常发脾气的管理者和出版人,但是他以前在战时新闻局的一位同事曾对他说:"你有一种激发别人为你工作的特质,我知道,正是这种特质让我留在这里。"[83]从现存的他的信件中可以清楚地看出他的这种特质以及其他许多特征的痕迹,包含了一种敏锐又往往尖刻的机智。[84]

战时新闻局另一个为获得解放的民众提供美国图书的关键人物——哈罗德·金兹伯格,出版局在伦敦的负责人——在出版界拥有的声望甚至要比小他13岁的后辈克尔等人更加杰出。金兹伯格于1899年出生在纽约市的一个有名的犹太裔家庭。他的祖父是一位拉比,1848年革命失败之后作为难民从奥地利移民到美国。他的父亲亨利·A. 金兹伯格是一位富有的橡胶商和慈善家。[85]

当金兹伯格于1942年1月加入战时新闻局工作时,他是维京出版社的社长,这家出版社是他和他的一位哈佛朋友乔治·欧本海默于1925年创立的。大学之后,金兹伯格成为一名新闻记者,与此同时在哥伦比亚大学学习法律。通过与理查德·西蒙的关系(他曾与理查德·西蒙一起上小学),他加入了西蒙与舒斯特出版公司,后又离开这家出版社创立了自己的出版社,以罗克韦尔·肯特书末优雅刻画的一艘维京船命名它。金兹伯格和欧本海默甚至在尚未出版自己的任何新书之前,就通过收购本杰明·W. 许布希有着23年历史的公司(以及许布希自身一些不可分割的服务项目)而在图书业崭露头角。通过这次交易,维京获得了一个有价值的存书目录,包括詹姆斯·乔伊、D. H. 劳伦斯、吉哈德·霍普特曼、舍伍德·安德森等人的作品。科维奇-弗里德公司破产之后,帕斯卡尔·科维奇于1938年加入了维京公司,并带来了他的获奖作家约翰·斯坦贝克。在战争之前的数年里,维京的书目中很多都是英国和欧洲的作品,包括哈罗德·拉斯基、丽贝卡·韦斯特、格雷厄姆·格林,以及一些作品被纳粹禁止或者焚毁的著名作家,这些作家中包括阿诺德·茨威格、利翁·福伊希特万格、斯蒂芬·茨威格、弗朗茨·韦尔弗等人。20世纪20年代中期,金兹伯格创建了文学公会图书俱书部,与每月一书俱乐部并驾齐驱,但不久他又将其卖给了双日多兰出版社。20世纪40年代初,他创立了维京口袋书系列(Viking Portables),这是一个以著名作家的作品为重点的、颇具影响力且很受欢迎的图书系列。该系列的第一部作品实际上就是为美国在海外的军人提供的阅读材料之一。它由亚历山大·沃尔考特编辑,标题为"像往常一样:美国散文和诗歌口袋书系列"(*As You Were: A Portable Library of American Prose and Poetry*)。

与他的父亲一样,金兹伯格也是一位慈善家和民间活动家,并且主要致力于自由主义和犹太人的事业。他长期活跃在美国犹太人委员会中,在这个委员会中他对犹太难民的问题尤其关注。在这方面,他努力说服美国同胞们将移民看作是"资产而不是负担"。[86]同时,他还深入参与自由之家和美国民权同盟的事务。[87]像许多在战时新闻局或战时图书委员会工作的犹太人和非犹太人出版人一样,金兹伯格作为一名热烈的反法西斯主义者,他在珍珠港事件之前强烈支持援助英国,同时强烈支持介入这场反对德国的战争。他可能也是英国情报部门在美国的一个积极招募者,这个部门由威廉·史蒂芬森领导,就是那个"被称作无畏者的人"。[88]

与克尔一样,金兹伯格(于1943年)从战时新闻局辞职,因为过于担心该机构内部的意识形态和人事危机可能会使它无法创设一个合适的出版计划;与克尔一样,他后来又重新加入。[89]在他的伦敦总部——战时新闻局最大的海外分部,雇员最多的时候达到1,600

第三章 出版人为战争组织起来并为和平制订规划

人[90]——金兹伯格负责监督美国图书的储备，以便在诺曼底登陆之后发送到欧洲大陆。在克尔的协助下，他成为创建海外版本项目的主要负责人。在海外版本公司的设立被延迟而对项目产生威胁时，金兹伯格在英国出版了一个较小的类似的图书系列，由此产生了法语和荷兰语的跨大西洋版本。1961年61岁的他去世之后，《纽约时报》的一篇纪念悼词称他"与所出版的作品的著名作家们一样富有创造性"，并说"如今美国大众图书出版的任何一个特征的形成几乎都离不开他的帮助"。[91]

为未来规划

美国卷入第二次世界大战对该国的图书出版业产生了巨大影响。战争使图书出版业完全走出了大萧条时期的低迷。在战争期间，阅读图书对于公众来说比以往更具重要性。战争期间盈利良好的出版社希望在战争结束之后继续维持这种繁荣状态。战争促成了美国社会诸多领域的文化规划，而出版社也包括在内。[92]出版产业通过建立一个组织为战争服务，该组织的成立为制定规划提供了一个重要的手段。

1942年初，出版业为了更广泛地参与世界市场而开始认真规划，最明显的就是战时图书委员会的创立。这个进程还包括一个或多个美国重要的图书出版人对几个重要国家的一系列访问，以查明这些地区战时的出版状况，并评估美国图书在战后的潜在市场。这些代表团多数是由美国军队心理战分队和战时新闻局发起。第一次访问是1942年秋天柯蒂斯·希契科克的英国之行，如同《出版人周刊》所作的慷慨描述一样，这次的访问使命"创造了图书贸易的历史，为英国和美国的出版人带来了关于共识和共同事业的全新感受"。[93]接下来的几年又有代表团访问南美、中国、澳大利亚、新西兰，并再次访问英国，英

93

国代表团也对美国（以及加拿大）进行了互访，甚至在1948年还对被占领的德国进行了一次重要的战后访问。

在国内，规划也在进行，联邦政府成为一个亲密且感兴趣的合作者。1942年9月，战时图书委员会华盛顿分会举办的一次"峰会"可以被视为一个重要事件，出席这次峰会的代表包括出版产业的代表，以及几乎所有对图书作用感兴趣的联邦政府机构的国内外代表，或者在战时及其随后的和平时期负有推广图书作用职责的机构代表——当然包括战时新闻局，但也包括美国陆军部、海军部、美洲事务协调员办公室、教育部、价格管理办公室、审查办公室以及国会图书馆。尽管国内问题是9月17日会议议程的主要部分——比如，如何满足军队对图书不断增长的需求——美国图书的海外需求和机会也得到了广泛的讨论。《出版人周刊》的报道称，此次会议的主要目标是使出版人能够了解"出版业如何最好地帮助政府解决其紧迫问题"。[94]

对于出版人而言，关于这些讨论最引人注目的是，政府各机构已经形成的想法将要实施的程度，以及这些机构将如何愿意相应地协助出版产业实现其自身和国家的目标——不仅是国内目标也包括国际目标。国务院的代表们尤其迫切希望在拉丁美洲可以更广泛地提供美国图书，通过出口实体书的方式，或者通过销售西班牙语和葡萄牙语（特别是关于历史和科学方面的书籍）的海外版本的方式。他们也希望更多的拉美图书能够翻译成英语在美国出版。美洲事务协调员办公室的官员表示，"我们所有的努力都是为了商业出版人的利益，为了更多的往来增加联系，积累销售作品版权的经验。"

该群体的一名成员列出了国务院的"四个主要目标"：

1) 让尽可能多的好的美国图书和期刊进入外国；2) 鼓励并

促进优秀的美国图书翻译成外国语言，用于在外国销售和发行；3）为外国的书评人、编辑、出版人以及其他利益相关人员和组织提供关于美国出版的图书和期刊的综合信息；4）使得在外国购买美国图书和期刊更加容易。

该群体的另一名成员认为，"几乎世界各地对美国兴趣的大幅提升"以及英语语言知识的传播，使得制作针对出口市场的廉价的各领域的美国图书不仅非常重要而且也切实可行。

甚至连价格管理办公室的代表也表达了对战时和战后和平时期图书重要性的深刻理解，这与战时图书委员会的创立者们设定的目标相呼应。他告诉与会人员：

> 过去的七八年里，关于战争局势以及未来形势，图书出版业走在了所有人的前列。图书在民众心里奠定了关于此次战争意义的基础。我们难道不能再次运用图书而将眼光放远吗？政府自身无法将其认为可能发生的情况进行出版。图书出版人拥有一次巨大的机会。我们此刻所做之事与奠定一本书的未来之间存在一种相关关系。仅相对于已发生的情况而言，出版人可以占据思想领域。[95]

此次会议上私人和公共机构的代表们意识到的共同目标和目的，帮助形成了整个战争期间及之后若干年美国图书出版和宣传活动的历史进程。与此同时，这种合作精神促使政府和出版人就共同面临的问题找到解决方案——政府需要利用美国图书净化曾在轴心国控制下的民众的思想，而出版社越来越渴望为它们的图书占据战后的海外市场。

第四章 "图书是最持久的宣传工具"

书籍可以用作思想战争的武器的观点在第二次世界大战中被证明是一个有用且具影响力的口号。这一观点不仅被运用在美国国内和国际的大环境中，在英国也得到了广泛的认可。[1]像许多口号一样，也的确像书籍媒介本身一样，这一武器是一把双刃剑。每一位宣传者（和书籍历史学家）都知道，书本上的文字既可以用于摧毁也可以用于建构思想，既可以用于攻击也可以用于防御，既可以行邪恶之事也可以推崇高之为。出版的图书可以被热切地接受也可以被无情地抵制。W. W. 诺顿发现，对战争最有影响力的书《我的奋斗》出自这样一个人之手，他厌恶某些书到了焚毁禁止的地步，但他自己却收到了也许是在世作家中最多的版税，这是多么具有讽刺意味。[2]诗人兼美国国会图书馆馆长阿奇博尔德·麦克莱什曾提醒美国的作家、出版人、图书馆员、图书经销商、学者以及广大民众，"要真正认识到纳粹暴徒所倾力焚毁的书籍的力量"。[3]

战争时期美国图书在海外被赋予的重要角色源于政府的需要，当一系列挑战在战斗结束之后的脆弱和平状态下出现时，政府需要寻求解决之道。当盟军与轴心国敌人作战时，宣传的首要目标是迷惑敌人以削弱他们的战斗力，在被占领国家通过地下运动号召反抗，削弱敌人的战斗意志，最大可能地引导敌人投降。盟军开始取得反击轴心国

第四章 "图书是最持久的宣传工具"

敌人的胜利,先是在北非和意大利,后来在西欧和远东地区,胜利随之更近了。

宣传工作因此扩展到不仅针对战斗需要,也针对维护和平的任务。战争一结束便在各地开展的宣传与战时宣传是截然不同的,此时需要另外的策略和不同的媒体部署。战争结束后,书籍在宣传中扮演的角色与战时相比要重要得多。

巩固性宣传的基本特征

战后、解放后阶段的所谓"巩固性宣传"有三个主要目标。第一是安抚侵略和被侵略国家的平民百姓。这意味着使用宣传工具来重建和维持稳定,以确保服从盟军司令官的命令,同时告知被解放国家或者战败国家的民众接下来他们可以期待什么,不可以期待什么。这就需要对现况有一个真实的评估,但既不应太悲观也不要太乐观。安抚平民百姓很重要,从而"可以将维持法律和秩序的盟军数量降到最低",因为这些士兵需要被调往战斗仍在进行的区域。[4]第二个目标是要重塑民众的思想——或者,正如一名宣传规划者所说的那样,要使他们经受"一个解毒的过程"——消除过去四到六年里一直作为纳粹审查和宣传的无情猛攻对象的影响。[5]这个目标主要是抵消戈培尔的宣传机器广泛传播的关于美国人和美国文化极其负面的形象。第三个目标是要解释美国在这场战争中做了什么。令人惊讶的是,欧洲人对美国人的战时努力知之甚少,尤其是对美国同时在地球另一端的对日作战知之甚少。这些宣传活动的重要军事目标是"将维护法律和秩序的军队数量降至最少",但所有目标在赢得战争与和平的过程中都是很重要的因素。事实上,战时宣传与巩固性宣传的区别很小,彼此经常相互融合。[6]截至1943年底,巩固性宣传计划一直有条不紊地进行着。[7]

97

作为武器的图书

为了保证针对轴心国的军事胜利，盟军的宣传运用了许多媒介形式，包括广播、电影、装有喇叭的宣传车，以及各种各样的纸质印刷品，比如传单、小册子、报纸和杂志等。所有这些媒介形式也同样用在了解放后时期的宣传工作中，但大大增加了书籍这一媒介的使用。尽管为提升士气和告知民众缘何作战而在国内进行的宣传中图书一直占据重要地位，但是在战争期间，由于可以理解的原因，图书在一些战区发挥的作用比较小。广播、电影、篇幅较小和较快捷的印刷品在实现短期目标方面十分有利，譬如招募士兵和维持抗战、迷惑敌军对盟军行动的判断，以及鼓励敌方士兵投降等。图书在帮助实现长远目标的过程中可以扮演一个至关重要的角色，包括帮助从战争向和平的转变，以及在将来赢得侵略和被侵略国家民众，尤其是精英和其他舆论制造者们的心灵和思想。战时新闻局的一位高级官员认为："图书不会对大众的思想产生影响，但是会对那些塑造大众思想的人的思想产生影响——对思想的领导者以及大众观念的构想者产生影响。一本图书的影响可以持续六个月或者几十年。图书是所有宣传手段中最持久的。"[8]

如果书籍可以被视为"纸质子弹"的话，那它们就是欧洲各被压迫民族更愿意以其指引的方向为目标的子弹，就像盟军很快便亲眼所见的那样。[9]反复出现在被侵略国家民众的表述中，以及政府、军队和私人机构官员的实地见闻中的评论认为，民众强烈渴望获得未受法西斯主义宣传玷污的书籍和其他阅读资料。知识饥渴通常被比喻成仿佛肉体饥饿一般。[10]对于欧洲各民族而言，解放后他们对思想和灵魂食粮的渴望与对物质食粮的渴望展开了竞争。1943年至1944年，盟军在地中海战区取得胜利以后，民众愿意将仅有的一点钱用于购买战时新闻局带来的图书，对于许多军事官员而言，没有比这一事实更能证明

第四章　"图书是最持久的宣传工具"

公众对于优质读物的渴望了。[11]在战时新闻局英国分支机构工作的出版人维克多·韦布赖特，向国内本部报告了有关"海外市场对于图书需求的不断增加，但却没有足够的可以获得的读物"。[12]另一位出版人威廉·斯隆在1943年底肩负行业使命访问了中国，这次访问让他了解到那里的人们也渴望获得书籍。在一个被日本人炸毁的孔庙地基上，他发现了一块石板上用粉笔模糊地写着的几个英文单词，"首先，我需要书籍"。[13]一名法国人在哀叹维希政府对印刷品和言论的严格审查制度时，他告诉一位来访的美国人，"挨饿已经够糟糕了，但这比挨饿更糟糕"。[14]在德国，希特勒死后，对于非纳粹、非军事图书的这种渴求也普遍得到反映。有些人宁愿用食物来换取图书。[15]在日本，经受了常规炸弹和原子弹的摧毁以及无法想象的战败之后，"对于宣传口号以外文字的渴望"像躯体饥饿一样强烈。这种渴望甚至驱使人们在书店外排队几天几夜，就为了购买新出版的哲学家西田几多郎的文集。[16]

如此大范围的知识饥荒转变为被压抑的需求——对几乎任何一种讲述有关过去四至六年世界发生的事情真相的读物都有需求。阿尔及尔的一位出版人报道说，他所在的阿尔及尔解放后的1944年4月初，民众对图书的需求促使出版社针对每个版本图书的印数达到1万册至2万册，与战前正常情况下3,000册至5,000册的印数形成鲜明对比。[17]而在欧洲，当时根本没有足够的图书可以满足大众的强烈需求。1945年4月的巴黎，每月只有500种图书出版，而战争前每月出版1,000种图书，一位当地的图书经销商如此写道，"结果导致许多图书一上架就会被销售一空。"[18]

美国与英国之间的合作与竞争

在满足刚被解放或者被占领的厌战民众对于不受审查的文学——

作为武器的图书

尤其是文学书的渴求的同时，美国与英国实际上应该如何实现他们的长期宣传目标？由于英美两国本土的图书业在战争期间遭受重创，印刷厂和出版社要想恢复到某种程度的正常水平，并能满足巨大的被压抑的需求至少需要数月的时间。两个国家关心此事的每个人几乎都一致认为，消除欧洲国家图书文化的纳粹影响的主要任务应该由两国本土的出版人各自承担。但是，两个获胜国如何才能够在解放后本地印刷和出版业重建的这段时间里，满足人们对图书的渴望的同时，又确保图书可以发挥他们所期望的宣传功效呢？此事如此重要，以至于两国的军事和民事宣传官员都认为，这一长短未定的过渡时期将是一个十分紧急的阶段，需要采取大胆的行动。

与美国人一样，英国人在战争期间也运用图书来实现其在本土和海外的宣传目的。尽管两个国家各自独立制定图书计划以达到各自特定的国家和行业目标，但二者却以伙伴身份参与到巩固性宣传阶段的海外图书计划中——首先是与1943年至1944年在北非和意大利的军事行动相关的图书计划，后来是1944年反攻欧洲时的图书计划——在成立于1944年的盟军远征军最高司令部心理作战部的庇护下实施。在盟军远征军最高司令部成立之前、期间和之后，两国对于图书问题的看法既存在显著差异也有相似性。然而，两国在最高军事指挥层面的合作，从未完全掩盖战争环境造成的两国图书业之间的竞争，当时两国图书业分别由战时新闻局和英国情报部作为其代表。隐约可见的最激烈的竞争景象是两国图书在未来的海外市场中的竞争。美国想要扩展其图书的国际贸易。英国不仅渴望而且急切需要维持自己在过去几个世纪培育起来的对国际市场的控制。这并非必须是一场零和竞争，但这场争夺世界市场的战斗在总体上就像是一场零和竞赛。

英美图书计划实施的首次测试是，1942年至1943年间在心理作战部的庇护下两国各自或联合进行的图书储备，以及最终将这些图书物资运送到新解放的北非、西西里和意大利地区。重要的是，宣传员参与了攻占北非的计划，这可能在军事史上尚属首次。[19]杂志、小册子、宣传册是巩固性宣传活动中的重要组成部分，特别是在解放初期阶段直接面向人民大众宣传的时候。而且，从一开始，图书在促进被解放社会长期重建过程中的特殊价值就得到了清楚的认识——并且被加以运用。[20]

从火炬行动（攻占北非）到霸王行动（攻占诺曼底），在心理作战部队制定的这些军事行动计划中，英国和美国都要求在伦敦以及其他地方储备大量的小册子和图书，以期被立即运送到刚从纳粹统治下解放出来的占领国家。英语版本以及各种当地语言的译本的图书都要准备。因此，这些图书要么从现有的渠道去购买，要么就需要安排一些美国或者英国的出版社或其他机构专门出版，它们可能是一家流亡中的出版公司，也可能是来自像瑞典或瑞士这样的中立国家的一家出版社。在当地出版社恢复了生产并且能够凭己之力满足需求时，盟军宣传资料的供给就立即停止了。[21]

美国和英国的一些机构和个人早就开始为解放后的图书储备计划做准备。这一想法在英国出现的时间先于美国，这无疑是因为英国早于美国卷入这场战争，并且更近距离地看到了欧洲大陆许多地区面临的知识封锁。英国的国际图书贸易已经取得了较好的发展，加之必要的机构来推动它，这也是英国国际图书贸易的强劲动力。

英国之所以能够在这些计划中占得先机，很大程度上得益于半官方机构英国文化协会（British Council）的鼓励和支持。由于战时环境的影响以及对战后英国图书的竞争力感到不确定，在这种背景下，英国文化协会极其担心英国图书的未来，继而开始为之付出努力。1939

年末,英国文化协会发现"英国图书正在从许多外国市场消失",于是开始实施旨在振兴英国出版业出口贸易的战略。[22]次年,英国文化协会通过了由出版人斯坦利·昂温提议的"图书输出计划",斯坦利·昂温是英国文化协会图书与期刊委员会的成员。这项计划鼓励外国图书经销商以"销售或退还"的方式购买英国图书,也就是说零售商有权将未售出的图书退回,在扣除运费之后可以得到退款。这一具有想象力的方案也减少了各种各样汇率不稳定的货币所带来的阻力因素。在这一方案下,英国文化协会用英镑购进图书,再从这些图书在当地的销售额中以当地货币收取一定比例的费用,这笔收入就被用作其在这个国家开展工作的经费。

这一计划起初为了对通常的出口方式和结算工具进行补充,使得外国图书经销商可以更加容易地获得更多具有代表性的英国图书的存货。这个计划成功地为本国的出版社带来了以往从未有过的订单量,但是好景不长,在该计划的许多目标地区由于敌人的军事行动而使得订单无法履行。[23]最初的计划是设法让一些重要的英国图书在瑞典用英文出版,然后销往斯堪的纳维亚、芬兰、巴尔干半岛、苏联、瑞士,而且"如果可能的话销往被德国占领的地区"。所选书目都是十分平常的图书,譬如《我的山谷多么绿》(*How Green Was My Valley*)、霍恩布洛尔的小说,以及阿加莎·克里斯蒂和多萝西·塞耶斯的侦探小说。[24]除此之外,英国文化协会还安排将英语图书翻译成不同的盟军语言。[25]它甚至制订了为非洲和中东国家的航空公司旅客出版特殊的轻型版本的英语图书的计划,这一计划太微不足道了,以至于都没有被顾及。[26]

尽管做了多种努力,英国图书的市场地位仍继续恶化。[27]根本没有足够的图书来满足国内人民的需求,更不用说满足那些在北非和不列

第四章 "图书是最持久的宣传工具"

颠诸岛作战的英国部队和英联邦部队的需求了,虽然他们是英国文化协会主要关心的对象。在将英语作为第二外语进行教授的过程中取得的成果是,增加了对英国图书的需求,这些图书既是为了技术培训,也是为了消遣性的阅读。英国文化学者 B. 艾弗·埃文斯在游历中东后写道,"这种需求达到了一种我们英国还未曾意识到的程度"。[28]图书被"盟军中的波兰人、捷克人、南斯拉夫人以及希腊人等所需要,他们不仅需要学习英语的图书,也想要阅读本国语言的图书"。难以满足的需求还来自"当地的民众,为了让他们接触英国文化曾付出了如此巨大的努力,如今他们却面临着与英国文化的一个主要联系——文学——被切断的可能"。当时,英国监狱里羁押着德国和意大利的战犯,他们终有一天会被遣返回国。"现在正是消除数年来纳粹训练的遗害,(提供)新思想给他们带回国的机会;但,这里再次需要图书。"

图书短缺已到如此程度,为了满足他们的需求,英国人不得不越来越多地依赖于外部资源,尤其是美国资源,其每次运来的5万册印制粗糙的杂志受到了英国军队的欢迎,如同兰登书屋的"现代文库"受到广大民众的欢迎一样。[29]但是这些外部资源没有提供针对捍卫和推广英国文化这一迫切问题的答案。相反,图书和期刊委员会强烈建议英国文化协会避免购买美国图书,"除非在非常例外的情况下"。[30]

英国文化协会于1942年夏天开始制订了一套更加综合长远的计划,以供应用于发行的英文版本和翻译版本的图书,为应对战后立即在整个欧洲迅速出版英语版本和翻译版本图书的情形。[31]"一旦国家不再只关注无政府状态、饥饿和瘟疫这些眼前的危险时",欧洲人将对英国图书产生大量需求。这一计划涉及了英国文化协会预订、获得或者正式授权英语和其他语言版本的出版物、来自于其他出版社的图书,以及重要学术期刊的微缩版本底片和微缩软片阅读机，尽管这一计划非常重要，但仅几位专家得到了征询。[32]

昂温是图书储备计划最强烈的拥护者之一。1943年初，在作家群体国际笔会的一次国际会议上，昂温主张（据一位记者引述），"当敌对行动停止时，知识分子最紧迫的任务之一是满足整个被占领国家的作家和有才智的公众的渴求，他们渴望知道在自己被与自由国家隔绝的时候，这些自由国家发生了什么"。来自被侵占国家的代表被问询意见，对于他们国家的民众而言，哪类图书会是他们需要的。一位出席者发言支持该计划，他尤其担心所创立的补助金能否保证有关政治、哲学、科学和经济学的重要图书会被翻译，而不仅仅是经济上更有价值的畅销图书被翻译。一位来自印度的代表强烈要求这样的计划应该扩展至亚洲国家。[33]

此前，在1942年11月，英国文化协会曾向刚刚组建的同盟国教育部长会议（Conference of Allied Ministers of Education）求助，希望帮助挑选最需要的书目和组建一个将受益于图书发行的外国图书馆清单。[34]同盟国教育部长会议的成员最初由流亡在伦敦和大不列颠的政府代表组成（包括荷兰、卢森堡、挪威、捷克斯洛伐克、希腊、波兰、南斯拉夫、法国民族解放委员会）。来自中国、苏联和美国的观察员（以位于伦敦的大使馆外交官的资格）也出席了其中一些会议。[35]其他国家及时加入进来。这一组织的目的是解决被德国和日本占领的国家的教育机构面临的问题，并提出在战后世界进行补救的解决方案。在这一授权范围内，图书与图书馆的问题得到了相当的关注，这个问题可能的解决方法是，通过由英国的厄恩斯特·巴克爵士掌管的图书期刊委员会的一个子委员会，采集出版物以补充被毁坏的图书馆的藏书。[36]当美国国务院的拉尔夫·E. 特纳于1943在年10月被派到伦敦参

第四章 "图书是最持久的宣传工具"

加同盟国教育部长会议的会议时,美国的观察员资历被提升了。[37]美国第一批官方代表团于1944年4月出席了一系列会议,这些会议意于将此机构建成一个永久性的组织。该代表团是一个杰出团体,包括众议员 J. 威廉·富布赖特、国会图书馆馆长阿奇博尔德·麦克莱什,以及诺贝尔奖得主、物理学家阿瑟·康普顿。代表团选择富布赖特主持会议。[38]该计划使同盟国教育部长会议在联合国筹备期间转变成联合国教科文组织。[39]战争期间,同盟国教育部长会议在帮助调查战后图书需求方面是一个非常有用的机构,特别是因为它将急需图书的国家与那些有可能供给图书的国家联系在了一起。然而,人们并未指望该计划在盟军远征军最高司令部心理战部时期终结前会得以实施,因此该计划对于眼前的反攻后时期的图书需求而言不是特别重要。[40]

关于向国外供应英国图书的行动的另一个中心是英国情报部,它与政府内部九大秘密机构之一的政治作战部密切合作。[41]不久,情报部与政治作战部在盟军远征军最高司令部心理作战部范围内的民间机构中成为英国的代表,当时的盟军远征军最高司令部由艾森豪威尔将军担任总指挥。英国的情报部-政治作战部在1943年春天开始联合为法国和其他地区准备图书。针对如何最好地开展此项工作有些争论,尤其是英国在早期阶段在何种程度上将掌握针对法国阅读公众的图书供给,以及将有多少图书供给会留给重建起来的法国出版社。大家普遍同意工作流程不应受到委员会中知识分子的阻碍,而应该尽快开始。针对诺曼底行动,英国的出版计划倾向于将作品授权作为特别宣传。这对于小册子和其他小型作品来说尤其如此,尽管在很大程度上,对于图书而言也是如此。[42]

第一步是迅速准备三本书,这三本书可以"被恰当描述为政治作战部的基本文件类型,这种类型在与法国人民最初接触的时刻将会非

作为武器的图书

常必要"。第一本书是一部战争军事史,由两名记者将现有的经过重新编辑和更新的文章拼凑在一起而制成。第二本书由牛津大学的一名教授撰写,内容聚焦于大不列颠和这场战争。这本9万字篇幅的图书,"旨在向法国人民呈现与英国人所见相同的战争景象,其宣传目标是抵消轴心国和维希政权对英国及其参战目的和在战争中发挥的作用所进行的系统性歪曲"。第三本书是一项关于自1940年6月以来法英关系的调查,此书将由一位可以得到情报资料和外交部档案的人士撰写。政治作战部将全程资助这些书,直到最终手稿制作完成。英国情报部将承担这些书的商业出版任务。[43]很可能的是,一旦法国出版社在战后得以重建,这些书的法文版将由法国本地的出版社发行。第一批的三本书之后可能发展到总共60本这样的产品,"敌军一旦被赶走,一大堆书便会被寄往那里"。[44]

1943年末,英国著名的女权主义者、记者、小说家、批评家丽贝卡·韦斯特,宣扬需要为被侵占国家实施在英国领导下的英美图书计划。她的提议在1943年12月至1944年1月的英语联盟的杂志上的一篇题为"为了被解放的欧洲之图书"(Books for Liberated Europe)的文章中得到了表达。这篇文章显然源自韦斯特为本国作家协会所做的演讲稿。《英语世界》的发行量虽然低,但它却是一个极其适合发表此提议的期刊。也许更多人是从其他出版物中得知此提议的。例如,《出版人周刊》刊登了关于韦斯特的提议的文章,这确保了战时图书委员会的大多数高级官员,以及战时新闻局的国内和海外出版局的高级官员会看到这篇文章。

"曾被奴役的人们对图书感到饥渴,"韦斯特宣称。当纳粹战俘被最终释放时,她补充道:"他们会需要图书",需要教育年轻人的书,需要重新培训医师的书,需要为建筑师和工程师准备的讲述战时科技

第四章 "图书是最持久的宣传工具"

进步的书,在韦斯特看来,为了重建他们的国家,他们需要了解这些先进知识。对图书的需求将必然指向两个重要的英语国家,但主要是英国,"因为,总体而言,欧洲大陆的公众宁愿从我们这里而不是美国获取读物"。最后,当然,她强调称:"一个长期使国家受益的文化是该国自己的文化。但是我们有机会提供发酵剂,从而使艺术创作过程再度开始。"无论是英语版本还是外语版本的英国图书,重要的是尽可能快地将它们发送到被占领国家。"第一批被发送到被解放国家的图书将有优势在以前从未读过书的年轻读者的纯洁心智上烙上最深刻的印象,也会在已经忘记他们曾经读过什么的年长者被战争击昏的心智上烙上最深刻的印象",韦斯特的以上陈述暗示了英国与美国,或许还有其他国家之间的一种竞赛。她总结认为,只有政府可以应付此项工作,具备委托翻译、出口图书、处理不可避免的货币难题等复杂的必要能力。[45]通过在英国文化协会图书与期刊委员会任职,韦斯特直接朝向她自己的目标努力。[46]

美国人占上风

在韦斯特号召同盟国为被解放的欧洲提供图书得到《出版人周刊》的报道不久之后,美国出版人小斯坦利·M. 莱因哈特决定,美国必须对韦斯特关于这一项目中英国占领导地位的呼吁提出挑战。他向切斯特·克尔和战时图书委员会建议,战时新闻局应准备大量"有价值的"美国图书的译本,以供欧洲出版社在其国家获得解放后出版。他提议号召美国的出版人和正流亡在美国的外国作家们来帮助挑选图书。他希望将常规精装的大众图书收集起来捐赠给海外的图书馆,并且希望战时图书委员会与战时新闻局合作,开始通过已设立的机构出售翻译版权,从而为战后美国图书在海外不断增加的存在做准备。[47]

作为武器的图书

在美国计划的最初阶段，被选为储备图书的来源各异，比如美国出版社的现有库存（包括那些在纽约避难的外文出版社），加上一些剩余图书和重印图书；战时新闻局自行出版的小册子和图书；以及战时新闻局专门安排翻译和出版的其他图书、由美国和外国出版社以及流亡在伦敦的欧洲国家政府提供的书。1943年4月，战时新闻局正忙于收集从90种图书中选定的6万册图书发送到北非。心理战部队的官员很高兴看到北非和地中海的民众愿意花钱购买这些出版物。官员们相信这些宣传用的印刷品对于缓和法国人与北非土著民之间的紧张局势发挥了重要作用，这可以确保在驱逐纳粹及其支持者的过程中得到他们的协助，并且鼓励意大利民众和战俘"在日常工作中援助战争，建立一个民主的意大利"。总之，他们认定这些图书将非常有影响，只不过数量还不足。除此之外，他们还抱怨"英国的资料使我们黯然失色"。[48]

起初，挑选书目和调遣美国图书的动力来自地方官员、在刚刚被解放的领土上的美国新闻处的图书管理人员，以及各个地区的编辑们。在很大程度上，信息官员只处理来自战时新闻局众多国外前哨基地的或大或小的请求。[49]所有这些建议和请求都被提交到图书部，图书部承担的职责包括，通过对西半球的外文出版商的出版目录的研究得出应额外增加的书目清单，以及获得所有必要的版权许可和来自战时新闻局及其他有关政府机构关于某些书目的最终批准。

图书部的人员也负责处理涉及图书与期刊再版和翻译权的所有事宜。这意味着他们直接与作者、代理和出版商打交道——实际上是在扮演"国际著作经纪人"的角色。他们相信他们通常能"比商业代理更好地完成这些工作……因为当美国政府与美国的作者和出版人交涉时，总能够得到他们的重视"。这些工作人员负责保护美国版权持有

第四章 "图书是最持久的宣传工具"

人在海外的利益。必要时他们也承担了一部分决断的责任，只为那些反映美国及同盟国观点和目标的著作的海外出版授权。例如，官方劝阻了一些交易，像西班牙出版人要求的理查德·A. 赖特的《土生子》（*Native Son*）和厄斯金·考德威尔的《烟草路》（*Tobacco Road*）的翻译版权，[50]这些图书很可能给予敌方宣传者突出宣传美国生活阴暗面的理由。拒绝西班牙出版人这些版权要求是"以最圆滑的方式"完成的，也就是说仅告知出版人这些书的西班牙语版权没有获得。

接近1943年年底，这一过程被收紧，并集中关注减少相关工作的低效，特别是获得图书方面、单行本图书的审读或者为海外图书馆调遣图书的数量方面，以及为未来平民用书所做的储备。速度变得愈加重要，无论为了何种宣传价值，已有的书籍很可能由于延迟而完全丧失价值。[51]安排将图书译成多种外国语言的需求是另一大挑战。因为美国图书计划的目标对象是被解放人群中一个更小更加精英的群体，所以少数外语——基本上是法语、意大利语、荷兰语和德语——就可以满足需要，并且英语版本的图书在那些英语被广泛接受的地区可以很好地发挥作用，特别是低地国家、斯堪的纳维亚半岛，甚至亚洲的部分地区。

让前哨官员的需求与愿望驱动储备计划的做法尽管不是没有价值，但是过于随意且低效。北非和意大利战役中的军事胜利为等待已久的攻占法国打开了大门，从而给占领欧洲中心的德国军队直接的一击。随着行动计划——代号为"霸王"——的展开，英美两国通过印刷材料开展的巩固性宣传的重要性大幅提升。此外，地中海战役证实了图书和其他印刷材料对于刚从轴心国解放出来的地区的平民百姓的作用，例如，在意大利巴里的心理战部队的一些成员说，作为一次实验，他们曾"骗取"了一些军队版本的图书，用降落伞将它们投放到了南斯拉夫近海岸的一个小岛上。那些发现这些书的人将它们带给能读懂英语的人，人们很快便围拢来听"当场被大声翻译出来"的书的内容。这一即时阅读群体的产生部分地应归功于那些岛民对美国解放部队的热情。[52]

在为大反攻（后来计划定于 1944 年 5 月）做准备的几个月中，两大主要盟军的图书计划不得不更加紧密地被整合，以便促进发往欧洲的图书储备和发行。但是为了充分应对属于自己这边的任务，美国的计划必须加以强化。

第一个变化发生在 1943 年 12 月，当时战时新闻局的副主任约瑟夫·巴恩斯重新将图书计划集中到海外图书部。虽然与前哨基地的密切合作仍然十分重要，但这一变化却反映了必须采取更加集中和统一的战略。为了实现这个目的，战时新闻局建立了几个咨询委员会，包括了内部员工与外部专家。其中还有出版和印刷公司的代表，根据海外图书局的负责人文森佐·佩特鲁洛所言，这些公司增强了"我们计划的不可忽视的商业视角"。[53]截至 1944 年初，战时新闻局一直在欧洲各地积极收集可以用于 D 日诺曼底登陆后的图书。[54]

保证用于法国和比利时的图书供给是首要的，因为这两国是离计划的反攻登陆地点最近的地方。战时新闻局要求在法国沦陷前后已经在纽约建立运营点的法语出版社推荐书目，推荐"他们认为有益于展示行动中的民主并且可以作为美国思想和作品的范例"的图书。一旦战时新闻局批准了这些书目，代理商会与出版社签订合约，购买一定数量的书目以在法国出版。出版社将负责签订版权合同，委托翻译，安排排版和印刷。战时新闻局将负责"确保翻译和版式的恰当和准确"。第一本针对法国公众的书是国务卿爱德华·斯特蒂纽斯的《租借》（*Lend-Lease*），位于纽约的法国之家出版社同意出版这本书。战时

第四章 "图书是最持久的宣传工具"

新闻局于1944年1月20日订购了5,000册，出版社承诺在4月30日交付。印刷样版被留下以备日后可能再版。战时新闻局预计其他几种翻译图书可以在仲夏之前准备好发行，所选书目包括已经在印刷中的美国图书，一些仍处于手稿或校对阶段的书，以及其他一些战时新闻局也许希望授权的书。此外，战时新闻局安排购买了合适的魁北克省出版的法语书，战时的紧张局势已使魁北克成为一个继法国沦陷之后印刷、出版法语图书的国际中心。[55]

在其他即将被解放的地区，计划还尚处于筹备阶段。在讲荷兰语和佛兰芒语的低地国家，计划虽然尚无任何进展，但是在这里很快将会成立一个委员会。这个委员会已被指派为巴尔干半岛制定图书筛选和翻译计划。这一地区面临一个特殊问题：因为在美国国内几乎无法找到可以胜任的译者，因此翻译工作几乎必然要在国外完成。因此在巴尔干半岛，考虑使用图书文摘而非全本图书。在捷克斯洛伐克和匈牙利，同样也没有什么进展。一家美国公司一直在积极购买大量战时新闻局委员会选定书目的波兰语翻译版权，《租借》很可能是第一本准备好出版的图书。至于德国，战时新闻局已经为这个首要侵略国的民众在一旦战败后截然不同的图书供应问题做了初步研究。一个委员会将很快被选定。适合本计划的德语图书很有可能从瑞士和瑞典获得。关于为这两个中立国家供给图书的计划，有些已经在着手进行，大量美国图书的审核样书已经送到那里（有些偶尔是用微缩胶卷）。其他欧洲中立国——西班牙和葡萄牙——因其法西斯政权而被谨慎对待。至此，只有《租借》的葡萄牙语版本包含在选目中。虽然储备计划的主要重点在欧洲，但对亚洲也做了一些早期的考量。因为中国是主要目标，所以对于战败的日本还没有制定任何计划。经重庆的前哨官员申请，图书部已经获得了一些美国图书的中文版权，并且已经发送了

作为武器的图书

图书的微缩胶卷以使图书在中国进行翻译。目标是让当地的出版社来制作这些图书。⁵⁶

美国致力于从现有资源或者与国内和外国出版社签约来为被解放民众获取足够数量的图书,截至1944年3月,这些努力的不足之处变得明显。佩德鲁洛被告知"要提高用于被解放地区的外语图书的挑选和出版速度"。额外的工作人员,尤其是"图书出版各个领域的专家"被招募进来。⁵⁷更大的紧迫感不仅源于人们意识到,距离反攻行动不到两个月时间,之后很快会需要图书,紧迫感也源自对美国计划不断加深的担忧,虽然该计划已经有所发展,但仍然不能与德国在被占领国家以及中立国利用图书做宣传的力度相比,也不能与英国的解放后图书计划的规模相比。

创作能够有效抵抗持续数年的纳粹宣传的同盟国宣传并非易事。纳粹已发展出一套高度有效地向被侵占国和中立国输入其图书和其他印刷资料的计划,这一计划让美国的宣传者非常嫉妒。⁵⁸来自海外战场的官员的报告直接证实了德国计划已经发展得如何广泛。例如,从中立的土耳其到被占领的法国,德国人都提供了大量德语图书和翻译图书。战时新闻局的一份报告显示,德国对图书的选择倾向于侧重"面向官员、医生、工程师和其他专业人士的技术和科学类作品……因为它们是旨在给认为德国人拥有无敌优势的外国民众留下深刻印象的宣传路线的一部分"。⁵⁹美国和英国图书要抵消这些影响,还须付出巨大努力。而且,由于战后美英之间为市场份额的竞争加剧,战时新闻局的官员极其担心美国计划"与英国计划相比还是非常平庸的"。⁶⁰

这些想法成为修订和扩大储备计划的提案的基础,该提案于1944年4月12日正式提出。该计划认为"图书计划是我们唯一的长期计划。因为它的影响将会在未来继续存在,美国出版人对此计划的兴趣远超其在战争中合作的愿望。这种合作是明确的,也是……以合理成本和最大效率规划我们的操作的重要先决条件"。

新的操作计划同意了成员对于一个更大的图书计划的呼吁,包括与英国计划相匹敌的出版 40 种选目的多种语言翻译版本,出版规模 4 万册。但计划又进一步发展,包括重印 1 万册 150 种军队版本书目用于在舆论制造者普遍阅读英语的地区发行,以及从口袋图书公司和《步兵杂志》购买其他书目。还有包括一些精装本在内的图书将直接被送往战时新闻局以及其他海外图书馆,但是大多数将被售卖给民众。该计划设想大多数所需图书将由国内或外国出版社出版,但它没有就必要的翻译如何进行并且由谁提供一个明确的蓝图,也没有就如何获得出版人的合作发行翻译版图书提出任何具体策略。[61]在伦敦储备图书的困难变得如此紧迫,以至于构成了计划本身的突发事件。[62]经过修订和扩展的计划虽然可能是有用的,但也无法保证计划的执行。而且几乎转瞬间,就会对计划进行一次彻底的概念重建,这将最终带来来之不易的成功。

第五章　寻求"通往世界书架的有利途径"

没有人比哈罗德·金兹伯格因 D 日诺曼底登陆的图书储备的缓慢节奏而更感到沮丧，这让他与他的美国本土同事感觉听到了最响亮的警钟。作为战时新闻局图书计划在伦敦的负责人，加上与心理战分队的英国同行共同工作，金兹伯格知道英国在图书储备竞赛中已经领先多远。延迟危及了 D 日后尽快为欧洲民众提供急需图书的整体目标，因为在战时条件下，英国无法单独供给所有需要的图书。这些延迟也会削弱美国图书在战后世界市场中阔步前进的潜能。既然这个计划被设定为一项紧急措施，以填补驱逐纳粹后将出现的信息和意识形态空白，此乃迫切之需，金兹伯格担心图书到来得太迟，导致本地印刷商和出版商已经恢复生意并可以自行填补空白。德国在法国及其他地区的宣传程度和效力仍然持续暴露出来，这突出了消除数年纳粹审查的问题的严重性。[1] 可以确定的是，战时新闻局此次行动宣称的目标明显地受到自我限制——难以实现——但如果在美国图书实际发送到海外之前不得不中止的话，对于出版人和政府来说将是一次巨大的失望，对未来战后美国图书在国外的计划也将是一次严重的打击。

这种忧虑促使金兹伯格持续敦促美国本土的官员加大在程序上和数量上的努力。同时，如果战时新闻局一方的盟军远征军总司令部心理战部没有任何改变的话，英国人应该比美国人处于一个更有利的位

第五章 寻求"通往世界书架的有利途径"

置以再教育被解放的民众。位于伦敦的战时新闻局的人已经了解到，大约一半的英国图书被指定运往欧洲大陆——至少几十万册书——将会于6月30日之前准备好。与此相反，战时新闻局伦敦办事处5月初报告称，在英格兰它只有2.3万册于1940年至1943年间在美国出版的法语图书，以及按期将很快发运过来的第二批2.14万册和已经申请的第三批次法语书。这些当然是不充足的。因此，对于金兹伯格而言，当务之急是他最晚要于仲夏在伦敦收到更大一批法语图书存货。[2]

设立海外版本公司

切斯特·克尔最近已经重新回到战时新闻局，这次是加入其海外分支机构，其总部位于曼哈顿西五十七街224号，离战时图书委员会总部所在地的麦迪逊大道400号不远。[3]作为塞缪尔·T.威廉姆森的特别助理，克尔被指派从纽约监督伦敦和其他地方在反攻行动前的美国图书的储备工作。[4]因此克尔的职责就是提供金兹伯格梦寐以求的图书。在现有条件下，这不是不可能，但将会非常困难。主要以回应海外各个官员的具体需求的操作被证明太过于漫无目的。就选目和每种书目的册数而言，主要依赖于获取库存图书的情况太过于受限制。那么，应该做些什么呢？金兹伯格于4月初返回美国并做短暂停留，在此期间他与克尔讨论了现行流程的不足之处。他们决定是时候将计划"看作一个全新的问题"，对此他们已经准备好了解决办法。[5]

新想法是，专门为图书储备计划以特殊平装版本出版一定数量的现有美国图书。这些书要经过仔细挑选，它们要能够满足巩固性宣传的目标，并且必要时要进行翻译。自3月中旬以来，新方向已经成为克尔与战时图书委员会中有影响力的成员之间的一项讨论议题。这种想法至少采用两种模式。一个是美洲事务协调员办公室的工作，它在

作为武器的图书

洛克菲勒基金会的资助下制作美国图书的西班牙语和葡萄牙语翻译版本。3月，法勒与莱因哈特出版社的出版人斯坦利·莱因哈特，询问克尔有关获得战时新闻局帮助包销解放后用途的翻译版本的美国图书的可能性，以及在美国印刷这些图书的可行性，同时特别援引了美洲事务协调员办公室的先例。[6] 在战时图书委员会执行委员会的一次会议上，莱因哈特随后就这个概念进行了拓展，根据会议纪要，他建议"战时新闻局采纳出版人和目前居住在这个国家的外国作家的建议……挑选并安排翻译一些准备就绪的书，一旦出版社从纳粹控制下被解救出来，这些书的翻译版本就可以在外国出版"。[7] 莱因哈特的表述并未清晰表明图书应该在美国还是海外印刷。在美国制作意味着这些书将需要一段漫长的大西洋航行才能到达目的地。另一方面，在被占领国家新近恢复的出版社制作则需要等待直至印刷和出版的设施得以修复。在任何一种情况下，执行委员会成员、西蒙与舒斯特出版社的理查德·西蒙认为，这样一个计划的成功需要政府的全力支持。[8]

另一个模式是军队版本项目。当收集广泛的捐赠图书用于士兵阅读的做法被证明不充足且效率低下时，战时图书委员会与陆军和海军合作制作了一个综合性的定制系列图书。军队版本本身甚至可能为战时新闻局所用，尤其是如果所需要的纸张储备不必出自出版社自己的纸张配额的话。[9] 无论如何，也许另一种私人/公共合伙关系——这次是在战时新闻局与战时图书委员会之间——可以完成战时新闻局为国外被解放民众提供美国图书的使命。

在后来于1944年4月19日召开的执行委员会会议上，克尔讨论了战时新闻局和战时图书委员会之间联合的事宜。[10] 他认为该群体的反应将是"总体上有利的"。[11] 4月25日，他以信函形式正式向委员会主席诺顿提出建议，概括了与很快将启动的巩固性宣传阶段盟国的图书

第五章 寻求"通往世界书架的有利途径"

计划相关的美国政府的情况。[12]克尔有权告知他,图书计划将在同盟国军事指挥的最高层面实施。他解释说,"美国陆军心理战小组将与英国相应的民间和军事单位合并形成所谓的心理战支队(后改名为心理战部),这是即将到来的在欧洲的盟军军事行动的一个被认可的特征,并且将在盟军指挥官艾森豪威尔将军的直接管辖之下",也就是说,战时新闻局的操作是盟军远征军最高司令部行动的一部分。最终目标是帮助修复当地的出版设施,这些设施已处于纳粹控制之下多年,但似乎需要花费预计3至12个月的时间,他说,"提前在纽约和伦敦为这一目的做准备,以促进盟国图书计划的实现"。克尔向诺顿保证,战时新闻局"不希望设立自己的出版社以供给所需图书"。与此相反,如果出版社通过战时图书委员会"一致"行动,政府利益与行业利益都可以得到最大程度的实现。[13]

克尔所概括的情况超出了之前曾经考虑过的任何情形。他建议为了这项任务,设立"另一个完全控股的被称作海外版本公司的子公司",并与军队版本公司处于同一管理架构之内。为了在不分拆公司的情况下实施这个较小的项目,诺顿认为,这将"不仅过度昂贵和低效",而且还将使战时图书委员会面临指控,指责它为了军队版本图书的出版,正在"以一种非授权的方式"使用根据与陆军和海军部门签订的合约而建立的设施。[14]

克尔向出版业保证,海外版本公司的图书将不进入本国图书市场,并且"如果战争局势发展太快以使这项计划的任何一个部分在实施之前便失去了价值,也将不会对美国或其他有剩余库存的市场造成倾销"。战时新闻局将与战时图书委员会磋商挑选书目,通过已经设立的董事会以及已经在为军队版本和战时新闻局服务的委员会开展工作。"战时新闻局的总体目标",他继续说道,"将是提供旨在使欧洲人重新认识美国的遗产、历史和基本构成的图书，以及描写迄今为止我们在战争中的角色的图书。"

克尔报告了战时新闻局"经过深思熟虑的主张"，矩形横式的军队版本版式不适合于海外版本，相反竖开本更合适，以企鹅和口袋书为标准，或者更明确地说，以法国平装本为标准，这将会使美国图书让欧洲人看上去更加熟悉。他解释说，心理战分队将负责通过图书馆、宣传商铺和信息中心来发行图书。除了"相当数量被小心放置的'审读'样书"之外，所有图书将被出售或出借，不是为了赚取利润，"而是避免派发和避免使图书市场贬值，因为得以恢复的当地出版社将继续销售自己的图书"。"如果我仍然是一个出版人"，他在总结时违心地对诺顿说，他很可能赞成这样一个计划，因为他渴望继续让出版产业随时为战时政府服务，因为他知道正在设立一个中央组织来执行这项任务"并且将它置于（军队版本经理菲利普·范多伦·斯特恩）富有才智和经验的管理之下"，他的意思是"我自己的印刷与纸张需求将不会受到妨碍，军队版本也不会受到妨碍"。[15]

战时图书委员会的官员大体上支持战时新闻局的请求。克尔已经得到埃尔默·戴维斯的批准以保证战时新闻局的资源。心理战分队的指挥官罗伯特·麦克卢尔将军也赞同此项目。[16]一个尤其难以解决的问题是，战时新闻局坚持认为委员会必须保证以10美分这一商定的单位成本交付图书。委员会对此提出挑战，表明他们愿意按成本销售图书（就像他们正在为军队版本所做的那样），但他们坚称，他们没有资格将组织自身及其成员置于财务损失的风险之中。就这件事他们最终获胜了。无论如何，他们认为要实现最低单位成本的话，只有在总印数不少于200万册并且任何给定图书的出版规模不少于4万至5万册的情况下。[17]

第五章 寻求"通往世界书架的有利途径"

战时图书委员会一方为了检验和监督这个项目而设立的委员会，由三位知名出版人组成——莱因哈特、马歇尔·贝斯特（维京出版社）和威廉·斯隆（亨利·霍尔特出版社），他们认为所提议的计划，是对英国正在实施的针对被解放民众的图书计划的方式的一次显著改善，"因为战时新闻局的提议将计划的实施留在了美国私人出版企业手中，而英国体系看上去依赖于皇家文书局和情报部"。[18]

战时新闻局对于该计划的蓝图强调了政府与出版产业之间合作互惠的关系，旨在填补当地出版产业得到恢复之前的缺口。图书短缺以及证据充分的图书需求产生了"获得图书读者群的一次无与伦比的机会，而图书对于实施我们的长期宣传目标而言是最重要的"，这项政策如此表述道。战时新闻局的这一重要目标与出版人所持观点相吻合。在此计划实施过程中，应在"使全球范围内的美国图书发行渠道保持畅通"方面付出努力，计划继续表述道。"对于美国图书而言，有了一条通往世界书架的有利途径，这样的机会永远不可能再次出现"。[19]

实际上，海外版本公司将会作为战时新闻局的服务供应商，承担的责任包括获得选定图书的出版权，授权翻译成几种外语，以不少于5万册的印数制作战时新闻局订购的图书。战时新闻局与海外版本公司之间的单独合同提供了翻译资助，政府机构也许诺将承担因翻译被拒绝或不需要而产生的不确定成本。政治宣传机构对图书选择负有最终责任，虽然海外版本公司将通过战时图书委员会进行大量投入。初期产品是为了适合军队最高优先级的需求，因而聚焦于法语图书（以满足最直接的后独裁统治的需求）和意大利语图书（以满足在意大利出版社重新复苏之前被解放的意大利人不断增长的需求）。出现在图书标题页的"海外版本公司"标识与战时新闻局的政策相一致，该政策反对在以欧洲市场为目的地的图书的标识声明中使用战时新闻局的名称，这一政策基于该机构的信念，即图书上有一个政府标识将会是"糟糕的宣传"。[20]海外版本公司的标识因而为该机构提供了一个掩护。然而，战时图书委员会的赞助声明却出现在了除德语版本以外的所有图书上。

延误在持续中

克尔在距 6 月 6 日的诺曼底登陆日不到六周的时候提出了他的建议，D 日是盟军军事进攻欧洲的开始。回到英国首都之后，金兹伯格对国内的进展非常满意，并希望"我们能够弥补图书领域的一些不足"，[21]但他知道这仍将会是一个令人望而却步的任务。他向克尔坦承："我发现我们很可能在大戏开场的前夜手头几乎没有什么印刷资料，我们对于美国在推销方面的吹嘘能力感到脸红。"事实上，出版人的 D 日，预期中美国（和英国）图书大量登陆欧洲大陆的日子，仍然比克尔、金兹伯格及其战时新闻局的同事们当时所期望的时间更加令人恼火和令人沮丧的遥远。虽然由一家单独的公司管理图书项目的新计划给人很大希望，但它也带来了其自身的一些问题，这些问题需要时间去解决。这些困难包括给海外版本公司确切是什么的定义、关于在哪里印刷图书的决定、筛选海外版本系列图书繁复而拖沓的过程、财务问题、在获取翻译版权道路上的阻碍、生产瓶颈，以及涉及整个战时新闻局的更大的政治争议，尤其是获得必要国会拨款的障碍。

一旦决定了图书不应该带有政府标识，海外版本的身份问题就不得不解决。口袋书公司主席罗伯特·德·格拉夫，主动提出代表海外版本公司出版图书。为了使"足够数量的书目快速准备好"并且用较少的花费，该公司将使现有印版用于海外版本系列的可用图书的印刷。他建议口袋书公司的"效仿者"也可以为合适的选目而出借它们现有

第五章 寻求"通往世界书架的有利途径"

的印版。[22]德·格拉夫方案下的所有图书原本应该都是英语的，但无疑该方案应该推动了项目的快速发展。然而，这被证明是不可能的，因为如果使用口袋书公司的标识，战争生产委员会将不会授予项目特殊的纸张配额。德·格拉夫同意去掉标识。[23]最终，口袋书公司使得海外版本公司能够开始运营，同时期待政府提供资金以支付海外版本公司的纸张及生产支出，而实际上是给予它免息贷款，但这是在得到保证纸张将不会记入这个平装书巨头自己的配额中之后。[24]虽然战时新闻局已经调查了在斯堪的纳维亚半岛国家、英国以及也许在荷兰印刷巩固性宣传图书的可能性，这样可避免跨越大西洋的长时间运输，但海外版本计划却要求在美国印刷。斯特恩已经开始侦查可能的供货商。[25]

关于版式的最终决定也很费时，即使克尔已经明确赞成欧洲人会感到熟悉的竖开本。[26]虽然金兹伯格较早时已经建议为欧洲民众使用重印的军队版本，但他同意竖开本更加可取，而如果这导致进一步延误的话则不值得采用。[27]正如所发生的那样，军队版本在把美国图书引荐到欧洲的过程中发挥了很小的作用，美国兵将它们送给民众或者随意舍弃了。军队也将图书丢弃在日本，在那里他们找到了进入二手书店的途径，那里是军事统治显然没有镇压到的一个未经授权的市场。[28]

关于海外版本系列图书的书目选择标准也存在一些争论。图书必须通过可能的最好角度向外国人突出美国的价值与文化而具有重要的宣传价值，关于这一点从未有过质疑，但是在这样做的时候，多少侧重应分别给予虚构类与非虚构类图书？给予那些具有很高文学价值的作品，还是给予其他不那么优雅但也许更加功利、可以更加直接地传达信息的作品？[29]由于系列中的图书将要以包括英语在内的几种语言出版，寻求值得信赖、翻译快速、精准且富有天资的译者从开始便被证明是一项令人烦恼的任务。因为批准翻译的责任属于战时新闻局；这

121

件令人烦恼的差事在计划实施过程中给克尔及其同事制造了许多噩梦。[30]

然而正是与战时新闻局的整个拨款有联系的资金，成为迅速启动项目的最大障碍。由于该机构与国会之间的紧张关系，一场激烈的斗争是预料之中的，尤其是在众议院。[31]结果反而在参议院出现了更多反对派。当戴维斯和其他战时新闻局的高级官员在向参议院拨款委员会的下属委员会作证时（仅仅在诺曼底登陆的几天前），他们得到了一个出乎意料的不利答复，尤其是从田纳西州的民主党议员肯尼思·D. 麦凯勒那里。他在早些时候的听证会上评论道，"我们正在经历战争，你知道的，我好像并没有看到图书的多少用处"，麦凯勒使战时新闻局的官员在整个听证会期间处于防御状态。他尤其质疑"战争期间出版外语图书的效率，尤其是在像法国这样的地方，……她尽可能使我们与战争接近。她已经给予德国任何一种帮助；她为了援助德国而投降"。法国人对美国很生气，麦凯勒补充道，而波兰人、奥地利人、匈牙利人和意大利人也是如此。"对我而言，似乎这种在战时为美国创造一种仁慈情感的大规模尝试太过于牵强……我根本没有看到哪些好书会具有这样的影响力。我认为你们的图书计划应该停止。"战时新闻局的官员们竭尽全力向麦凯勒及其同僚表明，只有在战争结束以后图书才会被送往欧洲，并且它们会被售卖而非赠送。亚利桑那州的民主党参议员卡尔·海登理解这一点并给予支持，但是麦凯勒却未曾领会。"我不会以这种方式挑起战争，"他告诉战时新闻局副主任爱德华·克劳伯，"我认为在战斗中杀死一打人将相当于你发送给他们的所有的书的价值，因为这些人对我们感到生气，并且否认这一点或为此感到烦恼是没有用的。我们应该在躯体上轻松战胜他们。"[32]

参议院反对派将战时新闻局给战时图书委员会关于海外版本计划

第五章 寻求"通往世界书架的有利途径"

的合约报价延迟到了6月22日。该合约的估价是10万美元,从1944年的财政预算中产生。1945年的财政预算在7月1日以后又增加了25万美元用于该计划,因此总的预算金额是35万美元。然而,这些拨款并没有解决实施计划所需的现金流问题,因为战时新闻局无法合法地将资金预付给战时图书委员会以开始工作。对于战时图书委员会自身来说,委员会及其成员不愿意为海外版本工作承担任何财务风险。通过政府的可变利率贷款项目以及重建金融公司而付出的打破僵局的努力也是徒劳的。几个月以后,当德·格拉夫同意,在没有联合标识的情况下允许使用口袋书公司的贷款,并同意不从这一计划中获利,最后的财务障碍才得以清除。[33]

在资金获得保障之前,来自国内的一系列令人沮丧的消息,让身处伦敦的哈罗德·金兹伯格对海外版本计划未获进展像往常一样感到焦躁。当然,早先储备的与英国图书混合装在大木箱里并存放在诺曼底海滩的美国图书,已经于7月初开始在法国发行,但是金兹伯格知道这些是不够的。8月,他向纽约发送了一封措词严厉的电报,重申他担心图书抵达太晚而难以起到任何积极作用。虽然法国人已经"满腔热情地"接受了海外版本图书,但这代表的仅仅是一个短暂的、急切的对于图书需求的回应,金兹伯格报告说,与其他欧洲人一样,他们却担心英国和美国出版物计划的整体动机,这些动机展示出了"帝国主义倾向"。当然,法国人渴望保护他们本国的出版产业以及他们自己对大事件的解读。如果图书没有很快抵达的话——即在出版社恢复经营之前——法国人和其他欧洲人很可能会想要从美国那里得到尚未印刷的纸本,而不是成书,此举将会否定战时新闻局和美国出版人对解放后宣传计划的完全控制,更不用说失去在海外宣传美国图书的良机。[34]

123

作为武器的图书

陷入焦虑的不止金兹伯格一人。海外出版局的负责人威廉姆森认为,"既没有时间也没有资金去发展这个完美的计划"。他强调,指令应该帮助计划进展而不是阻碍它。"我们针对每个地区的计划都晚了,而且事态发展之迅速正在加大缺口,"威廉姆森补充道,尤其在意大利,其本国出版业正在比预想快地重新建立起来。[35]虽然他们担忧继续意大利的计划将会制造恶意,战时新闻局在国内的官员决定加速前进,但是减少系列书中意大利语图书种类的数量,从 15 种缩减到 5 种。印数仍旧是 5 万册,并期待即将发生的意大利北部的解放会为图书提供更大的市场。[36]

启动跨大西洋版本

截至 1944 年 10 月,延误看起来的确可能迫使放弃计划。战时新闻局对海外版本图书坚持不懈,但是为了避免出错而实施了另外两项计划。一个是"从美国出版社那里购买大约 30 万册低成本的英语图书,主要用于在西欧的发行"。[37]更重要并且更加与新策略保持一致的是,金兹伯格被许可在战时新闻局的伦敦办事处出版一套较小型的类似的系列丛书,该丛书被非官方地公认为"跨大西洋版本"。伦敦办事处发行了 10 种翻译成法语并以"纽约:跨大西洋版本"(New York: Les Éditions Transatlantique)为标识的图书,以及另外 10 种以"纽约:跨大西洋版本"(New York: Uitgave 'Transatlantic')为标识的荷兰语版本的图书。这些书在英格兰印制。

跨大西洋版本的概念看起来与战时新闻局向战时图书委员会提议的海外版本方案大致在同一时间形成,[38]它们为金兹伯格提供了一个机会去做一些建设性的事情,尽管他对国内在海外版本计划方面令人痛苦的缓慢进展强压怒火。由于金兹伯格担心的是"紧急时期",在这

第五章 寻求"通往世界书架的有利途径"

期间运往欧洲的书将会由国外供给，紧急时期在图书到达它们的意向客户之前便会终结，[39]伦敦制作跨大西洋版本的方案是一项紧急计划中的紧急计划。

跨大西洋版本也提供了比海外版本更多的灵活性。如果单位成本是在政府与海外版本公司合约的规定限度内，那么海外版本每次的印数不得少于5万册，而跨大西洋版本图书可以以更小的印量经济节约地在英国印刷。这使得它更适合于一些法语图书，尤其是荷兰语图书的出版。[40]法语的跨大西洋版本图书的最小印量是2万册，如有需求保证，则可以增加到4万册。对于荷兰语图书而言，计划每种书印1万册。[41]一些印量1万册的法语图书被指定专门用于比利时的法语区民众，而印量5万册的荷兰语图书被预留给比利时的弗兰芒人。[42]在英国印制的图书当然可以被快速送往意向市场，而美国印制的图书不得不在轮船上找到稀缺的舱位以进行横跨大西洋的缓慢且依旧充满危险的航行。

战时新闻局在英格兰通过皇家文书局这一政府印刷厂的支持安排了跨大西洋版本图书的生产。英国人勉强同意了这种安排，他们当然为国家的劳力、印刷设备和纸张的严重短缺感到担忧。版本的提供以及特别从美国进口的图书封面纸张存货无论如何都提示了纸张问题。最终，虽然为美国佬实施这个项目是帮助英国人通过所谓"反向租借"履行向美国偿还贷款的一种方式，但英国人仍旧对于他们与战时新闻局的合作感到不安，还因为担心对与皇家文书局的协议的任何变动请求将伤及整个交易，迫使战时新闻局对计划进行超出原有设想的限制，同时取消了在约定印数之外增加5,000册图书发行到远东的计划。[43]

伦敦印制的图书不是必须与纽约出版的图书有不同的标识，但区

125

别开来是有意义的,因为战时图书委员会及其附属机构海外版本公司在这些伦敦印制的系列图书中没有直接的官方的色彩,这一产品不包括在战时新闻局与海外版本公司的合约之中。[44] 就生产而言,跨大西洋版本完全是战时新闻局的业务。尽管如此,但从宣传机构的立场来看,这两套丛书无疑仍属同一宏伟计划的一部分。副标题给了读者一个注释,甚至表明这两套丛书是在战时图书委员会的支持下制作生产的,并且像法语版本的图书上就标注了得到"美国新闻处"(Les services d'Information Américains)的支持(在有些书上"美国"被替换成"美利坚合众国")。法语版书上的标注翻译为"美国新闻处"(United States Information Service),是战时新闻局在外国公众领域运作时的别名,在外国战时新闻局这一名称没有什么意义。[45]

伦敦印制的图书上为何使用如此标识的原因尚不清楚,但是这两个标识明确传达了对于假设观众的对立态度。海外版本的名字暴露出一种帝国主义姿态,而在图书封面上印有自由女神标志,并且该标志还出现在英语甚至外语版本图书上的事实使得这种帝国主义姿态更加明显。[46] "海外"这一名词假定了出版人与受众之间、美国与世界其他地区之间的一种中心-边缘关系。与此相反,跨大西洋版本将标识以法语和荷兰语而非英语呈现,并且在封面上没有任何识别得出的美国形象的符号。这种关系是更加互惠的,美国与欧洲在大西洋世界中是平等的。很可能是金兹伯格创造了这一名称,他的同情、关注及行动是高度世界性的,因为他已经建议纽约的图书也可以标上跨大西洋版本的标识。[47]

这两套丛书的不同之处还在于对各自受众的地缘政治定义,它们的区别通过各自的名称以及扉页上的简短说明得以体现。尽管大量海外版本图书的目的地是欧洲和中东,但也有一定数量去往太平洋战区。

跨大西洋版本只打算供给欧洲。海外一词意味着比跨大西洋更宽广的地理范围。关于海外版本副标题的注释声称，这些图书作为一种应急措施出现，直到当地图书业在轴心国的侵略失败之后可以恢复为止，而跨大西洋版本的注释明确指出是"正常出版活动"在欧洲的恢复。

运送图书

截至9月初，国内的各种僵局已被有效清除，海外版本项目至少可以按照计划继续进行。[48]伦敦的跨大西洋版本图书，于1945年初开始运送，确实在市场上击败了纽约的海外版本图书。[49]现有记录显示，10种法语译本的跨大西洋版本图书中，有2种各10万册于1945年1月18日通过船运发往巴黎，2月1日将运送第3种和第4种图书各10万册。4月24日，系列丛书的8种法语译本图书每种各500册空运给了S. 戈尔茨坦在巴尔干半岛国家发行。[50]比利时的销售始于3月12日，10天内售出了10,843册。[51]

相比之下，第一批海外版本图书，连同其他三批期待能够在接下来的三个月内出版的图书，直到1945年2月中旬才从芝加哥的印厂运往战时新闻局位于纽约的仓库。计划要求每种法语书各3万册发行到法国大城市，5,000册发往比利时，以及剩下的1.5万册分给北非、巴尔干地区、近东地区和远东地区。海外版本的英语图书中，3,000册将送往法国，1,000册送往比利时，3,000册送往荷兰，1,000册送往挪威，1,000册送往丹麦，1,500册送往德国，约1.2万册分别运往意大利、巴尔干地区和近东地区，大概2.1万册运到远东地区（9,000册运往中国，8,000册到菲律宾，3,500册到日本，800册到韩国），剩下的作为备用。[52]意大利语和德语版本的图书不是全球发行的，而法语和英语图书则是全球发行的。分配给法国的第一批六种书于7月24

日上市，随后补充的图书到达欧洲并发散到欧洲大陆各处。[53]

做到以上这一步需要海外版本公司和战时新闻局方面的巨大努力，并且运用了来自这两个组织内部的人员从出版界带来的许多技巧和经验。仍待详述的是有关选择书目和制作实体图书的艰巨挑战（它们多数是英语之外的其他语言），更不用说盟军远征军最高司令部心理战部及其后继者所面临的将图书发行到知识饥渴的读者手中的艰难任务。遭遇的一些磨难如此艰难并令人沮丧，用克尔的生动言辞来说，这些磨难足以"让工作本身哭泣"。但是设立海外版本公司以及选定、制作和发行图书这些已经完成的工作，对于实现政府和产业期望的目标来说却是完全必要的，政府和出版产业都期望——美国图书将会帮助轴心国霸权的受害者"解毒"，为美利坚合众国赢得朋友，并且将一些美国作家和出版社最好的产品送到通往世界书架的轨道上。

第六章 "除门卫以外的每个人"都参与了选书

自从德怀特·D. 艾森豪威尔将军在1942年至1943年的北非与地中海战役之前批准了巩固性宣传的部署以后，战时新闻局便一直在处理为国外民众挑选图书以备装运的事务。1944年4月做出的出版海外版本和跨大西洋版本定制系列丛书的决定，体现了在早先计划之上的重要进展，在早先计划中大部分被选出的图书不得不来自现有库存。如今战时新闻局与它的合作伙伴战时图书委员会，可以挑选书目以满足政府的宣传需要，也满足出版人迎头赶上的海外拓展雄心和生产足够数量选定图书的需要。新的更加精心的图书挑选程序极大地扩充了可以接受的备用书目。它同时也使进程变得复杂且放缓下来，因为，正如战时新闻局的切斯特·克尔说的俏皮话，"除门卫以外的每个人"都参与了此事。[1]

因为海外版本和跨大西洋版本得到了裁量以适合战时新闻局和战时图书委员会的需求与能力，图书选目提供了一个深入了解图书计划的宣传目标的性质以及美国出版业的希望与期待的窗口。1944年至1945年间，41种选目的72个版本以海外版本系列图书的形式出版，这意味着一些选目以不止一种语言版本出版了。共计运送了3,636,074册图书。海外版本图书最终以四种语言出现。罗列在选定出版的清单上的语言有法语、意大利语、英语和德语。巴尔干语、波

作为武器的图书

兰语、汉语和日语版本系列曾有所考虑，但因为多种原因而被放弃。[2] 汉语和日语图书直到 1945 年 3 月仍然是计划的一部分。[3] 由于图书是以欧洲、中东和亚洲的民众为目标的，以英语出版并非预先设定的，事实上，还曾经一度被排除在外，但正如克尔具有说服力地辩称的那样，英语版本图书的印数可以在低地国家、斯堪的纳维亚、东欧、巴尔干地区、意大利、阿拉伯国家和太平洋地区找到受众，减少英语版本，如果不是消除它的话，就需要翻译成更多种类的不同语言的图书。[4]

跨大西洋版本又以两种语言出版了 16 种书目中的 20 个版本。其中 10 个版本是所谓的跨大西洋版本的法语版本；另外 10 个版本是所谓的跨大西洋版本的荷兰语版本。[5] 这些法语和荷兰语的跨大西洋版本图书的印数总计约为 50 万册，使得两套丛书的总印数达到 410 万册。

战略背景

选书是在一个广阔的战略背景下展开的。被选出的图书必须推进图书计划的宣传目标，这是从巩固性宣传的总体目标中衍生而来的英美两国各自的宣传目标，并且最终在盟军远征军最高司令部心理战部的总体指导下推进。指导通常采用"方针"和"工作计划"的形式，每隔一段时间发布和修订，同时传达整个战区的战略目标或者针对一个具体国家的目标。图书将如何影响意向受众是另一个需要考虑的重要问题。虽然战时新闻局在巩固性宣传阶段继续制作一些活页和宣传册，但是它给予图书特权，视其为"最持久的宣传工具"，尤其适合于达及作为欧洲平民舆论制造者的精英受众，他们是此次宣传行动的首要对象。更具瞬息性的活页和杂志可能已经引起了大众的注意，它们被认为只拥有短暂的吸引注意力的作用，而图书是最适合对整体世界观的长期的反复思考的。[6] 图书在试图对被关押在美国各处集中营的

第六章 "除门卫以外的每个人"都参与了选书

意大利和德国战犯进行再教育方面也至关重要。[7]这些人已经对美国人有了直接的体验感受,他们被期望将其所学带回到曾被他们征服的社区。

选书过程既集中又分散。虽然美国有一个想通过宣传而努力实现的核心目标,但信息的细节却要根据战时新闻局所谓的"我们众多目标区域迥异的兴趣、智力、经济、政治和文化状况"而具体裁量。[8]来自战时新闻局各地官员的报告和分析提供了许多美国消极形象的证据,战时新闻局希望通过图书计划抵消美国的消极形象。官员们报告中描述的刻板印象包括:美国人在许多方面是"没有文化或品味"的人;"古代文明的野蛮破坏者";"自负、鲁莽且肤浅";容易采取"恐怖主义和强盗行径";也是"影响深远的帝国主义构想"的拥有者。[9]

相似的刻板印象在英国也普遍流传。根据英国情报部开展的舆论研究,30%的受访者认为,美国人的自夸、自负和过度自信都是其同盟国民众最不喜欢的特点。大约半数受访者说,他们最排斥他们相信存在的强盗行为、贪污和腐败,或者最排斥美国人对于金钱的迷恋。[10]当然,反过来,许多为诺曼底登陆而在英国接受训练的美国士兵,也对他们的东道主持有消极的刻板印象,认为英国人是势利小人,是一个正在衰落的国家的公民,并且无法胜任与敌军作战的任务。[11]甚至在欧洲胜利日之后,战时新闻局的高级官员华莱士·卡罗尔宣称,"如今没有一个欧洲人不受到影响",在过去五年他们都受到了纳粹宣传信息的影响,认为"美国是一个由华尔街操控的反动的资本主义国家,参与这场战争是为了美元和领土利益"。[12]

许多战时新闻局的内部和外部人士都将这些消极形象的灌输,至少部分归咎于外国人接触的美国流行文化,尤其是电影。是好莱坞诸如弗雷德·阿斯泰尔、金杰·罗杰斯、乔治·拉夫特、爱德华·G.鲁

作为武器的图书

宾逊等电影明星给了欧洲人这样的印象，认为多数美国人要么是富裕而无拘无束的上流社会人士，要么是与卡彭＊一起放荡的懦弱匪徒。[13]但是纳粹宣传机器坚持不懈地在第三帝国征服的地区和国内声明和重申这些刻板印象。具有讽刺意味的是，美国电影制作人在战前已经在海外广泛发行方面取得了巨大成功——1940年的海外收益占到整个产业收入的大约三分之一[14]——为美国史诗般的宣传难题做出了贡献，而在战前并不重视外国市场的美国图书出版人此时被号召来拯救美国。选书过程因而在很大程度上是为了鉴别图书，图书不是一种大众媒介，它将通过突出美国人及其文化的积极形象来抵消被一种大众媒介传播的消极印象。[15]

当做出和平解决以及其他战后安排的时间临近时，战时新闻局的政策制定者认识到了一个关于美国的更为有利的舆论将是至关重要的，并且完全意识到了该机构将在战后被解除，他们因此决定"将最高优先权给予那些直接涉及外国人将会对我们在即将到来的战后时期的国际政策持有的态度的选题"，并且"将我们挑选的这些书目与少数简单并容易传播的主题相关联，主题也就是美国人是见多识广的、善意的、进步的且非标准化的"。在每个主题范围内，战时新闻局的各项指示提供了有关"被渴望的印象"、处理方法以及有用的局部主题的概要。[16]海外版本图书和跨大西洋版本图书的出版人巧妙地运用了图书的封底简介，将这些主题展示给他们在欧洲的购书人和读者。因而，伯纳德·贾菲的《美国的科学人》（*Men of Science in America*）展示了美国人可以在纯粹而理论性的科学中做出伟大贡献，而不仅仅是在科技与发明上。大卫·A. 利连索尔的《田纳西河流域管理局：在民主的

＊ 美国黑手党老大。——译者注

征途上》(*TVA: Democracy on the March*) 给欧洲读者敲响了警钟,其中一些读者仍然被国家规划的观点所吸引,被一个像美国一样的去中心化的民主国家可以成功地进行规划这一概念所吸引。

经受委员会和理事会的严格审查

许多委员会、顾问理事会和个人参与进来,不得不批准用于包括海外版本和跨大西洋版本在内的图书储备计划的书目,这有助于解释一些延迟的原因。对于海外版本图书,塞缪尔·威廉姆森提议了一个包含战时新闻局内部至少四个级别的仔细检查的审查计划,包括国外前哨基地的人员,加上曾为军队版本图书提供咨询的外部委员会的建议。战时新闻局图书处发起了选目工作(接受来自这一工作链中的任何地方的任何人提出的建议)。然后它将书目清单提交给纽约书评理事会审核批准。在纽约得到批准的那些作品再送到华盛顿书评理事会的一个特别委员会进行审查。

如果一个被提议的书目幸运地通过了华盛顿下属委员会的仔细检查,它将被送到华盛顿书评理事会。那里的批准意味着战时新闻局的普遍认可,但是程序并未结束。书目清单继而被送到一个"外部独立顾问委员会(与服务于军队版本图书的是同一个委员会)"。[17]该团队包括许多在美国图书界备受尊敬且人脉广泛的成员:马克·范多伦(作家和评论家)、哈里·汉森(纽约《世界电讯报》书评人)、罗斯玛丽·贝尼特(作家、诗人斯蒂芬·文森特·贝尼特的夫人)、爱德华·阿斯韦尔(哈珀兄弟出版社)、威廉·斯隆(亨利·霍尔特出版公司)、埃米·洛夫曼(《星期六文学评论》和每月一书俱乐部选书委员会干事)、约瑟夫·马戈利斯(布伦特诺书店和美国图书经销商协会)、珍妮·弗莱克斯纳(纽约公共图书馆)。贝尼特和弗莱克斯纳后

作为武器的图书

来离开了委员会，而路易斯·昂特迈耶（诗人、评论家和人类学家）加入进来。[18]这个委员会与命名为每月一书俱乐部的普通选书委员会是相同类型的。[19]华盛顿书评理事会成功批准了威廉姆森的计划，但是建议外部顾问理事会应该更早介入到这一过程中。[20]

选书在实践中甚至更为复杂。已经完全通过委员会和顾问理事会的审查并得到批准可以用于总的图书计划的书籍，也要由区域顾问委员会进行审查（听取来自战时新闻局/美国新闻处的海外前哨基地人员给出的相当多的意见），这些区域委员会负责管理意大利、巴尔干地区或德国的巩固性宣传活动。一本获得战时新闻局出版许可的书可能被认为适合德国民众，但却因为一些原因而不适合奥地利的民众。最后，获得批准的书目清单将"被递交给所有与决定哪些书应该被翻译成哪种语言相关的战时新闻局官员"。[21]

战时新闻局的档案里有数十份机打和手写的图书清单，包括注明日期的和未注明日期的，这些清单揭示了这种官僚流程缓慢而精细的工作原理。列有提名图书的冗长清单被呈现给委员会，在那里书目得到删减。在一个级别上获批的书目清单会被逐级上报传阅。清单上似乎已经获批的书目在后来的表格上却被勾除了。战时新闻局的工作目标是要完成一份至少有60本能够完全通过决策链的图书清单，"从中将选出必要的数量纳入每月的生产计划表，选择基于（1）由华盛顿书评理事会决定的优先选目，（2）以产生一个均衡的选目清单为依据，以及（3）关于获得版权、编辑、翻译等的问题。"[22]预计以丛书的形式出版40种不同的书，这一数量有意与英国计划的目标相一致。[23]

由于图书发行是在盟军远征军最高司令部统领下美英两国的共同责任，使得选书过程更加复杂，所选书目也必须得到心理战部的许可。[24]此外，发往法国的图书至少需要得到在阿尔及尔或伦敦的法国当

第六章 "除门卫以外的每个人"都参与了选书

局的批准。[25]曾经一度，战时新闻局的华盛顿总部淘汰了仍在清单上的大多数图书，于是切斯特·克尔不得不请求同事提出另外的构想。即便"除了门卫以外的每一个人"在这个"令人痛苦的过程"中都发表了意见，他还是相信这个体系有能力形成"一份相当不错的书单"。总而言之，克尔写道："这些书应该提醒德国人，我们也知道如何战斗，文明可以在布鲁克林繁荣，在马虎凌乱中获得力量是可能的。"[26]克尔的老板塞缪尔·T.威廉姆森也对众多审查机构间意见不合的有害影响抱有怨言，强调"这样一种情况对于该机构员工的士气而言是糟糕的……此外，这种情况会在华盛顿、纽约和国外的那些应该一起相处的正派人之间滋生坏脾气、不信任、吹毛求疵和争执"。他的评判甚至比克尔还要尖刻，将接受一本书的机会令人沮丧地比作"塔瓦拉岛上海员的人生企盼"。[27]

伪装的宣传

差不多所有为海外版本而批准的图书都——相当谨慎地——直接从出版社现有的书单或存书目录中获得，它们中的大多数自战争在欧洲爆发以来便已经出版。正如一位在欧洲的战时新闻局的实地官员所观察的，这些图书是"用有着'五年间隔'的精明眼光选出的"，这意味着欧洲人几乎没有机会读过这些书。[28]对于当下流行的图书的偏好已有先例，很明显它已经是军队版本图书的最初概念的一部分，尽管许多较老的图书，包括经典图书最终都涵盖在了那套庞大的丛书中。[29]

对于海外版本而言，选择已经出版的图书有更多可取之处。"实际上，几乎每个人，无论阶级和群体，都认为最好的盟军宣传就是没有宣传，"一位官员如此写道。通过选择已经出版的图书而不是为了宣传专门受托撰写的作品，战时新闻局可以确保这些书与美国人在国

作为武器的图书

内正阅读的书是一样的。[30] 理查德·西蒙、罗伯特·德·格拉夫和其他人主张，避免明显宣传的最好方法就是直接出版"最佳美国文学作品"，但是这一目标让位于选择更加明确地指向具体宣传目标的图书的需要，这些书多数是非虚构类的和经常具有极少文学价值的书。[31] 再版已经出版的美国图书的决定对于正在支持该套丛书的出版社而言当然具有吸引力，尤其是那些图书将顺利通过选择过程中的所有环节的出版社。英国偏向于委托写作直接满足宣传目标的书，而不是选择已经出版的包含了所需信息的图书，这一偏好很可能更多的是一种亟须之举而非故意设计，因为作家作品的衰落导致极少有可以考虑的合适的英国战时图书。[32]

严格来讲，只有少数被选的美国图书不是现成的。正如克尔指出，斯蒂芬·文森特·贝尼特的《美国》"是专门为战时新闻局所写的"，但已经由法勒出版社在国内出版。《和平的序言》（*Prefaces to Peace*）是"取自图书俱乐部四本不同的书的再编"。《美国外交政策与美国的战争目标》（*U. S. Foreign Policy and U. S. War Aims*）是由沃尔特·李普曼写的一本旧书和一本新书的结合。J. C. 弗纳斯的《美国如何生存》（*How America Lives*）源于《妇女家庭杂志》的连载文章，曾在1941年作为一本书出版，但在海外版本系列出版时又添加了一些新的战时文章。克尔要求弗纳斯写一篇新的序言，为这些文章提供一个得到更新的语境，这将会有助于解释和证明它以三种语言出版（最后实际上是两种），以及在欧洲、巴尔干地区、中国和菲律宾发行的合理性。[33] 弗纳斯应允了，并向15万册印数的读者说明道，书中所写的有关"真正的活着的人和实际的地方"，与外国人可能抱有的对美国人的歪曲观点无关，这些歪曲观点有一部分源于在国外的美国旅游者的行为，以及好莱坞电影中对美国人的描绘。[34]

第六章 "除门卫以外的每个人"都参与了选书

出于预算原因,少数图书需要作者进行删减内容,包括卡尔·范多伦的《本杰明·富兰克林》、艾尔弗雷德·卡津的《论本土文学》(*On Native Grounds*),以及吉尔伯特·齐纳德的《托马斯·杰斐逊》。克尔曾经是实际动手操作的工作人员,他向海外版本公司提供了扉页上的英语、法语和德语注解的严密措辞,解释了该图书"由作者删减以使这一版本进行可能的制作"。[35]更进一步的编辑修改可能会发生在翻译过程中,因为华盛顿书评理事会允许战时新闻局的编辑们在作者允许的情况下,进行不影响"图书整体大意"的"小幅度修改和节略",并允许作者自愿进行他希望的改动。[36]

即使常规的已经出版的图书被挑选出来以避免政治宣传的污点,这些图书仍然意味着服务于宣传。随之而来的漫长的选择过程的主要目的在于识别那些将使宣传利益最大化的图书,同时尽可能避免许多潜在的宣传失误。华盛顿书评理事会就图书指导其下属委员会,"以书面形式呈递其推荐意见以及其他委员会对于华盛顿书评理事会的反应,包括对于(这本)书的性质的简要总结,为什么它得到推荐,以及(它的)宣传价值"。[37]然而,档案在记录已经做出的决定方面也许并不像人们期待的那样完整。1944年7月5日召开的一次会议上保留下来的一份清单记录称,四本书——汉密尔顿·巴索的《主流》(*Mainstream*)、康斯坦丝·鲁尔克的《美式幽默》(*American Humor*)、罗伯特·特朗布尔的《木筏》(*The Raft*)以及乔治·R. 斯图尔特的《风暴》(*Storm*)——受到战时图书委员会的顾问委员会的"质疑"。[38]《主流》和《木筏》最终被纳入该丛书中,而其余两本(《美式幽默》和《风暴》)则没有被选中。为什么战时图书委员会的顾问委员会对这四本书提出特别质疑,而这些问题又是如何解决的?

现存文件提供了一些答案,但并非全部。从档案记载来看,清晰的是，批准哪些书的决定，不仅根据被考虑的图书如何很好地实现所要求的对美国的积极反映，而且还根据文本中是否有任何地方可能冒犯潜在受众因而达不到预期目标。例如，战时新闻局法语部的一名未透露姓名的官员审查了威廉姆·萨罗扬的《人间喜剧》（*The Human Comedy*）的翻译样本，强烈要求对于翻译的核准应该停止直到可以确保标题会被改变。"就他的头脑的这个小小副产品而言，萨罗扬先生选择巴尔扎克里程碑式的杰作的标题的构想本身可谓不可思议。人间喜剧（La Comédie Humaine）这一标题，差不多是亵渎神圣，而且一定会激怒任何有思想的法国人。"[39] 这一警告显然是有效的。也许萨罗扬拒绝在翻译中更换标题，或者战时新闻局再没有打扰他去询问此事，但是最终，这本书从法语的海外版本图书名单上被删掉了。

《木筏》是华盛顿书评理事会1944年7月13日的会议议程中的一本书。它此前获得了纽约书评理事会和华盛顿的下属委员会的推荐。纽约的委员会称它是"对普遍吁求的一种坦率叙述，讲述得很好，并且可以相对容易地翻译成任何语言"。它也采用了三个人物之间的对话（其中一个主人公是波兰血统，这很有帮助）有利地突出了美国。正如一则关于生存的故事所言，"人类可以主宰几乎任何命运，这是振聋发聩的呐喊"。

在那次会议上评议的另一本书是唐纳德·霍夫的《重上战场的上尉》（*Captain Retread*），纽约的委员会"推荐认为，它透过第一次世界大战中一位军官的双眼，对于美国士兵的生活和特征进行的一次优秀而有趣的解读。删除美国文献和第二次世界大战的有关参考资料，将提高（这本）书对于外国受众的价值"。华盛顿下属委员会赞成其合适性，尤其对于法国和意大利，并赞赏了它"对我们的军队和国家的民主特征"的刻画。然而，审核小组敦促有一个段落要做变更，在

第六章 "除门卫以外的每个人"都参与了选书

这个段落中暗示了所有意大利人都支持墨索里尼，而这在当时不再是美国的宣传路线。《重上战场的上尉》也被编入了该丛书中的英语、法语和德语版本，但有意思的是，没有意大利语版本。[40]

一个"被华盛顿书评理事会拒绝并被认为不适合翻译成任何语言的图书清单"，提供了与得到批准并纳入该套丛书出版的图书的一个有趣对比。[41]也许不应该将"不合适"这个词的用法解读为必定是贬义的。评审者发现多数选目的重大错误是不大可能的，而是判断某些固有的因素使它们被阻止纳入该套丛书中，至少是在翻译方面。安娜·休厄尔的《黑骏马》（Black Beauty）因为是一部19世纪的英语小说可能被拒绝了。不仅如此，由美国作家撰写的、已经出版的当代动物题材的图书——玛丽·奥哈拉的《我的朋友弗利卡》（My Friend flicka）以及玛乔丽·金南·罗林斯的《鹿苑长春》（The Yearling）——也无法达标，因为丛书的目标受众是精英舆论制造者，而故意将为儿童准备的图书排除在外。也许罗斯福总统的《战争文件》（War Papers），作为军队版本而不是海外版本，几乎无疑会与《士兵投票权法案》（禁止政治材料在军队传播的规定）相冲突，它也被排除在外了，因为将它翻译成外语会很难令人感兴趣。其他书目很可能被删去，是因为它们的题材已经在丛书中得到了体现。例如，由于拉克姆·霍尔特的《乔治·华盛顿·卡弗》（George Washington Carver）和贾菲的《美国的科学人》已经被选入，其他关于科学的此类图书，像乔治·格雷的《战争时期的科学》（Science at War）和汉斯·津瑟的《我记忆中的他》（As I Remember Him）便是多余的。同样地，有那么多其他的已经得到批准的关于太平洋战场战争的图书，戈登·西格雷夫的《缅甸医生》（Burma Surgeon）也许并不是必需的。

其他更加充满挑战的书目也遭到了拒绝，诸如查尔斯·比尔德的

139

作为武器的图书

《共和国》(The Republic)、默尔·柯蒂的《美国思想的发展》(The Growth of American Thought)、弗农·L. 帕林顿的《美国思想的主要趋势》(Main Currents in American Thought)、埃里克·弗罗姆的《逃离自由》(Escape from Freedom)和《亨利·亚当斯的教育》(The Education of Henry Adams),以及沃尔特·惠特曼的《草叶集》。[42]将重点放在非虚构类图书上,也许妨碍了战时新闻局在海外激发人们对一些最受欢迎的现代主义的美国小说家——杰克·伦敦、厄普顿·辛克莱、辛克莱·刘易斯、西奥多·德莱塞的作品的喜爱。当然,正如英国舆论调查员注意到的,许多出自这些作者的图书展示了"一种社会学的并且通常是一种'揭露真相的'主题",这也许为在紧急时期避开它们提供了充足的理由。[43]辛克莱为将其图书纳入解放后在海外的翻译和出版计划而积极游说。他与战时新闻局从戴维斯往下的官员保持联系,强调他的书在解放后图书计划中的作用。他甚至写信给哈里·S. 杜鲁门总统和麦克阿瑟将军,以促进将他的书翻译为日语。[44]其实,负责在美国战俘营地为德国士兵设立的图书馆的一个军队部门已经订购了辛克莱的书《总统特工》(Presidential Agent),以避开获得批准的图书清单,但是要"运用很好的外交手段来进行此事"。[45]许多边缘性的、更具挑战性的图书确实在海外找到了自己的去路,一旦美国和海外出版社可以重新恢复关于国外版权交易,其中的一些——例如杰克·伦敦的《野性的呼唤》(The Call of the Wild)和马克·吐温的《哈克贝利·费恩历险记》(Huckleberry Finn)——甚至在更早前便随同海外版本图书一同发运了,但并不是海外版本丛书的一部分。[46]

战时新闻局在海外前哨基地的工作人员,为将要翻译成外语并在特定地区传播的选目提供了相当多的信息。他们对于自己所在区域的了解为选择或拒绝某些选目提供了细致入微的理由。例如,对于《中途岛战役的胜利》(*Victory at Midway*),纽约书评理事会已经消除了对荷兰语译本的质疑,认为其"被出色地写就,并且(正在)呈现一幅太平洋地区战争的生动图画",而这本书却受到一位地区专家的批评,他告诫说,它将战争刻画得"如同一场体育运动式的、激动人心而富于刺激的冒险,仿佛是在美好的旧日时光中",这将不会被低地国家的读者接受,这些读者"缓慢而沉重地走过了多年极其丑陋和乏味的战争",而这场战争是"一个病态、虐待狂似的压迫者"强加给他们的。[47]

战时新闻局的方针要求,跨大西洋版本图书的挑选必须经过与海外版本图书一样的严格过程。[48]然而,纽约与伦敦之间的距离使得交流更加困难,而且容易导致误解。金兹伯格在出版赫伯特·阿加的《伟大时刻》(*A Time for Greatness*)计划中至少有一次抢跑,即使战时新闻局曾在某个时间点驳回了这本书的出版计划。[49]伦敦分部在对自己的跨大西洋版本图书的选题推荐方面并不成功。在一份有12个建议选题的清单上与战争相关的图书——美国本土的畅销书——可能被拒绝了,因为它们实质上是没有必要的,而其他已经获得华盛顿批准的书目甚至更符合宣传目标。对艾伦·内文斯和亨利·斯蒂尔·康马杰关于美国基本历史的著作的选择,也许注定让伦敦推荐塞缪尔·埃利奥特·莫里森和康马杰的《美利竖合众国的成长》(*The Growth of the American Republic*),以及柯蒂的《美国思想的发展》。然而,少数其他选目可能被认为有些大胆,并且比那些被批准纳入海外版本系列却在很大程度上属于中庸之作的图书更具挑战性。例如,《美国丰收》(*American Harvest*)是一个选集,收集了战时一些最好的美国作家的作品节选和短篇著作,包括欧内斯特·海明威、斯蒂芬·文森特·贝尼特、薇拉·凯瑟、厄斯金·考德威尔、T. S. 艾略特、埃德蒙·威尔逊、卡尔·桑德伯格、约翰·斯坦贝克。斯坦贝克全集也在选目清单上。总体上不情愿面对的种族问题可能注定了埃德温·R. 恩布里的《棕色美国人》（*Brown Americans*）的失败。约瑟夫·C. 格鲁的《东京报告》（*Report from Tokyo*）是十来本书里唯一被确实选中作为跨大西洋版本的图书。

荷兰语图书如何被选出的情况说明，跨大西洋版本系列是如何与海外版本系列既不同又类似的。在规划海外版本系列时，英语图书被期待可以有效地服务于荷兰以及其他西欧和北欧国家，英语在这些国家得到广泛阅读和使用，尤其被意见领袖阅读和使用。因此，没有计划要将海外版本图书翻译为荷兰语。但是，当海外版本计划进展缓慢时，战时新闻局伦敦办事处同时推动跨大西洋版本系列的法语版与荷兰语版就成为一项权宜之计。

跨大西洋版本系列图书与海外版本系列图书有着相同的目标。他们首先意欲作为一项应急措施，以满足欧洲人对于非纳粹图书的渴望，直到国内出版业可以重回正轨之时。[50]但是为这一过渡时期供给货真价实的美国图书也意味着逐步获得欧洲人对美国图书的喜爱，甚至在当地出版商的生意恢复之后。为荷兰人选择的图书是在战时新闻局和盟军远征军最高司令部对该国的总体宣传战略的背景下做出的。

战时新闻局选择了10种书翻译成荷兰语并在荷兰发售。[51]所有图书都来自战时美国，其中半数都将抗日战争作为主题。这绝非偶然。5种关于太平洋战场的战争的图书被选中，尤其参考了盟军远征军最高司令部心理战师荷兰作战计划中的一个最重要的目标："使荷兰人对抗日战争感兴趣，并使他们为参加包括解放荷属东印度在内的战争做准备"。[52]说服欧洲人，让他们知道必须对太平洋的战争感兴趣，这项工作的重要性，自1943年初以来一直让战时新闻局主任埃尔默·戴维斯牵挂。[53]得到荷兰教育部的批准之后，战时新闻局伦敦办事处计划出版这10种书，印数1万册，包括纸张、翻译和版税在内的单位成本是30美分，各项费用由反向租借基金承担。清单上第一种被批准的书是詹姆斯·希尔顿的《瓦塞尔医生的故事》(*The Story of Dr. Wassell*)，荷兰语书名为 *De Geschiedenis van Dr. Wassell*。[54]该书通过在一名军医领导下的十几名美国伤兵的视角，描述了日本入侵之后，跨越荷属东印度爪哇岛的英雄跋涉，这本首先被选中的书是完全符合既定政策的。

与此同时，战时新闻局与流亡中的荷兰出版人都期待在荷兰的自由出版恢复运行。荷兰政府中的信息服务联络人员对于国内出版业将在停战后不久得以恢复充满信心。像流亡到纽约的奎里多出版社和流亡到伦敦的荷兰出版公司这样的出版社，正在积极筹划归国。相应地，战时新闻局决定，用一种官方语言说，就是要让"这些公司对出版美国图书产生普遍兴趣，而我们只将具有官方地位或者明显描述美国战争努力的图书纳入我们自己的计划"。战时新闻局请求纽约的荷兰新闻局"根据我们的要求，推荐他们相信会在荷兰引起兴趣的图书"。[55]

为太平洋战场储备图书

对于战时新闻局和部队而言，任何在解放前夕为中国及其他亚洲国家储备的图书、小册子和其他巩固性宣传的媒介，与为欧洲战场的民众所做的相似准备相比，面临更大的后勤问题。与太平洋战场的距离是令人望而生畏的，菲律宾在某个时刻会不得不代替英国成为最近的储备据点，并且使用何种语言尤其令人感到困惑。找到足够的日语和汉语流利的人员实施太平洋计划如此困难，甚至在战略服务处没有试图挖走战时新闻局的一些最好的亚洲语言学家的时候也很困难。[56]

尽管如此，但是为太平洋战场所做的图书储备仍在继续进行。针

作为武器的图书

对太平洋地区的图书计划可以动用已在进行中的为欧洲所做的准备，尤其因为战时新闻局的策略已经开始依赖于为巩固性宣传实施的集中指示，同时涵盖欧洲和远东地区，而不是依赖于针对每个国家的单独指示。最好的方式是在已经获批的欧洲选目清单范围内运作。[57]由于当时没有制定针对日本的计划，中国是选定图书最重要的亚洲客户。

对于战时新闻局而言，即使有了威廉·斯隆在1942年至1943年访问中国过程中的各种发现的帮助，[58]将美国图书引介到中国这个相对未知的领域的计划，与针对欧洲所做的计划相比，面临更大的挑战。但是针对欧洲的巩固性宣传目标在中国同样有效。它们包括，描述美国进行战争的原因和行动，提供关于美国历史、文化和当代景观的入门书，传达美国对于最终和平与战后世界的想法。

在中国需要补救的情况也与欧洲计划面临的情况相似。东北三省自1931年起，其他被占领的中国大地自1937年起，由于西方图书和"具有情报和争议性质的"中文图书停止流通，一直存在一种信息真空。在日本侵略者占领的地方流通的是由他们精心生产或控制的出版物。这些出版物包括从最有利的视角描写"新秩序"的小说和教科书。在未被日本占领的地区（多数是在内陆，远离海岸和主要河流），情况稍好些。远离传统上的运输线，这些内陆的未占领区一开始总体上不是非常有书生气。那里几乎没有图书馆，也几乎没有西方图书在流通。纸张的稀缺束缚了当地的图书生产。[59]

战时新闻局的图书计划涵盖了未被占领和被占领的中国区域，包括东北三省（日本人所谓的"满洲国"）。在未被占领的自由区和被占领的非自由区，计划开始可能实施得相当快，因为被占领区逐渐从敌人手中得到解放。但由于中国幅员辽阔，战时新闻局可以做的任何事情都将"仅仅是表面的一道划痕"——根本不像为欧洲所设想的那样具有更为广泛的覆盖面。作为替代,策略是通过在30个城市中心而不是全国设立发行点,从而至少给人留下一个印象。尽管中国的文盲现象普遍存在,但战时新闻局认为,数百万受过教育的中国人应该"阅读译自外国语言的严肃文学和著作",并且将会"对所有种类的文学作品充满渴望"。战时新闻局也发觉了"可能有100万的英语阅读大众对于英语图书的相当大的需求"。讲述关于美国的战争努力、战后计划,以及在中国受到知识管制的数年里它在科学、科技和工业方面的发展的美国的英语图书,将尤其对精英们有吸引力,正如这些图书在欧洲遭遇的情形一样。最初在美国为国内市场出版的图书(正如最初的海外版本图书),"将比那些特别为中国准备的资料引起的猜疑要少"。通过供应英语版的美国图书,战时新闻局相信,"我们可以使受过教育和有影响力的个人产生明确印象,这些人对于美国的态度在将来可以成为一股重要的力量"。[60]

战时新闻局针对中国的英语图书计划是,生产大多数已经获准的针对法国的图书的便宜版本(包括那些被选定为海外版本的图书)。这些图书是否会从英语版的海外版本图书的印数中提取还是单独生产,这一点尚不明确。无论如何,计划要求图书通过普通的当地书店进行销售,就像在欧洲那样。对于中国而言,图书价格相当于10美分,即比在美国销售的平装书的价格便宜60%。可以期待的是选目清单会不时进行添加——或许20种至30种已经由口袋书公司和企鹅图书公司这类平装书出版社在美国上市的图书。针对中国的图书储备计划,每种被选中的图书将购买1,000册。[61]

对于中国而言,本国语言的图书几乎全部由商务印书馆和中华书局这样的当地出版社出版,计划没有提供像引介到欧洲的法语、意大利语、德语和荷兰语版本那样的图书,即由美国政府通过海外版本系

作为武器的图书

列和跨大西洋版本系列的方式给予资助。翻译可能由战时新闻局提供，或者由出版社在当地委托。战时新闻局必要时会给予翻译津贴补助，很可能意味着这些图书缺乏强大的销售潜能。在拟定的计划中，没有关于将采用哪种中国方言的详细说明。战时新闻局也将不得不补助中国的出版社从而以尽可能低的价格销售这些书。为了鼓励并且使大批量印刷成为可能，美国还可能需要从国外供给纸张，并且从长远考虑，要鼓励在中国建立新的造纸厂。首批被提议用汉语出版的三种书分别是戈登·西格雷夫的《缅甸医生》、詹姆斯·希尔顿的《瓦塞尔医生的故事》和斯蒂芬·文森特·贝尼特的《美国》。[62]

为了在中国的巩固性宣传的目标而选择图书相对容易一些；提供既能实现国家的宣传目标又可达到出版行业的市场愿望的手段则不那么容易。已经从中国旅行回到美国的斯隆让大家确信，中国人需要获得对美国更全面的了解，以抵消他们认为西方文明"核心是腐烂的"这一普遍趋势性的看法（一个显然不止他一个人认为的偏见，这在某种程度上是由在亚洲广泛放映的好莱坞电影自己造成的）。他认为，当务之急是"我们尽可能真实地建立一个向中国展现美国的持久方式和官方方式。美国信息部或一个等效的机构，是一个绝对必不可少的工具，或是我们战后的远东政策，没有什么比这个更能削弱排外主义并促进相互理解"。[63]总之，斯隆是公共和私人部门之间紧密互惠合作的最强烈拥护者，这种合作已经由这场战争本身开启了。

图书如何实现目标

通过如此复杂、多层面的审核程序挑选出的海外版本和跨大西洋版本系列的92种书，如何很好地实现了战时新闻局和战时图书委员会的目标？本书附录A记录了这两个系列的数量和详细特点，并且提供

第六章 "除门卫以外的每个人"都参与了选书

了一些随后观察到的证明文件。图书筛选程序本身展现了对于广泛的战略目标以及大量的临时目标的坚持。总体而言，书目清单显示出，在计划实施过程中，公共和私人伙伴们如何提出一个会向读者提供有用宣传却没有被写成类似宣传的图书的清单，以及这些图书如何吸引虽然不是必然作为知识分子，但却受过教育的成年意见领袖这些目标受众。这些书将来自多家美国出版社，使得广大大众性图书出版社能够向渴望阅读新书的民众展示他们最有价值和最及时的文学作品。

这两个系列中的图书都是最新的图书，并且大部分仍呈现在出版社正在印刷的书单之列，它们直接反映了出版社对于寻找海外客户的特殊兴趣，那些海外读者应该有机会但在此前却几乎没有机会阅读这些书。海外版本和跨大西洋版本系列中的7种书原本就在美国的畅销书目录上，[64]其中一些已经是每月一书俱乐部[65]的推选图书，这一事实也同样强调了海外版本和跨大西洋版本图书的普遍吸引力和海外销售潜力。这两个系列相同的特征同样也增进了战时新闻局对于图书的愿望，希望这些图书没有特别为宣传而写就可以有效服务于宣传，同时希望这些书可以吸引广大聪明且受过教育的舆论制造者。由于图书的最大类别内容是与战争本身的根源、过程和被规划的后果相关的，所以战时新闻局可能对于实现让外国民众了解美国在欧洲和太平洋战场所做贡献的重要目标而感觉不难。由于美国出版人不确定在本土受欢迎的战争类图书是否在和平时期仍然受欢迎，他们希望这些书选作两个系列丛书的一部分可以在海外赋予它们新的生命。

图书筛选过程明显偏爱宣传价值而不是图书的文学品质。这些书是具有话题感的作品——大部分都是中庸的非虚构类图书。艾尔弗雷德·卡津关于现代美国文学的评论《论本土文学》，也许在海外版本和跨大西洋版本两个系列的所有图书中达到了"顶峰"。既然被选作

作为武器的图书

用于解放后丛书的图书是此类具有话题感并且在战时让出版社盈利的产品的代表，那么他们就没有理由抱怨。

大多数被选图书都曾被《纽约时报》赞赏地评论过。其中一些评论家对于图书的信息之于美国人的重要性印象深刻。因而，根据《纽约时报》对大卫·A. 利连索尔的论著主题所作的评论，无论是田纳西河流域管理局的支持者还是反对者，都需要理解计划如何总体上有益于全国人民，以及该计划如何显示出政府可以民主地以商业方式实施社会规划。[66]艾尔弗雷德·卡津在《论本土文学》中提供给他的同胞的，是对理论家索尔斯坦·凡勃伦和弗农·帕林顿的一种细致入微的批评，也是对像艾伦·泰特和约翰·克罗·兰塞姆这样的共产主义同路人和南方辩护者的极端代表的强烈批判。[67]汉密尔顿·巴索的《主流》一书，将诸如约翰·史密斯、科顿·马瑟、托马斯·杰斐逊、P.T. 巴纳姆、安德鲁·卡内基等不同的美国父辈的遗产，定位在一个名叫约翰·阿普尔盖特的虚构的"普通人"身上，"证实并明确表达了大多数美国人所想要相信的他们的过去和前景"，评论家写道。"如此做法，将有助于明天的美国人配得上许多在此得以如此好地实现的昨天的承诺"。[68]这些评论中没有一篇提及图书可能也包含了对于欧洲人和其他外国民族而言重要的信息，也没有提及任何它们应该包含的理由。然而，在选择这些图书的过程中，战时新闻局认为以激发美国受众去思考为目标的美国图书，也可以在不明显提及宣传的情况下做好的宣传。

在那些收到否定通知的图书中，有萨罗扬的《人间喜剧》，华莱士·斯特格纳认为它具有无可救药的天真和感伤特征；也包括范多伦的富兰克林传记，亨利·斯蒂尔·康马杰认为它令人困惑且缺乏深度。[69]另一本是约翰·斯坦贝克的《投弹完毕：炸弹部队的故事》

第六章 "除门卫以外的每个人"都参与了选书

（*Bomb Away：The Story of a Bomb Team*），这是美国陆军航空队正式委托撰写以给本土美国观众造成有利印象的一本书。《泰晤士报》的评论家称斯坦贝克的写作是"卓越而有特色的散文"，但是他说，其内容看上去好像来自"战争部的训练进度表和招募小册子"。这位评论家是塞缪尔·T.威廉姆森，他之后成为了战时新闻局海外图书计划的领导，是切斯特·克尔的老板。[70]

战时新闻局将向得到解放的欧洲人提供美国图书的计划视作"一个全新问题"，这一决定导致了海外版本与跨大西洋版本这对系列丛书的最终成功。战时新闻局与其合作伙伴战时图书委员会一道，出版了一系列英语版本和翻译版本的图书，这些书将正面满足美国的宣传目标，也将在海外展示美国图书出版人的一些最热门的作品。为该计划选择图书——"除了门卫之外的每个人"的参与——是耗费时间的，但至少它产生了一套经过敏锐选择的丛书。不幸但可以理解的是，剩下的真正生产成册的任务也花费了比预期多得多的时间。这也成了在法国、意大利、荷兰以及许多其他刚刚被解放的国家的图书业能够恢复他们自己的出版之前，确保图书可以发挥它们预期的宣传和促销作用的一场竞赛，而这些国家出版业的恢复将根据他们各自的条件而不是美国的条件来实现。但是尽管为欧洲准备海外版本和跨大西洋版本图书的工作在继续中，战时新闻局也不得不考虑可以为仍处于战争中的两大敌国——德国和日本的民众实施何种图书计划。这成为一个更加复杂的挑战，在此挑战中海外版本图书只能提供部分解决方案。

第七章　利用图书对敌人进行安抚和再教育

针对战败国德国和日本的任何图书计划，都必须符合占领时期治理被征服民众的总体计划。关于前德意志第三帝国的问题，美国参谋长联席会议于1944年9月发给德怀特·D.艾森豪威尔将军的指示做了清楚的表述："德国将不会为了解放的目的而是作为一个战败的帝国被占领……你的目标不是镇压，而是防止德国再次成为世界和平的一个威胁。"在美国占领区，艾森豪威尔将军几乎被赋予了治理民众的绝对权力。[1]相似的态度和条件构成了道格拉斯·麦克阿瑟将军对日本更为炫耀的军事治理的基础。[2]

最早的图书储备计划的规划重点是实现向受害国尤其是欧洲受害国的巩固性宣传的目标。只是在做出发行海外版本和跨大西洋版本图书的决定后不久，支持这一计划的军事和文职官员才开始考虑，好的美国图书在安抚和再教育被征服的侵略国的民众方面的潜在作用。这一考虑在某种程度上是因为，图书计划在海外的实施跟随各战区军事行动的进展。同时它也符合要求敌方交战国无条件投降的政治和军事决定，这表明针对轴心国民众的宣传论调与针对轴心国军队曾经攻克地区的民众的宣传论调截然不同。无论如何，与被解放的国家相比，针对敌国的图书要怎么办这一问题不容许潦草作答。为寻求答案经历了许多试验和错误，结果表明要比针对被侵占国家所做的图书工作更

第七章　利用图书对敌人进行安抚和再教育

成问题。他们发现许多针对友好国家的图书筛选的程序和标准并不完全适用于轴心国。[3]

针对德国而非日本，另一个政府机构制订了一项重要的图书计划，以不同于战时新闻局的海外版本和跨大西洋版本系列图书的方式实施，它针对的是美国集中营里的德国战俘，他们不久将回归平民生活。正如战时新闻局的图书一样，这些图书也意味着要发挥宣传作用以及拓展海外市场。然而这一次，战俘们将亲手把书带回家乡，美国出版人则希望获得战后德国图书市场的是曾在美国避难的德国人。有一件事是确定的：美国在德国的存在将比在其他国家更加广泛和长远，既需要将图书送抵德国民众的新方法，也需要针对德国本土图书出版业复兴的不同姿态。

针对日本人的初步计划

与德国相比，对于利用图书使日本人重新调整方向而远离军国主义精神寄托的初步计划所谈甚少。1945年8月6日和8月9日，在广岛和长崎发生了令人意想不到的原子弹爆炸，随后在8月15日日本无条件投降，这使得美国官员尚未准备好去执行以图书为基础的巩固性宣传，这种宣传此时正在一些从第三帝国解放出来的国家甚至德国本土实施。图书计划的日程表在很大程度上依据估计，认为击败日本还需要一年左右的时间，并且是在对日本本土代价昂贵的进攻之后。诚然，为了被解放的亚洲和被征服的日本的信息需要，战时新闻局已经做了一些规划和图书筛选工作。一些出版物（可能比图书更为短暂性的资料）正被收集以运往日本，[4]但是这一储备计划与战时新闻局在欧洲所实施的计划截然不同。

战时新闻局原计划将海外版本系列图书翻译成日语和中文，以满

作为武器的图书

足亚洲的侵略和被侵略国家民众的需要，但是在新式武器原子弹爆炸前这些计划尚未开始实施。海外版本系列图书的内容也曾被预测认为，在日本投降之前，还有一条漫长而血腥的路要走。关于美国在太平洋战区的战争努力的所有图书的主要目的，既为了劝告欧洲人不要指望美国很快带领他们重建自己的国家，也为了通过帮助诸如法国与荷兰等被解放的盟国从日本人那里夺回他们自己的亚洲殖民地来赢得支持。[5]但是太平洋战争早早地突然结束，打乱了那些计划。不仅如此，在对日作战胜利日后不久，战时新闻局的许多职能都移交给了国务院，它由此被撤销。战时新闻局在海外版本计划方面的合作伙伴战时图书委员会也在数月之后解散。其他针对日本的图书计划直到美国对日军事政府（及其出版官员骨干）到位之后才得以制定和实施，但甚至到那时，图书计划仍然花了数年时间才得以发展。[6]

针对德国平民的图书筛选

为战败且满目疮痍的德国制定图书计划特别复杂，因为政府和军队高层在制定针对德国的总体政策时行动迟缓，更不必说将结果知会战时新闻局。因此任何针对德国的计划草案都必须灵活变通。德语图书的翻译和出版计划可以包括四种可能——扩展海外版本系列，增加德语版本；向德国出版人出售美国图书版权；从瑞士或瑞典引进德语书籍；以及向制作其他美国图书的德国印刷厂提供资金。[7]这些可能性并不互相排斥，因为针对其他地区还没有制定这样的计划。

1944年春天，战时新闻局开始考虑为德国民众提供图书，大约同一时期，整个海外版本计划开始制定。然而，是否将海外版本计划扩展到德国仍然悬而未决。有一段时间，看起来盟国在向前德意志帝国提供图书方面难以在实际上发挥直接作用。直至同年8月，总部位于

第七章 利用图书对敌人进行安抚和再教育

伦敦的盟军远征军最高司令部心理战部的指挥官罗伯特·麦克卢尔上将认为，英美两国，无论联合还是单独，都不应该开展为德国民众出版和出口图书的工作，而应该致力于尽快重建德国图书业以满足其国内需求。官员们认为，为德国引进英美图书会转移稀缺的盟军资源——劳动力、纸张以及舱位——并且产生"与我们愿望相悖的心理影响"，盟国希望激励德国人自觉进行朝向民主之路的身心改造，而不是强迫他们接受民主思想，从而导致激烈反抗。[8]

从中立国瑞士和瑞典的德语出版社获取图书的可能性非常值得考虑，因为两国与德国毗邻并且出版过大量的德语图书，这些图书完全能够有效完成去纳粹化工作。[9]但是方法有点问题。美国针对中立国的总体政治经济政策源自所有盟国对中立国的普遍看法，即认为中立国要么是敌人的同情者，要么是向无情的敌人提供黄金和重要战争物资的不遵守道德准则的商贩。总之，盟国不愿意花费有限的美元和英镑从两个中立国购买图书，这很可能与英美利益形成竞争。[10]战时新闻局官员最终只在小范围内与中立国出版社进行了一些合作，以避免与反对刺激瑞士和瑞典图书业的盟国政策产生冲突。[11]

为了做好准备以应对如果盟军远征军最高司令部心理战部最终决定赞成从盟国进口图书到德国——一个战时新闻局认为很有可能的情形——至少需要开始审批用于图书计划的选目，也许还要开始获取版权和翻译。即使海外版本系列中的德语版本最终不用于德国本身，它们仍然可能有效地用于奥地利和捷克斯洛伐克等地，以及在美国的德国战俘。[12]

实际上，结果是赞成图书进口。这一决定由最高层做出，就是说，艾森豪威尔将军和罗斯福总统也参与了决定。总统支持出版物的自由流动，但是把决定权交给最高统帅。艾森豪威尔也至少在原则上同意这项政策。无论如何，罗斯福宣布，对于将要出版的东西将加以限制："如果授权种族主义者、泛德意志主义者、纳粹和军国主义者，以至于他们可以为了攻击民主而滥用民主权利，就像希特勒所做的那样，我们将失去和平。"[13]总统的声明为海外版本图书在德国制作开了绿灯。这是一个令人满意的进展。[14]把尽可能多的出版任务尽快移交给德国人这一总体政策仍得到维持，但是，随着美国军队渐渐向德国挺进，进口图书的必要性越来越明显。德国出版业短时间内不可能得到恢复。[15]

用盟军远征军最高司令部心理战部负责出版的道格拉斯·韦普尔斯少校的话说，在纠正德国人思想的过程中，需要的是"可靠的出版物……以便平息、告知和指导平民大众"。[16]图书计划的总体目标——主要面向精英和舆论制造者——在制定针对德国的计划中再次得到强调。[17]然而，图书筛选人和编辑都倾向于让他们的选择顺应被侵占国家甚至包括意大利的民族和种族的敏感性，为了不对这些国家有所冒犯，他们对德国人采取了更强硬的原则。有关纳入整个图书计划的图书（不仅仅是海外版本系列）的考虑，经常侧重于这些书将如何不仅给德国人带去关于美国文化与价值观的有利印象，而且带去有关德国侵略的信息，揭露他们的战争行为以及他们的战争罪行（包括纳粹死亡集中营）。[18]

图书筛选人和编辑的这一立场与坚持德国彻底无条件投降的政府战略一致，并且事实上这项政治上的决定影响了图书筛选的过程。它也影响了战时新闻局的政策，正如埃尔默·戴维斯主任所说，必须向德国人呈现有关他们在战争中的残暴行为的"铁的事实"。[19]然而，战时新闻局需要极其谨慎，"因此不应该使用任何根据进一步信息而被认为是不足信的材料"。[20]在宣布该图书系列完成时，一位战时新闻局的发言人指出，德语图书的选择是"我们这个时代最大的破坏计划之

第七章 利用图书对敌人进行安抚和再教育

一。要被打破的是德国的神话,这个神话视德国为一个无辜和被误解的国家,一个被满怀嫉妒的小国包围,只是迫于背后暗箭而作困兽斗的国家"。这些图书对购买它们的德国人来说"可能不是令人愉快的阅读物",但是它们给读者提供了"向纳粹思想发动攻击的基础"。这些图书所传达的信息是立足长远的,"换句话说,图书可能不会产生大规模攻势般立竿见影的效果,但是它将为大规模攻势提供弹药"。[21]

在这个有时候包括自我审查元素的总体政策下,图书筛选人就许多关于要向德国传递的适当信息的问题达成了共识。例如,关于和平之后德国将发生什么的主题要加以避免。"包含与美国反犹主义相关的内容"的任何书都不应该获得批准。[22]图书筛选委员会对考虑选择的图书所做的书面评估,表明了他们对于如何看待和对待他们想象的未来德国读者的倾向。一位军方重要人物反对汉密尔顿·巴松的《主流》,因为"大量内容为戈培尔之流提供了可以利用的美国文件",包括他所认为的"太多强调美国是个向钱看的共同体的内容"。然而在纽约,克尔成功地进行了反驳,他认为《主流》和《生活在美国》驳斥了戈培尔对美国特征的指摘,正如《通往德黑兰之路》挫败了这位纳粹宣传部长以"不符合两国利益"为由试图分裂美苏合作的宣传一样。[23]另一位平民图书筛选人认为,应该拒绝格伦韦·威斯科特的《雅典公寓》,因为它给人的印象是"德国人永远不值得信任"——倒不是因为这可能冒犯德国人,而是担心德国读者反而因此"为书中德国主人公的敏锐和文化感到自豪,而不是为他的残忍感到羞耻"。[24]

德国战败后不久,时任战时新闻局编辑委员会主席、《星期六文学评论》具有影响力的主编诺曼·卡森斯在给哈罗德·金兹伯格的备忘录中明确表示,德国读者不应得到纵容,他显然受到了戴维斯要求德国人直面"铁的事实"的声明的影响。"因为我们在宣传层面上继续在与纳粹主义作战,"卡森斯写道,"我们必须认识到的严峻事实是,我们现在不是在试图取悦、劝诱、奉承、哄骗、吹捧、阿谀或者纵容德国民众。我们的任务是铲除纳粹主义的残余以及德国军国主义的精神。只有尽力坚决打击才能有效完成我们的任务。"[25]

一份"针对德国的行动计划"表明:"长远来看,必须让德国人自主进行再教育……这种再教育以充分认识到纳粹对其他国家曾做过什么为前提。"[26]这正是戴维斯和卡森斯坚持必须告诉德国人的铁的事实。然而,实际上,大部分针对纳粹主义的有力打击是通过更具瞬时性的小册子和杂志等宣传方式实施的。例如,没有任何一本德语版的海外版本图书涉及犹太种族灭绝和其他的纳粹战争罪行。因为此类内容需要专门委托人去写而成一本书,这将与利用以前出版且美国人已经读过的图书这一总体计划相违背。

到11月,战时新闻局已做好为德国人筛选图书的准备。在众多参与决定的委员会和其他机构中,也包括了赫尔穆特·莱曼-豪普特领导的战时新闻局伦敦办事处德语部。他们的任务是从获得批准的任何语种的40本海外版本图书的基础清单中进行推荐筛选。德语部越权建议其他图书也应予以考虑。莱曼-豪普特将三个方面的建议汇总,提出了选择的理由。在关于"美国历史"的部分,詹姆斯·特拉斯洛·亚当斯、查尔斯·比尔德、罗伯特·伯利、D. W. 布罗根、塞缪尔·埃利奥特·莫里森和亨利·S. 康马杰、阿兰·内文斯和康马杰、卡尔·桑德伯格以及老阿瑟·施莱辛格的著作将驳斥纳粹对美国的歪曲,这些著作强调"当今美国各个机构的逐渐发展是一个不断探索的曲折过程",通过解释"不值得称赞的历史事件而不是粉饰它们,因而显示美国的发展不是一个容易和轻松的过程,而是由她的公民不断努力才得以实现的"。只有呈现"对美国历史进行的一种诚实且适度平衡

第七章　利用图书对敌人进行安抚和再教育

的解读",德国人才倾向于接受我们的结论。在关于美国问题的选题中,默尔·科蒂、约翰·多斯·帕索斯、埃德温·恩布里,以及弗兰克·H. 奈特的著作"比那些对人物和环境进行过于理想化或者过分局限的描写更有助于实现我们的最终目的。这些理性而诚实的论述对于面临艰巨重建任务的德国人来说可能也具有实用价值"。[27]这个充满挑战性的书单中没有一本被海外版本系列采纳,虽然其中许多——如果不是全部的话——可能通过后盟军远征军最高司令部计划进入德国。有趣的是,解释对日作战的图书也被推荐作为整个德国图书计划的一部分,因为对于被侵略国家而言,这在某种程度上强调了这样的事实,即美国腾出一只手对付日本的同时,有足够强大的实力击败德国。[28]

盟军远征军最高司令部心理战部对德国图书计划的潜在影响力深信不疑,"在一个有阅读传统的国家,印在书中的文字享有至高的声望,并且能够产生巨大而持久的影响"。事实上,战时新闻局推断,对于德国而言,"图书或许可以比其他任何印刷文字在执行我们长期广泛目标的过程中更有效地加以利用"。英国军官柯蒂斯·布朗上尉的家族经营着伦敦最大的版权代理机构之一,其在纽约设有重要分部。[29]布朗上尉被委派承担心理战部与民间代理机构之间的联络职责,其早期任务之一即是牢固控制德国的图书业,直到它被允许自主运作和繁荣发展。在恢复"自由出版以及鼓励非纳粹作者用自己独特的语言直接与德国人交流"这一目标实现之前,"对一些图书、出版公司及负责出版的相关人员展开清洗是非常必要的"。[30]这导致了一个清除烂苹果——纳粹党成员及其同情者——的体系的形成,将他们从图书业的参与者中清除出去,同时批准一批新的想必干净的从业者,这是一个在整个德国社会中实用的体系。在这种环境下,针对德国的海外版本图书,不同于那些英语、法语甚至意大利语版本的图书,作为一

作为武器的图书

种应急措施而印刷和发行的这些书的封面上没有任何说明,也就是说,只有到一个自由的德国出版产业可以出现(并且只有获得盟国的许可)之后才有封面说明。[31]

利用图书对战俘进行再教育

当战时新闻局和战时图书委员会正忙于发展海外版本和跨太平洋版本图书之际,其他一些不同的政府机构和出版产业成员,也开始展开工作以挑战纳粹思想的霸权地位。以私人身份参与其中的包括:一个汇聚在一起的流亡美国的德国出版人群体,一家面向士兵的叫做《步兵杂志》的雄心勃勃的专业出版社,还有企鹅图书的美国分社。政府机构包括美国陆军部队宪兵司令办公室,该机构主要负责看守关押在美国战俘营的德国、意大利和日本战俘。与海外版本和跨大西洋版本所针对的德国平民读者相比,美国境内的37.9万名德国战俘更应该成为这些出版物的目标读者,但是所有这些出版物的目标是相同的,即让读到它们的人平静下来,赢得他们的内心和理智,清除他们头脑中的纳粹主义、法西斯主义和军国主义。与美国本土出版社和战时新闻局的情况一样,针对战俘的图书计划也同时推进了相关出版社,以及像美国宪兵部队司令部办公室这样的政府机构目标的实现。

将轴心国战俘运往美国的决定是在1942年初做出的,当时美国政府意识到,要在战区的战俘营关押预期规模的被羁押者将多么困难。此外,美国政府于同年8月接受了英国的请求,同意减轻一些其看管敌国战俘的负担,战俘人数已达25万,在这个狭小的岛国正在迅速汇集成百上千的美国士兵。数月之内美国便展开行动。后来,诺曼底登陆作战之后,德国战俘直接被从北非、意大利、法国以及其他西欧国家的战地带回美国。[32]与此相反,近三分之二的意大利被俘军人留在了

第七章 利用图书对敌人进行安抚和再教育

意大利和北非。[33] 只有 5,435 名日本战俘被关押在美国。[34]

由于战争原因，美国政客和军事官员都愿意将关押在美国战俘营的数十万战犯作为重要的劳动力提供给农场和森林而无其他任何要求。[35] 在美国的德国移民，连同少数团体和个人，都热切希望政府能努力消除纳粹对被俘德国士兵灵魂的影响，或对其进行再教育，但是他们也对政府官员不愿意在进行再教育过程中借助他们的才能和技术而感到不满。与此相比，英国人则更多地借助德国难民中的知识分子以通过各种努力去改变战俘的世界观。[36] 罗斯福政府对于针对如此残忍且充满仇恨的敌人的再教育努力缺乏兴趣，甚至认为那样做不会有效果。相反，美国采用猛烈的战略轰炸，或者要求无条件投降的政策，从而彻底摧毁第三帝国的基础设施，使纳粹主义或任何其他形式的法西斯主义再也不可能生根。[37]

拒绝再教育计划还有其他原因。其中部分主要源于陆军部队宪兵司令艾伦·格里恩少将的担心，认为这样做的话将违反日《内瓦公约》，并且具有使美军战俘遭受报复性的政治思想灌输风险。另一些拒绝原因是出于担心任何这样的再教育会在目标受众当中产生一种危险的意识形态的逆反反应。社会学家塔尔科特·帕森斯认为，利用宣传对德国战俘进行再教育可能容易导致向共产主义的倾斜，如同向民主倾斜一样。[38]

然而，到 1944 年年中，政府对再教育轴心国战俘的态度开始转变，在某种程度上是因为公共舆论和埃莉诺·罗斯福对丈夫的劝说。[39] 随着政府对再教育战俘问题的想法的改变，似乎不对德国人进行再教育的话，可能由于缺乏再教育而使他们接受其他令人讨厌的意识形态，比如共产主义。正如美国战争部长亨利·L.斯廷森所言，至少再教育计划能够按照美国人的形象改造德国人，从而使他们在未来的国际

作为武器的图书

争端中成为可靠的盟友。由于在夺取胜利前不可能在德国本土对德国公民进行思想灌输，对德国战俘的再教育努力可以作为未来更大的再教育任务的提前的基本练习，这是英国人早已经开始采用的一项策略。当然，《日内瓦公约》仍然是一个障碍。美国陆军部队宪兵司令办公室从开始研究（以及最初拒绝）战俘再教育问题时就决定，甚至这一意图都必须视为机密。在罗斯福总统和总统夫人的施压之下，美国陆军部开始对《日内瓦公约》从语法上进行分析以寻找和发现漏洞，在第17条发现了漏洞，这一条规定，"交战国应该尽可能鼓励由战俘们组织的文化娱乐和体育活动"。对于陆军部和国会要员来说，这条规定意味着"如果经过挑选的文化娱乐媒介在战俘营可以获得的话，那么战俘们对美国及其机构的好奇心将为针对他们的再教育提供手段"。[40] 政府对再教育意大利战俘似乎并没有类似的经过协商的计划，毕竟意大利战俘能够接触到杂志、报纸和图书，包括海外版本系列的意大利语版本图书。[41]

一旦付诸实施，美国对德国战俘的再教育将采取多种方式，全部在陆军部队宪兵司令办公室新设的特别项目部的监督之下进行。[42] 大部分再教育方式包括向被关押的战俘提供意识形态方面的安全的读物，包括增加日益发展起来的战俘营图书馆的阅读资料，或者提供给被关押战俘个人的资料。一些再教育计划的阅读材料，如官方的国家战俘报纸《号召》(*Der Ruf*)，是由特别项目部的官员编辑的。其他读物来自外部渠道——英语版的美国杂志和报刊以及德语版的报纸和图书，它们都在德国和美国出版，由国际基督教青年会战俘援助委员会和红十字协会及其他援助组织提供，美国的德裔图书经销商，如弗里德里希·克劳斯和威兰·赫茨菲尔德在纽约经营的七大洋书店，还有远在智利的德裔同胞，甚至德国政府也提供了一些教科书。

第七章 利用图书对敌人进行安抚和再教育

克劳斯和赫茨菲尔德的公司每周都填送大量订单，为战俘营的战犯订购在德国以外地区印制的德语书。[43]在军队版本推出之前在胜利图书运动中捐赠给美国军队的一些图书，经过从中"仔细挑选"，被送到美国战俘营的德国和意大利战俘图书馆。[44]战俘图书的另一个提供者是国际学生服务处的北美代表，他亲自去很远的地方寻找一本稀有或者绝版的图书，这本书是一名战俘需要的，有助于他进行某一特殊领域的研究。[45]这并非易事，即便需求已经减弱，美国的德语版图书仍然供不应求。二手书商及时地发现了这个潜在市场，开始向各个战俘营发送他们的书目。由于所有书目中的大多数图书都自然代表只有这一册，许多战俘营图书管理员就这些孤本书所发的订单无意中刺激了一个卖方市场。不久，书商们建议每本书上浮10美元，一个意想不到的战争导致暴利的景象。战俘营图书馆很快发展壮大。1945年，得克萨斯州赫恩战俘营的图书馆可以为关押的4,000名战俘提供7,000册德语书和500册英语书。[46]

战俘营图书馆的一些存书不可避免地含有纳粹思想的踪迹。当局采取了筛选政策，对送达战俘营的图书进行筛选，同时清除已经在战俘营的不合需要的书，但是这项工作一直没有落到实处，直到欧洲胜利日之后，预计数十万战俘且宜早不宜迟地要回到各自国家，这才使图书的筛选和清除工作真正变得紧迫。[47]特别项目部为战俘营工作人员制定了指导方针，用以判断是否要拒绝一本书。"所有曲解……所有种族的贡献作用的书"都要被禁止，无疑，这主要是避免反犹主义作品流入战俘营的一种方式。同样被禁止的还有充斥着"蔑视美国，认为它是一个没有自己的'文化'、没有'灵魂'的国家，一个只对赚钱感兴趣的国家"的书，这正是战时新闻局的海外版本和跨大西洋版本图书所要驳斥的陈词滥调。所有将一战停战协定描写为"暗箭伤

作为武器的图书

人"的书都要避免，对美国的盟国包括苏联缺乏同情的书也要避免。有趣的是，这一政策说明警示战俘营官员在筛选图书时要比筛选电影更为谨慎，就因为煽动性的书籍可能拥有更持久的影响，而且不一定是好书。"一部电影可能给人的印象在一段时间之后就逐渐消失，而书籍留给人的印象却不会，"指导方针指出。"图书实际上是由战俘支配的。它可以被反复阅读而成为颠覆性的纳粹活动的基础。"[48]

为搜获纳粹宣传品，需要有一个详尽的步骤用以检查英语和德语版本的图书。为此，特别项目部官员招募了一批可靠的反纳粹战俘作为助手。针对被提议收缴的每本图书，这些受信任的战俘要填写一张标准的反馈表，写上这本书的简短概要，对这本书的"适合性"提出建议，适合分发给所有战俘还是仅适合于部分"安全的"战俘，同时说明这本书是否可以在战俘营的餐厅售卖还是限定在图书馆内使用。后来，根据指导方针制作了一份长长的获得批准和未获批准的图书清单，这使负责战俘营图书馆的官员的工作量得以减轻。[49]

然而，由于对大量不同种类的图书馆资料进行更为精确的、尽管仍然是公式化的筛选只能做这么多，所以，针对获取专门为德国战俘出版的图书和手册，陆军部队宪兵司令办公室采取了更进一步的重要措施，就像战时新闻局认为需要一个称作海外版本的定制图书计划那样。1944 年秋天，陆军部队宪兵司令办公室开始筹划如何获得足够数量的英语和德语翻译版本的新书，从而在全美战俘营的餐厅里向德国战俘发售。诸多图书来源包括：作为海外版本系列出版的 23 种德语图书；国际基督教青年会战俘援助机构出版的图书，该机构对美国和国外战俘事宜以及中立国利益事宜具有相当多的经验；美国武装部队协会为美国陆海军人员的课程出版的教科书；以及由《步兵杂志》出版的"战斗力"系列平装书，其中既有与企鹅图书公司合作出版的，又

第七章　利用图书对敌人进行安抚和再教育

有它自行出版的。

德裔难民出版人也对向战俘提供图书的问题抱有浓厚的兴趣。对他们来说，战争为大西洋两岸都提供了潜在的市场——在美国的庞大的战俘以及大洋彼岸被征服的第三帝国的麻木民众，很快被遣返的战俘也将加入他们。两家流亡的出版社尤其积极。一家是伯曼－费希尔出版社，另一家是极光出版社（Aurora Verlag），两家出版社的创立至少在一定程度上是为了向战俘提供未受纳粹思想污染的德语图书。

新世界书架系列的创立

通过"新世界书架系列"图书而对美国的德国战俘再教育做出最大贡献的是位于纽约的伯曼－费希尔出版社。"新世界书架系列"由该出版社与陆军部队宪兵司令办公室联合出版，共22种24卷，为德语版本，以每册25美分的价格在美国战俘营的餐厅发售。[50]每种书的首印数量为1万册。《步兵杂志》已经承担了面向军队全体人员的一项重要图书出版计划，在对战俘再教育图书计划中是一个默默无声的合作伙伴。[51]企鹅图书公司在美国的分支机构和《步兵杂志》之间存在广泛联系，它在本计划中更加处于无形。像整个再教育计划一样，直到欧洲胜利日，该图书计划都是在极其秘密的状态下进行的。海外版本和跨大西洋版本，这两个图书计划是规模更大的政府计划，旨在清除纳粹思想对欧洲人的影响，与这两个计划进行有趣的比较和对比，就会发现再教育计划值得广泛关注。

每本书收费25美分而不是免费赠送的做法很有意义，因为这些书是商业出版社伯曼－费希尔的产品，此外它更有利于证明买书是一种自愿行为，买书的战俘没有被强迫阅读它们，根据《日内瓦公约》，强迫阅读是非法的。销售图书之所以可行，是因为按照《日内瓦公

163

约》的规定，战俘们通过在战俘营内及其周边参加工作可以挣得自由支配的现金。被招募参加劳动的战俘最多每天能挣80美分，而在押的军官按照军阶每月可以获得20美元至40美元的工资，无论他们是否工作。[52]

戈特弗里德·伯曼－费希尔与战略服务处特别项目部一直保持联系，他是深谙"德语图书尤其是德国图书市场重要性的一位专家"。[53] 同时他还拥有许多著名反法西斯作家所写的德语书籍的版权，这些作家中有的本身就在流亡，他在瑞典、荷兰和瑞士拥有这些书的库存。此外，他已经在斯德哥尔摩出版了美国作家约翰·斯科特的《乌拉尔山那边》(Jenseits des Ural)一书的德语翻译版本，这本书最终被再教育计划选中。

特别项目部的负责人爱德华·戴维森中校在官方授意下，将沃尔特·舍恩斯特德中校（后为上尉）调离陆军士气部，而成为这项计划的负责人。很遗憾，陆军部队宪兵司令办公室的工作人员中很少有人对德国文化和语言具有必备的知识，而戴维森则不同。军队中大多数极有才华的德国问题专家都已经被更有吸引力的负责情报和心理战的部门招募走了。另一方面，舍恩斯特德是一个德国人，最近才加入美国国籍，他是柏林一家自由派报社的前副主编，同时也是一位还算知名的小说家。此外，舍恩斯特德年轻时曾是一名热烈的共产主义者，但后来其思想转变成美式自由主义。[54] 作为一名流亡的德国知识分子，舍恩斯特德非常熟悉伯曼－费希尔出版社，至少因为其知名度。

通过谈判，特别项目部与伯曼－费希尔出版社达成了一项协议。该社拥有如此大量的德语书籍在美国的出版权是协议达成的关键，因为这不仅保证了节省原本应该花费的用于获得版权授权的金钱和时间，否则，这项和平时期就足够困难的任务，在特殊的战争环境下就几乎

第七章　利用图书对敌人进行安抚和再教育

更不可能完成。[55]《步兵杂志》将监督图书制作，拥有高水平工作人员的企鹅图书公司将充当中间人。

库尔特·伊诺克在20世纪上半叶的欧美出版界皆具有重要的影响力。伊诺克是名生于汉堡的犹太人，继承了家族的图书和杂志出版生意。他适时地与另外两名出版人合伙成立了信天翁现代大陆图书馆（Albatross Modern Continental Library），直接与令人尊重但日趋僵化的托奇尼茨系列英语图书在欧洲市场展开竞争。1934年信天翁买下了托奇尼茨。两年后，伊诺克离开德国去信天翁巴黎分社就任。法国沦陷后，伊诺克——"没有了国籍，被希特勒逐出"——历尽艰险来到纽约，在那里加入了流亡出版人的团体。他很快认识到美国图书业如何不同于欧洲。书店的图书总是供不应求，作品代理人拥有极大的影响力，相当多的开销花在了广告和推广方面，而存书目录和经典图书都被忽视了。在长期的平装书出版职业生涯中，他试图通过克服这些情况而获得盈利。不久，企鹅图书公司的创始人艾伦·莱恩任命他为企鹅图书公司新的纽约分部的副总裁，负责图书的设计和制作，而纽约分公司的负责人伊恩·巴兰坦则集中精力负责销售和发行业务。[56]

美国参加二战拯救了企鹅图书美国分公司。巴兰坦与《步兵杂志》的陆军上校格林达成一项协议，出版一系列有关战争话题的平装书，由政府支付成本，设计成适合服役人员的基本套系，多余的部分可以向平民发售。格林的上级指示他不要招致任何业务风险。[57]《步兵杂志》的大量纸张配额可以由企鹅图书公司调用于合作项目，其中大部分都是在"战斗力"系列的标题下发行的。[58]

由于伯曼-费希尔出版社不仅强烈反对纳粹，而且也没有极光出版社的威兰·赫茨菲尔德的左翼倾向障碍，赫茨菲尔德称他的竞争者为"流亡出版社中的右翼"，[59]因此伯曼-费希尔对于政府而言是在政

作为武器的图书

治和意识形态方面都安全的合作伙伴。具有讽刺意味的是，伯曼－费希尔提供给陆军部队宪兵司令办公室的图书大多出自左倾作家之手，但考虑到这些书大多都被纳粹禁止和焚毁了，它们为眼前的目标所起的作用是不容否定的。

由于从一开始伯曼－费希尔就关注战后德国市场，他特别注意在战俘市场销售的新世界书架系列图书，将无论如何不会危及自己以后在德国及其他欧洲被解放国家的市场营销。这意味着，这些书要避免流入美国及其他国家的平民之手，不管是被占领国还是非占领国，并且确保他和陆军部队宪兵司令办公室签订的合同不会被转至其他部队单位在占领德国时使用。[60]

筛选新世界书架系列图书

为"新世界书架系列"筛选书目比战时新闻局的切斯特·克尔及其同事为海外版本选书要容易得多。在某种意义上，这种筛选，更确切地说，这个相对较小的书目范围在伯曼－费希尔刚加入这个项目时就已经预先决定了。他持有的德语图书，以自由主义的、强烈反纳粹的流亡德国知识分子的著作为核心，还有一些美国和其他国家作家的作品，以及一部海因里希·海涅的早期德国经典名著。然而，所有图书都必须符合已经制定好的任何情况下都必须遵守的战俘营图书输入的总体标准，伯曼－费希尔的图书没有这方面的问题。多数他所持有的图书——所有德国作家的著作以及除了一部美国作家的作品之外的其他作品——实际上都是合乎要求的，多亏伯曼－费希尔控制了德语图书在美国的出版权。唯一的例外是贝尼特的《美国》，此书的出版权已经授予了战时新闻局。

这并不是说根本不存在筛选的过程。[61]伯曼－费希尔出版社的其他

第七章 利用图书对敌人进行安抚和再教育

图书也曾被美国陆军部队宪兵司令办公室的官员们考虑入选或拒绝入选。与海外版本图书的筛选情况类似，美国陆军部队宪兵司令办公室记录中的书目清单上出现过的书名可能在随后的记录中就消失了。例如，伯曼－费希尔认为库尔特·斯特克特的《这怎么可能》（*Wie war das möglich*）一书不会得到有利评价，这令戴维森感到不满。伯曼－费希尔觉得他推荐的另一本已经被列入书单的弗里茨·吕克的《和平无保障》（*Friede ohne Sicherheit*）会得到同样消极的评价。两本书都从选目中被删除了（编号为23和24），但是落选原因很可能是这些书在美国没有货源，消极的评价报告又使它们很难从伯曼－费希尔位于斯德哥尔摩的书库里运过来。[62]其他被删除的书还有马丁·安德森－力索的《征服者佩尔》（*Pelle der Eroberer*）和斯蒂芬·茨威格的《玛丽·安托瓦内特》（*Marie Antoinette*），两本书分别是名单上编号16的第一和第二选择。[63]除了伯曼－费希尔拥有版权的这些书以外，其他许多书似乎不可能被认真加以考虑。由于"新世界书架系列图书"项目的机密性，项目合作者几乎不可能向公众广泛征求提名意见。在欧洲胜利日之后以及随后对这一系列图书的宣传中，有人建议增加一些版权不受伯曼－费希尔控制的图书。但是预计中的另一个系列并没有着手进行，因为已为时太晚。[64]

1945年4月上旬，美国陆军部队宪兵司令办公室发布了题为"新世界书架系列图书入选理由解释"的备忘录。标题似乎很诚恳，因为备忘录确实是一个理由解释，尽管属于事后的合理化解释，来说明为何入选图书基本上来自有限的选择范围，也就是伯曼－费希尔控制的那些图书。该解释声称，这一系列图书是"为了满足战俘的需要，并且由于德语阅读材料的匮乏"，在这种情况下，备选图书必须既便宜又尽可能少地消耗重要的战争物资，由于这一系列图书是"一次有益的实验",因此"有必要选择没有困难或不用付出代价就能获得版权的图书作为第一系列"。[65]

备忘录进一步指出"入选的各种图书都符合"上述总体标准,根据这一标准对每本书都"进行了细致的考虑"。这些考虑是简单的,如下所示,几乎没有按照宣传目标的要求对图书内容进行详述。备忘录作者将图书大致分成两组。第一组题为"六部德语译本,其中五部由美国作家写成,(这)说明这些图书的德语译本在美国并不容易获得"。下面是从图书分类中摘录的一些描述(全文)实例:

《美国》(Amerika) 斯蒂芬·文森特·贝尼特著

作品显然是为了让外国人熟悉美国历史和美国生活的主要特征而写。对本作品的特别翻译和出版将用以满足战俘教育的需要。

《丧钟为谁而鸣》(Wem die Stunde schlägt) 欧内斯特·海明威著

一位美国作家的一部有代表性的小说。

《乌拉尔山那边》(Jenseits des Ural) 约翰·斯科特著

本书的入选是为了利用对苏联情况的客观描述反驳戈培尔对苏联进行的负面宣传。该书也倾向于对苏联在这场战争中的成就给予一种合理的尊重。

第二组"德国作家的作品",试图"一方面以实例向战俘们展示真正伟大的德国文化,而这些文化于这些图书重印之前在这个国家是永远不可能获得的,另一方面,让战俘们熟悉曾经被纳粹禁止的一些重

第七章 利用图书对敌人进行安抚和再教育

要著作"。这个图书类别中的一些图书描述包括:

《最美丽的德国浪漫故事》(*Die schoensten Erzaelungen deutscher romantiker*)

这部书收录了德国最优秀的充满和平气息的浪漫派作品,展示了德国文化中的非战争价值观。

《魔山一》(*Der Zau-berberg I*) 和 《魔山二》(*Der Zau-berberg II*) 托马斯·曼著

仍然健在的最伟大的德国作家托马斯·曼最重要的小说,他曾因反对纳粹而流亡。在这部作品中,西方文明价值的辩护者和批判者进行了著名的长篇对话。

《科佩尼克上尉》(*Der Hauptmann von Köpenick*) 卡尔·楚克迈尔著

对德国人崇拜制服和官僚的愚蠢的有趣讽刺。

《拉德斯基进行曲》(*Radetzky March*) 约瑟夫·罗思著

具有奥地利背景的一部历史小说,对奥地利战俘尤其具有吸引力。

《西线无战事》(*Im Westen nichts neues*) 埃里希·玛利亚·雷马克著

一部因为客观描写战争恐怖而闻名世界的小说。该小说在德国极其受欢迎,但是自出版以来就受到了纳粹的恶毒攻击。

作为武器的图书

在对这一系列22部图书的描述里,几乎都不是对它们在德国战俘再教育过程中可能发挥的作用的严格或者高度的解释。这些描述仅仅是图书的宣传语,尽管不像大多数图书护封上的广告词那样字斟句酌。它们无疑只想向政治家、出版界和公众提供一些关于这一系列图书内容的信息,但是并不太多。事实上,这些报告的基本概念,如果不计较确切的字眼的话,与数周之后准备的文件——一份实际上关于此计划的新闻稿的草案是相似的,该文件在需要时可以随时发布,它基本上重复了有关这些图书入选理由的概述,以便应对"注意到此计划的官方机构提出的质疑"。即使有一天此计划被撤销,该文件仍然可以向公众发布。[66]

文件重申了此项目的基本背景和选择标准,如同先前的备忘录所定义的那样,但是在各处进行了重要补充。例如,文件通过巧妙改写《日内瓦公约》中关于"文化娱乐"的条款使得再教育计划具备法律依据,而不是像先前那样仅仅寻找条款的漏洞。文件还清楚地表明战俘将自己购买这些图书,使美国纳税人免于为此埋单。新起草的文件还更多地阐述了在版权问题上减轻工作难度和降低工作成本的必要性。该新闻稿透露了《步兵杂志》曾经参与"安排实际出版工作的所有细节"。此外,它还宣布,通过与伯曼-费希尔合作,"获得了一系列满足上述具体要求的图书"。更重要的是,这些书"具有很高的文学价值"。

文件为该系列图书设定了一个总体方案,这个方案在很大程度上似乎是一个有追溯效力的构想而不是一个原始的任务声明:"入选图书应该尽可能包括相同数量的德国作品和美国作品,这一构想得以确定。"然而,美国陆军部队宪兵司令办公室承认,在当前环境下图书筛选还达不到数量上的平等。正如新闻稿所说:"很明显,回顾美国的文学史并任意选择清单之外能更好推进这一计划的图书是可能的",但是有关版权持有人和从英语翻译成德语属于简单而经济的渠道的规定"不得不

第七章 利用图书对敌人进行安抚和再教育

经常被提及"。尽管如此,美国陆军部队宪兵司令办公室仍然相信,"有幸代表美国文学的入选图书将必定使计划受益,即使对选择没有必要的限制"。在这个版本的文件中,海明威的《丧钟为谁而鸣》的最初宣传语中增加了几个英文单词,变成了"一位美国作家的一部具有代表性的小说,描写了普通百姓反对集权主义的斗争"。[67]

将入选"新世界书架系列"的图书与入选海外版本和跨大西洋版本系列的图书进行比较,就像把苹果和橘子进行比较,尽管前者更为有趣。首先,新世界书架系列图书的22种中只有5种是美国图书,而海外版本和跨大西洋版本系列中几乎有意地全部选择了美国图书。除了法国女作家伊芙·居里和波兰裔英国作家约瑟夫·康拉德的著作,其余的作家均来自德国或奥地利。在5种美国图书中,有3种也作为海外版本系列或跨大西大洋版本系列出版了——贝尼特的《美国》(作为跨大西洋版本系列图书而出版的英语、德语、意大利语和法语译本);海明威的《丧钟为谁而鸣》(英语本);萨罗扬的《人间喜剧》(英语和意大利语译本)。也许没有入选战时新闻局出品的系列图书的两本美国图书中,只有一本可能有过机会。这个例外就是约翰·斯科特的《乌拉尔山那边》(《乌拉尔山那边:苏联钢铁城市的一名美国工人》[*Behind the Urals: An American Worker in Russia's City of Steel*]),书中对苏联所持的同情的观点也许过于左倾,从而未能战胜战时新闻局在选书过程中设置的一系列复杂障碍。此外,两个图书系列都以当代作品为主。入选"新世界书架系列"的德国和奥地利文学作品中,只有一本海因里希·海涅的《诗歌散文精选》(*Meisterwerke in Vers und Prosa*)是20世纪以前的作品,其他都是20世纪的作品。海外版本系列和跨大西洋版本系列的入选书目则更加现代,大多出版于1941年至1945年间,展示了战争年代海外的潜在读者无法获得的具有代表性的美国图书。与战时新闻局推出的系列图

作为武器的图书

书大多数是中等品味的图书不同的是,"新世界书架系列"图书更有挑战性,其中几部作品已经获得或者随后将获得文学经典的地位。

正如大多数海外版本和跨大西洋版本系列图书对美国本土的出版商来说是珍贵的文学财富,大多数入选"新世界书架系列"的图书也具有相当重要的价值——对美国出版商而言,其价值不如对伯曼-费希尔出版社那么大,伯曼-费希尔希望"新世界书架系列"图书铺平道路之后,在自己的祖国德国以 S. 费希尔出版社的尊贵商号重新推出这些图书。这些图书的作者所属的知识分子群体在 20 世纪 30 年代从纳粹德国逃往不同的国家,主要是美国。[68] 除了曼、楚克迈尔和雷马克以外,这些德国和奥地利作家都是犹太人。选目清单中的大部分德语图书的作者的作品被戈培尔及其手下暴徒作为"非德国"作品焚毁或禁止。[69] 也许美国陆军部队宪兵司令办公室与战时新闻局各自的系列图书之间最有趣的对比是,海外版本和跨大西洋版本的入选图书主要用于揭穿戈培尔关于美国的肤浅和腐败的宣传谎言,而新世界书架系列图书是为了驳斥戈培尔有关德国的历史使命和德国不可战胜的言论。从这个意义上讲,新世界书架系列更好地实现了战时新闻局的愿望,正如诺曼·卡森斯所言,它比战时新闻局自己的系列图书给德国人的打击更沉重。

最终,新世界书架系列图书也遭遇一些耽搁,但是这些耽搁都不如海外版本系列所面临的严重。伯曼-费希尔出版社的参与几乎把减缓战时新闻局行动速度的所有困难都排除了。新世界书架系列团队面临的主要问题是《西线无战事》作者雷马克暂时回避版权转让,以及贝尼特的《美国》的翻译问题。美国陆军部队宪兵司令办公室原计划采用战时新闻局提供的德语版本,但是在专家的建议下新世界书架系列拒绝了,因为专家们认为现有的德语译本"差强人意"、"存在许多缺点",必须获得一个更好的译本。[70] 虽然在该系列的选目清单中名列首位,《美

第七章　利用图书对敌人进行安抚和再教育

国》实际上却是最后出版的,可能是由于翻译耽搁了时间以及译本需要接受一个小的审查。[71]

美国陆军部队宪兵司令办公室依赖《日内瓦公约》允许"文化娱乐"的条款来掩盖自己的活动,减轻了对再教育计划合法性的担心。但至关重要的是,对战俘再教育的努力仍然需要对美国公众和纳粹保密,以免敌人对被关押在德国的美国战俘进行报复,同时避免狂热的纳粹分子对计划的破坏,或者至少避免非纳粹人士对这些活动不够重视。[72]所有涉及该计划的人员——美国陆军部队宪兵司令办公室总部和战俘营的人员——都被命令"不得公开这件事"。[73]美国陆军部规定,必须有一个"独立的"实体作为记录在案的出版商而显示在图书上,同时对"新世界书架系列"进行特别说明,用以掩盖这些书籍真正的政府宣传目的。[74]

在公众看来,伯曼－费希尔出版社在计划实施过程中的角色局限于将其自身控制的图书授权出版。它被允许宣布拥有这些图书的版权,被允许将其公司名称附在扉页背面的"授权再版"声明之后,同时印有出版社的漂亮商标。还有一点非常重要,战俘自身,包括在战俘营餐厅工作的战俘,都不应该意识到美国陆军部、美国陆军部队宪兵司令办公室或者像《步兵杂志》那样听起来是官方名称的实体在背后参与了该图书计划。这要求新世界书架系列图书的包装上不能有任何与《步兵杂志》相关的标签。因此,纽约一家邮局的信箱成了战俘营询问和订购新世界书架系列图书的联系地址。[75]每天,美国陆军部队宪兵司令办公室特别项目部的通讯员到邮局的20号邮箱取出邮件后立即送到《步兵杂志》。戴维森告诉格林:"既然你无权以'新世界书架系列'的名义签发信件,那么,任何要求通过信件给出答案的问题都将不得不由我们来回复,所采用的形式类似于:'新世界书架系列图书的出版人通知本办公室……'"[76]战俘营会根据发货清单向管理人——中央战俘基金会付款,

173

作为武器的图书

从而进一步掩盖图书的来源。

面向被遣返德国战俘的图书

欧洲胜利日使新世界书架系列图书计划不再需要继续保密。同年3月,新闻界已经开始听到风声,[77]促使了声明的起草,以便一旦通知,政界和报界马上可以发表。1945年6月12日,该计划被解除机密等级,美国陆军部队宪兵司令马上向媒体公布了声明的内容。现在战俘营的餐厅军官们被允许直接向《步兵杂志》订购新世界书架系列和其他图书。[78]

随着德国战败,战俘遣返计划也准备就绪。1945年5月初,新世界书架系列图书开始运抵战俘营,正好是欧洲胜利日前不久——虽然不是最佳时机,但还不是无法补救的。截至9月中旬,24种图书全部出版发行。在被推广至战俘营餐厅时,这些图书每册售价为25美分,和薄煎饼一样便宜。为了使每一名想要读书的战俘都能买到,美国陆军部队宪兵司令办公室的高级官员命令,至少要在"经过积极的销售推广之后"才能把书放进战俘营图书馆。[79]尽管如此,直到战俘被遣返回国,仍有一些图书未售出,但这些可能是超量印刷的部分。

无论如何,图书销售得很好。田纳西的一个战俘营的一位官员报告说,一次运来的420册图书不到一天就全部卖完了。他注意到所有战俘似乎都对威尔基的《天下一家》(*Unteilbare Welt*)和曼的《注意,欧洲!》(*Achtung, Europa!*)特别感兴趣。得克萨斯的一个战俘营的工作人员要求"在定额之外"至少追加250册图书。阿肯色州的官员们发现,其管辖下的两个战俘营的反响"超过了我们最热切的期望",供应的图书在一个小时之内售罄。这些书"被广泛地阅读和传阅……它们确实满足了我们最大的需求之一,因为德国图书市场如此有限"。他们总共为两个战俘营征订了1,000多册图书。得到信任的战俘也给予了合作。堪

174

第七章　利用图书对敌人进行安抚和再教育

萨斯战俘营的一名纳粹德国国防军官证实,能获得这些书"是在这里感到快乐和感激的原因"。它就像"一束光",带给"所有没有向即将到来的新世界封闭自己心智的人安慰和力量"。[80]

格林和《步兵杂志》也深入——并且现在是公开地——参与了特别项目部的另一项与图书相关的任务。格林实际上扮演着"批发商"的角色,为向战俘营餐厅的战俘们销售好的英语和德语图书提供另一个可靠的货源。[81]戴维森向他保证,"战俘市场很大,每个月涉及的图书多达数千册"。[82]如果真有"垄断市场",那么这里就是。尽管这些客户的可支配收入水平不高,至少图书不用与其他各种各样的消费品一起争夺战俘们口袋里零零碎碎的美分,同时图书还有助于帮助战俘们打发时间,他们也许正希望读书有此效果。在获取德语图书的过程中,格林并没有采取惯常的相当没有计划性的做法,而是尝试寻求更好的方法,在此过程中,他通过《步兵杂志》,利用自己与企鹅图书公司的库尔特·伊诺克的关系,以及与长期在纽约专营德语图书的斯特克特公司的关系,整合了所有这样的搜索和购买渠道。[83]在一个德语图书匮乏导致价格飞涨的市场上,格林承诺在效率和经济规模方面满足日益增长的需求。更容易发现的是,由于许多战俘正在接受英语语言课程,英语图书将特别有用。

鼓励学习英语在临近欧洲胜利日之际变得更加重要,至少对于欲将被粉碎的德意志帝国重建成一个自由、民主与美国友好的国家的一些人而言,能够用英语阅读和交流似乎确实符合美国的长期利益。[84]格林准备了《步兵杂志》能够提供的英语图书清单,发送给每个战俘营的长官、助理执行官和战俘营餐厅的官员,他们的地址是由部队提供的。他想提供的图书包括他自己的一些"战斗力"系列图书、口袋图书公司的入选图书和插图版现代文库系列中的一些书。许多图书是关于军事主题的,人们认为这些书"对于战俘而言具有明显的吸引力并且有助于提升他们对美国成就和意志的敬意"。军队甚至为此提供了一些有助于

作为武器的图书

图1 为美国战俘营中的德国战俘出版的新世界书架系列图书平装本的3本图书的封面。为作者藏书。由杰夫·亚当斯拍摄。

获得中央战俘基金的渠道,从而"为(格林的)财政风险提供担保"。[85]

随着战俘营开始关闭,没有售出的图书被退回用以分配到其他仍然保留的战俘营,在那里一些战俘被合并在一起,他们离开美国的时间尚未确定。[86]特别项目部的官员注意到,战俘购买图书的数量有所下降,并认为这是因为战俘们担心自己回国时不能把书一起带走。事实上,对战俘回国可带行李的重量限制同样使特别项目部感到担心。毕竟,正如陆军部队宪兵司令办公室的一名官员所强调的:"战俘们一直合法而真诚地购买文学作品,尤其是那些他们希望或明显盼望能永远归个人所有的图书。"[87]伯曼－费希尔的合同使得这些书无法进入"常规市场或二手书市场"。[88]因此,图书尽可能少地被浪费,没有售出的图书——截至1946年4月至少还剩下8,000册,总共出版了至少24万册——将会免费发放给即将离开的战俘。[89]后来,做出相关规定,剩余的图书将被运送到欧洲,提供给德国和奥地利的平民,同时还由美国友好服务委员会分发到欧洲其他地区的图书馆。[90]

第七章 利用图书对敌人进行安抚和再教育

新世界书架系列图书的印刷十分精良。负责此项目的伯曼－费希尔出版社多数重印了"印刷精美"的斯德哥尔摩版,重印版的尺寸比原始版本稍微缩小了一些。这样节省了大部分重新排版的成本。[91] 成书的尺寸与美国发行的口袋图书以及其他平装系列图书相同,也就是 $4\frac{1}{4} \times 6\frac{3}{8}$ 英寸。这些图书是竖开本的——像那些标准的美国平装书一样——因此与长方形横开本的军队版本图书相比,外观更像海外版本和跨大西洋版本的图书。这些书多为蓝色和黄色的平装封面,封面上仅有一些小的图案和与图书主题相应的印刷装饰。比如贝内特的《美国》,其封面图案设计的显然是一只美国鹰(虽然垂直向上伸展的翅膀使它看起来像一只凤凰,但同样也是貌似合理的一种象征)和一句德语格言——*Wie es wuchs——was es ist——an was es glaubt*,意思是"它如何成长,它是什么,它相信什么"。它大概指的是美国。第22种书是楚克迈尔的《一个来自陶努斯的农民》(*Ein Bauer aus dem Taunus*),扉页上印着"Verbilligter Sonderdruck für deutsche Kriegsgefangene",意为"给德国战俘的特别平价版"。罗马字体和德语古字体都被用作新世界书架系列图书的基本印刷字体,这无疑是因为它们都曾在斯德哥尔摩版中使用过。[92] 一些书的题献中还可能出现战俘的名字。

当然,新世界书架系列图书的销售稳定并不意味着书中包含的信息必然得到传达。美国陆军部队宪兵司令承认,"没有绝对的手段可以检测提供给战俘的这些优秀图书对他们的思想所产生的影响",尽管他认为"这些书肯定产生了一些影响,也许是很大的影响"。[93] 由于战俘们时时处处都遭遇到无聊和乏味,这些书可能只是给他们找了点事做。战俘们读书时可能怀着嘲笑就像怀着崇敬一样容易。正像美国陆军部队宪兵司令办公室的官员们所担心的那样,在一些关押着最顽固的纳粹分子的战俘营里,新世界书架系列图书的引进遭到了反抗和破坏。战俘们的

作为武器的图书

内心里有时候为获取图书制造障碍。对位于田纳西州的一个战俘营的调查发现，一些为图书馆工作的得到信任的战俘把他们的上司认为对德意志帝国有破坏力的图书列入了黑名单。正如一名战俘所证实的那样："在德国不能看的书，在战俘营也不能看。即使成了战俘，但他们毕竟是德国人，作为战俘他们仍然对自己的行为负有责任。他们曾宣誓效忠他们的祖国。"[94]

最后，大多数新世界书架系列图书中（尤其是曼的几部作品）相对高雅的人物可能对于普通的德军列兵或下士而言是无法理解的，因为随着战争的继续，他们这个级别士兵的入伍年龄越来越小。该系列图书的管理者似乎意识到了这个问题，因为后来追加的一些图书中出现了诸如韦尔弗的《贝纳德特之歌》(*The Song of Bernadette*)和萨罗扬的《人间喜剧》等作品，以迎合更受欢迎的品味需求。至少，新世界书架系列平装图书为被遣返战俘提供了一份不错的关于他们曾经度过一段时光的美国的纪念品，这些书对于他们而言，也许比归国人员得到这些书还要有用。[95]我的收藏品中有一本新世界书架系列图书，曼的《洛特在魏玛》(*Lotte in Weimar*)，该书的原主人留在书上的题词恰恰证明，这是他在得克萨斯州普林斯顿战俘营所度时光的一份纪念品。书被他重新做成精装，还贴上了家庭藏书票，这说明此书对他来说真的很重要。

第八章　制作"精美小书"

冗长繁复的海外版本选书过程之后，便开始了艰巨而乏味的图书印刷的具体工作——制作那些"精美小书"，这是优秀图书设计的狂热倡导者布兰奇·克诺夫对这些图书的称谓。[1] 至少制作图书是所有的出版人——包括那些为战时图书委员会和战时新闻局工作的出版人——无论在战时还是和平时期都知道如何去做的一项流程。必须获得用英语以及被选定的其他外语出版图书的权利。对于那些被选定用一种或者多种外语出版的图书而言，必须要找到合适的译者，与之签订合约，让其在约定的期限内完成翻译。译文必须由多位负有责任的官员进行审查。所有以外语出版的图书都必须进行编辑。当海外版本系列图书决定采用类似于法国和其他欧洲读者熟悉的竖开本的平装本时，系列图书的总体设计方案以及每本书的具体文字说明就必须确定。排字工人（包括能够精确排法语、意大利语和德语版的公司）必须寻找到位并让他们参与进来。同样，也必须找到封面衬里和外壳的制造商、纸张供应商、校对人员、印刷厂以及装订厂，并使其投入工作。虽然在这一事业中的合伙人均在制作工作中发挥了作用，但战时图书委员会的子公司海外版本公司的工作人员承担了比战时新闻局多得多的任务。制作过程中最棘手的部分是获得授权和译文审查，这是出版人最少有经验的任务。最关键的是，所有工作必须快速完成，否则图书用于其目标的时间窗口将会关闭。

获得授权

海外版本公司作为系列图书的官方出版人，要掌握再版图书的权利，但是战时新闻局的切斯特·克尔不得不在早期便获得授权，直到这一新的实体公司终于成立，获得了资金，并且完全投入运营。[2] 为获得海外版本图书授权，其基本原则和程序在很大程度上借鉴了军队版本图书发展起来的经验，即在针对有限授权期限的非独家权利的标准合同基础上，从众多出版人那里获得权利（以海外版本系列为例，授权期为一年，按年续约，但合同可以根据提前90天的通知而解除）。在签约时向版权所有人支付1美元，同时每出版一册支付1美分版税（根据图书装订时附上的印数作为计算数量），版税由原出版人与作者平分。[3] 出版人或其他合法的权利出让方得到保证，图书将不会在国内发行，因为重要的一点是，大多数被选中的图书都是仍在出版的具有相当商业价值的图书。出版人也可以向任何外国出版社自由出售非独家的版权。

虽然为海外版本图书选出的72种图书仅代表了1,322种军队版本图书的二十分之一，但为海外版本系列获得授权并非容易20倍。仅就一点而言，海外版本项目包含了就各种外语翻译权利进行谈判这一艰巨得多的任务。另一方面，战时新闻局必须进行协商授权，不仅针对被纳入海外版本系列中的图书，而且针对所有已经与国外出版或发行的审批机构的高层成功达成协议的图书，无论这些图书的出版是通过海外版本公司、流亡中的外国政府还是英国的国内出版社，以及任何被解放国家或战败国。虽然战时新闻局声称自己没有"大规模获得授权"的意图，只要他们还在运作，他们就会从某一特定作品的出版人那里购买十几种甚至更多种语言的翻译权，以应对所有可能发生的情况。[4] 然而，合同却只在已经决定以某一特定语言出版一本具体的图书时才签订。当一些

第八章 制作"精美小书"

计划中的版本因各种原因未能出版时,合同便无效了。就单品种图书的授权的延误也有可能耽误其他图书的生产,因为海外版本图书以8种书为一组走生产流程。[5]

海外版本公司在购买版权方面几乎得到了来自入选作品出版人普遍的合作,这无疑源于军队版本图书运作中设立的先例。艾尔弗雷德·A. 克诺夫出版社的布兰奇·克诺夫也许是最需要说服的出版人,至少是在某些情况下如此。克诺夫最初拒绝向海外版本公司转让任何意大利语翻译版权,但最终还是松口了。[6] 最严重的权利问题涉及一家法语出版公司——法国之家出版社,它由法国书店设立,位于作为纽约洛克菲勒中心建筑一部分的法国之家,这里为流亡美国的法国作家提供"艺术避难所"。[7] 战时新闻局想要将沃尔特·李普曼的两本书——《美国外交政策》和《美国的战争目标》——打包成海外版本系列的一个英语和法语的单卷本。法国之家出版社拥有《美国外交政策》的法语版权。战时新闻局向法国之家出版社出价0.5美分的版税,并向掌握了《美国的战争目标》法语版权的利特尔布朗出版社出价同样的版税。它向法国之家出版社支付额外的250美元以获得现有的译文。该公司的维塔利斯·克雷斯平要求战时新闻局同意以每册75美分的价格购买至少4,000册他们公司出版的《美国外交政策》,这样他才会与之合作,因为他担心如果盟军远征军最高司令部先获得了两本书的合并版本的话,他可能像预期的那样无法卖掉在法国的库存。战时新闻局拒绝这样做,指示海外版本公司单独出版法语版的《美国的战争目标》作为海外版本系列图书之一。[8]

获得译文

继当初处理资助和启动海外版本系列的漫长延误之后,翻译流程是

作为武器的图书

该系列图书历史上最棘手的阶段。在大西洋两岸的出版交易中,委托翻译的职责传统上属于外语版权的买方而不是卖方。比如,如果克诺夫购买了在法国出版的一本书的翻译权,克诺夫将安排某个人,很可能是在美国的某个人,来将法语文本翻译为英语。然而,如果克诺夫将它自己拥有的图书的翻译权卖给一家法国出版商,这家外国公司会安排将图书翻译成法语,无疑是在法国翻译。以海外版本公司为例,它作为出版人和翻译权的购买方,承担委托翻译的职责。但是美国出版人通常面临的情况则相反,海外版本公司的任务是安排从英语翻译成各种外语——不是从外语翻译成英语——并且要在美国找到熟练和愿意翻译的译者来做。由于通常对于一本书的译者来说,最好所要翻译成的语言为其母语,而在美国找到可以胜任这一工作的人远非易事。

如果这一难题有解决办法的话,那便是在美国有多达30万来自希特勒的欧洲的难民,其中有许多作家、艺术家、科学家和学者。[9] 这些翻译人才,是阿奇博尔德·奥格登——于1943年9月接任战时图书委员会执行主任——及其在海外版本公司和战时新闻局的同事最频繁求助的。来自这一群体的许多人——包括那些被考虑或被推荐为译者、但未被雇用的人——都是在战前曾经是,或者在后来成为了某一领域的杰出人士。他们中的许多人都有一些翻译领域的专业经验。[10] 由于海外版本被选中的图书是固定的,只有少数例外,都不再是可协商的,所以该项目实际上只是一个重印图书系列。海外版本公司和战时新闻局的出版专家因而在与作者的密切来往中既没有愉悦也没有痛苦。相反,他们拥有的译者,给他们的工作以及与海外版本公司和战时新闻局工作人员的关系带来了非常个体化的且人为的因素,不可避免地导致了两种结局:温暖人心的满意和令人深恶痛绝。不幸的是,其中痛苦多于快乐。

最终,外语版的海外版本系列必须获得50个译本——22个法语译本,23个德语译本和5个意大利语译本。[11]海外版本公司负责雇用译者,以及负责与他们进行必要的沟通。战时新闻局负责对完成的译稿进行最终审核,这一职责主要由该机构的法语、意大利语和德语部履行。第一套系的图书翻译合同于1944年10月31日获得批准。[12]

根据图书的篇幅,译者得到400到800美元不等的报酬。这些费用,对于一个短期项目来说,似乎是合理而慷慨的。相较而言,一名战时新闻局的职员每年挣得1,800美元左右,而海外出版局负责人的年薪是8,000美元,与作为威廉姆森助理的克尔的薪水一样。[13]较短篇幅的图书的翻译报酬大大高于较长篇幅的图书。例如,一部21万字的手稿可以让译者挣得每千字3.57美元,但是一部7.5万字的手稿支付500美元的翻译费,译者得到的报酬达到每千字6.67美元,支付标准几乎相当于前者的两倍,而一部4万字手稿的翻译费用则是近于每千字3.57美元的三倍,达到每千字10美元。

在海外版本计划启动之前,战时新闻局并不是没有将文本翻译成外语的经验。然而,大多数工作都与制作各种形式的白色、黑色和灰色的政治宣传相关,这些都比图书简短和更具瞬息性,它们是目标指向德国士兵和民众以及被占领国家的反抗斗士和普通民众的传单、小册子和杂志。由于来自西欧以外的需求开始明显起来,这些资料被翻译成多种语言,包括许多不为人熟悉的语言。[14]

在为海外版本系列图书寻找可用的合格译者的过程中,由于这些文本的篇幅较长并且需要译者具备较高的文学素养,奥格登和他的同事很快便认识到,他们不能仅依赖于政府内部的资源。虽然有许多人受雇于战时新闻局和其他联邦机构,例如战略情报局和国务院,如果不考虑经验与资质的话,这些人拥有任务所需的必要技能,但是在政府工资之外向这些人支付酬劳是困难的。要求联邦雇员将翻译作为他们的常规职责的一部分通常是不现实的,因为大多数人都已经为各自重要的战争工作感到不堪重负。在报纸和《出版人周刊》上刊登的对于该项目的宣传有助于招募到一些申请翻译任务的人,[15]但主要还是奥格登及其员工从各种联系人那里征求建议人选。更加丰富的人选来源是战争难民,尤其是艺术家和作家,提供救济工作的机构可以联系到他们。[16]

那么,谁是海外版本的译者呢？是集体还是个人呢？战时图书委员会的记录中充满了海外版本公司和委员会官员与可能的和实际的译者之间的通信。在此情况下,有许多译者,如果不是大多数的话,是从欧洲来到美国的移民,这一点也不令人感到惊讶。[17]他们中的许多人都是来自纳粹欧洲的难民,但不太可能确切知道一个特定的外国人士何时来到美国,也不知道是否为犹太人。

大多数译者居住在纽约——毫不奇怪,因为纽约是这个国家的文学和出版中心,也是移民的主要入境港口。大多数纽约客住在曼哈顿,其中绝大多数都永久居住在上西区和哥伦比亚大学附近的晨边高地。几个译者显然以过往旅客身份居住在曼哈顿的旅馆。少数人居住在外围的行政区。至少有五名译者——杰奎琳·利瓦伊、朱利叶斯·埃尔鲍、厄恩斯特·贝伦特、伊尔丝·贝伦特、薇拉·伊莱亚斯伯格——居住在皇后区,明确地说是丘园和森林山,一个以重要的犹太难民社区而闻名的地区。[18]

在地址属于纽约城以外的译者中,大多数都是以下大学的学者,如普林斯顿、耶鲁、达特茅斯、宾夕法尼亚、布朗、伊利诺伊、密歇根、范德堡、杜克、北卡罗来纳、哈弗福德以及马萨诸塞州的惠顿。从他们的名字和其他线索来判断,大多数人也是在外国出生,可能是流亡者。无论是定居在纽约还是之外,这些学者与同一类精英教育机构都有联系,而这些教育机构培养出了克尔、奥格登,以及许多其他作为战时新闻局雇员或者作为战时图书委员会的志愿者履行战时服务的出版人。

几名译者列举了理由说明他们为何热切加入该翻译项目,包括爱国主义、对他们的接纳国的忠心、支援战争行动的渴望,或者以 C. A. 罗奇迪奥为例,怀有帮助法国"依托于纯粹的民主原则,建立新的基础"的愿望。[19]少数其他人明确表示由于自己需要工作和金钱。例如,西蒙娜·戴维痛切地表示,她真的没有任何事将她自己完全填满,她告诉海外版本公司有才干的经理艾琳·雷科斯基,"我相当空闲,有大把时间可以用于此类翻译工作"。[20]根据雷科斯基所言,当汉斯·萨赫尔要求海外版本公司同意向他分期支付稿酬时,他"坚称,如果他在下周仍拿不到他(最终的)支票的话,他和家人就会挨饿"。[21]这表明了萨赫尔运势的极大衰落,他出身于柏林的一个富裕且被同化的犹太家庭。他是一位诗人和小说家,于1933年离开德国,在去往法国之前,先在捷克斯洛伐克和瑞士度过了一段时光,在那里纳粹将他与瓦尔特·本雅明关押在一起。他设法逃到了马赛,在自己逃往美国之前他在马赛帮助瓦里安·弗赖伊营救了许多其他的知识分子,弗赖伊是一位年轻的美国古典主义者,被公认为"艺术家们的辛德勒"。至少在萨赫尔的事例中,战时新闻局证明了自己是一个敏锐的天才鉴定者,因为他在后来拥有一帆风顺的翻译事业,是阿瑟·米勒、尤金·奥尼尔、索顿·怀尔德、田纳西·威廉姆斯的戏剧作品的译者。[22]

遗憾的是,在极其紧迫的期限压力之下,为了这样一个政治上和军事上极其重要的项目,要将美国图书翻译为法语、意大利语和德语,具备一些翻译经验和伟大动机的译者参与到项目中并不总是预示着成功。在翻译项目进行中出现的诸多问题都源于战时新闻局和海外版本公司未能建立并遵循一个前后一致的政策。无论该项目的规则和程序如何,它看上去都像是在匆忙中形成的。这导致了监管者(主要是奥格登和克尔）如何适用含糊的规则时的一些不一致。也许，在这些机构面临的紧急情况下，它不可能不是这样。

项目的管理者甚至没有关于需要哪种翻译方式的清晰理念：是按照字面意思逐字翻译，还是较为宽松但可能更好地抓住了英文原著的语调和风格的翻译。[23]一些译者被批评太拘泥于原文，而另一些译者被认为太偏离于原文。这两类翻译也许都完美地适合特别的文本，但如果译者被给予更为明确的指导是会有帮助的。由于缺乏指导，一些更优秀的译者制定了自己的规则——决定如何标点，何处及何时采用意译，何时添加注解以使外国人理解美国的思想或书中所述内容，等等。[24]

为一个文本寻找一位合适的译者是繁重的工作。档案记载了数量庞大的无果的探寻，这种探寻是为了将一本海外版本系列图书交予某位有可能成功地将英语文本翻译成三种语言之一的人的手中。但是麻烦刚刚开始。从海外版本公司和战时新闻局的观点来看，大多数译者出现的问题可归为两个并非互不相干的范畴——相对合同约定的交稿截止日期的延误和质量低下的译文。在译者看来，推迟交稿总比上交一部有瑕疵的译稿要好。而出版人对速度和质量都有要求。

各种问题和分歧层出不穷。延误对于海外版本公司和战时新闻局来说可能是最令人沮丧的问题，主要因为项目必然要按照一个非常紧张的时间表进行。正如海外版本的做法，以8本书为一组通过印制流程，这意味着任何一本书的翻译延迟都将会推迟另外7本书的印制。由于海外版本系列图书实施预定的宣传任务的有效性仅能维持较短的时间，战时新闻局担心当法国、意大利以及其他国家的本国出版业能够自己出版图书时这些图书还无法获得，他们的担心是可以理解的。让·布尔什翻译《塔拉瓦》(Tarawa)时的延迟让奥格登感到沮丧，他强调项目的快速进行对于政府来说如何重要，因为"军队现在正在法国快速行进"。[25]

第八章 制作"精美小书"

布尔什于1929年来到美国,是米德伯理学院和耶鲁大学的一名声望卓著的法语教授,他成功地完成了翻译任务。[26]

库尔特·平图斯曾认为,他与合作者将花四周时间把弗莱彻·普拉特的《海军战争》(*The Navy's War*)翻译成德语。然而,他们却用了三个月的时间才完成了420页的译文。"这是我这一生中做过的最艰难的工作,"他说。"这本书简直无法翻译,或者至少不是简单可译的",因为原著有高度技术性的术语。平图斯告诉奥格登,令普拉特的文章可以被人理解的唯一方式是避免逐字翻译。他还声称他连续几周每晚都翻译到夜里两点,这损伤了视力使他不得不进行手术。即使在为如此困难的文本拼搏导致健康受损之后,平图斯仍觉得有义务将他的500美元报酬的大部分给他的合作者,他们为此工作花费了比预期多得多的时间。[27]无论奥格登还是克尔都无法同情他,他们也承受着满足最后期限和这一具有高度军事和政治重要性的战时项目预算的巨大压力。[28]

具有讽刺意味的是,平图斯自己也成了支付延误的受害者。他在眼部手术过后回到家中,发现海外版本公司的支票还未到达,它应该两周之前就已经寄出。他不得不发电报给奥格登请求快速完成支付。[29]最终,海外版本公司和战时新闻局对于平图斯的作品极为满意,他是海外版本公司的骨干译者中最出色的。平图斯在德国是一位小说家、记者和批评家,他的作品被纳粹下了禁令。他在1937年移民美国之前,曾作为顾问和手稿审稿人服务于两家主要的德国出版公司——罗沃尔特出版公司和库尔特·沃尔夫出版公司。他曾一度是《海外图书》(*Book Abroad*)的撰稿人,这是一本由俄克拉荷马大学出版的、面向美国出版人和图书管理员评论外国文学的期刊。1941年至1947年,他任教于社会研究新学院,1947年至1961年转而任教于哥伦比亚大学。[30]

由于低劣的翻译质量,奥格登和克尔不得不拒绝了许多译稿——大多数是译者试译了一个章节之后,战时新闻局外语部的人员发现不合格的,而有些则是进展得更多,甚至已经全部翻译完了的。克尔通常将评论者的评判传达给奥格登,奥格登会将坏消息传达给译者,有时是将克尔更加不留余地的言辞加以缓和之后告诉译者的。译者只看到书面批评的简短总结。有一些评价过于宽泛而不能对译者有所帮助。另一些则提供了更加重要的细节,但没有一份可以被描述为煞费心思的报告。如果译文质量差或者选题在最后时刻被毙掉而不被采用的话,虽然译者可获得"退稿费",[31]但是当听到评论家的评判,尤其是当反对意见被如此生硬地表达出来时,他们是不可能高兴的。关于《和平的序言》,对被指派的译者保罗·雅各布递交上来的试译稿,据说评语是"法语译文冗赘且缺乏想象地从英语直译"。在向雅各布传达战时新闻局的批评时,奥格登将措辞婉转地表达为"你的法语文本太过于逐字地从英语直译而来",这是重复了他给其他译者传达评语时的善意。[32]最终,《和平的序言》未能出现在出版的图书之列。与此相反,多梅尼科·维托里尼在将约翰·赫西的《进入山谷》翻译成意大利语时,是被批评为"比一名优秀的翻译随意得多"的译者之一。[33]

至于在翻译中应该在多大程度上遵从一部英文原著的总体风格,海外版本公司和战时新闻局的官员们可能是反复无常的。沃尔特·梅林在对 E. B. 怀特的《人各有异》(*One Man's Meat*)的"一流"翻译中,发现了"与美式农场生活相对应的德国式表达",凭此能力,他成功捕捉了"与原文相同的一种幽默"。[34]梅林是魏玛德国时期重要的文学家,因《纽约时报》称其"在歌曲、诗歌和戏剧中反映了尖刻的表现主义风格"而闻名。他的讽刺极大地惹恼了纳粹,纳粹在取得政权之后焚毁了他的书。他逃离德国,两年后当局以"犹太颠覆者"之名剥夺了他的公民身份。在法国,他被德意志国防军的网络抓获,在由包括瓦里安·弗赖伊在内

第八章　制作"精美小书"

的美国联系人的帮助下逃往美国之前,被关押了一年。战争期间,当他还没有翻译 E. B. 怀特的作品时,他在长岛经营一家批发商店。[35]另一方面,斯蒂芬·波索尼被告知,"你的文风枯燥乏味但却正确,这正是英语原著(《美国高级指挥部报告》[*Der Bericht des Amerikanischen Oberkommandos* 或 *Report of the American High Command*])的风格"。奥格登的建议是改变语调,即"带入更多一点温暖……到译文中,以使其更具可读性"。[36]波索尼是一名犹太难民,在法国沦陷后经历了令人痛苦的前往美国的逃亡,他也许拥有所有译者中最令人意想不到的战后职业。他是一名极有影响力的冷战军事战略家和政治科学家,先是在乔治敦大学,后来在斯坦福大学的胡佛研究所工作,他被誉为"星球大战"反导弹防御的知识教父。[37]

总体来看,评论家们发现要指摘的比要赞扬的更多,虽然他们宣称玛丽安·齐纳德对她丈夫的杰斐逊传的翻译是"优秀的",埃尔鲍对贾菲的《美国的科学人》的德语译本是一部"模范"译著,平图斯对普拉特的《海军战争》的德语译本是"对一本非常有难度的书的优秀翻译"。[38]战时新闻局德语部将伊莱亚斯伯格对大卫·利连索尔的《田纳西流域管理局》的译本称作"无法再加以改进的"作品。[39]

在翻译作品受到指摘的译者中,雅各布几乎是独一无二的,他告诉奥格登,他认为自己对沃尔特·李普曼的《美国外交政策》和《美国的战争目标》的译稿被拒绝的理由是"公平的",尽管他感到自己的翻译作品由于需要快速完成而不能很精准。[40]另一方面,多梅尼科·维托里尼,自1917年开始成为美国居民,是宾夕法尼亚大学的罗曼语及罗曼文学教授,他在回复奥格登的信件之前"需要重新获取某种镇定感"。他对战时新闻局意大利语部"某些纯属华而不实"的批判提出了具体的疑问。他的翻译作品并没有被弃之不用,但是在出版前由战时新闻局进行了编辑。维托里尼"出于爱国义务"而接手翻译工作,他因战时新闻局——不是奥格登——对待自己的态度而感到沮丧,他说,奥格登总是"最友善的",而其他那些与他打交道的人并非如此。维托里尼与其他一些译者产生了共鸣,他称,此项工作"几乎毁坏了我的健康"。[41]

少数译者也表达了他们的批评意见,大多数批评是针对为他们的工作而提供的报酬。罗奇迪奥作为其中之一,质问了为什么400美元的报酬同样适用于4万字的翻译和两倍于其字数的翻译。[42]罗杰·皮卡德告诉奥格登,营利性的出版社向译者支付的稿酬更多,奥格登提醒他,海外版本公司是一个非营利性组织,"它的设立只是为了履行政府的服务",翻译费用的预算是根据和战时新闻局签订的合同确定的。他补充说,许多其他译者很乐意接受为翻译同样篇幅的图书而支付的750美元的酬金,"从而帮助我们迅速结束一项我们许多人都在坚持认为此刻极其重要的服务"。[43]皮卡德由于不满意翻译费用而拒绝翻译卡津的作品,但罗奇迪奥却坚持译完了一部两倍篇幅的作品而得到同样的翻译费。

最终,马克·邓金格表达了他的失望,在奥格登刚刚发给他的霍华德·法斯特的《公民汤姆·潘恩》(*Le citoyen Tom Paine*)样书中,他的名字"没有出现在任何地方,就连最细微的痕迹也没有"。他极力要求奥格登在以后的版本中刊登译者的名字,政策上的这种改变并未具有直接的利益。"在我个人看来,"邓金格向奥格登坦言,"我的匿名让我得到了补偿,因为译文的瑕疵会令我颜面受损。"[44]这一建议被拒绝了,没有译者的名字出现在该系列图书上。

将认可的译文投入制作的过程,呈现出英语文本所没有发生的问题。英语版的海外版本系列图书可以很容易地依照现成的图书版本排版,极少数情况下被标注的一些内容要删除(例如一本书的哪些地方要删除,书的前几页或末尾的哪些内容不要放置了),或者在少数情况下一些新的内容会被添加进去。由于海外版本系列图书的翻译是新近委派的,样式只能在打印稿中设置。少数译者为他们的手稿请了专业人员打字,但大多数译者可能是自己打字的,多少缺乏一些技巧,因为在20世纪40年代打字是少数受过教育的欧洲人所拥有的一项技能。无论译者脱稿时的打字稿多么凌乱,它们随后被交给文字编辑,编辑添加他们自己手写的校订内容。[45]

当整个跨大西洋版本系列的20种法语和荷兰语图书在战时新闻局伦敦办事处进行制作的同时,另一项翻译项目在战时新闻局的资助下正在大西洋两岸同时展开。伦敦办事处的工作,亦即跨大西洋版本图书的工作,远比美国本土的行动的记录少。然而,在哈罗德·金兹伯格的指挥下,伦敦项目安排在当地完成了所有荷兰语的翻译,译者主要来自伴随其流亡政府前往英国首都的荷兰难民。对于法语系列,伦敦排版了一些由纽约出版分支机构委托的以及在英国印制的一些译本。[46]翻译分工看上去足够有序,但至少发生过一次混乱——一次"严重的混乱",E. B. 怀特的《人各有异》的法语翻译在美国和英国同时进行。[47]总体来看,在伦敦获得翻译权和批准译稿的流程看上去比纽约更加顺利。克尔不无嫉妒地强调说,伦敦的工作人员罗纳德·弗里兰德"有将译者发出的手稿直接交给印刷厂的优先权"。相比之下,在美国本部,"当初战时新闻局批准手稿所花时间与译者翻译所用时间相同"。[48]

虽然海外版本公司和战时新闻局设法在六到八个月之内委托翻译、审查并投入生产50种法语、意大利语和德语译本——绝非易事——但行动从一开始便存在问题。许多问题在于克尔、奥格登及其下属未能为项目创建一套行之有效的指导原则,这可能源于他们自身欠缺文学翻译领域的知识和经验。战时新闻局繁琐的官僚机制,要求多重层级的官员

作为武器的图书

在实际上得对任何决定签字确认,用克尔的话来说,这足以"令工作本身突然放声大哭"。[49]虽然无能为力却要坚持不懈。用外语出版大多数海外版本系列图书的必要性对于项目的成功而言绝对至关重要,无论项目是作为一项政治宣传活动,还是作为美国出版人为促进战后美国图书的外语版本的预期需求而积累资本的一种方式。然而,总体而言,海外版本翻译项目无论对海外版本公司还是对战时新闻局来说,都不是最佳时机。

制作海外版本图书

海外版本公司和战时新闻局的人事架构无疑更适于传递手稿以投入图书印刷,而对于委派和监管外文翻译则不是那么合适。这些任务——草拟规格,获得纸张,聘用排字工、制版工、印刷工、装订工——对他们来说是完全熟悉的,虽然三分之二的图书是用英语以外的语言出版的,这一事实使得找到有技巧的外文排字工的工作超出了常规。战时纸张、印刷物资和劳动力的短缺,也在一定程度上增加了难度,但是如果他们仍然是和平时期的雇员,而不是去为海外版本公司或战时新闻局工作的话,这些关键的工作人员应该会在处理相同的难题。

菲利普·范多伦·斯特恩在负责军队版本图书之外还负责海外版本图书,他没有浪费时间,于1944年4月就开始寻觅可用的排字、印刷和其他服务的供应商,这仅仅是在战时图书委员会原则上同意承担此项任务之后不久。各种延误已经将生产开始的时间后移了几个月。首要任务是从战时生产委员会为项目寻求纸张配额,并解决与口袋书公司的约定,海外版本公司将利用其信用额度。[50]海外版本公司与战时新闻局之间关于生产图书的第一份合同在6月22日最终签订。[51]对一些供货商以及口袋书公司必需的纸张来源的确定工作进行得相当顺利,虽然战时新闻局签署的合同的优先级别比那些在军队版本图书生产过程中由陆

第八章 制作"精美小书"

军和海军部门签署的合同要低一些。[52]

由分别来自海外版本公司和战时新闻局的两个人分担监管图书生产的任务。来自F. S. 克罗夫茨出版社的W. 肯沃德·朱克以"绝对的推荐"于1944年11月20日加入了海外版本公司。[53]此前不久,战时新闻局雇用了米尔顿·格利克,他在哈罗德·金兹伯格的维京出版社负责生产,根据战时新闻局与海外版本公司之间的合同要求担任海外版本图书生产的顾问,用一名战时新闻局官员的话说,"战时新闻局提供了一名代表,在履行合同要求的工作中为签约人(海外版本公司)提供'协助和建议',并确保政府利益得到充分维护。"[54]尽管格利克作为各种设计与生产决策和工序的成本效益比例(以及它们的预算和宣传影响)的一名核查人员,但却由公司自己的人朱克来负责生产。[55]

首先排版的是英语版的图书。寻找可以从事这类简单工作的排字工相对容易些,虽然没有一家单独的公司可以满足海外版本公司的需要和进度要求。但事情远非如此:海外版本公司不得不与16家不同的公司合作进行图书的排版。英语版图书的文本已基本上准备好,尽管出版社仓库和绝版书书店的库存告罄有时候对设定一本书作为排版样本形成挑战。[56]没有几家公司可以在外语排版工作方面进行合作。[57]许多排字机不具备含有特殊字符的必要字型。在那些可以胜任的公司之中,有些已经接手了他们可以处理的全部工作。[58]

由于不得不与许多不同的排版公司进行业务往来,这就去除了获得大批采购折扣的可能性。同时也使得为项目任务制定排版规范以便全部通用的方法被排除在外。不是所有公司都拥有相同的字型,加上图书的篇幅不同和其他因素,使得具有与图书品种几乎一样多的排字方法成为必需。这一情况将排字工放到了关键地位。[59]斯特恩甚至调查了法语排版能否让魁北克省的排字工来做。虽然在正常情况下,那里的排字员

142

作为武器的图书

会认为此项工作是"天降甘露",但正如他们的代理人所言,魁北克的图书排版业务已经太多,不仅包括常规的国内业务,而且在源自法国被占领区和维希政府统治区的图书供应流被切断之后,还包括为了给全世界的法语读者供应图书而增加的大量额外工作。[60]

关于图书印制的具体细节的所有问题,尤其是页面设计,都必须考虑这两种经常的情况——分配给项目的固定的纸张总重量,以及来自国会拨款的总预算。图书必须易于识读,但它们可能极少是精美的。大部分文本的字体大小都设置为 10 点,"排版密实",即没有"行距",或者在行与行之间没有额外空隔。因为一些外语图书的篇幅相当长,所以有必要将它们的文本字体大小设置为 9 点,但留出 1 点或 2 点的行距使图书更加清晰可读。

海外版本图书的印刷规格同样也受到预算拨款的约束。根据合同规定,必须让单位成本维持在 10—13 美分,这要成为可能的唯一办法是要让每种书的印数不少于 5 万册。这又决定了这些图书要用大型轮转印刷机印刷。出版人是幸运的,有一家公司可以满足他们所有的(或者几乎所有的)印刷订单——芝加哥的 W. F. 霍尔印刷公司,它自夸是"世界最大的名录和杂志印刷工厂"。[61]图书大部分是铅版印刷。为了使纸张配额尽可能地得到有效利用,采用的是"细的"而不是"较粗的"字体。同样,还尝试使文本尽可能地撑满版心,不强行排成一些短的额外的句子或段落。海外版本公司的官员强烈要求印刷厂避免"折损",即交付的册数比具体要求的册数少,通常是由于错误或损坏,并使"放量数"降至最少。[62]大多数图书从装订厂出来的数量在 5.1 万册上下。每种英语图书的成本在 3,000 美元至 6,500 美元的范围内,法语图书从不到 3,000 美元至 7,000 美元左右,意大利语图书从不到 2,500 美元至 4,000 美元左右,德语图书从 3,000 美元多点到接近 9,000 美元。[63]

第八章 制作"精美小书"

在整个生产阶段发生了诸多小事故,大多数缘于国内外语图书出版的固有困难。为法语、意大利语和德语版图书找到胜任的非战时新闻局的文字编辑和校对人员,是一项与寻找娴熟译者相类似的挑战。[64]排字工对外语页面进行校对之后,再由战时新闻局相应的外语部门人员通过终审进行补充校对。[65]这必然总是要仓促做完的活儿——通常允许的时限是三天,除非是一些篇幅较长的文本。[66]

尽管监管设计和生产事务的经理不得不在每个环节节省开支,并且必须应付过度劳累和工作成效不良的同事和供应商的问题,他们费尽心力以便尽可能地使图书看上去不错——不仅符合他们自己的专业标准,而且使最终的产品看起来具有吸引力,最重要的是让可能阅读这些书的被解放的民众感到熟悉。这些小书将成为美国文化的大使,虽然许多预期受众倾向于小瞧它们。正如战时新闻局的"德国作战计划"所言,最好的编辑和技术尝试应该在海外版本系列图书的准备过程中体现,从而"证明我们可以很好地运用我们的敌人断言我们庸俗地运用的工具"。[67]

该过程从封面设计开始。海外版本系列图书是竖开本平装书,净切尺寸设计为 $4\frac{3}{4} \times 6\frac{3}{8}$ 英寸,虽然幸存样书显示的横向尺寸更接近于$4\frac{7}{8}$英寸。[68]虽然竖开本的拥护者认为该版式可以与英国企鹅图书公司和美国口袋书公司的图书标准样式相媲美,但是海外版本系列图书实际上略微大一些和宽一些。海外版本系列法语版图书的封面呈浅色、使用"印度托斯卡纳"字体,几乎完全是印刷字体,没有图形设计,除了出版社的徽标,一幅自由女神图像(封面上署有作者的姓名和方框边线)。[69]一名法国人手持这样一本书将会感到舒服,因为它简洁的设计看上去像平装书——好比伽俐玛出版社出版的书——他可能在咖啡店阅读它,同时喝着餐前酒,抽着高卢香烟。这种相似的外观是有意设计的。

作为武器的图书

[图片:JOHN STEINBECK《LÂCHEZ LES BOMBES!》法语版封面]

图2　海外版本系列中的约翰·斯坦贝克的《投下炸弹!》一书的法语版的封面。为作者藏书。由杰夫·亚当斯拍摄。

海外版本系列图书所用的纸张是 25×38－31#/500 规格的白色磨木浆英格兰抛光纸，被物价管理局评定为"A-1级印刷用纸"，以54英寸宽卷筒交付。[70]这与军队版本图书所用的纸张级别相同。[71]根据我收藏的一套完整的海外版本系列图书来判断，这种纸还没有做得特别雅致，但是这些图书也不是为了可以长时间存放。如果图书的分篇标题的特写耗费纸张的话，设计者尽量不去克扣如此标准，除非版面有限绝对需要删减。[72]节约纸张的必要性迫使设计者明确要求，新的章节从下一页起，而不是按照出版惯例从书籍的单页面起，以及在某些情况下新的章节从前一章结束的地方开始。他们遵从了译者的建议，确保任何外语版本的图书都要遵守标准的法语、意大利语和德语的标点符号和词语分隔的用法。[73]

第八章 制作"精美小书"

图3 跨大西洋版本系列中的朱利安·赫胥黎的《田纳西河流域管理局的奇迹谷》一书的德语版的封面。为作者藏书。由杰夫·亚当斯拍摄。

跨大西洋版本系列图书的竖开本以及更加纯粹的印刷字体封面（根本没有图形设计）都与海外版本系列图书相仿,虽然 $4\frac{3}{4} \times 7$ 英寸的净切尺寸使它们显得稍长。它们甚至看上去比海外版本系列图书更显雅致,这促使克尔要求格利克对这两个系列图书的设计进行专业比较。格利克指出,"根据我们目前的图书规格,英国图书在许多方面都优于我们的"。[74] 他认为,跨大西洋版本图书引以为荣的彩色装饰封面比颜色较浅的海外版本图书封面更加耐脏。这些图书展示了令人愉悦的镶边和边线,扉页也比海外版本图书的更加漂亮。它们采用了书册用线订合的史密斯装订,像常规的精装书一样,也明显地像大多数欧洲平装书,而不是像大多数美国平装书那样使用铁丝平订和无线胶粘装订，因而更为耐用。跨大西洋版本图书采用的字体是更宽的巴斯克维尔体，而不是海外版本图书那样更"细瘦"的格朗荣体。除此之外，由于它的行距总是宽的，而不是像许多海外版本图书那样设置固定行距，所以使得页面更好看且更清晰。不仅如此，它的纸张（其中有 120 吨由战时新闻局从美国运来）比海外版本图书指定的美国纸张更好。格利克观察发现，这种纸不含磨木浆，而且"甚至比英国出版业当前普遍采用的纸张更白"。

这些在遭受战争破坏的英国用美国纸张印制的图书，使那些在印刷设施没有受到战争损害的美国印制的图书相形见绌，这是多么具有讽刺意味。讽刺意味并没有影响战时新闻局的官员们，尽管他们欣赏这些书，但他们担心的是这些图书不符合战时紧缩的要求。金兹伯格被迫为设计辩护，向纽约保证这些图书是在英国战时限制政策范围内生产的，并且成本没有超限。无论如何，他补充说，美国总部办公室提供了更高级别的纸张。[75]

考虑到美国在战争时期存在许多影响快速且无障碍生产图书的阻力，海外版本公司和战时新闻局的人连同众多的供货商，能够以他们最快的速度制造出"图书子弹"，这算是一个小小的奇迹。对于一种典型的海外版本系列英语版图书而言，从选定作品到图书完成所需的时间约为4—5 个月。对于一种典型的海外版本系列外语版图书而言，实际的生产时间可能更长一些，但是翻译一事，当然又在选定图书投入整个印制过程之前增加了数月时间。更加遗憾的是，安排和运作上的许多延误，导致海外版本系列图书在诺曼底登陆之后好几个月才让其目标受众能够获得，这比诺顿、克尔和金兹伯格等人所期望和想要的到达时间晚了数月。

第八章 制作"精美小书"

在1944年11月底和1945年1月的第三个星期之间,战时新闻局推出的35部书稿已经安排好排版人员,即使各个合同方还无法提供一个确切的生产进度表。但只收到9种英语版、3种法语版和1种意大利版的校样,虽然曾预计截至2月底应收到另外6—8种外语版和英语版的校样。[76]

第一批海外版本系列图书于2月中旬装上了船。截至4月中旬,65部手稿——除7种以外的全部——至少已经安排好排版人员。23种书已经发送,第24种在运转途中,按每8种为一组计算,至此已经完成第一批的三组。第四组的8种书没有按预期出版,以每天一种的速度,到5月的第一周才完成。第五组8种中的7种是外语版本,因而在某种程度上有些延迟,其中的第一种书直到5月中旬才印制完成。第六组仍然有些混乱。[77]尽管如此,截至6月中旬结局已现端倪。71部手稿的排版要么已经完成,要么正在进行中。除8种书之外所有的书于9月12日之前已经装船运走,这剩下的8种书在10月初装上了船。[78]

奥格登于1945年8月离开海外版本公司,成为20世纪福克斯在伦敦的代表,他盛赞朱克对图书生产的管理工作。"在与我们共事的9个月里",奥格登写道,"你完全从零开始,最终以尽可能最低的成本生产出超过350万册图书,并且符合清晰可读的要求。你以创纪录的速度完成了这些,并且是以总计8.9万美元的成本完成的,这一金额少于战时新闻局为该行动提供的拨款。"[79]

1945年2月初,克尔在战时图书委员会的第三次年会上演讲时,将海外版本系列图书比作一个丢在委员会门前的大篮子里的新生婴儿,并指出"训练这个婴儿被证明是一项长期、艰巨且复杂的事业"。这很可

作为武器的图书

能是一个保守的陈述。但至少让图书去往海外的工作在有序地进行之中。让它们抵达预期受众的手中,也就是刚刚得到解放的民众手中,这项任务正摆在面前。这也是一项复杂的事业,它需要盟军远征军最高司令部这一强大军事机构的资源。

第三部分

美国文化在海外的影响力

第九章 用图书解放欧洲

在第一波部队登陆诺曼底4小时以后,一名战地摄影师也从登陆艇游上了诺曼底海滩,他是隶属于盟军远征军最高司令部心理战部的战时新闻局派往法国的第一位工作人员。陪同他的是两支部队的一名联络官和一名情报官。[1] 其他许多人很快到达这里,英国情报部的工作人员随后也到了。几周以后,第一批用于巩固性宣传计划的英美书籍运抵诺曼底。由于当时的局势变幻莫测,十分危险,盟军在冒险登陆以后试图将诺曼底滩头阵地直接延伸至希特勒在柏林的地堡,所以分发这些用于巩固性宣传阶段的书籍的艰巨任务就只能分配给盟军远征军最高司令部心理战部了。一段部队的官方历史记载描述道,在欧洲解放区分发这些书籍的任务"可能比生产这些书籍的工作还要困难和复杂"。[2] 虽说这段记述内容的作者也许对海外版本和跨大西洋版本系列图书争论不休的历史知之甚少,但他的说法可能还是准确的。

在盟军登陆前,没人知道法国人将如何迎接这些解放者们。是报以鲜花和飞吻还是投以蔑视的目光,因为可悲的是,尽管必要,盟军在诺曼底战役中给平民的生命和财产造成了巨大损害?在全国范围会发生大规模暴动吗?平民百姓们是听从盟军的命令还是等待一个法国政府成立?如何回答这些问题将决定包括图书计划在内的巩固性宣传的成败。法国的军队和出版社对这个计划有一些抵制。[3] 幸运的是,大部分法国人欢迎盟军部队,最终,夏尔·戴高乐将军领导的临时政府的合法化帮助维持了秩序,也因此为这些图书铺平了道路。[4]

将第一批书运往法国

至少海外版本公司以及战时新闻局纽约总部和伦敦办事处的那些出版人知道如何执行分配给他们的任务。另一方面,虽然心理战部作为一个军事单位曾经在北非和意大利进行的宣传活动中获得了经验,但这些经验并没有帮助他们做好充分准备,将大量沉重且体积庞大的印刷物从位于英国的心理战部本部穿过英吉利海峡运往欧洲大陆,再从那里通过内陆运输到所有被美国兵解放的地区。可能很少有英美士兵,以及英国情报部、外交部政治情报部门和战时新闻局的平民工作人员亲身参与过较早期的行动。[5]

首先要解决的问题是决定将这些资料进行出售还是免费发放。在这一点上,北非和意大利的经验提供了宝贵的指导。盟军远征军最高司令部心理战部的前身,同样在艾森豪威尔将军领导下的盟军司令部心理战分队,曾受命在北非分发这类出版物。在那里,现场人员将这些资料免费发放,发放渠道是在主要城市建立的、被直白地称作"宣传店"的各个店铺。儿童,甚至一些成年人,会时不时拿走这些免费资料当作纪念品。由于没有给这些书标价,心理战分队无法阻止那些对内容并不感兴趣的人随便拿走它们。[6]

对于意大利的宣传活动,心理战分队曾希望对这些资料收费。由于这个提案一反常规,因此即使它具有明显的优点,还是需要得到两国政府财政部的批准。如果给这些宣传材料标上零售价的话,现有的新闻经销商网络就可以被委任进行更加有效的且可测量的发行工作,由于经销商可以以折扣价购入出版物,因而刺激他们促进销售并且努力营利。最重要的是,给这些出版物定价很可能使购买者变成社区精英,这些人会

第九章　用图书解放欧洲

真正地阅读小册子和图书,并将阅读内容再传播给家人、朋友、雇员以及其他人。[7]然而,设定一个既满足出版社的回报率又符合法国市场实情的价格是困难的。这甚至给切斯特·克尔和哈罗德·金兹伯格带来了原因不明的"三日危机"。[8]

最终,心理战部的工作人员根据意大利宣传活动的先例,开始对诺曼底登陆后的巩固性宣传材料收费。法国将为那些囤积在伦敦的出版物提供第一个——也许是最重要的市场。由于盟军命令在解放区的图书销售只能到当地图书业可以恢复业务为止,因此心理战部自然就通过已有的渠道来发行这些图书。在法国,心理战部不得不与在发行领域占据垄断地位的阿歇特公司合作。阿歇特公司在战争时期尚且能够持续运营,它应该完全有能力立即开始这项任务,但它还是花了一些时间才将服务遍及全国。心理战部的官员对于必须与一家垄断企业打交道(尤其是一家与纳粹关系模糊且富有争议的企业)感到不悦,他们与该公司达成协议,使得心理战部有权与随后可能成立的其他任何竞争者合作。[9]

6月26日占领了瑟堡(并且德军在第二天投降),这极大地增强了盟军对海岸线的控制,也使得图书发行得以开始。[10]7月6日,第一支负责出版物发行的部队乘坐装有一吨重出版物的卡车来到了这座港口城市,这些出版物中大多数是各类图书——包括为了D日储备而从美国购买的15万册法语书中的一小部分——以及一些更加直白的宣传小册子和杂志。[11]这支部队隶属于盟军新闻处(AIS),在其名义下,战时新闻局和心理战部新闻部在欧洲大陆联合开展行动。[12]这些出版物在四天以后开始销售。

随着盟军新闻处各小队与部队一起深入法国境内,每到一个新的地方,就有一名成员告知法国当地的最高行政当局有关盟军新闻处的意

作为武器的图书

图,并寻求它的合作,以辨别确定一名在当地"有能力经销这些宣传材料且政治清白的"经销商。[13]如果被选定的经销商的店铺遭到了损毁,盟军官员会尽自己所能帮助修复店铺或者帮它们重新设立店面。不仅如此,他还为这家经销代理征用足够的汽油以保证出版物发行成功。[14]

法国的经销代理商第一批要销售的存货是用统一方式包装的各种图书。这些包装很可能是 80 磅重的板条箱,其中装满了数量相等的英美图书,是在伦敦装箱的,D 日后的几星期,它们被运抵诺曼底海滩。折中的各类图书为顾客提供了多种选择,但不可避免,有些书的销售比其他书要慢。这使得经销商对新的样书品种变得谨慎。当更多的图书从伦敦仓库运到法国,并且也有一些新书供应时,经销商感到所受的局限小了,而且统一方式的包装也适时地停止了。由于可供选择的品种和数量不断增加,经销商和盟军新闻处的现场官员能够更好地判断每种图书的潜在销量。[15]

当军队在 8 月 25 日解放巴黎时,盟军新闻处出版团队的一名成员也出现了。他要做的第一件事是与法国新闻部和阿歇特公司总部的高级官员达成商业协议。9 月 2 日,一辆装载着 3 吨盟军印刷资料的卡车到达巴黎,这些印刷资料很快在城市的各个店铺开始销售。其他工作人员也陆续来到法国首都,设立总部以协调法国其他地区的行动。[16]由于阿歇特公司还不能在巴黎以外的地区提供服务,整个 1944 年的秋季,盟军新闻处的工作人员当时直接将印刷资料分发到南锡、里昂、格勒诺布尔、马赛等城镇的经销商那里。[17]随着铁路运输的改善,阿歇特公司获得了发行盟军出版物的优先权。截至 1945 年 2 月,该公司接手了一些省份的发行,而到了 4 月 1 日便扩大到全部省份。[18]为了将服务扩展到整个法国,盟军新闻处的出版部官员不得不拒绝满足诺曼底半岛等先期获得解放的地区的全部需求。用当时的一位军事行动历史学家的话来说,他们必须"用近乎纳粹般冷酷的眼光来分配这些精神食粮"。[19]

为了实现所期望的饱和度,盟军新闻处不得不克服一些物流难题带来的困难。恶劣的天气状况使得散布在400平方英里诺曼底海滩上的书箱的标签被冲刷掉了。当发生这种情况时就必须打开箱子确认里面的内容,这导致一些书籍至少部分暴露在外。海滩行动在临近11月底结束之后,心理战部的运输部齐心协力,将剩下的出版物收集起来并高效地分发出去。一些运载的书籍的损耗率超过了10%,但截至1945年4月16日,从伦敦发运的书籍的总体损耗率只有这一数字的四分之一。[20]

这些出版物实际上是需要某种形式的控制的商品,这种控制是慢慢实现的。在瑟堡仓库的士兵奉命登记他们看管的出版物的进出。他们没有任何仓储或商业实践的经验和培训,更别说处理图书的经验和培训,却要记录大量不同的出版物,而且所有标题都是法语。在巴黎解放后,法国也迅速得到解放,在这个时期,人员、车辆和燃料短缺使工作开展备受困扰。在美国军队于递送点附近设立了哨所的地区,发行要容易一些。而在没有哨所的地区,工作人员不得不在整个行程中带上足够的食物和燃料。例如,从巴黎开到波尔多,卡车需要拖上40桶汽油,这就减少了可以装载出版物的空间。[21]

发行、销售和反响

在巴黎,美国图书被展示在仍然显示出战时影响的书店的橱窗里,正如有关当时布兰坦诺书店的展示橱窗的照片所呈现的那样,橱窗里有一条长长的裂缝,用一块木头部分地弥补了一下。[22]对海外版本系列和跨大西洋版本系列图书的需求普遍强劲。最初的6种海外版本系列图书于1945年7月24日在法国上市,几小时内便销售一空。[23]战时新闻局巴黎办事处报告说,阿歇特的一名官员告诉他在8月24日"无论是跨大西洋版本还是海外版本系列图书实际上都将一本不剩"。[24]这个预言有些过分乐观,因为后来图书销售速度开始减缓。霍顿·米夫林图书公司的主编保罗·布鲁克斯时任战时新闻局图书计划在伦敦的负责人,他认为一些海外版本系列图书销量不佳,"在很大程度上是因为它们到得太晚以至于失去吸引力,但大多数图书都以可喜的速度售罄,并且无疑现在(1945年底)书已经被翻旧了或折角了"。[25]

将书籍带给荷兰读者花费的时间更长。这个国家的解放进程零碎且缓慢,直到1945年5月初才达到高潮。虽然一些英语版的海外版本系列图书,以及其他一些英语和荷兰语版的非系列图书可以自行进入该国,但战时新闻局伦敦办事处出版的跨大西洋版平装书才是使该国图书文化去纳粹化的主要工具。由于荷兰在法国解放将近一年后才完全解放,跨大西洋版本和海外版本图书的销售比法国更加"遵照时间表"。

图书尽可能地通过当地的书商售卖给普通大众。价格的制定考虑到了战前这类图书的价格和战后可能实现的价格。[26]所有10种荷语版的跨大西洋版本图书都被送到一家抵抗报纸——《自由荷兰周报》的一名审稿人那里。该审稿人指出(按照战时新闻局的翻译),这些是"普通的图书",也就是说它们不是专门由人撰写用以宣传的,而仅仅是可能"被任何一个受过教育的人购买,这个人想了解世界局势,就像正常时期荷兰不缺好书的时候一样"。被视作"普通的"美国图书一事一定让在战时新闻局和战时图书委员会中这个系列图书的创始人感到高兴,因为这正是他们的意图所在。一位不知其名的记者预言,"正在渴望此类文学作品"的荷兰人民会迅速购买这些书,以至于"出版人们无法马上满足那些希望购买它们的人们的需求"。[27]

与法国一样,荷兰国内的交通是图书发行的首要障碍。悉尼·苏尔

第九章 用图书解放欧洲

金是战时新闻局首位在当地的官员,他报告说解放两个月以后,火车和有轨电车仍然没有开通。由于没有煤来驱动运河船舶的引擎,不得不让人或马用绳子来拉船。虽然军队提供了一些机动车,苏尔金和他的同事们还得搜集当地的交通工具。一次,为了让一名荷兰图书经销商获得卡车的使用权,苏尔金拜访了交通部长,部长告诉他,先是食品,然后是衣服、药品和煤享有运输的最高优先权。"他担心图书会列在优先清单的靠后位置。尽管如此,我仍然与这名官员争辩了几分钟,因为我觉得争辩一下没有坏处。结果很奇怪,他忽然问我:'一本《租借法案》下的图书多久能到这儿?'我告诉他这在一定程度上取决于他的决定。"苏尔金的回答获得了成功。[28] 由于盟军远征军最高司令部与当地经销商合作开展图书发行,根据苏尔金的说法,书店"是德国人离开以后首先重新开张的商店"。他称赞荷兰书商尽力在全国各地均等地发行美国图书,他举了一名书商艰苦卓绝努力的例子,这名书商用一辆破旧的自行车装载着图书送到乡下。[29]

心理战部在盟军出版物发行上花费了 15 万美元,不包括英国和美国平民的工资成本以及从军队征集的大量补给和设备的成本,这些盟军出版物一定包括海外版本和跨大西洋版本系列图书以及其他各种小册子和杂志。这些费用由美英两国均等分担。盟军远征军最高司令部心理战部从欧洲各个解放国家的出版物销售中挣得的收益远远超过这一金额,总计达 2,061,188 美元。法国的销售额占了总收入的一半多,比利时与荷兰贡献了另一半收入中的大部分。政府制作的电影在这些相同的解放国家上映所挣得的收入——只有 40 万美元左右——比图书销售收入少得多。[30]

在数百万册海外版本系列图书中,有一本到了一位希腊老人的手中,老人名叫索福克勒斯·西奥多托斯,他曾顺便到位于雅典的美国图

209

作为武器的图书

书馆借阅基甸圣经。由于图书馆没有这本书,于是管理员向他介绍了海外版本系列图书。第二天,这位老人写信感谢图书管理员让他有机会读到《袖珍美国史》(*The Pocket History of the United States*),这本书"从第一页起便让他着迷"。老人承认自己在进入图书馆时,本以为会看到公然的宣传,其实他并不认为美国人为了获得希腊的支持而需要宣传。这次对美国图书馆的访问让他相信,"在阅读美国图书的过程中,希腊的新生代将逐渐获得一些宝贵的品质,这些品质是实际的美国人所专有的。"[31]他还直接向位于纽约的海外版本公司写信,告诉他们雅典图书馆馆员善意地向他介绍了这个系列的图书。这位老人购买了全套英语版的图书,除了一本因在当地没有货。他表示希望纽约总部能为他提供这本书。他还自愿要翻译一个希腊语系列的3种书。他认为,这些书"会引起希腊读者极大的兴趣,因为我们对贵国拥有特殊的感情,在你们国家真正的自由、解放和所有美德都得到充分的培养和实践"。[32]出版人不可能收到比这更好的对他们劳动的确认了。

尽管有数十封这样的来自美国大兵对军队版本图书的称赞信,但西奥多托斯的来信却是战时图书委员会的档案中唯一的一封书迷来信。[33]在西奥多托斯的述说之外,战时新闻局的记录只包含了很少一些有关欧洲民众如何使用这些图书,以及他们在多大程度上珍视它们的资料。战时新闻局的一篇新闻通稿中引用了一位未署名的挪威书商在兴奋时刻的话:"在过去几年里,一直都短缺——一种对精神食粮的渴望,我们一直都没有任何书。这些书被公众用极大的热情加以接受,尤其是那些提及挪威的书籍。"[34]确定战时宣传的效果是困难的。[35]尽管可能已经做过针对解放后图书计划的读者反映的调查,而在缺乏军事紧迫性的动力的情况下,随着战时宣传机构的解散以及军队人员的减少,在很大程度上,只是一批骨干在执行这一计划。

第九章 用图书解放欧洲

一场疯狂进食开始了

尽管有关海外版本系列、跨大西洋版本系列和其他储备图书的宣传价值的实用文献存在很大程度的缺失,但它们作为美国图书在国外的大使的有效性却是显而易见的。随着盟军深入欧洲,解放了一个又一个地区,阅读自由获得了新生。一部20世纪40年代的新闻纪录片可能已经描写了这种觉醒的场景,在一幅黑白的欧洲地图上,亮光标示了那些主要的城市,越来越多的城市被一个个点亮,就像大规模断电后得以恢复的电网一样。最后,刚刚从纳粹的铁蹄下解放出来的图书出版人和经销商,将自由地与外部世界重新建立联系,将了解在过去五六年里发生的事情,并重新恢复他们的生意。一恢复能力,出版人便迅速地给美国(和英国)的出版公司写信要求获得战争期间出版的图书的清单,从而选出可以在他们国家翻译出版的书籍。随着版权贸易的升温,美国人越来越乐观地认为对国外和国内新市场的追求可能会得到不错的回报,至少部分原因就是政府要在纳粹被打败的时候将美国图书送到欧洲人手中的这项计划。[36]

海外出版人给美国出版公司的许多来信中都充满感情地叙述了他们的作家所经历的痛苦,并且强调他们以及他们的顾客如何渴望获得不受审查的图书。一位丹麦出版人向布兰奇·克诺夫写道:"我敢说,作为一名美国人,你很难理解一个曾经被占领的国家的居民能够再次与海外朋友建立联系所带来的喜悦。我们都曾经历过艰难时期,我们也逐渐认识到我们生活在一个自由的世界里……对所有美国人的感激之情到处都很强烈。"[37]

当交通得以改善的时候,一些英国和欧洲大陆的出版人去到美国重新开始老关系并建立新联系。位于伦敦的海尼曼出版公司的主席在五年的"文化淡漠期"之后首次访问了纽约。他认为,面对面的交流比以往更重要,因为这些交流构成了"产生出版理念"的论坛。他发现了美国出版业"一种充满生机和活力的氛围,虽然存在一些对一个英国访问者而言微不足道的生产困难。"[38]

实际上,被占领国家的出版人感到要恢复业务的迫切需求,只能通过再版美国以及部分英国图书才能满足,因为几乎没有本国的文学作品可以出版来紧急填补它们的新书单。由于英国作家的产量在战争时期也严重削减,英国出版社大多都将目光投向美国出版社。因此,英国出版人在实力和活力方面的地位居于欧洲人和美国人的之间。集体性地明确追求出版外国图书就像一场广泛的疯狂进食。有些出版社几乎什么都要,不加选择。一位伦敦的经销商介绍说,一家新设立的出版社,显然没有考虑过它应该出版哪类图书,写信索要"他们看到的所有被宣布的或者做了广告的美国书籍"。[39]一家极其乐观的瑞士出版社的老板告诉斯克里布纳出版公司,他"迫切希望尽快恢复从美国的进口并且规模比以前大得多"。[40]一些外国出版社似乎试图锁定尽可能多的美国图书版权,即使他们不可能很快出版这些作品。美国出版社自然不赞成这种做法,对于这种版权授权越来越谨慎,因为这会使那些可以转而迅速生产获得必要版权的图书的出版社失去机会。

约翰·戴出版社并没有像其他出版社那样等待海外出版社的来信或者来访,而是准备了他们出版的图书清单并将其寄给国外出版社,该图书清单包括了他们自1939年以来出版的拥有海外版权的所有图书,并且对可以提供的翻译版权做了完整说明。[41]美国大学出版社协会准备并发送了6,000册其成员出版社有关拉美的图书目录。协会认为这一做法如此成功,以至于他们还计划为全球市场,尤其是英语国家和欧洲市场,发布图书目录。[42]

第九章 用图书解放欧洲

一些美国出版社通过在国外设立办事处，试图将新读者吸引到自己的地盘上。霍顿·米夫林于1945年9月在巴黎设立了办事处，从而作为已经在伦敦运营的分社的补充。保罗·布鲁克斯作为战时新闻局的现场官员在负责美国图书发行工作的过程中获得了许多有益经验，他回到公司位于波士顿的总部之后很快便负责海外业务。[43]另一位战时新闻局的老员工罗纳德·弗里兰德则加入了麦格劳－希尔出版社伦敦销售部。[44]新的组织机构大量涌现以应对新的海外机遇，其中包括由凯·K.尼沙穆拉设立的远东服务公司，尼沙穆拉在战时新闻局和国务院工作期间也获得了有益经验。[45]许多出版社都规范或加强了它们的海外营销工作，其中包括普伦蒂斯·霍尔出版社，其海外业务部经理将海外市场看得与本土市场几乎一样重要。[46]

美国政府促进与欧洲出版社版权交易的部分机制授予了战时新闻局及其过渡性的继任者，现在已经开始发挥作用。后来，美国国际图书协会在1945年1月成立之后也从政府机构接手了这些诸多职能。这些机构在促进美国出版社与国外新老出版社的联系过程中扮演了中间人的角色。[47]战时新闻局和美国国际图书协会提供图书清单给国外出版商，它们赞助的近期美国图书展在几个大城市举办，这些书展也为潜在的版权购买者提供了参观图书的一条途径。[48]通常，一家海外出版社要花费大约三个月时间来挑选一本书，使他们有时间获取一本美国图书的样书进行审读，并在做出明确报价之前与同事们进行讨论。战时新闻局、美国国际图书协会、出版社代理人，以及美国出版社本身都参与了给海外出版人分配和运送审读样书的工作。[49]

行业期刊《出版人周刊》特别努力地宣传美国的海外贸易。它刊登了许多有关国际交易的消息，并为那些之前没有海外市场推广经验的出版人提供建议，给予鼓励。该杂志开始了一个有关出版业不断增长的出口业务的常规板块,叫做"覆盖地图"(All Over the Map)。[50]在与美国国际图书协会的合作过程中,《出版人周刊》甚至在1946年尝试出版了副刊,名为《美国图书新闻》,完全聚焦于激发国外市场的兴趣,尤其拉美市场。

想要了解美国出版社与被盟军解放了的外国出版社之间不断扩大的联系和业务关系,一个途径就是聚焦于大量具有代表性的出版社。这样有可能衡量出美国出版社参与海外贸易的程度;私人和政府使用何种手段来促进海外贸易发展;以及海外贸易是在何种金融条件和其他认识基础上做成的。通过出口图书和对外版权销售所涉及的大量细节,可以了解企业曾遭遇过多少困难。但美国出版人最终认识到海外业务值得他们付出努力。因而,发生在法国解放与日本战败期间的一系列行动,为每家出版社参与战后的图书出口以及国外版权交易铺平了道路。

约翰·戴出版公司

约翰·戴出版公司是一家位于纽约市的相对较小的公司,在战争后期成为最受国际瞩目的美国出版社之一。[51]约翰·戴出版社与其他多数出口型美国出版社所不同的是,他们特别关注亚洲市场而不是欧洲或拉美市场。这缘于其自身再版书目的特点,这个再版书目是该出版社四位主要负责人感兴趣的书,包括在1926年创立了这家出版社的理查德·J.沃尔什。沃尔什是幸存者,一直领导该出版社到其去世的前一年即1959年。

约翰·戴出版社在大萧条时期两次遭遇严重的财政困难,但每次都设法克服了。沃尔什自夸地说,没有一位供应商或顾客"因为我们损失一分钱"。如果不是在1931年出版了赛珍珠的《大地》的话,经济困难时期公司的情况无疑会更糟。《大地》是1931—1932年排名第一的畅销

第九章 用图书解放欧洲

小说,也是公司随后数年里再版书目中的固定图书。[52]这也建立了聚焦于与亚洲主题相关的虚构和非虚构图书的再版模式,这一点从公司购买赛珍珠的其他几部畅销书版权以及达格尼·卡特的《锦绣中华》(*China Magnificent*,1935)版权便显而易见。而赛珍珠与中国作家、翻译家、哲学家林语堂的友情,又将林语堂介绍给了约翰·戴公司,随后在1935年出版了他的《吾国与吾民》,这本书在后来的数年里为出版社带来了丰厚的利润,就像他的许多其他作品一样。而其在1944年出版的玛格丽特·兰登的畅销书《安娜与暹罗王》(*Anna and the King of Siam*),则巩固了公司在这一领域的声誉。

确定公司这一特色出版的事件是1935年赛珍珠与沃尔什的婚姻。1945年初,公司设立了一个子公司亚洲出版社,作为提升对有关远东的图书的关注同时又不淹没公司书目中纯粹的美国图书的一个办法。沃尔什任命其妻子来负责这个子公司,授权她选择图书并实行完全的编辑控制。根据《出版人周刊》的说法,亚洲出版社将成为"赛珍珠自己的出版公司"。[53]

虽然中国为约翰·戴公司和亚洲出版社的图书提供了许多主题,但公司却对在印度而不是中国发现市场更感兴趣,因为他们认为印度市场比中国市场更容易进入。位于孟买的美国信息图书馆的负责人报告说,印度在战后对于美国图书而言具有"相当大的市场"前景。她写道:"许多印度人对于'英属印度'如此厌恶,以至于他们会以高价格购买美国图书而不是以便宜的价格购买相同品质的英国图书。"[54]然而,约翰·戴公司对于印度市场巨大潜力的兴趣受到了英国出版社的威胁,英国出版社试图保护它们在英帝国和英联邦的传统海外市场。[55]

随着世界从轴心国的暴政下解放出来,不断增长的外贸前景的吸引力如此鲜明,约翰·戴和许多其他出版社一样,对外国版权的管理进一

作为武器的图书

步实行现代化和制度化。公司为数不多的员工主要是沃尔什家族的成员,他的儿子小理查德负责编辑事务,他的哥哥阿尔伯特负责公司财务。公司不得不临时凑合,让阿尔伯特在承担财务职责之外还负责协调国际业务。[56] 由于持续的雇员不足,财务与版权部门的人手严重缺乏,使得海外版权销售的可观增长造成了一种"可怕的连轴转的工作"。[57]

20 世纪 30 年代,随着中国在世界舞台上可见度的不断增加,以多种外语以及英语出版的赛珍珠和林语堂的作品的广泛吸引力使他们成了文学名人。赛珍珠在 1938 年获得的诺贝尔奖保证了她的作品经久不衰。20 世纪 30 年代,仅在中国就有 8 种不同译本的《大地》。[58] 除了赛珍珠的作品之外,林语堂与他的女儿林如斯(笔名阿德特·林)和林太乙的书也是约翰·戴公司最热销的作品,公司不仅将它们提供给美国读者,同时还通过出售再版权和翻译版权而提供给亚洲、欧洲和世界其他地区的新读者。[59]

虽然如今我们对林语堂知之甚少,但他在他那个时代曾是一名畅销书作家,也是一个文化现象。林语堂 1895 年生于中国,是一位基督教牧师的儿子。他在哈佛未能完成博士学业,但后来在德国获得了博士学位。在《吾国与吾民》(1935)受到热烈欢迎之后,他回到美国。与《大地》一样,林语堂的书极大地影响了西方对于中国人民友好而积极的态度的发展。后来,林语堂又为约翰·戴公司贡献了另一部极受欢迎的作品《生活的艺术》(*The Importance of Living*, 1937),这部关于中庸哲学的作品会让人联想到如今诸如米奇·阿尔博姆、韦恩·戴尔等作家的书。战争促成了另外三本受欢迎的书的诞生,它们分别是:讲述亚洲人文主义的《中国印度之智慧》(*The Wisdom of China and India*, 1942);号召西方人拓宽他们看待世界的视角的《啼笑皆非》(*Between Tears and Laughter*, 1943);以及讲述林语堂自己在战时中国的生活的《枕戈待旦》(*Vigil of a Nation*,1944）。

随着自由出版在全世界的恢复,林语堂的书的需求量极大,使得沃尔什夫妇忙于处理英语版的外国出版权以及许多其他语言的翻译版权的申请。意大利的一家大型出版社瓦伦蒂诺·邦皮亚尼出版社,委任了一名隶属于康涅狄格州新伦敦美国潜艇基地的意大利裔海军军官做它的代理人,处理与美国出版人的交易。由于在战争时期出现的一些问题,林语堂的几本书的意大利语版权出现混乱,需要花时间进行清理。[60]一些代理公司相继成立,如纽约的弗朗兹·霍奇和伦敦的柯蒂斯·布朗公司,它们都参与了许多交易。短时间内,林语堂和他女儿们的多本书达成了交易,在英国以英语再版,并被翻译成瑞典语、丹麦语、挪威语、芬兰语、德语、希伯来语、荷兰语、西班牙语以及意大利语等语言。[61]赛珍珠的《大地》也成为一些不太为人熟悉的语言的翻译版权的交易目标,这些语言包括保加利亚语、捷克语和伊博语。[62]

约翰·戴公司的国际业务更多的是通过向外国出版人出售出版和翻译版权而不是出口实体图书来进行的。[63]公司是否控制有一本书的海外版权取决于作者与公司之间的原始合同的条款。例如,赛珍珠保留了她的海外版权,并雇用了一名经纪人大卫·劳埃德来代表她。尽管如此,1944年末,她却重新达成协议而使劳埃德不再作为合同一方与约翰·戴公司签订新的合同,因为她丈夫的公司就可以代表她。[64]

如果公司是版权所有人的话,合同的细节会遵照一种普遍模式。例如,在约翰·戴公司与罗马的邦皮亚尼出版社关于兰登的《安娜与暹罗王》的意大利语翻译版权的协议中,邦皮亚尼有义务在合同签署后的12个月之内出版这本书。如果未能做到或者翻译版本不再印刷的话,那么约翰·戴公司可以在提前三个月通知的基础上收回意大利语翻译版权。意大利出版社负责委托翻译。标准的版权协议规定了协议签署后应付的版税预付款。版税率通常是外国版本零售价的一个分级百分比,百分比随着销量的上升而增长。以兰登的这本书为例,预付款是250美元,版税率分别是:销量在4,000册以内为10%,4,001—7,000册为12.5%,7,000册以上为15%。邦皮亚尼须向约翰·戴公司寄送3本邦皮亚尼版本的样书。[65]在其他合同中,预付款的范围通常从100美元到800美元。版税率几乎总是从7.5%或8%开始,然后上升到12%或12.5%,并且每一个提升的门槛以及分级数都是非常可行的。就那些与较贫穷国家,主要是拉美和中东地区国家的出版社签订的合同而言,预付款可能是象征性的。例如,约翰·戴公司同意以10美元预付款售出林语堂的《风声鹤唳》(*Leaf in the Storm*)的希伯来语版权。[66]版税会按照百分比分给作家,这在出版社与作家的合同里做了明确约定,通常是五五分成。

艾尔弗雷德·A. 克诺夫出版公司

艾尔弗雷德·A. 克诺夫公司毫无疑问是美国最有声望的出版社之一。它的优雅的商标描画了一只波尔瑞(一种狗),在出版社的商标中是最易于辨识的,它出版的图书因为精美的设计而在总体上得到了广泛赞赏。艾尔弗雷德·克诺夫对于自己较少考虑商业因素而毫不犹豫地出版高品质图书感到自豪。像他的多数同行一样,他坚信一个好的出版人是文化中的一支重要力量——对于他而言毫不夸张。克诺夫公司的存书目录中包括了一些20世纪最耀眼的作者的作品。许多作品是战后欧洲以及其他地区的出版人非常渴求的作品,克诺夫也积极地将它们推广到海外。但是,无论在战前还是战后,克诺夫公司的特别之处在于,他们致力于寻找一些外国作家最优秀的作品并购入这些作品的版权。艾尔弗雷德的妻子布兰奇·克诺夫凭借自身能力成为出版界一个令人敬畏的人物,正是她为克诺夫的外国作品英语译本图书的特色发挥了最重要的作用。[67]克诺夫夫妇知道,出版社可以通过在海外购买图书以及在海外销售图书挣得利润,赢得名望,并且完成重要的文化使命。

自1915年成立以来,克诺夫出版社的国际主义倾向就很明显。它出版的前11种书没有一种是美国作者的作品。10种是从法语、波兰语和俄语翻译而来的译著,而第11种则是一部英国小说。克诺夫的作家名单上的英国和欧洲大陆作家包括罗伯特·格雷夫斯、凯瑟琳·曼斯菲尔德、米哈伊尔·肖洛霍夫、克努特·汉姆生、奥斯瓦尔德·斯宾格勒、托马斯·曼等等。布兰奇·克诺夫在取得一些著名法语著作的翻译版权方面特别高效,这些作品的作者包括:阿尔贝·加缪、西蒙娜·德·波伏娃、安德烈·纪德、让-保罗·萨特以及让·季洛杜。她为将现代法国文学介绍给美国读者所做的贡献使她被授予了法国荣誉军团勋章。[68]

二战期间,她将目光投向了拉美文学,其目标与罗斯福总统的睦邻政策以及纳尔逊·洛克菲勒的美洲事务协调员办公室的目标非常一致。自1939年以来,美国政府一直敦促出版社参与到与拉美的文学和出版的双向交流中。[69]基于这个目标,布兰奇于1942年乘飞机开始南美的旅程,这是她在战时和战后初期几次冒险旅程中的第一次。她对这些旅程的描述是引人入胜的。纳粹在南美洲的影响是强大的,整个南美大陆充斥着间谍活动和阴谋。在拉丁美洲,布兰奇·克诺夫参加了无数在美国大使馆举行的晚宴、午宴和招待会,她每到一处都遇到将手稿塞到她手里的作者。尽管如此,整个旅程却充满不便、不适,甚至暗含危险。她无法摆脱一名她称为"影子人"般的"秘鲁印第安人",他做出暗中威胁,声称德国人知道克诺夫出版的所有反纳粹的图书并可能展开报复。[70]

布兰奇花了两年时间才针对她南美之行发现的书籍制定了一项出版计划。她从拉美专家、前副国务卿萨姆纳·威尔斯那里寻求并得到有关图书选择的建议。此外,她还说服威尔斯为这些书的目录册作序。根据克诺夫出版社的赫伯特·温斯托克所说,这本目录册将说明克诺夫出版社已经"开始实行的政策是为了建立一个真正一流且卓越的拉美图书目录,包括非虚构和虚构图书……克诺夫想要为拉美作品做的就是我们长久以来一直为重要的欧洲作品所做的"。[71]

1943年,布兰奇又前往英国。尽管在那里的一次德军空袭期间她镇定自若地做了头发,但是她所住的海德公园旅馆附近的高射炮的声音还是让她在夜里头疼发作。她从伦敦回国时为公司带回许多英国图书。[72]

战后,她也进行了一系列的旅程。1946年,应空军要求去"为一本有关空战的书籍收集资料",[73]她设法取得了一张记者证。在出差期间,她显然为克诺夫做了一些生意,此举使得同行对她感到愤怒,因为当时所有出版社与德国的联系都要通过占领军的信息控制官员来进行。[74] 1949年初,受美军司令官卢修斯·D. 克莱将军的邀请,她再次前往德国,接近克莱将军以讨论关于他的回忆录的写作事宜。她背着降落伞,搭乘一架载满堪萨斯小麦的C-54飞机前往柏林,这架飞机正在执行一项著名的空运任务。克莱表示他无法在离开他的岗位之前签署协议,但还是口授并在信函上签名同意将他的回忆录给克诺夫出版。一定发生了某些事使得那份协议作废了,是双日出版社而不是克诺夫在1950年出版了克莱的回忆录《在德国的决定》(*Decision in Germany*)。在1949年的旅程中,布兰奇也设法给一些德国出版人打电话或拜访他们,这些人都证实了在前德意志帝国生活一直艰难。[75]

虽然布兰奇·克诺夫在战争期间和战后初期到英国和欧洲大陆的旅程可能对克诺夫出版社带来了好处,但她的冒险之举并没有赢得普遍赞同,甚至根据一些人的说法,她的冒险可能适得其反。例如,霍顿·米夫林出版社的伦敦代表就认为她"在很大程度上使英国出版人对我们的态度恶化"。[76]

克诺夫出版社尽心尽力寻找伟大的外国文学作品在美国出版并没有减少他们向英国和欧洲大陆出版社销售图书的兴趣。它在图书的东行线路上非常活跃。与其他出版商一样，阿尔伯特与布兰奇意识到欧洲读者对于来自自由国家的图书极其渴望，也意识到满足这些需求可以在多大程度上有助于推动美国在海外的地位。正如布兰奇对于她最热爱的法国所说的："法国人在阅读方面是活跃而有兴趣的，但他们仍然渴望来自英国和美国，尤其是美国的书。对于翻译图书和英语图书存在急切的需求。我们无法想象对于一个像法国这样的国家，经过没有自由文学和自由阅读的五年时间之后重获图书对他们意味着什么。最重要的事情是让法国人有可能从政治和文化方面了解我们的观点。"[77]

查尔斯·斯克里布纳之子出版公司

当第二次世界大战在广岛和长崎原子弹的可怕景象中结束时，备受尊敬的查尔斯·斯克里布纳之子出版公司正在为其百年纪念活动进行筹备。成立于1846年的这家蓝筹企业，由斯克里布纳家族毕业于普林斯顿大学的几代人稳稳把持。20世纪上半叶，这家公司因出版一系列杰出的美国小说而闻名，这些小说的作者包括伊迪丝·沃顿、林·拉德纳、欧内斯特·海明威、厄斯金·考德威尔、托马斯·沃尔夫、玛丽·金南·罗琳斯、佐拉·尼尔·赫斯顿，以及著名的普林斯顿校友F. 斯科特·菲茨杰拉德。[78]所有这些都是世界市场珍贵的文学作品。

斯氏公司也是最后几家保留了战前伦敦分公司的美国出版社之一。对公司的简要描述提供了有关美国出版社在国际市场运作的另一种方法的视角。伦敦分公司的持续存在意味着，这家出版社致力于在国际业务中平衡将美国图书销往海外与获得英国和其他地区图书在美国销售之间的关系。

斯氏国际业务的历史几乎与公司本身的历史一样悠久。1857年，公司在纽约设立子公司以从英国进口图书。七年以后，这一子公司迁往伦敦。伦敦子公司于1891年并入纽约总部。公司还在伦敦经营一项重要的珍本图书业务。后来，公司也参与到图书零售领域以及精装或未装订图书的进出口业务和版权交易。

最起码，二战时期对于斯氏伦敦分公司而言是困难的，但员工们咬牙坚持了下来。1939年，战争宣告开始，英国严格限制包括图书在内的非重要物资的进口以保持其美元资源。伦敦分公司负责人——美国人查尔斯·金斯利联合出版人协会，警告政府进口减少也会导致出口减少，这可能严重削弱经济。斯氏自身向美国的出口也受到了威胁，因为英国图书对于美国读者的吸引力下降了。[79] 即使当后来对图书的进口限制放松时，虚构及少年文学图书仍然被禁止进口（这样的读物被认为不能为战争做贡献），但金斯利认为，"至少引进一些相当有代表性的作品应该是有可能的。"[80]

1940年冬末，严峻的困难让查尔斯·斯克里布纳（被称为斯克里布纳三世）和金斯利意识到这段时间伦敦分公司的许多业务都应该暂停。在金斯利携妻回到美国之后，由过去负责珍本书部的英国人约翰·卡特负责伦敦分公司，他先前就是著名的书志学家和古籍出版人，伦敦分公司的员工也减少至两人。[81] 分公司一直作为一个"影子组织"直至战后重获生机。[82] 分公司继续进行一些进出口业务和零售业务，但几乎不涉及出版业务。与之相反，古籍书业务在战争期间兴旺了起来。卡特本人在战争爆发初期便加入了英国情报部，从下午四点直到午夜都要阅读和分析新闻报道，他基本上是兼职履行对分公司的管理职责。[83] 所幸的是，位

第九章 用图书解放欧洲

于布卢姆斯伯里的英国情报部总部恰好就在斯氏分公司的附近。卡特为英国情报部工作对于伦敦分公司而言是"一个天赐妙计",不仅因为这样做使卡特来回往返花费的时间最少。[84]更是因为这样使得卡特继续为公司工作的同时,还凸显了一名在伦敦受雇于美国公司的英国公民的爱国立场。1940年,当三枚炸弹落在公司附近的时候,卡特更是大胆地"将星条旗和米字旗挂在了公司正门上"。[85]从1943年的秋天到1946年,他还从伦敦前往纽约完成情报部英国情报处的任务。[86]

尽管伦敦分公司长期任职的办公室经理亚瑟·达斯特担心"德国人在最终被打败之前,会造成无数的麻烦和伤亡",1945年5月,他还是高兴地告知纽约总部"公司房屋在希特勒最后的暴行中得以幸存,只有大楼后面的几扇窗户被震碎了"。伦敦分部是美国公司的一个分支——也是"唯一在战争中持续经营的美国(出版社)"——给了纽约总部的员工更多理由去关注他们英国同事的工作。

像许多其他的美国公司一样,斯克里布纳之子公司预见了战后拓展国际市场份额的机遇,这促使公司对伦敦分部的职能给予重新考虑。通过在图书出版局英美关系委员会的工作经历,斯克里布纳清楚地看到"我们有一个千载难逢的机会"来加强伦敦的作用。然而,考虑到"两个国家的利益",斯克里布纳公司比其他多数美国出版社"更急切地想看到美英两国的出版人在向欧洲大陆、殖民地以及世界其他地区的图书出口领域没有任何冲突"。[87]尽管如此,但两国出版人之间还是出现了严重的分歧。[88]

伦敦业务的重组使得新书的进出口得到了比以前更大的优先权。在继续将珍本书业务视为"我特别抢先占据的"业务之外,卡特还负责获得英国图书的美国版权,负责管理伦敦到纽约的图书批发出口以及公司在英国的出版业务。卡特与办公室经理达斯特一起将这些工作按日

223

分配。为了协助他更好地物色纽约总部可以引进或买入版权的书籍,卡特雇用了两名旅客做兼职。[89]

斯氏公司通过实体书籍的运输进行它的美英双向贸易,运输的产品从平版印刷的未装订图书,到已折并线订的图书,到完整的精装图书,这些书从一个国家运到另一个国家,也可能在接收国进行排版、印刷和装订。斯氏公司不强制伦敦分公司出版美国图书。纽约总部可以而且经常与其他英国出版社签订合同在英国出版他们的书(这种一贯做法也使他们获得了进入英帝国和英联邦市场的机会)。另一方面,虽然并不是所有伦敦分公司出版的图书都必须经过横跨大西洋的西向运输进入美国市场,但在极少的情况下,伦敦分公司出版的书还是由斯氏公司自己运往美国。

为了减少外债,英国政府继续对从美国进口图书实施严格的配额。理论上来说,这种情况使得将实体书(从未装订的书到精装书)进口到英国不如将美国图书在英国印刷更有吸引力。[90]这是因为必须横跨大西洋运输的实体物品——并且可能受制于进口配额和关税——是一部手稿或者一本有待排版的样书,而不是数箱沉重的印刷品。然而,实际上,决定进口图书还是在英国印刷涉及许多其他因素,不仅包括英国持续的纸张短缺,还包括印刷厂和装订厂的严重瓶颈。[91]通常,最佳行动方案的决定是考虑诸多变化因素之后根据具体情况做出的。斯克里布纳之子公司在战后参与版权交易热潮的方式与其他美国出版社的方式相同。他们通过伦敦办事处开展工作,利用美国和海外的文学代理公司,并借助战时新闻局以及后来的美国国际图书协会提供的联络服务。斯克里布纳之子公司当然与任何一个国内的竞争对手一样,成功地将他们较好的图书推荐给了海外出版社。

第九章 用图书解放欧洲

麦格劳-希尔图书公司

麦格劳-希尔图书公司成立于1909年,由麦格劳出版公司和希尔出版公司合并而成。詹姆斯·H. 麦格劳是纽约州北部的一名教师,他在1899年创立了麦格劳出版公司。三年之后,一名来自科罗拉多的工程师出身的编辑约翰·亚历山大·希尔设立了希尔出版公司。两人各自原先的专业——教学和工程——为合并后的公司在教科书和科技图书方面的历史特征提供了紧密关联。直到1930年,麦格劳-希尔公司才设立了有自己的"惠特尔西出版社"商标的部门开始大众图书出版业务,从而使教科书-技术图书与大众图书将保留它们各自显著的辨识特征,避免了两者的混淆。[92]

麦格劳-希尔公司是美国教科书与科技图书出版的代表。图书出版产业中的这一重要而利润丰厚的领域并不是战争期间出版人和政府共同努力开拓国际市场的主要焦点;大众图书才是他们主要关注的领域。但是科技图书和教科书在国内市场却非常重要。1944年成为麦格劳-希尔公司总裁的詹姆斯·S. 汤普森在1942年曾说,整个国家已经变成了一所"战争大学"。[93]尽管如此,教科书和科技图书却在战后成为美国出版社开拓海外市场的一个重要部分。政府对此感兴趣的部分原因是他们认为"贸易伴随图书而来":比如,一本关于最近的热带病治疗方法的图书的出口可以增加美国医疗设备和药品的出口。对于教科书与科技图书来说,出口英语版的实体书(或者尚未装订的书)对于大多数贸易出版商而言是一个比过去更可行的选择,因为在普遍需要翻译的地区,关于科学和技术的图书中的英语比小说和普通的非虚构图书中的英语更容易理解。尽管,麦格劳-希尔图书公司专注于非大众类的专业图书出版,但它仍然是由大众图书出版商占据主导地位的市场的重要组成部分。

1943年,当汤普森与其他出版公司的四位总经理一起参加由政府支持的对一些拉美国家进行访问的任务时,麦格劳-希尔公司看到了自版图书的强大的国际市场的可能性。[94]访问者们不能不注意到英国与德国的教科书和科技图书在这个地区的传统优势地位,但他们也没有忽视从欧洲来的这类图书的供应流受战争阻碍的程度。汤普森给总部的报告促使公司图书出口部设立,也使得公司关注在拉美开拓新的图书市场,即使公司正开始将目光转向世界其他地区的新买家。经过一年的运营,海外部对拉美的销售额呈现了"惊人的增长",在墨西哥的收入比上一年增长了90%。海外部的主要业务方法是将其科技与大众图书的翻译版权转让给国外出版社,尽管它并没有忽视出口。为了向出版商、图书经销商以及外国的大学宣传他们的产品,海外部开始发布业务通讯《麦格劳-希尔海外图书新闻》。[95]截至战争结束,麦格劳-希尔以及其他技术图书出版社已经从被削弱的德国和英国出版社那里夺取了多少市场份额是显而易见的。抗日战争胜利日后的一个月,汤普森通报称公司从印度的图书经销商那里获得了大量订单,这可能威胁到了英国人的利益。[96]但仍然不确定的是,如果复苏的英国和德国出版社试图重新夺回他们从前在传统市场上的主导地位的话,美国能保持多久那样的优势。

因此,公司在1946年派遣了一名大学巡回推销员环球旅行,去拜访25个国家的出版人、教师、工程师、科学家和图书馆员。这次行程的主要发现是,如果美国教科书和科技图书出版社想要保持优势的话,就必须尽可能积极地推广和营销他们的产品。麦格劳-希尔因此扩大了出口部,进一步强调销售人员通过邮件培养与国外大学教师的紧密联系,就像他们在美国到校园拜访教师一样。他们还与科学和技术期刊建立联系,以鼓励它们对公司的新书进行评介。公司还创立了自己的翻译计划,翻译那些可能以欧洲各国语言以及中东和亚洲语言销售会比较好的图书。在美军占领日本期间,麦格劳-希尔公司获得了特别政府基金,使它向日本销售技术图书成为可能,一位感兴趣的本地观察家认为,日本在工业技术领域落后了20年。[97]

德国和法国流亡者与难民出版社

在二战前的一二十年里从欧洲逃到美国的流亡者为这个国家带来了一批具有广泛的、世界性的兴趣和经验丰富的出版人、作家以及其他艺术家和知识分子。他们中许多人在美国设立了出版社,为战争期间和二战之后美国出版业的国际化提供了新的焦点。多数人是以流亡者的身份从希特勒的德国来到美国的。有些人在战后留在了美国,另一些人回到德国或欧洲的其他国家,但他们都帮助增强了美国出版人与欧洲出版人之间的联系和贸易往来。战后留在美国的德国出版人包括库尔特和海伦·沃尔夫,他们创立了潘塞恩图书公司,还有弗雷德里克·昂加尔,他设立了以自己名字命名的书店。战后回到祖国的出版社包括伯曼-费希尔出版社和极光出版社。

德语并不是流亡者在美国所使用的唯一出版语言。例如,自1941年开始,在纽约市至少有三套丛书出版社是用法语出版的。这些图书的目标读者是整个美洲的法国流亡者以及北美、南美、非洲和亚洲讲法语的人,他们的法语图书的正常供应以及获得在巴黎和欧洲其他国家出版的图书的途径由于战争而被切断了。

伯曼-费希尔出版社的所有人戈特弗里德·伯曼-费希尔是萨缪尔·费希尔的女婿,也是他在柏林的S.费希尔出版社的继承人。S.费希尔出版社是德国最有名望的出版社之一。在纳粹的压力之下,S.费

作为武器的图书

希尔出版社进行了重组，由一名雅利安人出版商彼得·舒赫坎普控制公司的一部分股份。尽管如此，经过与纳粹政府的艰难谈判，伯曼－费希尔还是与家人在1935年离开德国，同时带走被当局"禁止或者不希望看到的作者"的图书版权和存货。列在这个名单上的德国（以及其他国家）作家包括霍夫曼史达尔、阿图尔·施尼茨勒、雅克布·瓦塞曼、托马斯·曼、弗朗茨·韦尔弗、卡尔·楚克迈尔、艾尔弗雷德·德布林、安德烈·莫洛亚、萧伯纳。[98]

在维也纳重新定居不久，伯曼－费希尔与妻子布丽吉特以及三个女儿于1938年又被迫在德奥合并前再次离开该地，使得留在仓库里的40万册图书被纳粹没收了。这次，费希尔在长期以来作为德语和英语出版中心的斯德哥尔摩开设了书店，在那里他得到了同样由犹太家族经营的重要的瑞典出版社艾尔弗雷德·邦尼尔出版社的财政支持。维也纳的一些同事也加入了他在斯德哥尔摩的书店。费希尔度过了几年收益不错的日子，直到许多瑞典人开始容忍包括纳粹主义在内的一切德国事物，这让费希尔确信必须带着家人离开而去往美国了。[99]他告诉一位美国朋友荷兰裔美国作家亨德里克·威廉·范·隆说，他并不愿意再次搬迁然后从头开始。当时范·隆曾同意费希尔的判断，但不出几个月，他承认在那个表面中立的国家情况是如何的改变了："瑞典人已经失去了他们曾经通过'善意'方式得到的一切……他们已经与其他任何种族一样贪图享乐和自私，让美国人叫他们见鬼去吧"。[100]

通过范·隆的帮助，伯曼－费希尔一家获得了美国签证。但是在他们一家得以启程之前，费希尔反纳粹的倾向和行为在瑞典这个中立国家显然是可予起诉的，这些情况被报告给了斯德哥尔摩警察，他们将他逮捕并关押起来。他的被捕不仅使一家人的美国之行受到威胁而且全家人的生命安全也处于危险之中，因为有极大的可能性德国将很快接管瑞典,正如他们已经接管了挪威。1940年6月24日,在几个月的监禁之后,当局释放了费希尔并将他驱逐出境。在当时情况下,这是一项容易接受的判决。

25日,费希尔一家离开斯德哥尔摩飞往莫斯科,这只是从瑞典去往纽约这段令人恐怖的行程的第一段,因为平常西向前往美国的海上和空中的航路都已经被封锁,他们必须沿着反向路线经过莫斯科、海参崴、横滨、旧金山去到纽约。[101] 范·隆与沿途各地的美国领事馆官员进行远途联系以使他们的旅程顺利。[102] 当他们抵达旧金山的时候,慷慨的范·隆给他们发来欢迎信以示问候。在前往纽约之前,伯曼-费希尔一家在托马斯·曼位于圣莫尼卡的家中住了两个星期。抵达纽约之后,范·隆帮助他们安顿在他所在的康涅狄格州纽约郊区的老格林尼治。很快,哈考特布雷斯出版社的艾尔弗雷德·哈考特邀请费希尔前往他位于麦迪逊大街的办公室,为费希尔安排了一张办公桌,配有电话和打字机,让他能够在一个不熟悉的出版环境中建立自己的事业。[103]

费希尔不久便开始有所动作。1941年,在哈考特的支持下,他与一名合伙人在纽约建立了L. B. 费希尔出版公司。公司名称中的"B"代表伯曼,"L"代表弗里茨·兰德肖夫,也是一位来自柏林的著名犹太流亡出版人,当时他是德国著名的奎里多出版社德语子公司的负责人。[104] 尽管像费希尔一样,兰德肖夫设法逃离了欧洲,但伊曼纽尔·奎里多和他的妻子却在奥斯维辛被用毒气杀害了。L. B. 费希尔出版公司(也称为费希尔-兰德肖夫公司)严格来说是一家英语出版社,他们大多数书目是伯曼拥有版权的重要德语著作的英语译本。该公司还出版反法西斯的书籍,包括一套与自由世界运动出版社合作出版的丛书。[105] 在设立L. B. 费希尔出版公司之前,伯曼-费希尔就已经确定至少当时在美国设立德语出版社是可行的。相反,他安排哈考特布雷斯出版社等其他出

作为武器的图书

版社进口他在斯德哥尔摩出版的德语书籍,并将这些书在美国发行。但美国加入反德战争之后,再从瑞典进口他的书就不可能了。[106]

获得他在斯德哥尔摩的库存图书的途径被切断之后,伯曼－费希尔别无选择,只能重新执行他的原始计划从而"在美国本土印刷重要图书的德语文本"。[107]虽然他只出版了几本这样的图书,但是那些书主要是他的明星作者曼和韦尔费的作品,既有很高的文学价值并且广受欢迎。尽管瑞典当局通过监禁和驱逐出境向他表明对他的冷漠,但伯曼－费希尔继续在指导他的斯德哥尔摩办公室的事务。

大多数但不是全部作品是在瑞典印刷的。至少有一种斯德哥尔摩的图书的版权页上标注了它是在瑞士印刷的。这种操作非常复杂,因为出版人和大部分作者都在美国,而印刷厂却在瑞典或瑞士。为了使这样的操作有可能实现,伯曼－费希尔利用了瑞典和德国之间的商业条约的有利条件,使他能够用封闭的箱式卡车经过德国在瑞士和瑞典之间运送印刷资料——具有讽刺意味的是,这也是纳粹将武器与其他战争物资经过瑞典运往被占领的挪威所走的路径,费希尔如果知道真相的话应该会进行谴责的。在纽约准备好的手稿被送到斯德哥尔摩排版,但是将排版后的校样送回纽约核查却是难以操作的。这就不可避免地导致了自由德国丛书的许多图书中出现了讹误。有些书也在美国出版,在美国出版的书可以更加仔细地进行编校。托马斯·曼的一本书受到了纸张短缺的影响。因为在1944年的纸张配给量是根据出版社1942年的消耗量核定的,而伯曼－费希尔那年的消耗量很少,他试图另外从其他出版社购入未使用的配额纸张,但是战时生产委员会最近已经不允许这种做法了。这本书最后只印了1,800册。曼觉得"在美国出版1,800册德语版比出版20万册英语版更让他感到高兴"。[108] 1945年,伯曼－费希尔积极参与了为美国战俘营的德军战俘出版新世界书架丛书系列的计划。[109]

第九章 用图书解放欧洲

除了斯德哥尔摩和纽约的出版业务,费希尔还关注何时能最终返回德国。为了能够将他那些没有受到法西斯主义意识形态污染的德语图书重新引介到德国,他开始增加瑞典印制的图书的库存。他相信,这些书可以用来对那些在德意志帝国废墟里挣扎着寻找方向的德国人进行再教育。[110] 为了专注于伯曼-费希尔出版社的德语出版,费希尔在1946年初出售了他的英语出版公司——L. B. 费希尔图书公司。同年2月,他回到欧洲。起初,他在斯德哥尔摩待了一段时间,对那里的业务进行了自1940年逃亡以来的第一次亲自管理,接着,他开始将出版社从战时经营状态转为和平时期的经营状态。他很快发现欧洲大陆对于德语图书的需求量多么大,同时他也高兴地知悉英国甚至苏联官员对于在他们各自的占领区利用他的图书的兴趣。费希尔还访问了阿姆斯特丹,他的妻子在自己的回忆录中这样写道:"明摆在那儿的对于德语图书的渴望,是战争年代的长期短缺之后对我们未来之希望的第一次确认。"[111]

战争结束后不久,费希尔与持有S. 费希尔部分股权的前合作伙伴舒赫坎普重新取得了联系。次年,他将他的自由德国丛书的一些最重要的版权授予舒赫坎普。他仍然必须进行复杂的交涉,从而获得美国、英国和法国占领区的新闻控制当局的出版批准。1947年4月,他展开了战后第二次斯德哥尔摩之行,此行为他提供了一个更加亲密的有利地位,因而获得了为出版他的目标图书而必需的三个西方国家占领区的签证。他获得了批准,并在5月返回了祖国。在给妻子的一封信中,他写道,美国军事政府把他当作VIP一样对待,他从他们那里获得的文件"使我成为一个超人,能够给在泥泞中爬行的可怜的人带去一点快乐"。尽管回到了德国,他仍然安排舒赫坎普出版了大量廉价版的流亡文学图书——每种书达到15万册的印数。[112]

费希尔的下一步工作是在1948年将斯德哥尔摩的伯曼-费希尔出

作为武器的图书

版社迁至阿姆斯特丹,并在那里将自己的出版社与奎里多出版社合并。但是,这只是他首要目标的序曲,他的首要目标是将自己的流亡出版社与舒赫坎普一直在管理的位于柏林的老费希尔出版社进行合并。"实现这个目标的道路是漫长而布满荆棘的,"他的妻子写道。1950年,这个目标终于成功实现了,费希尔重新获得了S.费希尔出版社的所有权和资产。他和他的家人连同重新复活的公司一并迁往法兰克福。他的妻子也加入公司开始全职工作,主要负责公司的国际业务。S.费希尔出版社返回德国之后,伯曼-费希尔的奥德赛之旅也已经完成了。[113]费希尔曾经写道,重新教育德国民众的问题"在根本上是一个出版问题"。[114]可以说,通过出版新世界书架丛书和他的自由德国丛书,他为解决这个问题做了相当大的贡献,但可能更重要的是他决定回到祖国重组他的卓越的出版企业。

另一家德国难民出版社——极光出版社拥有像伯曼-费希尔出版社那样的实力,但却没有伯曼-费希尔那么成功,这在很大程度上是因为它的左翼倾向。极光出版社于1945年在纽约成立,起初,它是一间合作社,由激进的流亡出版人和书商威兰·赫茨菲尔德以及在美国的10位最重要的流亡德国文人建立的,这10位文人包括厄恩斯特·布洛克、贝尔托特·布雷赫特、斐迪南德·布鲁克纳、艾尔弗雷德·德布林、莱昂·福伊希特万格、奥斯卡·玛丽亚·格拉夫、海因里希·曼、伯特霍尔德·维尔特尔、厄恩斯特·沃尔丁戈、弗朗兹·卡尔·魏斯科普夫。极光出版社原本与伯曼-费希尔出版社的意识形态焦点极不相同,但是赫茨菲尔德的出版社却与它有着共同的目标,要通过帮助缓解德国的"知识饥荒"而参与到这个国家的文化重建中。[115]像费希尔出版社一样,极光出版社也希望响应需求为关押在美国的德国战俘提供未受纳粹污染的德语图书,并最终在战后的德国市场发挥作用。[116]

第九章 用图书解放欧洲

从第一次世界大战的西线战场回来之后,赫茨菲尔德设立了马立克出版社。自希特勒于1933年掌权之后,赫茨菲尔德将公司迁到布拉格,并于1939年移至纽约,他在那里的七大洋书店成为德国流亡知识分子圈的一个活动中心。在1945年至1946年间,极光出版社出版了12种书。这些书由位于马萨诸塞州剑桥郡的舍恩霍夫外语图书公司发行,发行量从1,500册到4,000册不等。极光出版社还曾宣布要出版另外十几种书,但这些书最终并未在美国出版。[117]

赫茨菲尔德急切希望他的书被大量购买用于美国本土的德国战俘的再教育。极光出版社的左翼原则(和主要思想)受到了负责战俘事务的军事部门的怀疑。极光出版社曾计划以战俘为目标读者首先提供一份名为《朝霞》(*Morgenröte*)的简易读本,由于一些审查该书直到1947年才出版,此时它的主要目标读者已经无法读到这份读本了。[118]伯曼-费希尔出版社没有在意识形态方面引起这样的危险信号。

德国战败后,赫茨菲尔德曾尝试向德国的美国占领区出口图书或出售翻译权,但却未能成功,虽然他在法国占领区有幸取得一些成果。1947年,他将自己的出版社迁回德国(苏联在柏林的占领区),并将其更名为极光文库出版社,获得了巨大销量。他在纽约的极光出版社的两位同事,布雷赫特和布洛克随他一起回到了东柏林。[119]

法语出版社中最值得一提的是法国之家出版社。该出版社的创始者艾萨克·莫尔霍与维塔利斯·克雷斯平是西班牙裔犹太人,分别来自希腊和土耳其,他们于20世纪20年代来到美国,并在曼哈顿设立了一家法语书店。这家书店——法国书店——是从圣帕特里克大教堂穿过第五大道的洛克菲勒中心里年代最久且未曾中断过的零售租户,直至2009年秋天才关闭。(它计划在互联网上继续销售。)鉴于战时被占领区和维希政府控制区的情况,法国出版商曾向法国之家出版社提供了短

233

作为武器的图书

期、有限的版权，让它在纽约出版法语图书以服务世界范围内的法语读者群。在纽约流亡的安德烈·莫洛亚是这家企业的主要赞助人，这家出版社的书目中包含了许多他的书。最终，法国之家出版社出版了77位作家的120种图书。这些图书主要是为了满足流亡者了解战争进程相关信息的最基本需求，同时也帮助他们了解法国遭受的羞辱的程度和原因。莫尔霍的姐夫负责印刷，每种书的印数在1万册到5万册之间。这些印数肯定趋于过分乐观了，因为直到这家法语书店关闭时，人们仍然能够在洛克菲勒中心该书店地下室的桌上和书架上买到这些原始版本。[120]无论如何，克雷斯平不失时机地去到巴黎与法国首都的出版人和书商重新建立起联系。[121]

其他的法语系列丛书与法国之家出版社的图书的目的和内容相似。其中一个系列丛书由迪迪埃出版社出版，另一个系列则由纽约和巴黎的布伦塔诺图书公司出版。布伦塔诺图书公司出版了将近100种书，迪迪埃出版的图书数量要少得多。根据《出版人周刊》报道，所有这三种系列丛书都具有"传统法语版式"的特征，也就是说，这些图书都是竖开本平装书，比现在的美国平装书稍大一些，红黑色字体的封面，设计简洁。像克雷斯平一样，阿瑟·布伦塔诺迅速回到巴黎重开书店，他是解放后第一家恢复业务的美国零售书店。显然，它也是首都唯一一家留有库存的书店——由于某些原因，它留有1.2万册德国占领者未曾触碰过的图书。[122]同样非常重要的是，让纽约的法语出版相形见绌的是魁北克省的法语出版界，它为流亡者以及魁北克本地的读者提供了法语图书。[123]

随着D日后美国和盟军战士在欧洲大陆的推进，广大民众获得了解放与和平，数百万册图书也随之到来，并由美国战时新闻局以及其他机构的工作人员发行到各地。这些图书成为推动力，满足了对非纳粹图

第九章 用图书解放欧洲

书的迫切需求。渐渐地,整个欧洲的出版社开始复苏。由于几乎没有可以出版的本土文学作品,大多数出版社都转向美国寻求图书供应。美国政府积极推动了许多在战时出版的美国图书的翻译版权贸易,使之成为极为活跃的市场,这些图书大都满足了欧洲平民渴望图书的需求。许多美国出版社——包括设立已久的和由欧洲难民新近设立的出版社——重组了它们的业务以满足不断增长的国际需求。但是和平时期既对新的国际市场产生了障碍,也带来了机遇,这种新的国际市场在希特勒入侵波兰后不久就已经显现。出版社和政府面临的最大挑战是,一旦主要的公共与私人参与者在战时建立的合作关系解除时,也就是当战时新闻局和战时图书委员会解散后,如何找到实施它们业务的国际化的方法。一种新的合作关系将会出现还是不会出现呢?

第十章　美国国际图书协会的兴衰

1944年夏,在海外版本系列和跨大西洋版本系列图书运往国外之前,政府和出版业的高级官员们就已开始规划战后美国图书在海外的未来,以及可以促进国际贸易增长的制度性机制。此时,战时新闻局仍然十分活跃,在海外参与的宣传工作比在国内多得多。战时图书委员会完全负责监管大量的军队版本项目以及海外版本图书的生产。尽管战时图书委员会与战时新闻局在国际图书项目上的合作尚未取得成果,但计划终于在向前推进并且前景广阔。按照战时文化规划的精神,此项任务的各个公共和私人参与方都在沉思,如果主要参与者很有可能不再是战时新闻局和战时图书委员会,未来将是怎样的情景。战时新闻局创立时法律授权它在敌对状态结束后的运营不超过六个月。虽然对于战时图书委员会而言没有"日落条款",但如果要继续运行的话,它显然不得不对自身进行重新调整以适应和平时期的需要。

此时认真思考停战后可能发生的情况并不算太早。出版人仍会对增进他们的国际业务感兴趣吗?联邦政府对于战后维持一个国际信息计划的态度将如何?如果有此计划的话,图书将在计划中扮演何种角色?政府和出版人在战时曾经进行过的合作关系仍将对双方具有吸引力吗?

实际上,在1944年和1945年之交,计划最终促成了行业内一个私人的、非营利性机构的诞生,即美国国际图书协会,协会承诺要维持坚实的公私合作关系以在国外推广美国图书。然而,协会仅存在了一年,此后数年被联系出版人与政府利益的各种机构所取代,但是这些机构都微不足道。

关于在国外推广美国图书的第二次"峰会"

1944年8月和9月,第二次峰会召开之前,战时新闻局和其他政府机构的代表们,以及战时图书委员会和其他私人部门图书机构的官员们,都在忙于准备关于政府与图书行业如何推动他们双方议事日程的报告。[1]切斯特·克尔和他在战时图书计划项目中的同事都认为,在和平年代保持这种合作极为重要。几乎可以确定的是,当战时新闻局解散后,国务院在图书事务中发挥的作用将不断提升,所以他们打算向战时新闻局局长埃尔默·戴维斯以及国务卿爱德华·斯特蒂纽斯提出这个问题。在接触戴维斯或者斯特蒂纽斯之前,有必要向合作各方作简要概述并让大家认同他们的观点。

因此,克尔在听取高级同僚的看法后,对战时新闻局的报告几易其稿。与此同时,出版业的意见也由图书出版人协会主席马尔科姆·约翰逊与国务院文化合作部图书和出版处处长哈里·沃菲尔进行了阐述。克尔提议,这些意见将作为10月3日在战时新闻局位于曼哈顿的办公室召开的一次会议的讨论议题。[2]

克尔撰写的文件服务于两个目的:一是将战时新闻局各个部门为应对战争紧急状态已经获得的各种相当特殊的、实验性的以及应急的做法编纂成册并使其合理化,这些做法后来都被集中于海外图书局。二是在战争结束并且战时新闻局停止运作以后,重新激励公共与私人之间的密切合作关系以便在海外较好地推广和营销美国图书。

作为武器的图书

当克尔的备忘录仍处于内部审查阶段时,他的老板塞缪尔·威廉姆森在纽约向战时新闻局海外部主任爱德华·巴雷特就报告的背景进行了简要汇报。他指出,战时新闻局出于各种意图和目的参与了图书出口生意。然而,鉴于战时新闻局作为"一个做应急工作的战时机构"的身份,它不可能长久参与这项业务。威廉姆森补充说,国务院也参与了图书出口生意,比战时新闻局参与时间更久,在战时新闻局解散之后仍将继续参与其中。尽管如此,国务院参与的规模比战时新闻局要小,它更为密切关注的是那些在和平时期被视为教育和文化的事务。实际上,二战已经推动了美国图书业克服了在海外贸易方面传统的不自信,并且所有迹象都表明,美国图书行业将在战争结束后集中解决缺乏自信的问题。大部分美国出版人都期盼美国总体上在世界事务中发挥更大的作用。他们还认为,美国不断提升的影响力不仅将促进并且积极授权出版人的海外贸易。所有这些都凸显了政府与私人企业之间的利益是如何相互联系的。然而,作为政府部门,无论是战时新闻局还是国务院都不希望像一些外国政府那样永久参与出版业务。在美国,政府在图书中的利益通过与图书业建立一种卓有成效的自愿伙伴关系得到了更好的满足,这是威廉姆森、克尔以及其他人都认为需要再次确认的事实。计划召开的会议的目的就是在政府与私人实体之间"创建一种更为密切的工作关系"。[3]

克尔的长篇报告全面而有效地概括了战时新闻局的图书计划。至于图书计划的背景,他列举了该机构正在进行的与图书相关的所有活动;描述了这些任务推行和协作的方式;重申了计划的基本观念和操作原则(强调了图书在以当地观念制造者为目标的长期宣传中的独特地位);通过将特定的图书与某些宣传目标联系在一起,展示了图书曾如何实现1944年6月14日颁布的针对宣传的《远程指令》;详述了战争对

第十章 美国国际图书协会的兴衰

美国、其主要盟友以及轴心国的出版业产生的影响;描述了盟军和敌人利用图书进行宣传的主要手段。

随后,克尔解说了战时新闻局当前和未来的图书行动。这一部分讨论的是在各国国内的图书生产恢复之前将图书送到欧洲平民手中的流程和策略,同时还讨论了提议并授权用于两种定制图书系列(海外版本系列和跨大西洋版本系列)以及为特定国家购买或印制的图书清单。报告最后推断出了战时新闻局资助的所有图书计划的预算金额。[4]

为了十月份会议的与会者,克尔准备了一份有关他的较长的内部备忘录的6页篇幅的编辑报告,主要是删除了原始备忘录中的图书清单和预算金额。这份报告提醒读者注意一个事实,那就是备忘录必须处理的仅仅是战时新闻局针对欧洲的图书计划,因为针对亚洲的图书计划尚未制订出来,而拉丁美洲则属于美洲事务协调员(纳尔逊·洛克菲勒)而不是战时新闻局的职责范围。[5]

沃菲尔代表国务院的简短发言主要详述了现有的在国务院资助下正在执行的与图书相关的计划。这些计划包括对拉丁美洲的三座图书馆进行维护以及其他与图书相关的计划,这三座图书馆由洛克菲勒美洲事务协调员办公室在1942年至1943年间建立,因而是独立于国务院的。国务院还推动了英语版的美国教科书在国外的再版,为有限数量的图书的翻译提供经济担保,准备美国图书书目,协助出版人清理版权许可。沃菲尔的发言稿还列出了国务院为图书行业提供帮助的方式,包括准备参考书目、转发外国出版商翻译或再版美国图书的申请。此外,沃菲尔还指出,国务院资助了一些出版项目,包括为在美国的中国学生提供的一本手册以及美国在阿拉伯国家的历史。[6]

约翰逊代表图书出版人协会撰写的意见书巧妙地将出版业的商业利益比作国家利益。报告开头便指出,美国出版业希望"尽可能在与其

作为武器的图书

他国家平等的基础上在国外销售出版物。他们希望与任何外国供应商一样,可以让美国图书在其他国家自由流通。出版行业认为,通过给其他国家人民一个熟悉美国文化的宗旨、理想和影响的机会,美国出版业既是在开展一项公共服务,同时也增进自身的利益。除商业考虑之外,他们认为国务院与其观点一致"。显然,这些观点针对的是英国所主张的其传统市场范围不应受到美国侵蚀。约翰逊继续指出,美国出版人有"三种东西可以销售:英语版本的第三方权利;翻译成外语的权利;以及他们自己的图书"。诸多因素使这些交易的正常进展变得复杂。一个主要障碍是美国国内自己造成的——美国不遵从关于国际著作权的《伯尔尼公约》,使得美国的著作权在英帝国之外的世界其他地区得不到保护。因此,通过改革美国著作权政策来清除这一障碍至关重要。

另一个在国内不易改善的重要因素,是"欧洲受政府补贴的卡特尔行动,特别是在法国境外印制法语版图书,在西班牙印制原文为西班牙语和德语的西班牙语版图书,在英国境外印制英语版图书的那些行为"。因此,无论是通过协议(如国外版权合同,特别是与英国出版人签订的国外版权合同),还是在那些获得政府强大出口支持的国家与外国出版社在遥远的市场展开竞争以发行美国图书,这些情况限制了美国向世界许多地区的渗透。

尽管宣称在不断增长的图书出口方面与美国政府拥有共同利益,图书出版商协会的报告仍然试图在其自身利益与美国政府利益之间寻求一种有利的平衡。换言之,美国图书出版业希望将美国政府方面的合作限定为一种服务职能。虽然从理论上讲,出版人更愿为美国政府战后宣传活动的目标做贡献,特别是在开展文化外交方面,但相对于战争年代,他们不再愿意在和平时期花自己的钱开展这些活动。这使他们对于英语版的美国图书以低于市场价格销售的方案存有疑虑,除非某些特别重

第十章 美国国际图书协会的兴衰

要的纯粹的宣传活动。他们认为即使是纯粹的宣传活动，也（应该）遵循下列标准："任何图书的出版，特别是政府用于国外的图书，是否会被国内市场所接受。"如果不能被国内市场认同，那么它在海外的效果就值得怀疑。该观点与战时新闻局选择已出版的图书作为海外版本或跨大西洋版本系列图书在国外发行的政策是一致的。

约翰逊指出，美国出版人将英语作为世界第二大语言进行推广的兴趣丝毫不比他们的英国同行少。然而，在这一目标实现之前，英语不得不与法语、西班牙语和德语等其他重要的国际性语言开展竞争。因此，明智的做法是"和平时期，保持一部分重要著作，特别是信息领域的著作，不被翻译"，从而不至于阻止对英语进行更加广泛理解的趋势。尽管意识到那些得到解放的国家的国内出版业从战争和占领的打击中恢复过来有多么重要，但图书出版人协会仍然提醒政府在这方面保持谨慎。正如约翰逊指出，"我们在帮助德国人、法国人和西班牙人时应当保持明智的界限，以避免损害我们未来的利益，这是必须开展明智研究的事情。如果阿歇特（原文如此）目前的控制对于我们而言可以接受的话，就给予它足够的支持。但是，阿歇特公司是我们在拉丁美洲的一个激烈的竞争对手，而这些支持可能意味着它的法语版医学图书在我们原本可能取代它们的阿根廷继续存在。"[7]

图书出版人协会最重要的建议是推动成功建立"一项机制作为出版业与政府的一个共同会议场所"，特别是"出版业目前正在建立过程中的出口公司"。这样一个实体应该在国外推广美国图书，"并且通过它，在国外推广这个国家的利益"。它还应当作为"美国政府在国外开展图书相关事务的一种工具，这些事务既不能由政府直接去做，也不能通过单个出版人去做"。出口公司通过准备和发行新出版的美国图书目录并在这些图书可以得到出版人和读者检验的外国重要城市建立图书中心,重点传递有关美国图书在海外的信息,从而可以完美地成为美国政府在国外开展图书相关事务的工具。美国政府作为拥有外国版权要销售的美国出版人与渴望购买这些外国版权的外国出版人之间的一个媒介,在沟通得到改善之后,此媒介作用应限定在提供信息方面。[8]

"十月会议"在战时新闻局所在的西五十七街办公室召开。来自战时新闻局、战时图书委员会以及图书出版人协会的与会者提供了未出现在报告中的补充信息,但会议主要讨论的内容是有关和平时期继续政府和出版业之间的伙伴关系,特别是通过图书出版人协会对外贸易委员会正在提议设立的出口公司来延续这种关系,设立出口公司的提议得到了国务院的赞成。普遍共识认为,国外图书出版人不断兴起的民族主义情绪以及诸如货币问题等其他因素,使得出版业与政府之间在国内的继续合作成为必然,因为图书出口牵涉许多国际外交问题,私人出版业没有政府帮助难以实现预期成果。[9]

美国国际图书协会的起源和目标

关于在战后设立一家出口公司的想法,在美国国际图书协会成立后的几个月内得以付诸实践,这一想法源于由图书出版人协会和美国教科书出版人协会组成的一个贸易代表团,该代表团在国务院和美洲事务协调员办公室的支持下,在1943年6月至7月间被派往拉丁美洲。五位代表大众图书、平装书、教科书以及技术类图书的杰出代表从墨西哥城出发,一路访问了许多地方,最终到达布宜诺斯艾利斯。返回途中,代表团成员——乔治·P.布雷特(麦克米伦出版公司)、伯尔·L.蔡斯(西尔弗·伯德特出版公司)、罗伯特·F.德·格拉夫(口袋书出版公司)、马尔科姆·约翰逊(双日多兰出版公司)以及詹姆斯·S.汤普森(麦格劳-希尔出版公司)——对美国图书在该地区的前景满怀热情。[10]美国

第十章　美国国际图书协会的兴衰

政府"将在南美洲打开新的业务——以及新的政治——联系的任务委托给一个完全由图书出版人组成的代表团",位于伦敦的英国出版人协会的三位前主席在不久后他们的访美代表团闻得此讯时感到震惊。[11]

在一年内,一个由出版界经理人组成的委员会与美国国务院,特别是美洲事务协调员办公室的官员们一起制订了有关战后图书出口机构的计划。但战时新闻局没有参与其中。实际上,克尔声称战时新闻局在十月"峰会"之前对出版人的计划一无所知,图书出版人协会在此"峰会"上的报告相当详尽地描绘了这一出口公司。[12]鉴于克尔和战时新闻局的许多同事与图书出版人协会及其成员公司的高级官员之间的密切关系,战时新闻局对此毫不知情确实令人感到惊讶。

这也许并不是对战时新闻局的故意忽视。由于该代表团的目的是推动与拉美之间的贸易,战时新闻局的参与就被认为是不相干的,因为拉丁美洲是洛克菲勒办公室的职责范围——一些人所说的封地。美洲事务协调员办公室于1940年设立时就得到了在这些地区的经济、贸易和文化领域的广泛授权,但其主要目标是清除该地区纳粹主义和法西斯主义的强大影响,包括德国间谍。虽然它是独立于国务院,但又被期望与国务院保持密切联系。洛克菲勒与其他两个机构——战时新闻局和威廉·多诺万上校领导的战略情报局就美国在拉丁美洲实施宣传计划的权力展开了传奇般的地盘之争。洛克菲勒成功阻止了战时新闻局在拉美地区发挥任何作用。[13]这样的结果有一些合理性,因为战时新闻局的职责基本上限定于美国境内以及美国军队正在作战的地区。

对于战后公共与私人的伙伴关系最强有力的支持似乎是来自美国国务院,这也就清楚地表明了国务院对于这样的安排是持欢迎态度的,因为在战时紧急状态之后,这种伙伴关系可以作为美国政府通过协助美国出版人增加美国图书的国际贸易而继续影响国外民意的一种手段。[14]

作为武器的图书

在设立美国国际图书协会的建议被正式提出时,美洲事务协调员办公室与战时新闻局一样作为一个独立机构正在逐渐停止运行,其大部分活动将由国务院直接承担;但它仍然由负责美洲事务的新晋助理国务卿洛克菲勒掌控着。[15] 随着拉美的宣传和文化外交完全被置于国务院管辖之下,国务院可以尝试实施一个更为一致的、世界范围的情报战略。随着图书行业与政府之间的讨论接近完成,那些持怀疑态度的人变得越来越乐观,因为美国国际图书协会似乎有很多值得称道之处。

虽然克尔和许多战时新闻局的重要同事被排除在协会的早期规划之外,但他们仍然对此公司的设立予以强烈支持。[16] 在履行了对战时新闻局参与出口公司的尽职调查之后,克尔在11月份给图书出版人协会对外贸易联合委员会主席爱德华·M.克兰的报告称,在一定条件下,战时新闻局原则上同意与提议中的出口公司合作。实际上,战时新闻局同意(1)通过出口公司采购图书并转交来自国外的图书采购订单;(2)传达来自外国出版社的有关美国图书采购和外国版权授权情况的咨询;以及(3)就国外出版条件对出口公司提出建议,并提供具体的外国出版公司的相关信息。在收到该公司是"美国大众图书、教科书和技术图书出版人的真正代表",以及它已经配备了足够人员以实现其目标的相关证据后,战时新闻局的合作立即展开。[17] 在11月21日的年会上,图书出版人协会一致同意了其对外贸易委员会关于设立出口公司的建议。[18] 1945年1月,美国国际图书协会被正式组建为一个非营利机构。[19] 出版人被强烈要求给予这个新的出口机构一个至少两年的试验期"作为拓展他们业务的一种投资"。[20] 美洲事务协调员办公室通过一笔2.5万美元的财政补贴提供了种子基金。[21] 在国际图书协会的第一次会议上,助理国务卿斯普鲁伊尔·布雷登对协会成员说,他欢迎"用我们的著作入侵拉丁美洲",再次实施美国图书在国外的某种程度上有所不同的诺曼底

第十章 美国国际图书协会的兴衰

登陆。[22]

梅尔彻、哈罗德·金兹伯格、克尔等人关于美国出版人"在认识出口业务的重要性并为其发展提供手段方面已经落后于其他所有伟大的出版国家"的不断哀叹和呐喊行动,已经作为设立出口公司的两个主要动因之一而被引用到美国国际图书协会的计划书中。计划书指出,"在政府和出版业之间我们缺乏一个可以合作的媒介,以便有说服力地利用图书作为美好意愿和信息的使者,作为介绍美国技术和科学的工具,作为我们生活和文化的译者。"协会"将补充但不是取代已经在此领域的出口机构的工作,并利用整个图书业的力量以解决涉外方面的问题"。美国国际图书协会显然是模仿英国文化协会的,英国文化协会拥有高度发展的机制为英国的全球图书贸易提供支持,同时它还拥有类似政府机构的地位。[23]《出版人周刊》的梅尔彻坚称,美国国际图书协会"虽然没有政府的支持不可能建立,但在任何方面都不是受政府控制的。"[24]梅尔彻还指出,"美国国际图书协会为美国出版人提供了在有利条件下与其他国家展开竞争的工具;特别是那些为出口下滑提供补贴的国家。"[25]

关于协会成立的第二个刺激因素,创始者们写道:"政府的许多部门在国外开展工作的时候使用我们的图书,可以通过这样一个实体的存在获得利益并且……这种利益是双方的。"[26]它也因此在某种程度上与战时图书委员会有些相似,也是一个私人的、非营利性的公司,以它的能力为政府提供某些约定的服务。由于战时图书委员会与战时新闻局之间合作关系的存在,出版人建议通过做些实实在在的事情来履行好这种合作关系。1918年的《韦布-波默雷恩法案》赋予了该组织的合法性,使其部分豁免于美国的《反托拉斯法》关于"参与操纵同类生产商的产品在海外销售的出口业务"的相关规定。[27]

美国国际图书协会的会员资格向美国所有图书出版人放开,年会费为100美元。会费设定较低,其目的是吸引尽可能多的会员,以满足战时新闻局关于广泛代表性的要求。任何一家公司,不管大小,都拥有一票表决权。会员没有被要求只能与协会开展出口贸易并且可以随时退会。理事会是由出版业卓著的经理们组成的一流团队,他们当中的大部分人曾经在战时图书委员会中表现活跃。理事会成员来自各种类型的出版社,包括大众图书出版社、教科书出版社以及出版科学、医疗和技术类图书的出版社。国际图书协会因此在整体上比战时图书委员会更加代表出版业,战时图书委员会成员只是大众图书出版社的代表。

D. 范·诺斯特兰出版公司的克兰虽然没有参加访问拉丁美洲的图书出版人代表团,但他在图书出版人协会规划美国国际图书协会的委员会中发挥了极其重要的作用,因此被选举为美国国际图书协会理事会主席。除口袋书出版公司的德·格拉夫之外,访问拉丁美洲代表团的所有成员都进入了协会的管理机构。[28]理事会的其他成员也参加了访问世界其他地区的贸易代表团。理事会选择了尤金·雷纳尔作为执行董事,他是雷纳尔与希契科克出版公司的合伙人,两年前还曾是美国陆军航空队的少校。协会的运作经费将来自会员会费、订单处理收费、为政府机构提供服务的收费以及其他有待发展的收入来源。计划书还指出,"对于某些专业的、非商业性的行动,它将向政府申请财政补贴。"理事会成员相信他们手中有足够的或者得到承诺的资金立即开始运作。[29]

如果说界定模糊的话,为美国国际图书协会建议的行动是十分广泛的。应当记住的是,在协会建立的时候(1944年底到1945年初),战争仍在欧洲和亚洲肆虐,战时新闻局和美洲事务协调员办公室的行动仍然十分活跃,海外版本系列图书的工作仍在继续。因此,协会不得不兼顾战时目前的工作与战后未来的工作。如果协会想要取得成功,它还必须克服美国出版人以及他们的预期客户所持有的许多固有态度和成见。

第十章 美国国际图书协会的兴衰

正如雷纳尔所指出的,美国出版人并未完全改变他们战前将海外业务视为烦心事的观念。不再将从国外接受的订单置于一只"持有"的篮子里,也从不希望再收到国外客户的来信。协会还必须改变国外普遍持有的美式生意方法的形象,"我们在图书业就像在任何其他行业中一样——仅仅为了我们可以从这个行业获得的东西——作为一种我们采用的并且采用得很好的打了就跑的主张"。[30]实际上,后面的语句是为了修补柯蒂斯·希契科克公司三年多前报告的英国人对美国的印象,英国人厌恶"美国出版人的各种小动作,其目的看起来是抓住正抓得好的东西不放"。[31]

　　首要任务就是建立一个必要的中央机制以处理来自政府和非政府机构的大量图书出口订单,这些机构包括战时新闻局、美洲事务协调员办公室、外国流亡政府以及美国图书馆协会。在战时可能会有大量的此类业务,然而在和平时期,业务量甚至会更大。第二,协会将与现有出口实体在其已覆盖的疆域开展合作,并采取措施以便向美国图书尚未覆盖的区域出口图书。在这些策略中,其中一项便是设立一系列永久场所以展示美国当前的图书并开展各种其他的推广活动。美国国际图书协会还将试图解决美国图书在中国盗版泛滥的问题,并将努力打开苏联市场。第三,协会还将为政府部门提供其他收费服务,包括在翻译计划中提供协助,为政府的国外计划中图书的利用提供咨询意见。第四,鉴于可靠统计数据的相对缺乏,美国国际图书协会提议纠正这一图书出口的主要障碍。与国务院、商务部以及其他产业的统计学家共同工作,协会至少可以编纂有关图书出口数量和类别的基础数据,最后甚至还可能编纂"波哥大和重庆的广告费率以及报纸的发行量"这样的信息。第五,也是最后一项任务,美国国际图书协会还将为其成员提供各种其他收费服务,例如,在付费的基础上负责出版社在外国的推广活动。协会甚至还可以为图书业之外的行业提供推广活动相关的服务,效仿英国出版人"贸易随图书而来"的准则。例如,塑料产业可能会请求美国国际图书协会参与推广关于塑料的图书的销售,以推动美国制造的塑料及塑料制品的出口。[32]

在美国国际图书协会计划书乐观的措辞中,协会被"设想为将战前德国出版与销售协会的商业技巧与英国文化协会和其他国家的类似组织更广泛的图书发展活动结合起来"。英国和德国由于战争的破坏而步履蹒跚,此时的美国图书业可能具备了一定的竞争优势。但合作也是美国国际图书协会工作计划的一部分——而不仅仅是竞争。这在协会将与英国的类似机构——图书出口服务有限公司开展密切合作的承诺中尤为如此,"在世界上不讲英语的地区,推动将英语作为第二语言的使用"。[33]

除了这五项主要活动之外,还有一项难以被"清晰定义"的工作已经体现在了战时新闻局的图书行动所做的重点尝试中,协会计划书称之为"总体的文化关系以及通过图书媒介改善我们与各个国家的关系"。尽管难以清晰定义,但协会认为这项工作极为重要。参与这项工作"预设了与政府在图书出口问题的所有事项中可能最密切的联系,使得协会成为图书业开展此类合作的正式代理",如同战争期间的战时图书委员会那样。这项工作的一个关键方面将是向国外出版人提供关于美国图书的信息,并帮助推动版权交易。在协会寻求各公司成为其会员和顾客的过程中,理事们希望"美国国际图书协会将首次在我们的历史上把出口工作置于一个广泛扩张的基础之上,并且满足不断增长的对于一个共同平台的迫切的重点需求,通过这一平台,出版业、政府、图书销售商以及国外出版人的利益和雄心可以实现"。[34]

虽然战时新闻局参与这个"派对"的时间稍晚,但它还是希望在与

第十章 美国国际图书协会的兴衰

美国国际图书协会打交道的政府机构中发挥重要作用。美国国际图书协会主席克兰无疑从克尔那里获得了一些鼓励,同意就协会可能遇到的主要问题咨询雷蒙德·埃弗里特的意见,此人即将成为战时新闻局在欧洲战区的图书行动的主管。1945年2月的备忘录显示,克兰有许多问题要咨询埃弗里特,也包括要向他寻求的一些帮助。大部分问题主要是关于战时的情况,特别是美国与英国在国际图书市场上的竞争情况。

克兰的主要兴趣在于了解战时新闻局所掌握的关于英国文化协会的活动,以及图书出口计划(克服货币兑换问题的一项计划),以确定美国国际图书协会将面临的竞争的性质。英国文化协会和出口计划所涉及的内容与出版人单独或集体推动他们的对外销售的步骤之间存在何种联系?英国在欧洲大陆开展贸易方面采取了什么行动?他们已经开始在欧洲大陆销售图书还是正在等待欧洲胜利日?英国人在别的地方开展了什么行动?由于着眼于从英国手中夺取不稳定的澳大利亚和南非市场的一定份额,克兰因此询问了英国人在推动向这些市场的出口方面花了多少钱。此外,克兰还询问了统计数据和其他方面数据:有关英国政府和出版业在推动出口活动方面的成本分担比例,有关英国图书出口的数量和地域分布,以及尽可能多的外国图书销售商和出版人的信誉和政治记录。假定英国出版人注意到了美国国际图书协会,他还咨询了英国人对于协会的态度。他们会反对还是"会接受我们关于这个协会应该与英国出版人合作而不是敌对的诚恳表述?"克兰还咨询了战时新闻局或美国在伦敦的驻英大使馆是否可以协助协会与在伦敦的各国流亡政府的官员取得联系,以及翻译和翻译版权在国外的销售对于计划在文化和经济上的成功如何重要。[35]

美国国际图书协会的启动及其短暂生涯

美国国际图书协会的总部设立于曼哈顿东六十七街24号。1945

年夏末,即使战时新闻局准备停止运作,它还是签订了从协会采购各种服务的合同。法国政府也同意通过协会的出口渠道采购美国图书。超过60家出版社成为协会会员。协会还宣布了要在墨西哥城、布宜诺斯艾利斯、里约热内卢(以遵守对美洲事务协调员办公室的承诺)、巴黎、斯德哥尔摩,以及可能在罗马(继续推行战时新闻局开创的工作)等地设立分支机构的计划。这些驻外机构将包括一定的设施以使美国图书可以有吸引力地展示给出版人、图书销售商和普通民众。在罗马没有建立"前哨基地",但是斯德哥尔摩和巴黎的展示中心于1946年3月对外开放,并且都举办了展览和庆祝招待会。在巴黎,罗纳尔多·弗里兰德负责督办一场由3,500册美国图书组成的展览,展览主题为"阅读美国图书,它们将向你展示美国的真实一面"。在斯德哥尔摩,西德尼·苏尔金和他的工作人员向客人们展示了3,000册美国图书,包括王储、王太子妃等在内的来宾一反常态地在展示中心流连了一小时,在离开之前他们还购买了许多图书。[36]

美国国际图书协会招收了从战时新闻局、美洲事务协调员办公室以及其他战时政府机构分批离开的人员,这些人立即使协会拥有了出版和出口贸易的连续性和经验,以及战时图书计划的历史记忆。前美洲事务协调员办公室官员罗伯特·L.伍德被任命为销售和推广部经理,前战时新闻局官员E.特雷弗·希尔被选为图书馆事业部和翻译部的领导,两名前战时新闻局的职员在他手下担任部门负责人。苏尔金作为前战时新闻局(盟军远征军最高司令部心理战部)留在欧洲为美国国际图书协会开展工作的官员之一,被任命负责协会在北欧的业务。前战时新闻局的另一名官员弗里兰德成了协会在中欧地区的代表。1946年春天,当尤金·雷纳尔在柯蒂斯·希契科克公司的合伙人去世后不得不卸任执行董事而回到公司时,理事会任命克尔——战时新闻局主要参与其海外图书计划的老兵——为临时董事。[37]前战时新闻局同事以及美国政府心理战规划的主要缔造者之一华莱士·卡罗尔写信给克尔,表示他很高兴克尔能够到美国国际图书协会工作,他认为协会"必将成为通过我们从事的活动发展起来的最富成效的企业之一"。[38]

苏尔金曾经是战时新闻局配备给盟军远征军最高司令部心理战部的一名工作人员,他根据战时在荷兰发放大量图书的经验为美国国际图书协会提供了关于荷兰的信息,以及他自己对于将美国图书在国外进行推广的热情。然而,作为美国国际图书协会在北欧的董事,他在荷兰和其他地方的经验告诉他协会在一个极度贫穷和无序的欧洲开展工作将面临着障碍。虽然他积极开展工作以推动实现协会在荷兰的目标,他的努力包括与荷兰教育部和荷兰出版人协会成员以及图书销售商会面,安排美国图书展览,召开新闻发布会并发表演讲,接受有影响力的希尔弗瑟姆广播电台的采访,但开拓两国之间图书贸易的进展仍然是缓慢的。

欧洲其他地区的情况亦是如此,硬通货缺乏以及用于购买特定商品的美元金额的官方限制成为了主要障碍。苏尔金判断荷兰的情况比其他地方更加困难,鉴于荷兰享有"战前一个伟大的图书采购国"的声誉,他认为这样的情况是一种耻辱。他指出,荷兰对于采购美国图书和期刊的金额限制为16万美元,挪威的限制为30万美元,而丹麦则没有相应的限制。不仅如此,荷兰还规定,其美元共用储金的80%必须用来购买科学图书和期刊,这对于美国国际图书协会中的主要大众图书出版社而言是一个不受欢迎的限制。挪威则没有类似的要求。苏尔金努力在荷兰教育部和财政部的关键官员中进行游说,成功地将限额提升至30万美元,并且有一部分独立额度用于购买翻译版权。苏尔金和弗里兰德都认为在欧洲国家获得用于采购美国图书的美元配额是美国国际图书协会最重要的成就。

有关美国图书的热情顾客的报道随处可见,这助长了乐观情绪。荷兰的一名学校教师从乌得勒支骑车50英里到海牙参加美国图书展,希望为她的学校采购一些图书。在华沙,西德尼·苏尔金的夫人兼助理伊迪丝·苏尔金发现,人们对于美国图书的到来表现出的欢迎仿佛这些图书是面包一样。正如美国国际图书协会的官员指出,欧洲人对于购买图书十分热忱,因为他们手里的钱几乎买不到其他商品。[39]

美国国际图书协会确立了很高的文化和商业目标。雷纳尔断定,协会通过努力工作就有机会实现出版业的战时目标。他告诉协会成员:"我们仍然在战时状况的阳光下取暖。""竞争处于非常低的水平。如果我们利用这样的机会并且很好地利用它来建立正确的机制以在全球范围内展现美国的理念,在未来数年,我们将不仅拥有某些意味着收益的东西,而且获得某些令美国感到自豪的东西。"[40]

尽管设定了这样崇高的目标并且有了一个充满希望的开端,但美国国际图书协会很快受到诸多问题的困扰,成功的前景迅速暗淡下来。虽然雷纳尔在访问战后欧洲的两个月中的发现极大地激发了美国政府官员和出版人的兴趣,但他同时也了解到"欧洲人仍然在根本上不信任美国文化和美国的商业模式。他们倾向于认为我们在美国国际图书协会与在其他商业企业一样——纯粹为了我们可以从中获得的东西——作为一种我们采用的并且采用得很好的打了就跑的主张"。虽然雷纳尔承认无论是美国出版人还是美国政府的文化外交官都还没有实现他们的目标,这也印证了柯蒂斯·希契科克1942年作为代表团成员访问英国时的发现,但是他还没有准备放弃努力。虽然雷纳尔确信欧洲人的印象是不正确的,但他也意识到"这需要我们去证明这一点"。[41]

截至1946年年中,美国国际图书协会的情况变得严重起来,其商业计划存在大量问题。募集的资金和挣得的收入比预期的少,关于协会的

第十章　美国国际图书协会的兴衰

正确发展方向的分歧使得成员之间开始分化。经过一段时间之后,收入和开支保持了一定的平衡,然而协会早期产生的赤字却难以消除,短期筹集资金的努力功亏一篑。到1946年年底,出版人会员已经增加到大约150名,但一些会员对协会资金不足以及试图在海外推动美国图书贸易所采用的策略开始感到不安。

争议的焦点在于协会工作人员为美国图书的总体宣传所付出的努力的价值、协会自身的价值以及协会在各欧洲城市计划和安排的大型美国图书展的价值。尽管协会努力工作为外国版权担任经纪人并安排翻译,但不开心的会员们抱怨称,充满魅力的书展和其他宣传计划使得协会将工作重心置于政府渴望的文化宣传目标上,却没有花费很多精力在持有异议的会员们认为是协会主要任务的工作上——在国外销售图书。实际上,美国国际图书协会在欧洲推行了不间断宣传的策略,使得很少有一天美国图书不是一些报刊文章或电台节目的主题。[42]许多这些活动的捍卫者认为早期的宣传活动虽然耗时费钱,却为图书销售的增长做了铺垫,但那些敦促协会将工作重点转移到图书销售上的人也迫使协会削减经费并对协会进行重组。[43]

1946年10月30日的一次会员特别会议做出了变革的决定,要求协会在预算缩减的情况下,纽约总部和驻外办事处提高对图书销售的关注度。在欧洲,更大力度的销售工作将不得不展开,同时所有的欧洲办事处被合并成唯一的阿姆斯特丹分部。伴随着机构缩小,自然要对工作人员进行削减,当时纽约总部有60名职员,驻外分部有25名职员。弗里兰德和苏尔金也相继辞职,因为他们所在的办事处被关闭。曾担任美国国际图书协会欧洲现场代表的本·拉萨克将在阿姆斯特丹设立一个综合办事处,对主要负责整个欧洲的销售团队进行监督。宣传和翻译版权相关的工作将继续进行,但是资金被削减。随着对这些工作的重视度降低,希尔也辞职了。另一方面,拉美的活动则没有受这些变革的影响。墨西哥城的展示中心将在几周之内开张,在布宜诺斯艾利斯和里约热内卢建立展示中心的计划仍然有效。[44]

然而,在协会重组得到批准的一个半月之前,发生了最大的人事变动,执行董事克尔告知主席克兰他希望在11月1日卸任以返回雷纳尔和希契科克公司任职。[45]他打算在加入雷纳尔和希契科克公司之前休假两个月。该公司的两位创办者是最强有力地支持拓展美国出版社的海外市场份额的人。克尔说,他"自1941年以来就没有好好休过假,如果我要为雷纳尔和希契科克公司好好工作的话,那么花几个月的时间让自己在身体和精神上得到恢复似乎是更加明智的做法,而且我的分寸感在战时新闻局令人恐怖的最后一年里以及在美国国际图书协会刚刚过去的这几个月里受到了严重削弱"。[46]克尔告诉克兰,他的离开部分出于专业原因,但同时也因为他是"在理事会最近考虑美国国际图书协会的财务问题期间出现的对协会的职能和未来的两种不同思想流派"之间的争论中的"失败一方"。[47]

简而言之,克尔是典型的出版人暨公职人员和模范自由国际主义者,他选择将美国国际图书协会特别视为国家在国际事务中的一支力量而不仅仅是图书销售。麦格劳-希尔公司的詹姆斯·S.汤普森是反对意见的领袖之一,他是1943年访问拉美的代表团的成员,也是美国国际图书协会的缔造者之一。汤普森的立场受制于他自己公司的商业计划的逻辑。[48]对于在国外拓展他们的图书销售,汤普森和他的公司无论如何都不会不感兴趣。相反,他的公司在战争期间就已经为即将到来的和平时期的新的商业机遇努力制定可以实施的策略。麦格劳-希尔公司认为拉美是其未来主要的海外市场。1943年至1945年间,麦格劳-希尔公司安排将30种关于工业、科学和商业的图书翻译成西班牙语,同时

第十章 美国国际图书协会的兴衰

安排将19种书翻译成葡萄牙语。该公司还准备了一张将英国度量衡转换为十进制单位的转换表，并编纂了一本包含50万个工业和商业词汇的英语-西班牙语技术词典。[49]对于汤普森和他的公司来说，单独行动要比继续待在美国国际图书协会更有意义。作为主要从事技术和教科书出版的公司，麦格劳-希尔对于克尔以及他在美国国际图书协会和美国政府中的志同道合者所坚信的更加和缓的文化外交形式的兴趣较小。此外，美国国际图书协会对于欧洲的重点关注可能对麦格劳-希尔公司而言仅仅是其自身商业策略的一种偏离。

麦克米伦出版公司的乔治·布雷特警告克尔称，如果美国国际图书协会归于失败，那么辞职可能使他成为一只替罪羊。克尔对此表示同意。如果协会失败，他认为"指责应该不失偏颇；许多其他人进来一直在削弱协会的重要性并且还将继续这么做"。一方面，约翰·威利和桑斯公司（像麦格劳-希尔公司一样，主要是科技图书出版社）已发表声明表示它希望尽快终止与美国国际图书协会签订的独家销售协议。另一方面，在一些会员的头脑中有一种越来越强烈的确定想法，并且他们已经在计划与协会终止协议。[50]

即使是在投票表决对协会进行重组，将协会的任务从文化外交调整为以销售为目标后，解散美国国际图书协会的势头仍在继续增强。克尔认为许多成员已经决心关闭协会的想法可能是正确的。也许，他和布雷特认为辞职会加速协会倒闭的看法也是正确的，虽然看起来没有直接的证据表明这一点。即使是他的反对者也对克尔在试图使协会免于倒闭的过程中所表现出来的才干和奉献表示赞赏。[51]也许，协会的倒闭宜早不宜迟。在美国国际图书协会的最后一天，克尔告诉他的同事说："我认为我们是在逆历史潮流而动。"[52]

最终，赞成通过重组计划维持协会存在的会员仍然多于反对的会员。但少数派如此强大以至于提出设立一个不再完全代表出版产业的机构——一种被认为是其成立的可行性不可或缺的关键特征——成为不可能。

1946年12月12日召开的一次成员特别会议上做出了解散美国国际图书协会的决定。正式的终止日期为1946年12月31日。[53]美国国际图书协会的一些捍卫者希望负责清算的委员会能够找到某种途径将协会在宣传和文化外交方面的活动移交给其他机构。《纽约时报》报道称，一些人认为协会的解散是一个"'时代的标志'，反映了战时对于理想主义计划的热情的一种逐步冷却"。[54]《纽约先驱论坛报》驻巴黎的一名记者称美国国际图书协会是"得到国务院支持的一次试验，国务院将美国图书的出口视为美国外交政策成功的一个重要助手"。据报道，法国图书销售商对于协会解散的决定感到郁闷。一位巴黎书商在其书店里库存了大量英语图书，他哀叹道："美国国际图书协会花了六个月的时间才真正发挥作用，而现在正是它真正对我们有用的时候，它却解散了。"《纽约先驱论坛报》的记者还将美国和英国的情况进行了对比，她指出，英国已经极大地拓展了他们针对法国的出口业务。[55]

《纽约先驱论坛报》巴黎版发表了一篇对导致美国国际图书协会成立的问题表现出透彻理解的社论，谴责了持不同意见的出版人，"他们应该非常明确地进一步认识到"，为了破坏这个组织：

> 所有迹象都表明……美国出版社完全认识到了欧洲存在的对于优秀美国图书的巨大需求，对于通过印刷文字得以传播的技术知识的渴望，对于浓缩在书中的人类文化和政治进程的贡献的渴望。可以肯定的是，在政府的积极支持下，英国出版人先于美国出版人几个月开展行动，然而，从逻辑和理智的各个方面来讲，美国国际图

第十章 美国国际图书协会的兴衰

书协会计划的实施都是受欢迎的。不仅出版人希望通过这个计划的长期实施而获得经济收益,而且该计划很可能被视为有助于美国与国际社会之间相互理解的一个重要途径。

现在英国人与苏联人在影响世界各民族的思想方面应该已经占据了上风。[56]

在纽约,明显倾向于共和党的《纽约先驱论坛报》重新发表了巴黎的这篇社论,作为其关于协会清算故事的一篇花絮报道。此外,这份报纸还刊登了一篇与巴黎版的一些观点不同的社论。社论指出,美国国际图书协会的目标仍然十分重要,也许"只有国务院以及一种截然不同的出版人合作企业可以承担这样的目标,或者仅由出版社自身独自去执行这一目标",这些出版社因此"给予它们自身产品在国外的发行一种关注和一种技能,这种技能是这个国家具备竞争能力的企业仍然可以匹配,并且在它希望的时候用以应对在世界任何地方尚未得到发展的任何大众教育的技术"。

美国国际图书协会的解散符合少数出版人成员的愿望,但却使那些试图挽救它的出版人和一些重要的政府官员感到深深的痛惜,他们认为美国国际图书协会的终止损害了他们在海外传达美国信息的能力。对于《出版人周刊》的梅尔彻而言,美国国际图书协会的终止"令人惋惜,主要不是因为图书业的损失——这可以重新弥补——而更多的是因为图书业在海外的颜面的丢失,以及曾经依赖于美国国际图书协会的我们自己政府机构的颜面的丢失"。[57]协会前主席克兰将协会终止的责任归咎于"一些个人的孤立主义倾向以及对于海外事务兴趣的丧失"。[58]麦克米伦公司的布雷特认为,一些出版人的反对"阻碍了在全世界范围内对包含了美国政府意识形态的图书的安全发行"。[59]在美国国际图书协会

作为武器的图书

即将退出历史舞台之时,协会官员竭力要求继任者充分牢记政府机构对于在海外推广美国图书的持续兴趣,从而与它们开展全面合作以实现彼此共同的目标。[60]现在就要由出版人来寻求在没有美国国际图书协会的情况下如何完成在海外真正销售图书的解决方案。

在美国国际图书协会终止之后继续完成任务

对于美国图书出版人来说,寻求海外图书销售增长仍然是优先考虑的目标,可以证明这一点的事实是,在美国国际图书协会终止之后,行业协会和大多数出版人没有花费多少时间就找到了各自最好的途径。美国图书出版人委员会(图书出版人协会的继任机构)成立了一个对外贸易委员会,通过与国务院文化项目合作而推动美国图书在海外的销售。然而,对于该委员会会员的组成克尔颇有微词,这个会员构成证明了他对于美国国际图书协会反对者的动机的最坏想法的正确。[61]虽然有些公司选择独自行动,但其他公司则组成了新的、或大或小的联合体和机制,以便在缺乏像美国国际图书协会这样的全行业机构的情况下在海外营销它们的图书。即使政府没有与出版人建立积极的合作关系,政府的支持仍然是出版人的一个最大愿望,这在美国图书出版人委员会1948年出版的一个题为《世界复兴中的图书》(*Books in World Rehabilitation*)的小册子中得到了印证。教科书出版人和大学出版社通过他们的协会,参加了《世界复兴中的图书》的编纂工作,目的是为了说服国会议员、国务院、商务部和部队,让他们相信在被战火毁坏的国家的复兴过程中图书的重要性,因此图书可以提供一个有关美国的正面形象从而吸引其他的贸易。[62]

虽然这个协会远不是规模最大的,但从象征意义上来讲,它却是最为重要的,因为它是由美国国际图书协会的几位忠臣所组成的。[63]该协会开始有七名成员——哈考特布雷斯出版公司、哈珀出版公司、雷纳尔和希契科克出版公司、西尔弗·伯德特出版公司、维京出版公司、D.范·诺斯特兰出版公司以及世界图书出版公司。迪尤尔－斯隆－皮尔斯出版公司随后加入了该团体。[64]这些公司的代表人物克尔（当时在雷纳尔和希契科克公司）和其他许多人相信美国国际图书协会和战时新闻局此前在文化外交方面做出的努力，他们仍然确信需要出版人在这方面为国家服务，但他们不得不满足于通过这样的伙伴关系将精力只集中于市场营销和销售。

成员们同意让拉萨克作为他们总部位于斯德哥尔摩的代理人，因此这个协会也逐渐非正式地以"拉萨克集团"而闻名。此时，拉萨克已在欧洲待了三年，第一年是为美国红十字会工作，随后为战时新闻局工作，负责在欧洲大陆分发图书和杂志，这项工作是盟军远征军最高司令部心理战任务的一部分。后来，他又加入了美国国际图书协会，协会选择他来巩固协会在欧洲的活动以保持其可行性。[65]拉萨克是一个完全值得信赖的人，他与欧洲有很多联系并且对这片疆域极为了解。他愿意去做一般的宣传和其他服务，包括美国国际图书协会曾经做过的举办书展，这一点对于七家公司来说无疑是他的另一个有利条件。拉萨克乐观地认为这项事业将会取得成功，即使它"不是一帆风顺"。[66]尽管如此，但仍必须对这一新事业所有的后勤和流程工作进行重新塑造，事实证明这对于这七家公司而言是一项巨大且繁杂的工作，特别是在他们设立和挽救美国国际协会的艰苦努力之后。[67]

出版人还组建了其他各种联盟。莱尔·福勒经营的福斯蒂娜·奥尔那国际有限公司至少为14家出版社担任欧洲代表。这是一个主要由小公司组成的别具一格的团体，包括像化学出版公司和科因电气学校这样的高度专业化的技术出版社，还包括流亡出版人奎里多，以及平装书巨头企鹅图书(美国)公司。另一个更大的出版人团体——超过70家各种类型的出版社——同意由威廉·S. 霍尔公司代表他们在欧洲提供服务。霍尔公司曾与大型出口企业 H. M. 斯奈德出版公司合作,斯奈德出版公司当时正在逐步撤离欧洲市场而专注于世界其他地区。[68]霍尔公司的客户包括鲍勃斯－梅里尔公司、克罗韦尔、迪尤尔－斯隆－皮尔斯出版公司、达顿出版公司、亨利·霍尔特出版公司、步兵杂志社、约翰·戴出版公司、诺顿公司、众神出版公司、兰登书屋及其现代文库分部、斯克里布纳出版公司、西蒙与舒斯特公司、威廉·斯隆联合出版公司、沃斯顿·格普蒂尔公司、齐夫－戴维斯公司。此外,9家顶尖的大学出版社加入了霍尔集团,包括加利福尼亚大学出版社、哥伦比亚大学出版社、明尼苏达大学出版社、北卡罗来纳大学出版社以及耶鲁大学出版社等。

其他出版社也找到各种方式独自开展海外业务。麦格劳－希尔图书公司设立了一个新的国际部"以推动全球范围内的图书和翻译版权的销售"。麦格劳－希尔还招聘了弗里兰德,因为他拥有在战时新闻局和美国国际图书协会工作时积累的广泛经验,公司将他派往麦格劳－希尔伦敦办事处负责法国、比利时、荷兰和瑞士的业务。另一家公司——麦克米伦公司也决定在欧洲的市场营销不采用合作方式,尽管在公司总裁布雷特的领导下曾获得过美国国际图书协会的强有力支持。麦克米伦将依赖它在战前曾经使用的渠道。麦克米伦伦敦公司代表美国公司负责在欧洲的销售业务。一名美国员工被派驻伦敦公司专门负责自行制定公司的市场营销计划,但也通过伦敦公司的推销员开展工作。麦克米伦美国公司也以同样的方式利用公司在墨尔本、悉尼、马德拉斯以及加尔各答的分公司开拓市场。在美国国际图书协会建立之前,麦克米伦公司就在拉美有自己的代表,它将在那里重新建立网络。[69]

美国国际图书协会最重要的临时后继机构之一是美国政府转而求

第十章　美国国际图书协会的兴衰

助的一个机构,它将提供各种服务以满足战时新闻局、盟军远征军最高司令部心理战部和其他机构已经开始实施的海外图书计划的需要,而如果美国国际图书协会在的话,它应该会提供这些服务。这个机构就是《步兵杂志》社,由约瑟夫·I. 格林上校负责管理和编辑工作。这家杂志社已经成为与战争有关的出版计划的主要参与者,包括"战斗力"系列平装书(与企鹅图书美国分公司合作)。[70]美国国际图书协会的终止对于在被占领的敌对国德国和日本的领土上实施图书计划来说是一个打击。虽然已经储备的包括定制的海外版本系列图书在内的美国图书可以满足人们阅读的燃眉之需,而随着当地出版业的恢复,美国政府的目标不仅仅是尽快将图书出版业移交给德国人和日本人,同时也要建立各种机制以使美国出版社与这些新的出版机构签订美国图书的翻译版权合同。由于这些地区仍属于军事政府控制下的被占领的敌对国家,除了通过政府授权的渠道之外,出版社没有其他途径在那里开展业务。美国国际图书协会原本是要作为代理经纪人进行这些交易活动的。协会不复存在,政府转而让《步兵杂志》社在德国和日本担负起此项责任,这必然导致复杂的结果。

一些人哀叹美国国际图书协会失败的主要原因是,它浇灭了一种希望,那就是美国将最终拥有一个对政府和行业同时具有影响力的组织来与英国文化协会的海外图书计划进行抗衡。随着和平的降临,英国和美国在盟军远征军最高司令部心理战部与盟军新闻处的图书计划中的强制合作也结束了。美国出版社非常希望英国图书业在国内和国外面临的挥之不去的问题将为他们提供从盟国那里赢得市场份额的机会。对他们来说,英国出版人一定会尽其所能地抵抗美国佬的威胁。

第十一章　英帝国的反击

第二次世界大战前后,在英国出版的图书扉页上刊登的出版说明,特别是牛津大学出版社和剑桥大学出版社出版的图书,充分显示了英国图书的全球影响力。从字面意义上理解,"牛津、纽约、孟买、卡拉奇等"仅仅体现了牛津大学出版社分支机构的所在地,但它们在象征意义上肯定了英国思想和贸易在全世界的影响力。这种帝国主义的出版商名称的说明证明了英国出版人在全球销售他们产品的能力不仅是其经济上的成败的关键,而且也深刻影响了他们的专业认同感。换言之,无论在经济上还是心理上,图书出口对于英国出版人而言都是最为重要的。此外,当战争将英国从最大的债权国变为最大的债务国时,商品出口具有了前所未有的重要性。

战争期间,英国出版人越来越不安地感觉到他们的美国远亲可能会利用英国出版业因战争而被削弱的情况成功赢得世界市场的份额。1942年年底,柯蒂斯·希契科克代表美国出版人访问英国时就已经明显注意到了这种挫败感。忧虑在继续增加。最后,英国图书业有影响力的成员开始认识到,美国出版人的进攻性仅仅是"走向世界经济霸权"的一种广泛意义上的国家的、"经过深思熟虑的、集体动力"的一部分,这最后"可能呈现一种明确的政治和帝国主义特征"。[1]在这些担忧的压力之下,英国出版人不仅开始忧虑他们自身行业的经济利益而且忧虑整

第十一章 英帝国的反击

个国家的经济利益,因此,在最杰出的出版人斯坦利·昂温的领导下,英国出版人进行了反击。

英国与图书出口的必要性

由于英国的人口现状,为了生存,英国出版人必须依赖图书出口。在第二次世界大战之初,英国人口大约为4,600万(美国人口约为1.31亿)。虽然英国图书业先进且高度发达,但其国内市场却没有大到足以实现为确保利润而需要的销售数量与销售价格之间的最佳平衡。[2] 出口业务对于图书业究竟如何重要并不真正清楚,直到英国出版人协会为了证明出版业免于战时配额的合理性而要求出版社提供统计数据才变得明显,而出版社以前是抵制报告这些数据的。对海外业务重要性的主要衡量标准是出口销售额占总成交量的比例,出版人协会发现,就在战前,这一比例的范围从所有公司都不低于15%到特别专注出口的出版社的60%之多。平均比例为年销售额的三分之一左右。战争期间,整个行业的出口比例大幅下降,达到低于20%的水平。[3] 就像美国出版业的经理们所了解的那样,由于出口销售对于英国至关重要,所以出口销售额的下降在英国国内引发了极大的忧虑。[4] 出口数据没有进一步下跌证明了出口对于英国图书业的重要性,也证明即使在世界大战期间英国图书业尽力保持其对外业务强劲的决心。

战争期间,出口量的下降源于几个方面的原因。首先,由于配额制度、劳动力短缺、德国空军对出版社库存的数百万册图书以及许多印刷和装订机器的轰炸,直接导致可供出口的图书数量减少。第二,假设还有图书可以发运的话,轴心国在全球的军事行动切断了英国出版社与他们的许多传统外国市场之间的联系,使得图书出口变得困难,甚至不可能。第三,美国依据《租借法案》提供的资金的到位使得通过出口货物

作为武器的图书

来支付战争补给的行动暂时不太重要了。最后,战争期间,最优先地满足英国公民包括海外部队对稀缺的教育和娱乐图书的需要成为政治上的权宜之计。[5] 优先权向国内市场的调整迫使出版社定量分配货物,发运的数量经常少于国外采购订单的数量,有时候甚至无货可供。[6] 在国内需求与出口需求之间进行权衡成为一种微妙的平衡行为。

一旦通讯在解放后得到恢复,欧洲和其他海外地区的外国客户马上急切地要购买英国图书(和美国图书)。昂温指出,"来自欧洲大陆的咨询者不断涌入"他的办公室,人数多到他无法给他们足够的时间。更令人沮丧的是,自己的公司"被我们无法处理的订单所淹没"。[7] 与此同时,美国公司正不断介入以填补缺口。据报道,葡萄牙被"美国图书淹没了"。[8] 此时,美国出版社正在侵袭西班牙,也部分地作为向南美供应图书的一种途径。如果美国图书的传播没有受到更大规模的英国图书供应的回击的话,英国图书将更加难以参与竞争,并且英国将处于丢失西班牙语市场的危险境地。[9]

战时紧急状态使得英国图书业与英国经济的其他所有领域一样面临着政府无所不在的管制。更为麻烦的是包括图书在内的所有制成品的进出口许可的获取。[10] 另一个麻烦是针对包括图书在内的各种各样的商品建议征收"采购(销售)税"。在行业协会联盟的支持下,加上公众的呼吁以及坎特布雷大主教和作家 J. B. 普里斯特利实质性的道德声援,图书被成功地排除在应征税商品清单之外,尽管英国财政大臣抗议称这个国家有大量图书而"如果我免征图书的税,为什么不免征靴子的税?"[11] 但最终,财务大臣否定了自己的抗议。对图书免征采购税,加上在压力过大、灯火管制的情况下社会生活机会的减少,使得图书的国内销量急剧增长。同样重要的是,对于图书的征税豁免建立了"图书是不同的"先例,"不仅是一种贸易商品的某种东西",这是出版人在战争结

第十一章 英帝国的反击

束时以及战争结束后在不同程度上成功引用的对图书的赞歌。既然对食物、饮品、儿童服装,以及——具有讽刺意味地,根据财务大臣的说法——甚至靴子都免于征税,那么,图书免税的支持者们可以令人信服地辨明,在政府看来,图书也是生活必需品,减轻英国人民知识和精神上的饥饿感与填饱他们的肚子和给他们的脚穿上靴子一样重要。[12]

行业理事会作为出版业与政府之间的联络机构,其使命说明书将出版业与政府之间的关系定义为"图书生产本身将因此被视为国家的重要生产,政府将有义务确保为生产被视为国家利益的图书的数量和品种所需的劳动力和原材料"。然而,行动并非永远符合文字规定的内容。政府内部的一些人不情愿放松尤其支持图书出口的纸张限制,也有官员认为这种不情愿是极其短视的。亨廷顿伯爵在上议院警告他的同僚说:"如果我们不做一些事情来鼓励(出口贸易),我们将失去殖民地的图书出口市场和美洲的图书出口市场,而这些出口市场一旦丢失,再拿回来就极其困难。"[13]出版人杰弗里·费伯对英国广播公司的听众说:"我们将可能失去一个前所未有并且不可能再次出现的机会——世界需要我们的图书,却没有书可以发运!"这句话与美国战时新闻局图书计划中的说明相仿,那个说明声称美国出版人再也不可能有机会拥有"一条通往世界书架的有利途径"。[14]昂温与其他人"在内阁层面上获得官方对图书的鼓励"的艰巨努力失败了。[15]这种短视的、官僚主义的心态不仅在纸张配额这样的重要事情上经常占据上风,足以证明这一点的是,有位官员甚至无法区分对于战争相对重要的图书用纸与当地肉铺包裹碎肉的用纸。[16]

为了回应政府成立的出口委员会,图书业成立了一个出版集团。大多数出版公司都加入了这个集团,大部分原因是那些公司不必解决较小的常规的和潜在的额外纸张配额(40%)。关于出口集团的一个重要假设是,英国图书对外国口岸的供应必须源于国内贸易本身,也就是说,对于图书出口并没有一个可行的专门计划。[17]但是纳粹入侵挪威而中止了英国从斯堪的纳维亚半岛的纸张进口,法国的投降又中断了北非的西班牙草的供应,这种草是英国出版社三分之二的图书用纸的关键原料,因此增加20%图书用纸额度的希望化为泡影。[18]

即使是战后工人从战争工业中转移出来,图书业仍然非常缺少工人来生产出版社已经确定的生产计划中预计的5.2万种图书(新书和重印书),或者相当于图书业按照战前的平均水平用三年半时间生产的图书数量。因此,纸张和劳动力的持续不足阻碍了英国图书业试图重新获得战争时期在出口市场丢失的地盘。出版业生产的"正常"条件的恢复有可能需要几年而不是几个月的时间。[19]

战争期间,在与政府管制机构的多次论战中,特别是在讨论图书出口问题的时候,英国出版人始终坚持的主题是:图书并不是普通的商品,除了经济价值之外还具有内在的文化和政治意义。[20]出版人协会主席对议会两院的议员们说:"图书是英国文化的大使。"[21]在《英国需要图书》(*Britain Needs Books*)一书中,有一小部分篇幅试图激发人们对处于"图书战争"中的出版人的支持,约翰·布罗菲对某些被认为是过分且适得其反的政府规定进行了嘲讽,比如对纸张配给和税收的大幅削减。尽管图书所做的经济贡献不多,"但它们在讲英语的世界的个人和公共生活中的意义是巨大的"。他指出,图书"是让我们数百万的人类同胞了解我们的主要并且通常是唯一的途径。它们是我们最为持久和最全面的宣传形式。除非我们继续出口新的图书……否则我们将被孤立、误解和歪曲,将给我们的敌人留下一个清晰可见的领域来夸张地讽刺我们在盟国和中立国眼中的形象"。[22]正如维克托·韦布赖特敏锐指出的那样,图书在英国几乎具有一种神秘力量,维克托在成为企鹅图书美国公司的负

第十一章 英帝国的反击

责人之前曾在战时新闻局伦敦办事处工作。在英国,出版与文化之间有一种强大的心理联系,他写道,在英国"文学……更加深刻地融入了政治、商业、社会和文化生活……比我们在稍纵即逝的20世纪的美国所渴望的还要深刻"。[23]

英国出口图书的需求在战后更为强烈。单从经济的角度来讲,如果英国想要挣得资金以支付他们需要的全部进口产品,就不得不增加出口。昂温自认为对经济具有敏锐的理解,他强调英国在一个世纪或者更长的时间里曾经是"世界最大的债权国","因为我们对进口比对出口采取了更多的预防措施,因此……总是让我们的债务人用货物偿付债务,并且让他们明确地知道我们的进口可以使他们偿付欠我们的债务,也可以让他们自由地从我们这里购买更多的货物"。然而,两次世界大战已经耗尽了英国的对外投资和黄金储备。"现在对于我们而言,没有任何办法可以偿清债务,除非出口大于我们的进口。"[24]

图书出口本身可以大大超出现金价值而有助于这个目标的达成。正如昂温所指出的那样,通过图书可以向外国人展示英国人的理念和抱负,这实际上可以为其他英国商品创造更大的市场。昂温认为,由于"贸易随图书而来",因此英国图书出口要比单纯的出口成交量所代表的意义要大得多。在《英国需要图书》中,布罗菲强调了这样的观点,并从各个明显不同的方面提供了例子,在这些方面科学和技术图书"已经一次又一次地为英国的机械、仪器和其他产品带来订单。即使是小说(如此经常地被那些以自己拥有一副严肃的外表而感到自豪的人所鄙视),也通过激励其他国家的公民对于英国生活方式的好奇和向往,已经如众所周知的那样刺激了服装、烟斗、手表、自来水笔和瓷器的贸易。图书是卓越的不取报酬的贸易代表"。[25]

然而,图书出口在地缘政治领域也同样十分关键。战争结束之后留

作为武器的图书

下了一些严重的政治问题,正在影响英国与其自治领之间的关系,更不用说与世界其他地方的关系。这些问题包括英帝国和英联邦的许多地方在战后都期望有更大的自治权,如果不是直接要求独立的话。此类情况,伴随着冷战前期与苏联阵营的意识形态斗争,使得英国图书继续出口到世界各地十分必要,如同它们在之前的三个世纪所发挥的作用一样。

昂温关于"贸易随图书而来"的论断是殖民主义关键信条"贸易随旗帜而来"的巧妙变体。他颇有先见之明地意识到,在后殖民世界里英国图书可能在某一天取代英国旗帜。因此,早在1942年,当美国出版人不断将"小行动"带入新的出版疆域时,他们的英国同行深感忧虑。[26] 后来,在昂温的带领下,英国出版人尽其所能地展开了反击,这是由于英国政府不愿为战后英国图书的海外需求配给足够的纸张以支持出版业的努力。昂温在这个舞台上的行动是英国出版人自己承担费用反击美国佬出版人所能够——和不能够——做的事情的典型代表。

斯坦利·昂温与这场"为了英国的战斗"

在英国,斯坦利·昂温比任何人都适合领导这场反击,因为他在整个出版生涯中都在试图理解外国市场并将图书销往国外。他不仅要与美国偷猎者斗争,还要与自己的政府作斗争,政府官僚和他们的误入歧途的规定妨碍了他开展所谓的"为了英国的战斗"的能力。

1884年,昂温出生在一个拥有印刷企业的家庭,18岁那年,他接受了父亲的继弟T. 费希尔·昂温的工作邀请,加入了他的出版公司,但在这不久前,他曾去欧洲大陆进行了为期9个月的旅行。[28] 作为位于德国图书业的中心莱比锡的一家图书销售和出版公司的一名不领薪水的实习生,他学到了他的手艺的入门知识,包括懂得了解顾客的需要和仔细

第十一章 英帝国的反击

阅读每天的行业报纸《图书贸易报》(Börsenblatt)的重要性。在另外的几次旅行之后,他于1904年9月加入了T. 费希尔·昂温的公司,工作很出色,直到在与叔叔发生无数次争吵之后于1912年4月辞职。

虽然没有其他安排好的工作,但他并没有立即寻找一份工作,而是用自己的积蓄开始了一段为期21个月的环球旅行以"填补我的出版经历中最重要的空白"——在遥远而众多的国家通过直接接触来了解英国图书的潜在顾客。他到过南非、澳大利亚、新西兰、多个太平洋小岛、中国香港、中国内地、日本、锡兰、埃及和摩洛哥。这是昂温在其职业生涯中进行的四次环球旅行中的第一次。这些旅行让他知道"现在世界上很少有地方他没有亲自拜访过任何正在销售,或者可能经过说服会销售英国图书的经销商……对于国外市场的研究令我着迷,事实上,我公司交易量中的55%是通过出口销售获得的,我认为我的旅行不完全是徒劳的"。[29]

返回英国之后,斯坦利·昂温购买了濒临破产的乔治·阿伦有限公司,而不是开一家新公司从头做起。公司新的名称是乔治·阿伦与昂温有限公司,它需要时间来成长,但到1930年,一位英国出版业的细心的观察家评价说:"相对于其规模来说,该公司……为了增加人类知识的储备可能比其他任何公司做得都多。"[30] 昂温麾下的明星作家包括伯特兰·罗素、莫罕达斯·甘地、J. M. 辛格以及哈罗德·拉斯基。如果公司没有拒绝在英国出版《我的奋斗》的机会,那么阿道夫·希特勒可能已经成为昂温的另一位明星作家。极其受欢迎的兰斯洛特·霍格本的《大众数学》(Mathematics for the Million)帮助公司走出20世纪30年代的大萧条而重获新生。[31]

在英国出版业获得认可花费了昂温不少时间。[32] 但是在第二次世界大战伊始,他已经成为一位杰出的专业人士。他将自己获得新的地位在很大程度上归因于他在1926年所写的《关于图书出版的真相》(The

作为武器的图书

Truth about Publishing)一书。这本书详细阐述了图书出版业的几乎每个方面,目的在于为作家们公开图书出版的真相。这本书很快"作为'出版人的圣经'而被接受",也成了行业初学者的教科书。[33]这本书在英国被多次重印,并被翻译成多种语言。

这本书向昂温的贬低者们展示了许多明确的证据,那就是昂温精通他所在行业的所有细节。昂温的儿子戴维回忆说,父亲的这本书在纽约出版后不久,纽约的出版人在出版人午餐俱乐部款待了父亲,当父亲得知这些款待他的出版人"都读了我的书!都对这本书兴奋不已"时,父亲是多么的高兴。戴维强调说,赞美与欣赏"如同烈酒般"冲昏父亲的头脑。[34]这本书的出版为他在图书出版人协会赢得了一席之地,在昂温接管阿伦公司之后,图书出版人协会曾阻止他成为会员。[35]这是一位美国同行爱德华·M.克兰所谓的昂温"图书外交"的开始,也是他的侄儿及阿伦与昂温公司的合伙人菲利普·昂温所说的其参与"图书贸易政治"的开始。菲利普写道,自1930年以来,"他几乎一半的时间,并且我认为他的大部分创造性思维,都被图书贸易政治占据了"。他成了"这个行业的一位叔父;而每一位需要建议的人,无论是具有竞争力的出版人,失败的图书经销商,还是希望寻求工作的人,往往迟早被告知'去见斯坦利·昂温'"。菲利普抱怨道,这种公共舞台上的工作可能都是由公司承担费用的。[36]尽管如此,通过这些行业组织——并且只要某件事激怒他,他往往会写信给《泰晤士报》的编辑——斯坦利·昂温成为英国出版界和英国图书出口的坚定捍卫者,以对抗在国内阻碍英国图书出口的愚蠢官僚以及激进且往往天真的美国人,这些美国人在毁灭性的战争期间及战争之后威胁了英国的图书贸易区域。[37]

当昂温开始深入到行业事务之时,服务于英国图书业的组织并不缺乏,但是它们之间缺乏协调。图书出版人协会于1895年成立,它是与早

第十一章　英帝国的反击

先一年成立的大不列颠和爱尔兰图书经销商联盟进行交涉的一个组织。昂温发现这些组织对于共同推动图书阅读和购买都没有特别的兴趣,于是在他的努力下,国家图书委员会于1925年成立。实际上,国家图书委员会在图书业与公众之间发挥了一个非正式桥梁的作用,而出版人协会数年来却一直忽略了这一点。昂温努力争取在各种行业组织间建立更加合作的关系。他成功说服这些机构选举牛津的图书经销商巴兹尔·布莱克威尔作为彼此联系的主席,这在1934年导致了更为密切的合作。[38]

大约在同一时间,另外一个机构加强了这种合作联系,这个机构拥有比单独的图书出版或图书销售更广泛的授权。这个机构就是英国与他国关系协会(British Council for Relations with Other Countries),简称为英国文化协会。虽然全称比较繁琐,但却是完美的表述,因为该机构的使命是在世界范围内推动人们对英式生活、思想和英语语言的理解。英国文化协会过去和现在都具有准政府的特征。虽然它是作为公共慈善机构而建立的,但却在战争期间与情报部建立了密切关系,目前它向外交部和英联邦负责。[39]当昂温被出版人协会任命为英国文化协会理事会成员并担任图书业的顾问职位时,他失望地发现"图书当时没有被视为英国文化协会最重要的工作"。[40]

昂温改变了这种局面。在英国文化协会的支持下,昂温在拟定1939—1940年的图书出口计划中发挥了作用,该计划是为了解决让没有英国货币购买图书的国家获得图书的问题。根据这一计划,英国文化协会将用英镑支付购买图书的费用,再利用当地居民购买图书所支付的当地货币进行投资,以推动那个国家的地方项目的发展。这项风险共担的计划即使并不总是有利可图,但却强调了在国外书店中让英国图书明显可见的重要性,特别是在欧洲东南部、近东、西班牙、葡萄牙和拉美——外交部和情报部认为重要的所有地方。[41]昂温因长期服务于国家的图书出口事业而赢得了爵士头衔,由工党政府在1946年新年授勋时授予其爵士称号。[42]

英国的传统市场和美国的侵占

对于昂温和图书行业各个团体而言最为重要的与出口相关的问题集中体现为一种非正式的理解,这种理解确定了英国的传统海外市场,并且定义了图书业针对美国图书在战时和战后对这些市场的侵占而进行的回应。英国出版人所认为的传统市场大部分都是被他们当作英帝国主义的文学侍女而开发的市场,其次,是作为英语图书出版人以出口为目的的欧洲市场。在很长的时间里,英国出版人一直孜孜不倦地守护着他们在整个英帝国、英联邦和欧洲的特权。正如英国宪法一样,英国图书的传统市场的概念在很大程度上是习俗和先例的积累以及自愿的遵守。

当然,当美国过去作为英帝国的成员时,这个未来的国家一直都是英国图书的主要市场并且持续了许多年。一些出版社在美国设立了分支机构——麦克米伦于1869年、沃德·洛克公司于1882年、牛津大学出版社于1896年分别设立了分支机构。在没有像英国出版人那样以出口为主导思想时,美国出版人尚未摆出真正威胁的样子。然而,大萧条和第二次世界大战导致美国公司对于寻找海外新市场的兴趣不断增长,同时也引发了英国出版人相应的紧张回应。1931年,出版人协会理事会同意,"就英国图书而言,英国出版人应该联合起来反击美国出版人对于市场的任何进一步的侵占",为此要"在他们的版权合同里获得美国以外地区英语语言版本的所有版权",可能只有加拿大属于例外,同时还要保留"美国图书在欧洲市场的独家销售权"。[43]

第十一章 英帝国的反击

对于英国出版人截至20世纪40年代已经取得的地盘性权利的一般理解是：英国人的版权和地盘主要是针对另一个主要的出版国家美国的版权和地盘而界定的。至于各自的国内市场，一方面是英帝国和英联邦，另一方面是美国本土以及本土以外的领土和属地。在向美国出版人出售一本英国图书的版权或者购买一本美国图书的版权时，英国出版人将起草版权合同，包含在英国传统市场销售这些图书的排他性权利的条款。在类似的情况下，美国出版人也将在其国内市场和美国的领土上（包括菲律宾）拥有这样的权利。美国出版人经常会要求获得在加拿大的版权，而英国出版人往往会授权。世界其他地方则是不同程度上的"开放市场"，英国和美国的图书在这里可以自由竞争。对于英国出版人而言，欧洲被视为一个特例，例如昂温就坚称他的公司拥有在欧洲大陆销售已经出版的英语语言图书的独家权利，如果是美国图书，对于英国出版人已经购买了版权的美国图书，英国出版人也拥有在欧洲大陆的独家销售权。[44]

问题是，大部分美国出版人——甚至部分英国出版社的出版人——都没有完全理解或者关心这项权利从而去观察世界市场的这些划分。在战争期间，美国出版人有意和无意地侵害了英国人的利益，英国出版人和各个行业团体经常在昂温的带领下临时采取战术防御。后来，他们则更加具有战略性地处理这些问题，主要是通过与美国同行们进行谈判来处理。

对争议的主要症结的解释是相对易于理解的，尽管不是十分容易。根据出版人协会成员的共同协议，英国出版人将不会从一个美国出版人那里购买一本将在英帝国发行的英语语言版本图书的版权，如果这位美国出版人已经分别将版权出售给了澳大利亚、新西兰、南非或者印度的出版人。尽管如此，如果没有英国出版人希望购买某本图书的版权，美国公司便可以自由地与印度或者其他相关国家的出版人签订合同。此外，美国出版人可以自由签订英语以外的其他语言的翻译版权合同。[45]简而言之，美国出版人不能将其具有竞争性的版本放进与英国版本相同的市场。

但美国版本经常设法进入英国市场并与同一本书的英国版本展开竞争。战时条件鼓励甚至成为这些侵犯的借口。英国图书的供应到处都短缺，特别是在帝国的最远端，比如澳大利亚和南非联邦。帝国各地可售图书的缺乏促使英国地盘性权利最持久的捍卫者昂温与 W. W. 诺顿签订了一份"君子协议"，诺顿是看起来最不可能侵占英国同行地盘的美国出版人，协议规定他可以接受来自英帝国的图书经销商的"偶尔的订单"，正如诺顿所述，"主要是不得不交给你而又没什么价值，当然，也因为你的库存很容易被耗尽以及在某些情况下没有库存的明显事实。"[46]有些越轨行为显然是无意的，但昂温以及其他英国出版人仍然视之为对他们利益的一种威胁。在几个竞争激烈的国家里，当地对于美国图书的需求或者对于英国图书的偏爱是导致贸易战的一个重要因素。鉴于英国图书如此有限的供应，除了拥有大量图书的急切的美国出版人，自治领的图书经销商还可以从哪里获得公司生存所需要的图书供应呢？[47]

传统英国市场上的出版人和图书经销商本身并不一致支持数千里外的伦敦出版人所施加的限制。澳大利亚被美国图书的魅力大大吸引，因此它对于英国出版人而言是一个要捍卫的主要市场。在较小的市场新西兰，对于美国图书的需求也很旺盛。[48]对美国图书不断增长的需求源自澳大利亚的图书经销商，他们对英国出版人实行的地盘性权利、购买英国图书较高的成本，以及他们的政府强加于美国产品的进口限制感到愤怒。[49]这是美国和英国的图书业之间最为激烈的话题之一。大多数

第十一章 英帝国的反击

英国出版人同意不就任何澳大利亚和新西兰的版权权利被排除在外的图书签订版权合同,除非图书的作者是这两个国家的居民。[50]尽管如此,但英国面临的战时纸张和人力的短缺以及往帝国最远地区运输的困难,却意味着它的出版人根本没有图书来进行竞争。而美国出版人却有用于竞争的图书。[51]

但不是所有的美国出版人都如同诺顿那样一丝不苟,诺顿决定停止发运"甚至是偶尔的订单"到英国的地盘。[52]在英国向德国宣战后的几周之内,麦克米伦纽约公司就开始考虑向澳大利亚直接销售图书,而随着战事的拖延,来自美国佬的威胁逐渐增强。1945年年初,乔治·G.哈拉普有限公司的沃尔特·G.哈拉普给昂温写信说:"我们都知道美国人决心攻击我们的海外市场,并且他们对澳大利亚特别感兴趣是毫无疑问的。"哈拉普尤其担心美国出版人将在澳大利亚拓展他们的图书"倾销",也就是用减价的方式倾销滞销图书。实际上,包括战时新闻局和国务院员工在内的美国人决心攻击英国人对澳大利亚出版业的控制。驻堪培拉公使馆的一名专员指出,英国出版人过去一直"发号施令",但那样的日子屈指可数了,因为他认为,如果美国可以从英国人那里争取到关于澳大利亚的让步的话。[53]

南非联邦是另一个特别容易接受美国图书的市场。与澳大利亚一样,那里的图书经销商的需求不断增长,这些图书经销商"违抗或者无视英国版权和英美市场协议",已经开始从美国进口图书。[54]1943年年中,阿伦和昂温公司在南非的代理人霍华德·B.蒂明斯告知昂温,英国版权图书的美国版本将要到达那里了。在这个案例中,进口商是一位开普敦的图书销售商和图书俱乐部所有人,他显然已经向他的美国供应商提交了一份开放式订单。也代表其他英国出版人的蒂明斯断定,美国图书出口公司应该知道哪些图书可以而哪些图书不可以合法地运到南非。

作为武器的图书

他从图书经销商那里取得了一份保证,发誓"不再从美国进口涉及版权问题的图书",但还要求昂温安排出版人协会主席向这名图书经销商寄送一封措辞强烈的警告信。[55]这个问题仍继续存在,根据昂温所说,部分原因是美国领事官员"对于版权一无所知,认为图书可以像其他商品一样处理",他们轻则给南非图书经销商不好的建议,或重则实际上鼓励他们进口美国版本的图书。[56]最终,图书出版人协会授权蒂明斯和其他英国图书公司的南非代理人"采取积极行动",这也导致海关工作人员缴获非法进口的美国图书。[57]

在蒂明斯看来,对阿伦和昂温公司以及其他由他代表的英国出版社来说,几乎不可能再找到一个比他更热心的英国出版权利的捍卫者。蒂明斯进入出版业是在乔治·阿伦和昂温公司生产部工作时,自他移民南非建立了自己的图书代理业务之后即展示了坚定不移的忠心。蒂明斯观察着流入南非的美国图书,并尽其所能地加以阻止。[58]位于开普敦的美国图书馆的开放是美国出版人和政府"在南非确立他们图书地位"的企图的又一迹象,并且着眼于利用图书吸引贸易的更大目标。[59]

蒂明斯让昂温和出版人协会出资在南非各大媒体上开展了一次同心协力的广告宣传活动。[60]但是在1945年的窘迫环境下,这次活动留下的仅仅是一句无力的口号,这是菲利普·昂温建议的四句口号中的一句——"更多英国图书正在途中"。蒂明斯对此感到悲伤,他明白,如果告知真相重要的话,那么另一句说英国图书将"很快"到来的口号以及声称"没有比英国图书更好的图书"的这一句都是不可能使用的。"很快"无法得到承诺,并且那个阶段的美国图书的品相,正如蒂明斯所清楚了解的那样,是"相当出众的"。与此同时,他哀叹:"美国佬正在竭尽全力抢我们的生意。"[61]蒂明斯倾向于认为竞争的最坏情形,相信是"大部分美国出版人将'金钱和生意'置于任何其他情感之上"。他在欧洲

第十一章　英帝国的反击

战争胜利日后的第一天写下了以下文字,以激励自己盼望英国出版业取得对美国出版业的胜利:"当我们再次拥有无限供应的时候,我们将与美国进行激烈竞争,并证明英国人可以凭自身实力瞧不起他们狡诈的阴谋。"[62]然而,对于英国出版人来说不幸的是,纸张紧缺的情况并没有很快得到缓解,因此英国的竞争地位也没有得到改善。

传统英国市场协议在印度的适用增加了偶尔的审查争议的次数,这就像约翰·戴公司在推广一些以亚洲为主的图书,特别是林语堂的畅销书时所面临的困境可能显现出的情形那样。约翰·戴非常急切地想在印度销售林语堂和赛珍珠的书。显然,在二战结束时,将美国图书销售给英国读者比销售给印度读者——甚至加上澳大利亚、新西兰和南非读者的总和可以挣到多得多的钱。林语堂在英国十分受欢迎,英国出版社要对他的书支付很高的版税,如果失去林语堂在英国的市场,从生意的角度来说是不可想象的。情况不太令人满意,因为约翰·戴公司的理查德·沃尔什了解到,没有很多在伦敦出版的林语堂的书会被运往印度,即使在那里可能会销售得更多。如果他愿意抛弃英国市场,那么他可以与印度出版人直接开展交易。这与赛珍珠的图书的情况相同,她说她宁愿让自己的书在印度而不是在英国被读者阅读。[63]否则,只有在没有英国出版人对这些书感兴趣的前提下,他才可以将版权出售给印度出版人。[64]

即使一位美国出版人愿意遵循出版人协会设定的限制,如果与他签约的英国出版人缓慢地出版他的版本的话,他就可能处于不利地位。这种情形曾发生在英国海涅曼出版社,它出版林语堂的《啼笑皆非》时严重落后于要求的进度,沃尔什认为原因与审查有关。他向伦敦负责这项业务的代理人抱怨说,将近一年半时间的延迟导致美国出现了一本及时的畅销书的英国版本,这个版本在英帝国和英国本土都有潜在的巨大的读者群体,因此造成公司和作者的严重损失。由于对海涅曼出版社做出了承诺,约翰·戴公司无法向印度出版人出售版权。[65]沃尔什根据二手消息得知英国政府希望公司无限期推迟这本书的出版,但是推迟的原因不得而知。政府这么做或许是作为对再版美国图书实施配额和区分先后次序的一种手段,因为当时的英国正面临持续的印刷材料短缺。更有可能的是,这是一次政府审查行动,并且得到了出版社的默认,审查书中批判英国殖民主义的内容。沃尔什确信"海涅曼出版社的延迟出版是出于政治原因"。[66]

海涅曼事件不是唯一怀疑受到审查的事件,这种审查被有关保护英国传统市场上的英国出版物的政策所掩盖。沃尔什还了解了另外一个事件,在那个事件中一名英国出版人将数册美国图书运往孟买。"在图书到达每家书店的那一刻,警察走进书店并以全价买尽了所有图书。"这位出版人并没有再运来更多的书,所以没有任何印度公民获得过这本书。如果印度出版人出版了这本书的话,沃尔什补充说,"或许在那里已经出版,或许政府已经公开制止。"[67]英国对于任何可能在其亚洲殖民地和其他地方激发独立运动的宣传的普遍担忧,给美国造成了一个尴尬局面,因为美国是公开支持"四大自由"的。像约翰·戴这样的小出版社可以就一本运往印度的图书的审查表示不满,但美国政府却往往默认英国在英帝国的敏感地区限制自由主义宣传的行动。[68]

加拿大对美国图书的需求是所有自治领中最为强劲的,并且英国在那里的地位最弱。作为一个图书市场,这个国家大约有1,000万人口,还包括一个规模可观且迅速增长的讲法语的少数族裔,以及其他人口不断增长的非英国人族群,这对于任何出版人来说都是令人畏惧的挑战。这个国家的人口稀疏地分布在一个比美国还大的区域里,对于图书推销员来说,在加拿大这样的国家提供充足服务是困难且昂贵的。一名英国观察家说,加拿大刚刚渡过初创阶段不久,缺乏浓厚的阅读和图书文化传统。那里几乎没有真正的书店。大多数图书都是在百货商店里销售的,甚至连这些都受数量和地点的限制。作为一个全国性的图书市场,加拿大未能满足图书业的成规,也就是"人口聚集的中心地区才成为出版人的最佳市场;而不是人烟稀少的空白地区"。[69]

鉴于这些障碍,对于任何单独的加拿大或英国的出版社来说,如果没有一个为众多美国和英国出版社担任代理的经纪人的话,几乎不可能获得充分的业务量。从文化上讲,加拿大人介于"两个强大传统——英美传统"之间,同时也分裂为各族群自己的文化和语言团体。1945年10月,图书出版人协会的代表在伦敦会见加拿大图书业的代表时指出:"即使加拿大人民的生活方式和思想是美国式的,但从本质上讲仍是英国式的。"[70]这个国家国土广袤,大部分人口生活在紧邻美国边界的狭长带状地区。加拿大出版业的行政当局指出"加拿大实际上是美国的第49个州,将货物运往加拿大比运往得克萨斯要容易得多"。[71]通过电话与纽约的出版人联系要比邮寄信件,或者在特殊情况下拍发一份昂贵的电报,更加简单和高效。随着大众媒介——杂志、报纸、广播和电影——在20世纪的发展和传播,美国的影响如何能够不占据主导地位?

英国出版人可能不喜欢这种美国文化霸权,但大多数人都从实际的角度去理解它,因此没有像他们捍卫澳大利亚、新西兰和南非市场那样捍卫加拿大市场。出版人协会战时主席R. J. L. 金斯福德说,加拿大"是一个在战前英国出版人对其一直短视并且在某种程度上持失败主义态度的市场"。他们的漫不经心在很大程度上反映在其向美国公司出售英国图书版权时自愿将加拿大版权附加在美国版权里,并且默认美国出版社在购买英国图书版权时保留加拿大版权。[72]

战争的到来,毫无意外地巩固了美国图书在加拿大相对英国图书的

作为武器的图书

显著优势。1942年12月,大西洋战役中三艘装有英国图书的货船在驶往加拿大的途中沉没,其影响等同于1940年德国对伦敦图书仓库的空袭。战时运到加拿大的那些英国图书十分破旧,与北美图书相比极其不利,北美图书有较大的开本和更加吸引人的封面,特别是护封上的图形。因此,在加拿大书店里的英国作家的作品虽更有希望不需用美国版本来代表,尽管有时候是得到英国版权所有人许可的,但越来越多的是在版权人不知情的情况下出现了美国版本的。截至战争结束,英国图书好像"完全丢失了加拿大市场",令人恐惧的是可能要花20年的时间才能重新赢回这个市场。[73]

在其他英国传统销售的地盘以及那些通常被认为是自由市场的地区,英国出版人面临着来自美国人的竞争。在轴心国被击败之后,中东地区对于图书的需求被描述为"惊人的",其中部分地区(埃及、巴勒斯坦和伊拉克)被认为是传统的英国市场,但一位观察家指出,销往这个地区的英国图书的数量是"如此令人难以置信之少以至于无法满足一家书店大约一周的库存需求"。[74]尽管英国文化协会和情报部尽可能地促进英国图书对中东的出口以作为回应,但也只能目睹这个包括巴勒斯坦在内的地区被美国出版人"侵蚀","他们现在已经用他们的书将这个地区淹没了"。[75]

拉丁美洲和西印度群岛是另外一个发生竞争冲突的地区。英国文化协会和出版人协会积极寻求在拉丁美洲营销英国图书,根据昂温所说,这是"一项昂贵且目前无利可图的事业,但是这关系到国家利益,我们应该竭尽所能地在南美洲推广关于英式生活和文学的知识"。他担心麦克米伦公司的负责人乔治·布雷特"似乎非常急切地要利用我们的困难从而夺得这些特殊的(南美)市场,过去美国人对这个市场的兴趣比我们要小得多",同时"想抢占西印度群岛的市场,这里仍然是英国

第十一章 英帝国的反击

殖民地,常规情况下都是由我们供应图书的"。[76]

对欧洲大陆英语出版物版权的界定,对于英国出版人来说是另一个问题。在许多年里,德国陶赫尼茨公司一直控制着欧洲大陆英语版本图书的市场。1841年,该公司发行了著名的"英国作家作品集"系列图书,后来扩展到包括美国作家的作品。这些相当短而宽、规格统一的平装书的目标顾客主要是英国和美国的旅行者,以及数量不断增长的急切的且能够阅读未翻译的英国和美国文学作品的欧洲人。[77]昂温认为这套德国丛书对于英国图书在欧洲大陆发行的影响是"近乎毁灭性的"。[78]英国人购买了与上述丛书市场相同的另一个相似的德国系列图书"信天翁"的权益,并且将它与陶赫尼茨丛书合并,加之企鹅图书公司的兴起,从而将英国文学的欧洲大陆市场从德国人手中解救了出来。[79]尽管如此,但这并不必然意味着英国公司在战后将自动获得欧洲市场,因为强大的竞争对手已经出现,特别是瑞典公司邦尼尔出版社的"和风图书"系列平装书。[80]

昂温对于他所认为的一些美国出版人在推进他们的主张过程中的无知和漠视权利感到气愤。1943年至1944年冬季的几个月里,昂温与美国普伦蒂斯－赫尔公司就一份版权合同的条款发生了争执,在合约中,普伦蒂斯－赫尔公司明显地单方面删除了阿伦和昂温公司对于欧洲版权的习惯主张。昂温认为他的公司精通于在欧洲大陆销售图书,因此能够比美国出版社更好地在那里进行图书营销,一名普伦蒂斯－赫尔公司的要员表示愿意考虑昂温的上述观点,但是为了评估这一主张,他要求阿伦和昂温公司提供给他关于他们在欧洲的销售方法的全部细节,包括所有顾客的名单。[81]对于这种天真的要求,昂温回应道:"我将尽量保持克制,但是建议我交出一份完整的我用四十多年的时间在对欧洲大陆进行了数次个人走访之后积累的顾客清单,这是我曾遇到的一个最令人

作为武器的图书

吃惊的要求。"但是,昂温最为担心的并不是与美国公司在欧洲销售同样的书而展开的竞争——他对于阿伦和昂温公司会在任何针锋相对的斗争中都占得上风是有信心的——而是担心美国公司会通过降低价格和削弱阿伦和昂温公司的方式在欧洲"倾销"他们的图书。[82]

尝试理解对方的立场

尽管昂温正与几家美国出版社发生小规模的冲突,但他也与诺顿和梅尔彻展开了漫长且更加细致入微的通信,昂温在信中极其详细且充满激情地说明了他如何看待与美国出版社开展市场竞争的问题。在这些通信中,他强调了他的主要不满,那就是美国出版社正利用英国出版业因战争导致的短缺来盗取英国长期建立起来的市场。

通过详尽描述战时伦敦的条件如何艰苦和危险,以及他本人、他的员工和同事如何几乎每天都在令人焦虑不安的危险中坚持着,昂温越来越老练地与美国同行作斗争。他向诺顿详细描述了战争距离他的员工、他本人以及他的家人有多近:

> 也许我感到了过度的痛苦,因为我们好像再次身处战争前线。上周,我姐姐被爆炸抛出了房间——没有一块天花板或玻璃完整无缺——而她感到自己是幸运的,因为除了两扇门之外这座房子被炸成了废墟,房东也被"飞弹"炸死了,这些飞舞的炸弹被称作"飞弹"……我们许多员工都遭遇过危险。星期天,比尔德的午餐被天花板上掉下来的泥灰覆盖了;浸礼会教堂的一扇或两扇门使他免遭了更严重的麻烦。随后,他又被炸了一次,这次是他的晚餐被盖上了泥灰。昨晚他值班时完全无法入睡,但尽管这样今天早上又面露微笑。[83]

第十一章　英帝国的反击

外科手术的恢复期给了昂温大量时间去思考一些美国出版人的无礼，他在给梅尔彻的信中写道，这些人"显然无法等到轰炸停止"才去挖走传统的英国市场和盗版英国图书。他指出，令人难过的讽刺是"我们主要的盟友，包括美国，保留了盗用我们出版物版权的权利，而德国却是《伯尔尼版权公约》最忠实的遵循者"。他提醒梅尔彻出口贸易对于英国出版人如何重要，他们将"必然为此斗争到底"。他抱怨美国的伪善和短视。比如，美国出版人认为加拿大临近美国便使其成为美国市场的一部分，但他们却没有作为回报而承认英国因为离欧洲大陆很近要让她成为欧洲大陆英语图书的天然供应者。他说，没几个美国人曾经对欧洲大陆市场关注过，而现在他们认为可以从销售与英国人一样的图书中获利。昂温断言，美国人不可能从中获利。根据他所有的外贸经验，他知道美国人的竞争不可能获胜，因为欧洲市场"在如此大的程度上是由具有不同语言、不同货币、不同规则、不同要求的不同国家的数百个不同的中心里的单个版权生意构成的。没有任何市场会如此复杂或麻烦"，昂温继续指出，"但对此了解越少的人，他们谈论起来就越不假思索。"正试图在澳大利亚市场销售图书的美国出版人"似乎要将我们描绘成邪恶的暴君，而他们自己则是勇敢的武士，急切地要将善良的女士从奴役中解救出来，并且这种奴役是如此骇人听闻以至于他们无法等到战争结束，而是必须下个月，如果不是在下个礼拜的话，就去现场进行调查"，昂温在提及一个美国出版人代表团即将访问澳洲时如此写道。[84]

梅尔彻的回复是聪明的。他扮演成一个谦虚的乡巴佬，宣称自己对英国文学和英国出版业对世界历史的贡献以及昂温在这个专业领域的地位表示敬畏，特别是对昂温在全世界为帮助传播英语图书所做的一切表示敬畏。梅尔彻写道："这对于出版业的每个人来说都在很大程度上意味着,英语作为世界上得到最广泛出版的一种语言,其应用应该变得更加具有国际性,而随着这种情形的到来机会和责任就增加了。"美国出版人正在努力做的,换句话说,不过是在帮助传播英语应用的过程中尽自己的一份力量,就像英国出版人多年来一直在做的那样。他说,他"感到愤怒"的是美国还根本没有做到它原本应该做的那么多。[85]他钦佩英国为了在海外传播英国图书而发展的诸如国家图书委员会、出版人协会以及英国文化协会等工具,这相反让美国感到羞愧。

梅尔彻将美国人的意图轻描淡写。他指出,让美国出版人感兴趣的东西已经展现在了国外市场上,这在很大程度上源自外部需求而非为了扩张目的的内部战略。西班牙内战推动了美国的一些活动,当时南美新的出版人开始寻求美国图书的版权。随着纳粹掌权,德国之外的工程师和专业人员"出于需要"而转向美国图书。同样,"直接需求而非侵略行动"激发了加拿大、澳大利亚和其他地方的需求。他告诉昂温:"我们与这些市场的关系,远不是你在英国或许会想的那么偶然。"比如,在战争时期,来自英国的美国图书的订单一直源源不断。一位知名的英国图书经销商几年来一直试图找到一家美国公司来处理他的订单。"我不得不祈求一个批发商来处理他的订单并且现在他已经放弃了。这显示出我们是多么在乎出口!当我听说有人认为我们在出口方面做得过分时,简直让我感到窒息。"

梅尔彻承认,美国出版人最近已经变得更有出口头脑了,但即便如此,诱因也来自美国图书业以外。首先,美国出版人对英国的行业杂志《图书经销商》(*The Bookseller*)上的描述印象深刻,它说明了昂温和其他人曾经推动的所有激励出口的活动。对于这种"谴责受害者"的解释,梅尔彻补充说,美国出版人正在响应政府号召,美国政府"已经开始针对图书对国际关系的影响而非常严肃地考虑它们"。至于美国没有签署《伯尔尼版权公约》,他告诉昂温美国出版人实际上是支持的。长期

第十一章　英帝国的反击

以来阻碍美国加入英国和其他许多国家都参加的公约的，是来自更为强大的音乐产业、印刷业以及图书制造业的反对，他们坚持现有版权法中的制造条款。[86]

在另一次交流中，昂温承认他们俩对于梅彻尔已经详细说明的一般原则并没有分歧。但是，他补充说，梅尔彻并没有"提及这些原则的适用"。昂温宣称不反对美国出版人出口图书的愿望，但实际上，他指出，他们使英国图书经销商在临近墨西哥的地区进行销售并获得广泛支持的合理且合法的机会最小化，同时却允许他们的图书在英联邦的成员国南非进行销售，并且"致力于向巴勒斯坦供应图书，无论如何，巴勒斯坦是英国的委任统治地"。[87]

鉴于此，昂温总结认为美国出版人没有"耐心或愿望"以单本书为基础在海外销售图书，而正是单本书构成了大宗的图书生意。因此，昂温的美国同行应该直接继续利用英国出版社来处理这些规模极小的、偶尔的销售生意，就像他们在美国本土利用批发商来处理小订单一样。"专注于少数畅销书"，这是昂温认为的美国出版人真正感兴趣的东西，"只不过阻碍了那些急切且愿意销售他们全部书目的活动，即便拥有大多数单本书是将来需求的全部"。[88]这种观点与今天提供全方位服务的图书经销商批评像沃尔玛这样的折扣连锁店时的观点是很相似的，这些连锁店大量销售少数畅销书，使得常规的图书经销商难以销售足够的畅销书来弥补因处理广泛库存而发生的不可避免的损失。

努力寻找共同点

昂温和其他人对美国出版人就侵占事件做出的回应，以及昂温对其美国同行梅尔彻和诺顿所做的抱怨，属于战术手段，而从战略层面上处理两个最大的出版国之间的分歧问题的努力，则是通过1942年至1945

作为武器的图书

年间两国代表团的一系列互访展开的。这些互访中的首次访问是从希契科克访问伦敦开始的,他单独一人作为图书出版人协会的代表,在美国战时新闻局的资助下,于1942年年底对伦敦开展了为期两个月的访问。1943年春天,受美国图书出版人协会的邀请,并在战时新闻局的支持下,英国出版人协会的代表——三位刚刚卸任的总裁,沃尔特·哈拉普(乔治·G.哈拉普公司)、杰弗里·费伯(费伯和费伯出版社)以及雷恩·霍华德(乔纳森·凯普出版社)——在美国和加拿大开展了为期七周的回访。英国代表团的到来也得到了英国情报部的支持。[89]后来,D.范·诺斯特兰公司总裁爱德华·M.克兰于1945年6月由图书出版人协会派往伦敦。除了这些代表团之外,两位美国出版人——惠特尼·达罗(斯克里布纳出版社)和爱德华·P.汉密尔顿(约翰·威利出版社)——在图书出版人协会和战时新闻局的资助下访问了澳大利亚和新西兰,并且在1945年9月,一个由五名加拿大出版人、图书馆员和贸易官员组成的代表团到访伦敦,作为对三名英国代表两年前访问加拿大的回访,当时这三名代表也同时访问了美国。[90]

针对美国和英国的出版人之间就市场进入存在的分歧,以上这些接触都没有产生任何直接的解决方案,但至少他们保持了一系列开放式的交流,便于以后达成更为实际的结果。众所周知,出版人是一个爱好社交的群体,鸡尾酒会、宴会派对和长篇演讲是这些代表团访问活动的特点,这些活动帮助软化了形成这场出版人的讨论背景的冷酷感受。各种会议也启迪了一些人去深刻思考——特别是英国人——关于一个国家的图书贸易与其更大的对外经济和外交政策之间关系的问题。尽管如此,对美国人予以谅解的真正进展,还需等到欧洲战争胜利日之后。[91]

希契科克在伦敦的多次会议特别聚焦于英美之间针对澳大利亚市场的分歧,这一问题已经成为争议的爆发点。希契科克要求英国出版人

第十一章　英帝国的反击

允许美国公司给澳大利亚供应图书,因为在战时紧急状态下英国无法为澳大利亚供书,但在谈及未来时,他敦促英国同行修正他们对于版权权利和地盘的传统理解,允许澳大利亚的图书经销商直接从美国出版社进口图书,这样的改变也回应了澳大利亚图书经销商和出版人对于更大自治权的主张。英国出版人与美国人的观点相反,认为对于美国出版人最有利的做法是让英国出版人利用自身在全球范围内的长期销售经验,对美国的再版书、畅销书以及滞销书等进行市场营销。他们断言,在英国出版的图书通常比美国出版的图书在全球的发行范围更广。如果英国人没有向他们传统的海外市场销售包括畅销书在内的美国图书的权利,对于美国人而言,其后果是许多优秀的美国图书将根本找不到英国出版人,如此带来的损失将比直接向澳大利亚销售图书所获得的收益大得多。英国出版人要求他们的美国同行不仅要考虑畅销书,也要考虑到他们与英国之间的整个生意,"并且要乐意在需要的时候牺牲这些偶尔的利益以谋取大部分美国图书的好销量"。[92]

在给图书出版人协会的报告中,希契科克乐观地描述了英国出版人如何乐意接受美国作品。他还注意到英国人对于美国"抓住正抓得好的东西不放"的企图感到多么紧张。[93]希契科克的报告基于亲身见闻的第一手材料,仅在美国参加战争后一年就完成了,因此不难看出他的报告可能已经打开了他的出版界同僚们的眼界,使他们看到战后在国外存在的商机,特别是鉴于战争导致的英国图书业的衰弱。尽管他认为战后对于美国图书的需求是巨大的这一观点肯定是正确的,但无论是像英国这样富有经验的文学和出版界,还是像澳大利亚这样的次发达的文学和出版界,他觉得英国可能是一个脆弱的竞争者的乐观态度是相当错位的。他也没有意识到英国图书业乐意接受美国图书可能提供了另一条可以替代的通向世界书架的轨道。

作为武器的图书

1943年4月中旬至5月期间,出版人哈拉普、费伯和霍华德对美国进行了回访。在搭乘英国军队运输船穿越大西洋的过程中,代表们有时间去准备他们希望与美国出版人和政府官员进行的实质性讨论。对于他们来说,两大重要问题分别是将澳大利亚与英国权利区分开来的老问题,以及开放欧洲大陆市场的问题。

关于澳大利亚的问题,英国出版人正式提出了一个妥协方案,这一方案一年前已经与希契科克进行过非正式讨论——也就是,如果一位美国出版人有一本书在其作者坚持下要在澳大利亚生产,那么他应该要求英国出版人自己在澳大利亚生产,或者尽量安排澳大利亚当地的一位出版人进行生产。在上述两种情况中,英国出版人要将澳大利亚版税的70%支付给美国出版人。这至少可以部分地改变美国人想与澳大利亚公司直接交易的愿望。有关开放市场的问题,英国人选择不建议在双方的域外市场,即欧洲市场和南美市场采用不同规划。相反,英国出版人提出了一个"君子协定",双方国家的出版人须共同遵守的行为守则。它是假设在一个开放的市场,同一种书的英国和美国版本可以自由竞争,除非签约双方事先同意一方或另一方将拥有专属版权。为了缓解英国出版人对美国公司可能进行的"倾销"所怀有的巨大恐惧,该提议包含了除非获得双方同意要避免降价的内容。[94]

英国人将商谈没有进展的原因归结于美国出版人自身缺乏统一立场,以及美国图书出版人协会不愿意或者没有能力将他们的立场统一起来。然而,在美国,英国人已经了解到美国出版商和图书出版人协会如何小心地避免违反《谢尔曼反托拉斯法案》,这部反托拉斯法禁止非法垄断和贸易限制。在华盛顿,当听到政府官员说出版人协会对谢尔曼法案的畏惧比他们想象的要小时,英国人感到很惊讶。实际上,国务院的官员希望出现一个组织更为有力的出版人协会,因为这将使他们在国外

第十一章　英帝国的反击

推广美国图书的过程中简化与图书业打交道的程序。[95]

在返回伦敦的途中,这三位代表起草并随后发表了一篇中篇小说长度的报告,描述了他们的北美之行,这份报告不同凡响,不仅因为它对美英在国际图书贸易事务中出现分歧的问题进行了透彻分析,还因为它从总体上对美国社会和政治做了坦率的批评。虽然美英两国拥有同一种语言和"许多相似的习惯和能力",但是哈拉普、费伯和霍华德在他们与美国人的会面中发现"文字和观点……似乎从表面上看对双方具有相同的意思,但在更深层次上,往往负有截然不同的意义和外延",所有这一切皆缘于"完全不同的心理和情感态度,由于双方都将其视为理所当然,所以这种差别往往没有被发现"。他们发现美国人尽管可能是令人感到愉悦的,但往往太不在意另一方的立场甚至事实。例如,他们遇到的许多美国出版人和其他人不能理解为什么英国人认为保护他们的传统市场如此重要,也不理解为什么美国人应该觉得日本占领英国在亚洲的殖民地不会像珍珠港战役之于美国人那样会使这些殖民地去击败日本人。[96]

或许最为有趣的是代表团对于驱动美国民众对商业、政治和国际关系态度的因素的看法,以及这些驱动因素如何区别于并且直接影响于未来英国的总体福祉和具体的出版产业。他们确认的核心驱动因素是美国人在多大程度上受制于商业价值观。由于历史和文化的原因,他们写道,"商业对于我们来说,尽管它可能吸引了英国人的兴趣和才能,但没有像美国那样支配了国家的生活。"商业价值观连同美国的理想主义,就像以下摘要可能体现的那样令人钦佩:

> 美国的商业价值和理想主义太倾向于表现为认为世界其他地区的需求就是美国可以生产的东西,认为美国的主要义务是传播美

作为武器的图书

国物质文明的真理。虽然美国商业将获得巨大收益这一结果没有被强调,但也不可能被忽视。或许美国人还没有考虑过英国贸易可能会遭受损害这一结果……美国人像孩子一样简单地认为如果将所有人从他认为的束缚他们的枷锁中解放出来而使他为自己的商品赢得了新的市场,这是一个纯粹的意外并且他的头脑里不再有别的想法。[97]

三位代表通过观察美国的商业和道德价值观,发现了扩张主义计划的清晰迹象,不仅在图书层面上——意图在全欧洲和拉丁美洲建立一系列美国图书馆;由政府支持,派遣几个出版人代表团前往世界各国的首都;并且通过口袋书出版公司和其他出版社的努力在全世界销售廉价的美国版本图书——而且也在更广泛的意义上。三位代表称:"新的情况是一种趋向世界经济霸权的深思熟虑的集体动力的出现。在战争的刺激之下,这种动力可能迅速超越其在商业领域的原始动力,可能会呈现出明确的政治的和帝国主义的特征。如果这种情形发生——并且这种趋势的迹象现在已经不少了——我们一直描述的理想主义和缺乏意识就可能很容易成为其非常危险的仆人。"三位出版人认为,如果这种侵略性扩张主义的发展"不通过任何可能的阻力加以阻止,每当出现抵抗就用美国理想主义来证明这种扩张主义的合理性,美国可能最终发现自己是世界上最强大的国家——也是最令人讨厌的国家。因此,现在不应该失去任何机会使具有代表性的美国人能够衡量一种竭尽全力的全球商业扩张政策可能激发的作用力的本质和强度"。[98]其实,美国必须明白"她为了自身而发展起来的商业伦理,不是要被用来作为给截然不同环境下的民族施加压力的一种方法的伦理,至少不是给战争期间和战争之后她都必须合作的那些民族施加压力的方法;同时要明白,由于她使用

第十一章 英帝国的反击

这种商业伦理,她可能迅速地使自身的动机受到质疑并且向她的朋友们发出警报"。

三位作者在描述可能被叫做萌芽中的美国"图书帝国主义"(biblio-imperialism)时,可能没有意识到他们所写的可能在多大程度上也描述了支撑建立大英帝国的帝国主义商业伦理,而大英帝国的特权他们自然是要捍卫的。尽管如此,他们仍然敏锐地认识到美国人"直率地表达对英国帝国主义的厌恶"是用来掩盖美国帝国主义不被发现的。然而,也许英国人对美国扩张的厌恶成为他们自身帝国主义扩张的障眼物。[99]

截至1944年2月,即出版人协会代表们的报告发表几个月之后,贸易委员会也逐渐相信美国出版人对英国市场的阴谋。考虑到英国出口贸易,尤其是图书出口贸易的极端重要性,如果英语图书的世界贸易由美国控制而不是像迄今为止的那样在很大程度上由英国控制的话,英国与世界的关系会受到"非常有害的影响"。美国在出口贸易领域和其他领域的战斗中的胜利,将"不仅对英国出版业的金融稳定也对英国的威望和文化影响力,甚至可能对帝国联系本身"形成严重威胁。贸易委员会担心的不仅是美国图书进入之前它从未到过的地方,还有对英国图书的兴趣在美国明显降低的问题。[100]

根据出版人协会几乎同时发布的白皮书,美国攻击传统英国统治地位的核心在于,在新式"强大销售方法"的支持下将畅销书转变至受狂热崇拜的地位。美国的作家和他们的经纪人不断给他们的出版人施加压力,将他们在英联邦自治领的版权分别销售给澳大利亚和其他地区从而另外获得版税预付金。与此同时,那些英联邦自治领的出版人本身正变得越来越急切地要从纽约或波士顿直接购买美国畅销书版权,而不是从伦敦购买,并且更加怨恨英国出版社阻止他们这样做的任何企图。英国出版人没有了从美国畅销书赚取的利润来弥补他们因为在版书目中更多收益较少的图书可能产生的损失,将难以维系他们长期以来在英帝国和英联邦所进行的这种综合贸易。[101]

费伯、哈拉普和霍华德访问北美两年之后,也就是欧洲胜利日的一个半月之后,爱德华·M. 克兰访问了英国,这是他的包括欧洲大陆各国在内的行程的一部分。克兰是 D. 范·诺斯特兰公司和美国国际图书协会的主席,后者是非营利性的准政府组织,由美国图书出版人最近建立,用以维持并改进战时新闻局在促进美国图书向国外出口和销售版权的活动。兜售美国国际图书协会是他此行的一个主要目标,也是作为解决双方长期分歧的一种尝试。由于战争在欧洲的结束以及两国出版人都急切地想在和平时期向前发展,双方出版人集团至少有可能最终达成了一项协议。

这一协议将世界市场分为两类——国内市场(美国国内及其附属国和大英帝国及英联邦的专属市场)与其他市场(世界其他地区的开放市场)。只有加拿大和欧洲在某些情况下被视为特例,一般由签约的出版人根据每本书的情况来决定。缘于效率和邻近的理由,美国出版人可能在加拿大对其拥有版权的英国作品以及他自己的美国图书拥有专属市场权利。与此相似,英国出版人可以在欧洲大陆获得其自有图书以及拥有版权的美国图书的专属市场权利。要实现这一协议,双方需要做出妥协。为了保持在欧洲大陆的权利,英国出版人不得不减弱他们与到访伦敦的加拿大代表团所采取的立场,即不把加拿大的版权售予美国公司。[102]尽管昂温可能没有将此视为一场纯粹的胜利,但他仍然对协议感到满意,因为这意味着"为了英国的战斗"不是"徒劳的"。[103]

尽管美国图书出版人协会与英国出版人协会原则上同意此项妥协,它们却不可能正式采用,因为不是所有美国出版人都赞成它,即使他们一致同意,根据《谢尔曼反托拉斯法案》这项协议在美国也很可能是违

第十一章　英帝国的反击

法的,不论美国国务院多么渴望更多的协调。为了定义英国市场,对于大英帝国和英联邦的构成仍然存在大量不同意见。英国坚称应该包括历史上的大英帝国,其中包括到了20世纪40年代中期就不再作为大英帝国的一部分的领土,如爱尔兰和巴勒斯坦。英国人很明智,如果说前后矛盾的话,他们从未声称构成现在的美国的那些前殖民地应该包含在内。[104]

在英国没有像《谢尔曼反托拉斯法案》那样的约束,英国出版人通过出版人协会可以单方面同意1947年的《英国传统市场协议》,协议在第二年全面生效。[105]这项根据英国法律完全合法的协议规定,每个签字的出版人"将不……订立任何由英国或外国作家撰写的任何书籍的出版合同……除非所授予的版权包括在'英国出版人的传统市场'中的出版和发行专属权",英国出版人的传统市场包括从也门到坦桑尼亚在内的70个国家。另外,协议全面生效唯一可能的例外是加拿大,英国出版人可以自愿放弃加拿大的专属权而让给美国协议方。该协议总体上对于英国人而言发挥了很好的作用,英国人对于该协议保持了令人印象深刻的团结,对于美国人而言也是如此,他从该协议中逐渐看到了足够多的利益,从而使得协议的强制性特征更容易忍受。

实际上,美国出版人开始接受昂温及其同事的观点,即保持一个财务健康的英国出版业对于美国繁荣也是至关重要的,因为这样促使英国出版社去购买图书版权在英国出版,并在英国以及构成传统市场的全球70个国家进行有效发行。尽管如此,经过一段时间以后,美国还是对英国出版业重新出现的复兴的卡特尔化感到不满。《传统市场协议》在正式实行40年以后而最终被放弃。[106]

第十二章　为被占领的德国和日本而准备的图书

在进入被击败的第三帝国时,同盟国部队和陪同的战地记者发现了一个在实际上、心理上和道德上完全成为废墟的国家。珍娜·福兰纳(以热内为笔名写作)在《纽约客》上告诉她的读者说,科隆是一个"毁灭的模范",那里的人"没什么可说的。他们因一周的战败、三年的炸弹袭击、十二年的鼓动宣传而感到茫然,居住在城市中的年老的男人女人们和孩子们听起来好像是丧失了一切理性思考或者讲真话的能力"。[1] 德国是一个敌国,一个战败国——不像那些曾经被德军侵占并在诺曼底登陆日之后得到盟军解放的国家。首先,同盟国分别在各自的区域里建立了军事政府,拥有足够的权力。对于德国而言,并没有商定好的休战,只有无条件的投降。虽然福兰纳并没有明确说出,但未经审查的书籍、眼花缭乱的纳粹宣传的自由,也许就是她观察到的科隆的德国人治愈精神和道德上的无能力以及加速他们重新进入文明民族群体的处方。

针对日本的战争结束得比针对德国的战争更为突然,但即便如此,也消耗了不是一枚而是两枚原子弹来说服昭和天皇和他的军阀们向美国及其同盟国投降。就像德国一样,日本无条件投降了。战败将带来一个万能的军事政府来对日本民众施加压力,如同在德国一样。在密苏里号战舰的甲板上,将成为最高统帅的那个人道格拉斯·麦克阿瑟将军告

第十二章　为被占领的德国和日本而准备的图书

诉聚集的敌方官员,胜利者负有不比被击败者少的责任去将日本民众从"奴役状态"下解放出来,并将全体公民的能量引导到建设性的追求上,允许他们"纵向而不是横向"扩展。[2] 对于日本人而言,麦克阿瑟的话一定至少有些让人宽慰,虽然他们可能并不知道,这些话当然与参谋长联席会议向艾森豪威尔将军下达的关于德国军事政府的严苛命令大相径庭。

太平洋战争突然结束,其降临得就像没有发生过侵略一样,加上供给线比欧洲大陆长得多,因此推迟了军事政府在日本的实际就职时间。那是在天皇于1945年8月15日在全国范围的广播里告知他的臣民战争输了的两周之后,也就是占领军的第一批主力部队在日本登陆之前。原子弹也同样打消了包括战时新闻局的那些人在内的许多战时政府规划者的估计,原先预计太平洋的冲突很可能会在欧洲胜利日之后持续一年或更久,战争的突然结束使得战时新闻局没有准备好为日本实施一项图书计划。然而,参与针对日本的图书计划的任何人得知麦克阿瑟的这段话都可能觉得有所启发。他的表述暗示的是占领政府将努力使日本能够通过民主、新思想、创造力和勤勉("纵向地")而不是通过征服他人获得地理扩张("横向地")来发展。一项坚实的图书计划如果成功的话可以帮助指明方向,但这也将被推迟。

占领政府与美国图书政策

在被占领的德国和日本施行的美国图书政策,是与在那些曾经受轴心国蹂躏的国家普遍执行的政策截然不同的。盟军在这些受蹂躏国家的政策是尽可能迅速地协助本地日常交流渠道的重建,包括图书出版。对于德国和日本而言,本地出版的恢复不亚于一个终极目标,但是这将在军事政府的严密导向和重要限制下完成。[3] 德国人在历史上就被认为受到书籍的高度影响,这既是好消息又是坏消息。同盟国目睹了书籍在畅销书《我的奋斗》的作者阿道夫·希特勒的统治期间曾经显示出的邪恶力量，它们意识到抵消这种诱惑力量并用更加振奋人心的信息取而代之的必要性。[4] 日本也被认为是一个好读书的国家，并且可能更加容易受书籍的影响。

然而，占领日本和德国期间的军事政府的实际结构很不相同，直接影响到了两个国家的图书出版如何受到控制。在德国，通过图书实施巩固性宣传的领域，美国只在其自己的占领区域拥有最高统治权，这对于想要与德国出版人在比如英国占领区做生意的美国出版人而言事情就变得复杂了。而塑造对日占领的则是另一种模式。这种模式是完全经过深思熟虑的，因为美国官员希望避免像占领德国的四方军事统治那样产生的诸多问题。由于其在战败的日本占据支配地位的角色，美国事实上能够独立地进行占领管辖。美国驻日本的军事政府属于中央集权制的，对整个国家实行控制。虽然在日本政府中的真正权力是绝对的美国权力，但是美国图书计划仍然与其他的盟国进行了合作，尤其是英国和苏联。当时麦克阿瑟的军事政府——盟军最高司令部（SCAP）担负着给在日本出版的外国作品的翻译版本签发许可的责任，它不仅要处理美国图书，也要处理英国、苏联和法国图书。[5]

由罗伯特·A. 麦克卢尔准将领导的盟军远征军最高司令部心理战部（后来的美国军事政府办公室）为德国设立了巩固性宣传的总体政策，如同在日本由邦纳·F. 费洛斯准将指挥的盟军最高司令部心理战支部所做的那样。此时，巩固性宣传意味着对德国和日本民众的再教育或再定位，使他们远离法西斯主义和军国主义精神支柱。这种转变将包括恢复美国军事政府会及时转交控制权的出版产业。

然而，在每个国家进行再教育的第一阶段并没有很大差别。在德国，美国在自己的占领区基本上废除了既有的交流结构，包括图书出版

第十二章 为被占领的德国和日本而准备的图书

和销售,之后,至少在理论上,通过清洗与纳粹有关联的人并给有关出版社授权许可使其重建,只要他们的负责人在意识形态上具有"清白"背景。另一方面,参谋长联席会议决定通过日本政府既有的官僚体制来统治日本,而不是像在德国所做的那样将其拆毁之后通过清洗和授权许可来重建。这个决定是一种保存美国力量和资源的方式,也是作为对几乎没有美国人具备可以有效统治这个国家的语言和文化技能这一现实的一种务实回应。[6] 因此,相比德国的去纳粹化的情况,日本占领区必然对于将个人从平民经济中的政府岗位或职位上清洗出去的强调程度要小得多。

这意味着既有的交易结构没有被废除,导致的结果是占领之初日本的图书出版远比德国兴旺而有生机。可以肯定的是,盟军最高司令部在初期要着手废除帝国政权中最暴虐的特征,包括其针对印刷文字的审查体制。这包括了对从日本图书馆中进行帝国清洗的效果的分析,同时提升从图书馆清除更多图书的意愿而不至于"引发针对盟国的'焚书'指控"。[7] 此外,军事政府在本质上将这种清洗工作留给"被征服的日本人自己去填补这一新的空白"。[8] 因为日本出版人被允许立刻回到工作岗位,所以这意味着为知识上饥渴的民众提供首批图书的美国图书计划不像在欧洲包括德国那样必要。

在被占领的德国和日本的海外版本图书

总体而言,海外版本系列图书在德国的作用小于在欧洲其他地区,而在日本几乎没有作用。这对于德国而言构成了一个问题,但在日本问题要小一些,因为当地出版业在得到恢复之前从未被废除过。跨大西洋版本系列图书从未被计划运输到这两个国家。

德语版的海外版本系列图书是由战时新闻局筛选并由附属于战时

作为武器的图书

图书委员会的海外版本公司生产的最后一批图书。它们在德国的发行也延迟了。经由当地图书业对23个品种超过80万册的图书以一种标识进行配给销售是直到1946年才出现的。[9]几乎没有人知道这些书如何流通、有多少被购买，或者德国公众对这些图书的想法如何。但几乎可以肯定的是，这是第一批抵达德国土地上的美国图书。

一些海外版本系列图书是在战时新闻局和美国军队以外的渠道的协助下抵达德国的。德国的战犯从美国的战俘营被遣返时将它们连同在战俘营餐厅买到的新世界书架系列图书一起带回了家乡。1944年12月，战时新闻局开始就其对德国（和意大利）战俘进行再教育的计划与美国陆军部队宪兵司令办公室特别项目部展开合作。[10]战时新闻局以每种书1万册的批量提供海外版本系列图书。[11]海外版本系列的主要创始人切斯特·克尔反对将针对德国本土的平民目标读者的德语版图书的库存进行任何转移。他没有选择，只能默许曾经的战时新闻局上级批准这一安排，但他抱怨美国陆军部队宪兵司令办公室的官员们"对于他们正在做的事情根本没有概念"，并且"每种德语版的海外版本系列图书1万册的印量对我来说从来都是近乎荒唐的大数目"。事实证明他是正确的。被放置在战俘营餐厅的包括海外版本系列在内的战时新闻局的图书将近半数直到1945年11月初仍未售出，这激怒了克尔。[12]也许海外版本系列图书在战俘营出现的时候，新世界书架系列图书已经让市场饱和了，当时许多战俘已经被遣返回国。无论如何，剩余的图书被退回到战时新闻局，后者计划将它们运送到德国和奥地利供平民大众使用，这些人是它们原本的目标读者。[13]

海外版本系列图书在对日本民众的再教育方面的作用可以忽略，这与其在欧洲的有效性形成了鲜明对比。被批准图书的日语版本的生产计划从未实现，因此国务院（战时新闻局已解散）决定使用英语版的海

第十二章 为被占领的德国和日本而准备的图书

外版本系列图书作为替代,因为他们认为相当一部分日本民众,特别是在精英当中,能够阅读英语版的图书。1946年2月下旬,每种书3,500册被分配给日本,等待部署。承担将这些图书安排给一家或多家日本图书批发商发行的是盟军最高司令部的民间情报教育局(Civil Information and Education Section of SCAP)。这个部门为图书的发行设立了一些条件。如同面向欧洲的海外版本系列图书一样,这些图书将被出售而不是赠送,并依法将收益返还给美国财政部。每册图书的零售价为3.75日元,约合25美分,是美国平装书的标准价格。批发商必须同意在全国范围内发行这些图书,并保护它们不流入黑市或者被占领部队买走。[14]

面向日本的海外版本系列图书的运作发起得太晚,它也许从未真正开始过。是否有任何批发商参与或者是否有过任何重要的分销都不清楚。也许没有,因为在海外版本系列图书到达日本两年后就获得了将剩余书册免费发放的许可。即便如此,甚至在免费发放被批准的六个月后,几乎没有书籍被分发出去,这可以从一张标有1948年10月31日的存货清单得到判断,那张清单上表明介于20种海外版本系列的2,500册到5,400册图书仍然处于库存状态。如果这些数据是正确的,实际进口的册数一定超过了原本分配给日本的每种书3,500册的额度。此时,民间情报教育局将要把剩余图书移交给部队进行最后分发,特别是分发给各日本代理和机构。[15]

许多原因可能导致了海外版本计划在日本的失败。至少一部分缘于占领政府内部的忽视和漠不关心。由于战时新闻局被撤销以及最熟知海外版本计划的军队和平民官员都驻扎在欧洲,或许在日本没有人去努力推动那些纽约办公室投入如此巨大努力生产出的图书的迅速发行。或者仅仅是因为图书到达得太晚,并进入了较之欧洲市场不那么需要它们的市场,因为日本出版人能够比他们的欧洲同行更迅速地出版

作为武器的图书

图书。[16]

针对德国的盟国图书政策

盟军远征军最高司令部心理战部的根本原则是德国人必须对他们向民主道路的转变负责,进而必须依赖于对德国人跟德国人讲话的交流系统的再创造。[17]当然,对纳粹不必采用这种交流系统,这就决定了要对每个人在第三帝国时期的信仰和活动进行筛查的政策,然后对符合条件的个人颁发许可证或予以登记。出版人需要得到许可;图书经销商只需要登记,这是一个更简单的过程。(类似地,电影制片人需要得到许可而电影放映者只需要登记。)[18]筛查过程对于美国图书政策在德国的长远成功至关重要。在当地出版人能够获得许可证并恢复业务之前,在德国除了海外版本系列图书和其他一些材料之外将不会有任何新的图书。美国出版人也将不会让他们的图书在新德国进行翻译和出版。

一个曾经积极抵制纳粹,并接受过出版培训或具有相关经验,以及有充足的经济来源或支持的人是获得授权许可的理想候选人。根据占领期间某地区信息控制部部长爱德华·C.布赖滕坎普的说法,一个能够表明纳粹曾使其企业关闭的出版人或图书经销商,拥有"仅次于曾为集中营犯人的人可以获得的最佳推荐条件"。[19]

由于在给申请者授权许可时的考量因素涉及其专业经验,以及他与纳粹主义的距离,大多数早期获得授权许可者都是那些曾经在魏玛共和国时期繁荣过但其事业却在纳粹审查之下遭受损害的出版人。一些人曾在地下开展工作;另一些人曾被关进集中营。当然,其中许多人已经年迈并且不是特别强健。另一方面,年轻的获得授权许可者远没那么有经验,并且时常在应对被占领德国的金融和政治世界的残酷现实时遇到困难。[20]在更高级别的检查中,美国官员也会考虑申请者的出版计划对

第十二章　为被占领的德国和日本而准备的图书

满足实际需求的可能性。[21]

给图书出版人迅速授权许可存在很大的压力,因为德国人就像那些曾经被其军队侵占的国家的公民一样渴望图书。不仅如此,美国出版人虽然渴望供应图书,但在德国出版公司得到授权并且恢复经营之前却不可能这么做。除此之外,更快地让更多的图书进入德国市场将有助于缓和社会紧张关系,并阻止地下出版物的出版和发行。[22]

获得一份被赋予了不只是使个人能够参与出版业务的许可证,可以假定,一旦新的出版人开始使用印刷机、纸张、必要的劳动力以及用于排版的文本等,所有这些可能都在一定时间后运行,那就会赚得生计。更确切地说,最立竿见影的益处是它能够让这个幸运的人获得栖身之所、更多的食物配给、一部电话、汽油、煤炭和一张火车通票,这些在战败之后可怕的第一年里可以区别生死。一位出版人将许可证称为通向更好生活的"芝麻开门!"。在布赖滕坎普看来,似乎在德国没有加入过纳粹组织的每个人实际上都至少考虑过申请。[23]在财富上得到允诺的快速改变和一个有利可图事业的未来前景,说服了千万人中的一个人与几位熟人一起加入到获取许可证和设立店铺的过程中,这个人是一部引人入胜的关于柏林沦陷后的人生回忆录的匿名作者。至少她有一些出版经验。[24]

在德国的信息控制

在盟军远征军最高司令部于1945年7月14日解散之后,被占领德国的管辖权由美国人、英国人、法国人和苏联人根据各自的区域进行了瓜分。重组德国交流结构的任务被分配到了每个国家的信息控制单位。对于美国而言,这个机构是美国军事政府办公室的信息控制部。实质上,盟军远征军最高司令部心理战部的工作人员,从罗伯特·A. 麦克卢

作为武器的图书

尔准将属下平移到了信息控制部继续工作。麦克卢尔的副官威廉·S.佩利中校入伍前曾是哥伦比亚广播系统的创始人和主席,他准备了详细的手册,该手册涵盖了军事政府总体管理条例的授权范围内美国试图控制德国信息服务的所有阶段。[25] 图书的重新引进——这是信息控制部出版分部的职责——将在通过广播、报纸和杂志等大众媒体稳定并告知民众这项更加急迫的需要得到满足之后进行。[26]

授权许可计划花费了比战时新闻局官员的预期要长得多的时间才得以实施。它需要多个层次的批准,从最初的向当地信息控制部办公室提交申请,到五个地区界内总部之一,一路上升至位于柏林的军事政府办公室。申请表从7月初开始可以使用,第一张许可证在7月13日被签发。从那时起一直到9月底,在美国占领区内有8家图书出版社被授权许可,其中半数是普通的大众图书出版社,另外一半是宗教书籍出版社。截至10月底,4,000家书店得到登记。到11月底,持有许可证的出版社已经达到69家。

在相对快速的早期授权之后,向出版社签发许可证的过程要耗费三个月到一年时间。对于军事政府办公室而言,填补"这个巨大的文字空白"仍是一个大问题,特别是由于它减缓了通过让美国书籍在那里出版"带去给德国人施以我们文化的最好影响的无与伦比的机会"。[27] 截至1948年7月,387家图书和期刊出版社获得许可。他们已经出版了大约7,250种图书和册子,并创办了383份期刊。这些公司中超过70家已经商定了将近300份关于出版美国图书的合同。[28]

出乎意料的是,公众们实际上几乎得不到这些书。占领早期,在每种书最大印数5,000册的标准印数中,出版人通常只卖掉他购入下一种书所需资金的册数。余下的他会保留到货币体系改革之时。图书经销商对于他们从出版人那里购买的一些存货也同样如此处理。对于关系

第十二章　为被占领的德国和日本而准备的图书

好的客户,他们可能卖给他一本被藏在柜台下面的书。这种在软通货期间储藏各种货物的倾向在整个经济中十分普遍。[29]

环境大体上与德国出版业的及时再发展不相宜。许多出版人出于需要一直在搬迁中。他们因轰炸撤出莱比锡或柏林,寻找新的地点来重新建立他们的生意。事实上,在占领莱比锡之后,美国军队在撤出这座即将变成苏联占领区的城市时邀请了主要的反纳粹出版社与部队一同撤出。[30]据估计,或许全部出版社的三分之一在1946年更换了他们的地点。布赖滕坎普指出,甚至有一些"国际知名的"出版人"背着背包乘坐货运列车或卡车游遍全国以寻找一个地方来重建他们的公司"。获得了办公场地的幸运儿却在寻找印刷商时遇到了困难。已经开业的印刷厂收到了远远超过他们可以完成的订单量。布赖滕坎普写道:"当一家印刷商同意接受出版社的工作时,被看作是一种真正的恩赐行为。"当然,那种情况是假设这家出版社有一些要出版的东西。几乎没有德国人写的新手稿即将出版。根据信息控制部官员的说法,一位作家告诉他的出版人"种土豆和卷心菜"仍然比"写书重要得多"。本土文学的缺失使得从国外获得著作权(或者重印德国经典图书)变得非常重要。[31]

信息控制部内部一直在持续配备工作人员,最后麦克卢尔将军也加入进来。许多人持续为该部门工作了很多年。布赖滕坎普从1947年6月开始持续一年都担任马尔堡出版控制分部的负责人,也是该部门活动的敏锐观察者,他将占领区信息控制部的美国工作人员分类为:职业军人;美国出生的地道的大学教授和教育者;"以及最后一类,即德国或欧洲出生或有此背景的人,其中大部分是从纳粹体制逃离的难民和犹太难民"。

他宣称,职业军人对于部门委派的工作很少或者不感兴趣并且施加的只有"轻微的"影响,除非他们负有总体的政策制定责任。另一方面,

作为武器的图书

许多学者和其他业内人士为他们的工作带来了相当可观的技能和热情。在他们中间有整个美国占领区的出版业领导者道格拉斯·L. 韦普尔斯，他是芝加哥大学社会心理学教授，专长于图书馆社会学和"关于出版对公众的影响的社会心理学"，[32]还有赫尔穆特·莱曼－豪普特，哥伦比亚大学图书馆学教授，《出版人周刊》撰稿人，后来成为美国出版业历史学家。在布赖滕坎普看来，信息控制部工作人员中的难民或移民——美国出生的工作人员遵从的人——"实行了最大的影响"。他指出，他们中的许多人在逃亡前曾经在德国的出版业或其他媒体工作过。当然，他们的德语很流利，不同于大多数土生土长的美国人。许多人与遍布世界的难民社区有着强大的联系。有些人还与那些出版或图书销售企业当中被纳粹没收的朋友或家庭保持着联系。当难民们回到德国寻求授权许可时，信息控制部工作人员中的难民移民对同是难民的他们特别有帮助。尽管如此，布赖滕坎普认为信息控制部的移民工作人员本质上是一种反动元素，他们设法倒退回魏玛德国的出版文化。[33]

信息控制部也在秘书或文职岗位上雇用了许多德国公民。虽然实质上他们的工作技术含量很低，但这些本土的员工，布赖滕坎普写道，"通常实施了远远超过他们职位的影响"。他将这种形式的力量归因于本地人在德语方面天然的流利、对当地情况的熟悉，以及当他们的美国老板们轮换流动时他们提供连续服务的能力。大部分人过于年轻因此没有在纳粹政权中担任过有影响力的职务，并且无论如何，他们接受了淘汰有可疑背景的筛查。许多人曾经是美国战俘营的战犯并且已经经过了再教育或去纳粹化，这是美国陆军部队宪兵司令办公室在遣返战俘前执行的计划。[34]美国人固有的不拘礼节倾向于鼓励他们与德国下属的亲密个人关系，尽管官方政策反对这种深交。为美国人工作对于有志向的德国人来说有着相当大的吸引力，这种吸引力包括了在他们的许多同

第十二章 为被占领的德国和日本而准备的图书

胞正在挨饿时可以每天吃一顿热腾腾的午饭。[35]信息控制部宗教事务部门的官员卡尔·阿恩特从他持有的布赖滕坎普的书上手写的注释中观察到，一些邪恶的本能偶尔影响了信息控制部的工作。阿恩特注意到，申请者仅仅通过给控制部官员留下好的印象并不是总能成功地取得许可证，而是有时候要通过贿赂才能获得。与此相似，"当美国老板与秘书或职员睡觉时"，一些德国雇员就获得了超出他们低微地位的影响力，"而情况经常如此"。[36]

英美的竞争与合作

尽管竞争性标志着在战争和占领期间英国与美国出版业之间的关系，但这两个国家的出版控制当局时常出于专业礼貌和盟军军事指挥结构的需要而与对方合作。当有关美国和英国占领区交叉管理的事宜需要信息或建议时，这种合作尤其重要。当然，两军中的信息控制官员不仅照管着各自军事政府的再教育计划，也密切关注着各自国家的图书利益。

由于斯坦利·昂温与两名重要英国官员的密切关系，英国人可能占有优势，这证实对于英国信息控制的行动是有益的，并且对出版人自身的战后计划也有好处。正如发生的那样，英国信息控制行动在德国的负责人是 R. H. 昂温中校，他是出版人昂温的亲戚，虽然他自己并没有任何图书出版业的经验。另一名工作人员查尔斯·A. 弗思少校，他在入伍前是艾伦和昂温出版社教育出版的负责人。[37]这个团队的第三名成员斯潘塞·柯蒂斯·布朗上尉是控制著名的跨大西洋文学代理公司柯蒂斯·布朗公司的家族的一员，昂温的公司与其长期以来一直有生意往来。对于斯坦利·昂温自己来说，他用他的德国图书业的全面知识服务于控制委员会。与此相应，弗思和 R. H. 昂温为斯坦利·昂温提供有力的支持,特别是在提供有关战前与昂温曾经有过生意或者可能希望在战后合作的德国出版人的下落的信息方面。

同样为了对双方有利,昂温直接保持着与韦普尔斯的通信,后者是美国控制官员。当然,因为不是所有昂温想要与其合作的德国出版人都正好位于英国占领区,所以韦普尔斯偶尔能够帮助昂温与那些在他管辖区域内的出版人重新建立联系。有一次,昂温想要从韦普尔斯处知晓自己论出版的教科书(《关于图书出版的真相》,德语是 *Das wahre Gesicht des Verlagsbuchhandels*)的德语版本出版社是否位于美国占领区。昂温热切地想要让他的新修订版本在德国得到翻译并可以买到。这种书"在德国非常急需",他写道,"很大程度上是由于许多年轻而缺乏经验的公司已经兴起。"这家出版社确实从战争中幸存下来并愿意出版新版本,但如果想这样做出版社需要有一份关于这本书出版具备足够的纸张供应的担保。为此,昂温找韦普尔斯帮忙说情。新的德语版本(斯图加特:珀舍尔出版社)在 1948 年问世这一事实意味着韦普尔斯给予了帮助。[38] 另外的情况下,韦普尔斯又从昂温的帮助中获益。这个英国人时常对他认识的在美国占领区内的出版人的政治倾向提供有用的建议。[39] 当韦普尔斯寻求有关战后他是否有机会在伦敦担任欧洲大陆的出版业顾问的建议时,昂温也赞同地给予了回应。[40]

在他的家书中,弗思提供了引人入胜的关于后勤困难的细节,这些细节包括在找到足够的信息为"白羊"签发许可证的过程中,也包括在对可能的"黑羊"实施更密切的监视过程中,弗思的家书还提供了有关德国造成的实际破坏和人类代价的细节。毫无疑问,许多相似的细节可能已经由美国人韦普尔斯报道过了。弗思特别强调要亲自拜访所有重要的授权许可候选人。从位于偏远村庄里的临时总部出发,他和他的高级助手开车经过破旧的道路,到达授权许可候选人最后为人所知的地

第十二章 为被占领的德国和日本而准备的图书

址。截至7月中旬,他拜访了其中25名候选人。面试有时让人失望有时让人抱有希望。在他拜访的公司中,只有一家幸免于炸弹袭击。有一次,"(我们)小心地驾驶着车经过碎石堆,在一个炸弹坑前面停下来,我们辨认出这里就是我们正在寻找的地址。但如果有人爬进这些废墟,他一般会在某处发现四面得到修补的墙,在里面机器正在重新运转着"。这家店的拥有者恰好是"仗势欺人者和讨厌的人",并且对于他以及像他一样的人来说,"人没有同情心。但却很难不同情这些住在废墟里并在破败的道路上谨慎前行的平凡而可怜的恶魔们"。

弗思、他的英国同事以及美国信息控制部中与他地位相当的人员,例如韦普尔斯、莱曼-豪普特和布赖滕坎普,见证了战争的破坏和文化的变革对世界上最集中化和最稳定的图书业产生了多么大的影响。现在这个行业所留存下来的企业分散在四个占领区,每个占领区都由军事政府统治,其中的苏联占领区正在日益加剧与其他占领区在政治上的争执。弗思认为历史上德国图书业曾经拥有的如此特征——莱比锡的中心性——可能一去不复返了。然而,让他惊叹不已的是,"一些更稳定的德国公司在全面战争和全面战败的情况下能够生存下来令人感到震惊"。[41]

然而,同盟国和德国人对于随着希特勒的战败而出现出版业的新时代的乐观心态最终在很大程度上让步于悲观心态。对于信息控制可以实现的目标,不止布赖滕坎普一个人变得越来越悲观。时间和地点状况——普遍的贫穷、贬值的钱、材料和劳动力的短缺以及许多其他问题——更加限制了可以出版的图书数量以及实际到达公众手中的图书册数。这已经足够令人沮丧,但在这种忧虑之外还有更多的担心,怕苏联人与美国人之间不断加剧的分裂以及苏联人的同盟会使美国重建德国图书出版业的目标越来越重要,作为对苏联宣传的一种平衡,即使美国的目标削弱了德国图书业的改革能力。

在被占领的日本出版图书

在德国给出版社和图书出版签发许可的缓慢进度情况在日本得以避免,虽然日本的计划有其自身的问题,尤其损害了美国图书在日本的影响。在日本宣布投降与1945年末的短短几个月里,日本出版社发行了将近1,000种新图书,其中许多是关于禁忌主题的图书,另一些图书则是曾被军国主义者查禁的,这一事实反映出日本图书业自我恢复得多么迅速和有效。[42]

这1,000种书的出现并没有从占领政府处得到实际的动力,虽然他们遵从了占领政府的出版前审查制度。事实上,这些书的出版并不是作为治理日本的巩固性宣传的美国计划的一部分。当海外版本计划无处可走时,还没有准备就绪的其他方案可以代替它,只有一个计划的初步想法而已。1945年11月,在日本投降仅仅三个月之后,日本的出版人已经开始要求盟军最高司令部准许翻译美国图书以及与版权持有者进行商谈。民间情报教育局还没有完全准备好处理这些请求,但在一个月的时间里,盟军最高司令部就决定美国图书可以由日本公司翻译并出版。大约20种美国图书预先得到国务院批准,被提供给日本出版社进行翻译和出版。其中包括欧文·拉铁摩尔的《亚洲的出路》(*Solution in Asia*)、查尔斯·A. 比尔德的《美国政府与政治》(*American Government and Politics*)和《共和国》、约瑟夫·格鲁大使的《日本十年》(*Ten Years in Japan*)、约瑟夫·F. 彭内尔的《罗梅·汉克斯的历史》(*The History of Rome Hanks*)、玛丽·奥哈拉的《我的朋友弗利卡》和欧内斯特·海明威的《丧钟为谁而鸣》。这些被选书目基本上与海外版本系列和其他为在欧洲使用而被批准和储备的图书来源相同。阅读或审查由美国出版人

第十二章 为被占领的德国和日本而准备的图书

寄来的另外20本书的工作也紧随其后。[43]

一项真正的计划的缺失使盟军最高司令部和日本出版业成员都感到沮丧,对军事政府而言也很尴尬。[44]又花了一年的时间一项正式计划才得以宣布,该计划在真正启动之前又经历了两年断断续续的过程。[45]深刻影响这种不作为的是美国与日本在1906年签订的版权条约的不幸后果。这个协议明确规定日本出版社可以在没有获得准许或没有支付费用或版税的情况下发行美国作品。美国出版人对日本作品的译本有同样的权利,这个权利自1945年以来变得模棱两可,因为在1906年,在日本的美国书籍与在美国的日本书籍相比是珍贵得多的商品。[46]美国官员迫切地想要确保美国版权持有者的权利将在针对美国图书的日语版本的任何正式图书计划之下得到保护,这一担心倾向于犹豫而不是行动。

日本出版商克服了极大的障碍来填补文化真空,即使这个产业在重建之前对它的德国式的废除也没有成为障碍。他们在一个严格控制什么可以出版什么不可以出版的系统之下工作了许多年。麦克阿瑟的任期为控制系统自身强加了一些限制,特别是针对批评同盟国或赞美日本军国主义的出版物。轰炸使得许多印刷厂被摧毁或遭受严重破坏。几乎没有资本可以投入到新的或者复活的出版企业,出版继续成为一种财务上很有风险的生意。在欧洲,直到1951年占领结束之前,纸张一直处于供应短缺的状况并受到高度管制。考虑到所有这些事宜,日本图书出版业的恢复令人感到惊奇。由于对书籍和其他阅读材料的被积压的需求,出版业实际上是第一批恢复的日本产业之一。大约300家出版公司从战争中存活下来。八个月以后,出版公司有将近2,000家,当然其中许多只是昙花一现。1948年达至高峰,在经济衰退导致许多出版社破产之前,有大约4,600家出版社。1951年,仍然有大约900家公司保留下来，这个数字超过了抗日战争胜利日当天存在的公司数量的六倍。[47]

日本出版人的迅速反应得到了当地的热情欢迎。在他们自身长久的知识封锁之后，日本公众对于书籍的渴望不亚于欧洲人。有什么其他理由可以解释为什么哲学家西田几多郎作品集的新版本在打折出售的前三天就有几百人开始在某家东京书店门外排队？日本读者的品味变得广泛而不拘一格。他们渴望着代表他们自身文化传统的书籍，尽管他们也热切期盼通过欧洲文学的精华来重新认识自己。[48]根据查尔斯·塔特尔上尉并非完全无私的观点来看，他们也"急切地想要阅读美国图书"，塔特尔上尉为民间情报教育局工作，而后在东京设立了一家重要的日本－美国书店（在高岛屋百货公司内）和出版公司。"当下日本人对美国书籍的渴望或许对于任何不在日本的人来说是无法想象的，"塔特尔写道，"他们对出版物的渴望甚至超过了口香糖或巧克力。"塔特尔不仅将其归因于了解一些有关征服者的文化将是有益的这一务实观念，而且也缘于吸收美国自由和民主原则的意愿。[49]但事实证明要使得美国图书占支配地位是困难的，在很大程度上是因为占领政府的结构和政策，或者也许因为它的不作为。

负责监管信息控制，包括图书计划的，是盟军最高司令部/民间情报教育局的新闻出版支部。它在国内的管理者和交流主线是军队民政部在纽约的办事处。盟军最高司令部/民间情报教育局将美国——和其他西方国家的——图书带入被占领的日本的过程经过了几个阶段的演变。在销售海外版本的尝试失败后，其他尝试主要基于允许日本出版社立刻发行图书，而不是为了相同的目的进口在其他地方储备的图书——与欧洲的情况恰好相反。

这些杂乱的早期尝试包括了授权许可外国图书和国内图书的预先审查制度，但是都没有得到具体的总体规划的指导。很有可能的是，在

第十二章 为被占领的德国和日本而准备的图书

占领的前三年许多(如果不是大多数)得到许可的图书是进入公共领域的图书,或者它们的版权持有者愿意或许甚至渴望放弃版税。[50]包括获取版权的许可过程因为美国国际图书协会在1946年底终止而变得愈发困难,当时日本的图书计划距离全速前进还很远。没有任何其他组织可以代表美国图书出版人的海外贸易目标,因此军事机构不得不自己承担许多工作,或者签订合同将工作转包出去。[51]实际上,"美国"成了美国图书日语翻译独家版权的购买者,然后他们将版权转售给被选中的日本出版人。[52]

然而,鼓励出版美国图书日语翻译版本的努力——相对于来自其他同盟国家的图书而言——在占领的前两三年并不比海外版本的市场营销更成功。早期重印的外国文学中几乎没有美国图书。1945年11月至1948年4月间日本出版社出版的1,367种翻译版本图书中,美国作家的书事实上只有104种(7.6%)。在一份被认为具有"真正国际化"特征的图书清单中,美国作家的书相比法国作家(350种)、德国作家(294种)、苏联作家(251种)和英国作家(194种)要逊色许多。落后于美国作品数字的是中国作家(43种)和意大利作家(37种)的书,另外94种书由其他几个国家的作者所写。[53]

然而,美国在总书单上相对逊色的表现是可以解释的。对书单上所列图书的分析揭示出旧作品的主导地位,其中许多被认为是西方文学经典。仅举几例,统计在内的美国作家包括爱默生、霍桑、坡、斯托、吐温和惠特曼。英国图书清单上的作家有班扬、卡莱尔、笛福、狄更斯、道尔、密尔、莎士比亚和史蒂文森。类似地,巴尔扎克、波德莱尔、笛卡儿、大仲马、雨果、莫泊桑和莫里哀出现在了法国图书清单上。那些诸如契诃夫、陀思妥耶夫斯基、普希金和托尔斯泰的巨人可以在苏联图书清单上找到,可能也包括了列宁和斯大林。德国图书的作家包括了恩格斯和马克

作为武器的图书

思,与歌德、格林、黑塞、康德和尼采同时列在书单上。虽然书单上没有表明太多,但很可能日本出版人在战前就已经出版过这些书的译本,而现在他们想要重新出版。看起来没有任何其他方式能使它们的出版如此迅速。因为这些图书,包括马克思主义思想的核心书籍在内,都属于已知数量的书(并且同盟国对待苏联人的温热之光尚未变冷),民间情报教育局颁发许可证的官员很难发现它们有什么缺点。

从这个角度看,美国作家位列第五的名次似乎就不这么让人惊讶了。毕竟,英国、法国和德国比美国有更加悠久和更加卓越的哲学和文学传统,他们的出版人也花费了更长时间更奋力地培育海外市场。虽然进入公共领域的美国作品的日语译本对于美国出版人而言在日本无论是现在还是将来都不会产生任何收益,但存在一种机会,那就是较近期的有版权的美国作品翻译成日语可能为它们的美国出版人挣得一些收益。抗日战争的状态从技术上讲已经使1906年美国与日本之间的版权条约作废,这一条约允许两个国家的出版人无需授权就可以翻译对方的文学作品,但美国出版人下定决心在将来要毫不含糊地控制他们的版权。[54]因此,随着越来越多的出版较新的美国作品的机会的出现,美国希望能够获得在日本和世界其他地区书架上的有利位置。

但这将花费一些时间。即便是美国的流行文学也未能立刻在被占领的日本找到读者,那里的民众似乎渴望获得一份国际化的严肃图书的阅读清单。早期的战后畅销书包括英语对话的简明指南、被军国主义政府禁止的日本作家的作品,以及诸如让-保罗·萨特的《恶心》(*Nausée*)、安德烈·纪德的《架空会见记》(*Intervues Imaginaires*)、埃里希·玛利亚·雷马克的《凯旋门》(*Arc de Triomph*)和T. H. 范德费尔德的受欢迎的关于婚姻性行为的手册等非日本图书。直到1949年玛格丽特·米切尔的《飘》(*Gone With the Wind*)的授权译本出版,美国作家才

第十二章 为被占领的德国和日本而准备的图书

开始出现在日本的前十名畅销书书单上。[55]

那些代表了西方知识分子传统精髓的书籍，包括马克思、恩格斯和列宁的著作，说明了日本读者对于战败的回应和由此产生的自责文化，以及他们自己对拥抱民主思想的严肃渴望。这种知识繁荣让美国占领官员，甚至包括自由派新政拥护者，完全措手不及。不仅如此，知识阶层从新近翻译的图书中读到的思想通过大众媒体向外辐射至更广大的听众。值得赞扬的是，美国审查者和颁发图书许可证的官员没有，至少一开始没有武断地阻止法国存在主义重要作品的出版，例如萨特和纪德的作品、范德费尔德的性手册，或者马克思主义的基石之作，即使这些书籍不在美国思想主流之列。尽管盟军最高司令部更偏向左翼的官员鼓励动乱，就像在德国的美国军事政府中他们的同僚在其辖区所做的一样，但他们同事当中警惕的反共产主义者却将他们的名字记入黑名单，并在冷战狂热的高峰时期让他们名声扫地。[56]

虽然盟军最高司令部在1945年11月至1948年4月间授权许可1,367种外国作家的书绝非易事，但其中104部美国作家的作品远远不能实现针对日本的美国图书计划的目标。许多额外的并且更新的美国图书，就像那些在大约相同时间被授权给解放后的欧洲国家的出版人的图书，以及没过多久授权给德国本身的出版人的图书，在日本也将被需要。

盟军最高司令部/民间情报教育局与相关的私人部门组织——日本出版人协会密切合作。日本出版人协会建立于1945年10月10日，是在东条英机首相创立并控制的战时出版人组织解体之后。或许该协会职责中最重要的一条是向其会员配给整个产业可以使用的纸张。[57] 盟军最高司令部给它分配的任务是处理日本出版社再版外国图书的申请。[58] 协会还被赋予另一项职责，就是将应支付给外国出版人的版税以"冻结的"日元(意思是资金不能马上兑换成美元)存入盟军最高司令部在日本银行的托管账户。[59]包括塔特尔上尉在内的盟军最高司令部官员与日本出版人协会官员之间展开了联系,为了讨论双方利益问题而举办晚宴和对话。[60]尽管开展了这些热情友好的活动,但无数的翻译和出版权的申请迅速地在日本出版人协会办公室形成了瓶颈,推迟了正式项目的设立。[61]

1946年年底,由于美国国际图书协会的终止以及美国图书出版人协会没有能力或不愿意担负其职责,所以美国陆军部参与了《步兵杂志》社的服务,成为其在被占领的德国和日本执行政府图书计划的采购与合同代理人。陆军部的职责包括获得被批准的美国图书的德语和日语翻译版权,以及购买英语版的美国图书以出口至这两个国家。1947年,《步兵杂志》社为政府购买了"许多经过精心挑选的针对日本的图书"的交易权,但许多图书的交易权由于没有一个真正的计划而失效。[62]简而言之,日本的图书计划实施得不顺利。

在德国的图书问题

事情在德国的进展也不顺利。那里的地缘政治形势正在迅速变化。冷战初期也促使信息控制政策的转变。随着时间的推移,在德国使包括图书在内的所有必需的媒体尽快运作,以便提供亲美的材料并反击苏联宣传的影响,所有这些都鼓励在授权许可过程中采取快捷方式,因此而批准了许多战时记录并不完全清白的个人。最著名的例子之一是贝塔斯曼出版公司,这家公司至今仍然非常商业化并且实际上是许多重要的美国出版公司的拥有者。[63](仍然繁荣的讲谈社株式会社是日本的一个类似案例。[64])截至1948年,信息控制部遭遇了人员逐渐流失的情况,这使得彻底清除"坏苹果"的工作变得更加困难。因此,信息控制部官员

第十二章 为被占领的德国和日本而准备的图书

不得不在很大程度上依赖于雇用德国公民填补整个机构的人员配置,结果导致更加容易对一个有能力并且有帮助的官员曾经妥协的过去视而不见。

如果没有其他不得而知的因素的话,苏联在1948年对柏林的封锁便清晰地表明苏联正逐渐变成一个敌人。这导致了针对德国的政策的重大转变。正如信息控制部官员布赖滕坎普所说:"闭口不谈'犯罪的军国主义的德国人'并且极力主张重整军备以对抗共产主义威胁的必要性,这些忽然变得适宜可取了。"[65] 与苏联持续的意识形态和管理竞争意味着比任何时候都要重要的是,避免去纳粹化干扰一个强大、友好且可以成为对抗共产主义的同盟国的西方德国的迅速重建。通常情况下,这依赖于保守的商人、银行家甚至图书出版人的重返岗位。[66] 参与去纳粹化计划实施工作的美国人沃尔特·L. 多恩将这个现象描绘成"在纳粹魔王的帮助下驱逐共产主义"。[67]

对于美国和英国的图书出版人而言,从控制机构的工作中最热切期盼的利益是给德国图书出版人颁发许可证将为出售他们图书的翻译版权铺平道路。占领官员花费许多时间促进这种交易并担当中间人,就像他们在被解放的国家所做的那样。美方工作的重要部分是提供美国图书的翻译文本供德国出版人使用,这项任务落在了军事政府办公室图书翻译部,他们于1945年在巴特洪堡就已经开始行动,后于1946年4月将此项工作转交给位于柏林的信息控制部。推进美国图书翻译版权的工作促成了《来自美国的图书》(*bücher aus Amerika*)的出版,这是一份向德国图书业发行的月度业务通讯,它解释了获得翻译版权的程序,并刊登了当前已经通过审查适宜在德国出版的美国图书的书评。[68] 对于出版人而言不幸的是,法国、比利时、荷兰和其他国家获得解放之后曾经出现的那种疯狂买卖翻译版权的情况并没有在被占领的德国发生。

作为武器的图书

为日本构想一项可行的计划

最终，在1948年5月，盟军最高司令部在被占领的日本为了已授权许可图书的"商业"翻译和出版实施了一项有组织的计划。这一计划的关键在于对选书过程实施更大程度上的监管以及对拍卖系统的利用，日本出版人可以通过拍卖系统竞价购买盟军最高司令部批准的图书的翻译版权。针对日本的图书获批的主要标准是它们如何有利于推动占领的目的，也就是重新引导日本人向民主方向改变同时促进一个经济上自给自足的国家的发展。当然，其确切的含义是有争议的。尽管普通的大众图书主导了战时新闻局在紧急情况下针对欧洲的图书选择，但教育、科学和技术类图书似乎同样可以实现占领目标，特别是由于国会的意图是所拨资金应该用来翻译"一批有代表性的关于美国的美国图书"。[69]

盟军最高司令部相信自己在选书过程中根据这些书在日本有多大程度的需求有相当大的自由裁量权，但是在决定技术类与非技术类图书的比例上，军事政府内部以及在本土关注发展的出版人之间产生了争论。[70]一个人当然可以认为，既然美国已经向日本人施加了很大压力使其对教育和医疗体制进行改革，那么将这些领域必要的最新图书带给日本人就不应该被禁止。在最高司令官的经济稳定计划的一个重要结果可能是减少美国纳税人针对日本的经济援助方面的支出时，帮助增加人民的技术知识的图书——一种"向自我支持的日本的目标发展的手段"——也不应该被排除在外。但也有观点鼓励"出版被推荐的当代（例如，大众）图书"，这在纸张配给的零和游戏过程中使其他领域"更严格的筛选"成为必然，包括专业技术书籍以及进入公共领域或者提供免除版税报价的书目。[71]

民间情报教育局从盟军最高司令部的各个部门以及美国期刊评论

第十二章 为被占领的德国和日本而准备的图书

中收集了关于各种美国书目的建议,这些图书"可能在重塑日本人民的思想或重建日本经济的过程中是有价值的"。民间情报教育局还从日本出版人和正在推广自己书目的美国出版人那里收到了关于美国图书的推荐。[72] 盟军最高司令部相关部门的员工(例如经济与科学部)评估了技术和专业书籍。民间情报教育局员工细致审查了具有普适性的图书。需要考虑的是日本人对一本书可能的需求,特别是专业和技术书籍,是否有可能大到足以使翻译成为必要。由于纸张短缺,选择翻译篇幅超过300页的图书是不被鼓励的,"除非其内容具有特殊价值"。对于得到肯定判断的图书,如果民间情报教育局有信心认为一些日本出版人将会感兴趣的话,它便从美国出版社那里要一份公司的合同。[73]

过程进行到这个阶段,美国政府是这些图书非排他性的日语翻译版权的拥有者。大多数情况下,获得批准的图书然后会被拿出来竞价(以30到100种为一批)。为了刺激出版人的兴趣,日本出版人协会将每种书拿出一本在东京、大阪和京都进行展示,一并展示的还有相关"评论"。撰写这些书评是《步兵杂志》社向盟军最高司令部提供的服务之一。他们的目的是"用清晰简练的语言告诉潜在的日本出版人这本书是关于什么的"。这一点非常重要,因为不是所有未来的版权购买者都会真的翻阅一本书,更不要说阅读了。受委托撰写的描述文字一般认为是引用或总结发表于美国报纸和杂志上的书评。民间情报教育局直白地告诉承包人:"由于评论的作用是为了使日本出版人对一本被认为能够满足重塑思想的书有兴趣参与竞价,最好将(美国杂志或报纸上的)负面评价减到最少,除非能够与有利的评价相平衡。"1949年,教育图书出版社诺布尔与诺布尔公司显然代替了《步兵杂志》社(或者可能是作为补充)成为确定并获取版权的承包人。民间情报教育局对于诺布尔与诺布尔公司的书评质量很不满意,这大概解释了为何《步兵杂志》社似乎重新获得了1950年的外包合同。[74]

在竞价的其他条件相同的情况下,版税预付金出价最高的出版人胜出。政府针对每本书的合同随后被派发给获胜的日本出版人。对于成功通过审查程序的非美国作家的作品,民间情报教育局通过相关国家的代表安排版权事宜,例如英国驻日联络团和法国驻日使团。

选择用于拍卖版权的图书的审核程序似乎进行得像管理以欧洲公民为目标的图书的系统一样严格。然而,可能只有更少的人参与其中,因为这个计划主要以日本一个国家的公民为目标,而欧洲计划不得不覆盖几个国家和其他意外事件。档案中尚存的一些评论相当冗长;另一些(或许是对完整评论的结论的总结)则很简练。由于被审核的图书十分兼收并蓄,观点的范围和依据差别很大。例如,一个评论者虽然对美国某本关于商务信件写作的手册回应消极,却注明了在日本对于了解如何就商务与美国人进行交流有极大的兴趣,因此推荐将两本"出色的"手册之一列入出版清单。[76]一本名为《再教育》(Education after School)的图书被认为是"对年轻人的团队工作过程作了非常好的描述。领导者的作用、社区与团体生活的关系、获得设备的方法、此类工作的融资,以及管理问题,都是日本青年工作者需要知晓的事情"。

由于大部分(如果不是全部)评价的日期是从1948年开始及之后,所以苏联幽灵和冷战的意识形态斗争在一些评论中有所反映。在一篇对保罗·B. 安德森的《现代苏俄的人民、教会与国家》(People, Church, and State in Modern Russia)一书的负面评价中,评论者强调,当这本书(在1944年)出版的时候"与苏俄有关的美好光辉还未被驱散,最后几章毫无疑问描绘了一个比实际存在的环境更有利的宗教自由环境。因此这本书被认为既不切实际也不得人心"。[77]

民间情报教育局特别仔细地审查了苏联推荐的图书。在阅读了由

第十二章　为被占领的德国和日本而准备的图书

苏联驻东京联络团提交的书籍的英语译本之后,图书审查官员将关于列宁格勒围攻的一本书评价为"可以接受",而另一本则评价为"不可接受"。尼古拉·吉洪诺夫的《列宁格勒》,"一篇关于被围攻的列宁格勒的苦难和努力的相当直截了当的报告",因为它"提及共产主义和共产主义政府却没有特别强调",所以可以出版翻译版本。另一方面,一本由文献、素描和故事组成的书——《英勇的列宁格勒》(Heroic Leningrad) 遭到了拒绝,因为"它有大量共产主义宣传加以点缀"。[78] 苏联驻日本的贸易代表 A. A. 格罗莫夫向民间情报教育局局长抱怨,在某一轮苏联提交待审的十本书里只有两本得到了翻译推荐。[79]

当然,对于共产主义不仅可以像这些拒绝所暗示的那样进行防御性的抗争,也可以通过出版批评社会主义和苏联的美国图书进行攻击性的抗争。这一立场显然受到了美国国内反共产主义者的鼓励,他们认为在这一点上政府没有通过图书计划做到足够,或者像情报处负责人所说的那样,"很显然这些抱怨的人将我们倾注在与共产主义斗争的图书翻译计划中的努力视为鸡毛蒜皮的小事"。但他仍然屈服于压力,推动许多此类图书的公司合同的加快签订,这些图书包括大卫·达林的《真实的苏俄》(The Real Soviet Russia)、路易斯·费舍尔的《人与政治》(Men and Politics)、马克斯·伊斯特曼的《马克思、列宁和革命的科学》(Marx, Lenin, and the Science of Revolution)以及阿瑟·库斯勒的《修行者与人民委员》(The Yogi and the Commissar)。[80]

第一场拍卖结束于 1948 年 6 月 5 日。参与竞价的有 98 种书,其中 23 种是英国图书。大约四分之三是针对普通读者的作品。即便如此,公证地讲,书目上大部分的书在某种程度上具有高于海外版本和跨大西洋版本入选图书所代表的平庸水准的特征。比如,乔治·奥威尔的《动物庄园》(Animal Farm)、阿尔文·H. 汉森的《经济政策与充分就业》

作为武器的图书

（*Economic Policy and Full Employment*）、诺曼·福斯特的《人文与普通人》（*The Humanities and the Common Man*）、亚历山大·弗莱明爵士的《青霉素：其实际应用》（*Penicillin：Its Practical Application*）以及弗兰克·劳埃德·赖特的《当民主建立时》（*When Democracy Builds*）。书目中只有大卫·E. 利连索尔的《田纳西河流域管理局：在民主的征途上》一书曾经在海外版本和跨大西洋版本系列中出版过。238 名日本出版人对 98 种书中的 91 种进行了 1,012 次竞价。新的版权持有者们计划的印数总计 223.7 万册。令人不可思议的是，获胜的竞价版税率幅度从 5.5% 到 36%，平均值达到了 15%。[81]

在计划实施最初的几个月里，版税率继续保持很大的幅度，甚至失控，一些出版人提出的条件远远高于国际上翻译版权销售的正常条件。第二组获准图书产生的竞价幅度从最低的 5% 到最高的 35.5%。对《科学的乐趣》（*Fun with Science*）报出了最高的版税率，这是一本由梅和艾拉·弗里曼为孩子撰写的配有插图的科学书。32% 和 28% 的报价也登记为有效竞价，分别为获得赛珍珠的《水牛孩子》（*Water Buffalo Children*）和玛丽·奥哈拉的《我的朋友弗利卡》。提出的平均版税率是 13.9%。在第二轮中，133 名出版人对 58 种书参加了总计 439 封密封标的竞价。其中 48 人参与了赛珍珠入选作品的竞标。版权预付款的报价总计 106 万日元，其中 30 万日元归属于鲍勃·康西丹的《娃娃兵》（*The Babe Ruth Story*），这本书预计在棒球狂热的日本会成为畅销书。平均版税率相比第一轮拍卖稍有降低。第一轮中报出的预付款要高得多，包括了大约三分之一多的书——6,793,709 日元。在第一轮中，预期成为约瑟夫·C. 格鲁的《日本十年》的日本出版人报出了 118.4 万日元这一惊人的预付款金额。46 家出版公司在第一轮拍卖中参与了乔治·奥威尔的《动物庄园》的竞标。[82]实际上，在前几次拍卖中过高的竞价使民间

第十二章 为被占领的德国和日本而准备的图书

情报教育局十分不快,因为"保守的出版人认为(它们)具有破坏性"。[83]

截至1949年6月的轮次,过分狂热的竞价似乎得到了某种程度的控制。在那一次竞价中,沃尔特·迪斯尼的《白雪公主和七个小矮人》(Snow White and the Seven Dwarfs)得到了版税率22%的最高竞价。另外两本美国儿童图书同样表现出色:布朗和伊利亚的《沉睡的小狮子》(Sleepy Little Lion)获得了17%的版税率,苏斯博士的《巴塞洛缪的500顶帽子》(The 500 Hats of Bartholomew Cubbins)获得13.6%的版税率。《白雪公主》的交易是按照17%的版税率直接而不是渐进地支付预付款,或者按照提议的2万册以每本100日元的价格销售从而得出2.2万日元的预付款金额。《沉睡的小狮子》的预付款更高(3.6万日元),但《巴塞洛缪的500顶帽子》的预付款要低一些(1.36万日元)。对教科书和其他有重要实用意义的图书趋于将版税率控制在8%—10%的范围。有一本采用渐进版税率付款的书的竞价明显高得多:富兰克林·M. 克雷姆尔的平淡却实用的《事故调查手册》(Accident Investigation Manual)的前1万册的版税率为15%,之后为20%。

为日本计划里的外国图书获得翻译是当地出版人的职责。翻译资格将由民间情报教育局代表美国政府根据日本出版人协会翻译委员会的建议做出评判。[85]实际操作中,日本出版人协会委员会的意见对于人员缺乏的民间情报教育局而言十分关键。签约图书的数据单上记录了译者姓名及其年龄和隶属关系或资质水平。因此,毕业于东京大学(建筑系)并成为东京大学教授的生田努(Tsutomu Ikuta),时年37岁,是刘易斯·芒福德的《人类的处境》(The Condition of Man)第一卷的译者。乔治·B. 德·胡萨尔的《实用民主》(Practical Application of Democracy)的译者是48岁的景谷淳之介(Binnosuke Kagatani),他毕业于山口商业学院,是一名教师,也是姊妹篇《如何将日语翻译成英语》(How to Translate Japanese into English）和《现代英语语法》（Modern English Grammar）的作者，以及马克·吐温选集的译者。[86]

虽然拍卖过程被认为是向日本出版人销售翻译版权的"官方"项目，但希望让图书译本进入日本市场的美国和外国版权拥有者，可以向盟军最高司令部/民间情报教育局申请一个免费的综合许可证，以直接与日本出版人就其控制版权的任何及所有图书进行交易。大部分主要的美国出版人都收到了综合许可证，就像几家重要的英国出版社一样，例如乔治·艾伦和昂温公司以及乔纳森·凯普公司。[87]被授予许可证的不仅包括出版公司也包括其他的版权持有者，例如版权代理和作者。获得许可证的作者有厄斯金·考德威尔、玛格丽特·米切尔、赛珍珠、塞缪尔·埃利奥特·莫里森、维基·鲍姆、托马斯·曼和格雷厄姆·格林。[88]

盟军最高司令部继续根据此计划审核图书，所以拥有一张综合许可证并不能保证出版。这个备选方式使得在"官方"流程中被拒绝的图书的版权拥有者可能获得第二次进入市场的机会。对于一些版权持有者来说，这是更受青睐的方式，至少在某些情况下如此。然而对于其他人而言，例如威廉·斯隆联合公司，直接谈判似乎是对时间的一种巨大浪费。[89]最早获得授权许可的图书版权持有者成功地直接销售给日本出版人的图书包括温斯顿·丘吉尔的《铁血风暴》（The Gathering Storm）、玛格丽特·米切尔的《飘》、约翰·赫西的《广岛》（Hiroshima）、詹姆斯·希尔顿的《鸳梦重温》（Random Harvest）、科德尔·赫尔的《回忆录》（Memoirs）、德怀特·D.艾森豪威尔的《十字军在欧洲》（Crusade in Europe）、丘吉尔的《荣光时刻》（Their finest Hour）、赛珍珠的《大地》以及斯蒂芬·海姆的《今日十字军》（The Crusaders）。[90]

按照以下两种方法，非日本人的版权持有者只能收到以"冻结的"

第十二章　为被占领的德国和日本而准备的图书

日元支付的版税,也就是保存在日本的一个账户中直到未来某个不确定的时间才能兑换成美元的日本货币,这个时间最终定于1949年4月,当时公布的固定汇率是360日元兑换成1美元。[91]

1949年5月,民间情报教育局对截至目前的翻译和出版计划之"值得称赞的记录"表示自豪。在1948年6月1日至1949年3月15日期间,民间情报教育局为日本出版商组织了六批美国图书的竞价会。当时被转让的翻译版权的总数为823项。构成这个数字的有295种根据"官方"计划而获得批准的图书、65种根据备选方法而获得批准的图书、339部被放弃版税的作品(这些作品的作者有厄普顿·辛克莱、P. G. 伍德豪斯、约翰·杜威、阿尔伯特·爱因斯坦、斯蒂芬·茨威格,以及由苏联政府转授翻译版权的列宁和斯大林,还有诸如美国学术团体联合会和美国教育研究协会等机构),以及124种没有版权的"政府机构、盟军最高司令部各部门以及州立和市政当局的图书和册子"。

入选图书构成了一份非常别具一格的书单。其中有相当数量是非美国图书,特别是那些个人或机构作者已经放弃版税的图书。入选的美国图书实际上是整个美国图书业颇具代表性的作品。它们包括了许多在人文学科、社会科学和公共政策领域的虚构和非虚构图书,其中一些刚刚出版(例如大卫·E. 利连索尔的《田纳西河流域管理局:在民主的征途上》、约翰·杜威的《确定性的寻求》[Quest for Certainty]、薇拉·凯瑟的《我的安东尼亚》[My Antonia]、厄普顿·辛克莱的《世界尽头》[World's End]);技术、科学和教育领域的图书(罗纳德·金的《电磁工程》[Electromagnetic Engineering]、肯尼思·切斯特的《植物疾病的性质与防治》[Nature and Prevention of Plant Disease]、詹姆斯·布赖恩特·科南特的《为了同一个世界的教育》[Education for One World]);协会的出版物(美国学术团体联合会的《民俗学研讨会论文集》[Conference on the

作为武器的图书

Character and State of Studies in Folklore]);以及零星的儿童图书(萝拉·英格斯·怀尔德的《大森林中的小木屋》[*Little House in the Big Woods*])。[92]

然而,获得批准的图书的实际出版记录并不那么"值得称赞"。截至1949年5月,显然只有第一批25种被推荐图书到达日本公众手中,总印数327,815册。民间情报教育局报告称,在版权转让之后需要六至八个月时间进行翻译,还要两个月时间用于排版、印刷和发行。延迟也困扰着日本的计划,就像在德国曾遭遇的那样。比如,在非美国的出版人开始递交官方计划项下的申请之前就得花费一些时间。或许最重要的原因是面临短缺的日本出版产业每8周只能从盟军最高司令部那里承担大约80种图书的生产量。[93]不幸的是,相当数量的获得翻译和出版批准的图书并未出版,因为它们的日本出版人没有履行与盟军最高司令部/民间情报教育局签订的合同。日本图书业始于1948年并持续到至少1950年的急转直下的状况使事情变得更糟。[94]

在对日占领的前四年出版的几乎所有书籍以及手册、报纸和杂志现在都保存在马里兰大学的麦凯尔丁图书馆,这要归功于戈登·W. 普朗格的睿智和策略,他是占领军的一名海军职员,后于1946年以平民身份成为了麦克阿瑟手下的历史研究人员,现在最为人知的是他对珍珠港的历史研究。当审查制度于1949年撤销时,普朗格安排将民间审查支队(Civil Censorship Detachment, CCD)档案中10万册左右的图书和其他出版物由他所在的大学图书馆获取保存。[95]这个收藏成为关于日本从一个尚武的军国主义国家到一个繁荣的民主国家的转变过程的信息宝库。

从普朗格藏品中一小部分美国和其他外国作者书籍的样本判断,日本出版社出版的图书出奇地好看。在平装本中使用的低劣纸张暴露了它们属于占领时期的出身,但这并不比在美国的军队版本及海外版本图

第十二章 为被占领的德国和日本而准备的图书

书所使用的纸张差很多。从其他方面看,图书的平面设计普遍引人注目。可查阅到的多数书籍的扉页或其他重要部分都以两种颜色印刷,有时甚至更多。有些图书配有精致的木版画或其他插图。例如,马修·阿诺德的《美国评论集》(Discourses in America[Amerika bunmeiren])日语版的封面是用红色和黑色印刷的,卷首还印有作者的肖像画。在安德烈·莫洛亚的《美国》的彩色平装本封面上有一幅女性裸体素描,这或许奇特地反映了它的法国来源而不是美国的图书。另一些书籍通过色彩的运用实现了它们完整的平面设计效果。例如,拉尔夫·沃尔多·爱默生的《论美国学者及其他演说集》(The American Scholar and Other addresses [Amerika no gakusha])的封面在橙色淡彩上印上了黑色文字。封面上印的是日语书名,扉页的背面页则印有英文书名。有一本路易莎·奥尔科特的《小妇人》(Wakakusa monogatari)有着迷人的彩色花卉图案的纸质封面,扉页上用绿色油墨印有两种语言的书名。这本书的另一个版本用的是绿色和红色的纸质封面。玛丽·奥哈拉的《我的朋友弗利卡》的一个版本的书后附录中的内容是盟军最高司令部推荐给日本读者的其他图书的广告。

当然,这些书非常有日本风格。样本中唯一一本英语书——詹姆斯·A. B. 谢勒的《美国:选美与名流》(America: Pageants and Personalities,东京:法制度出版社[The Houseido Press],1948年)——看起来像一本美国图书。它是一本罕见的精装书,用蓝色柔性板装订,书脊上有烫金。护封用的是红色、白色和蓝色,并有一幅插图,插图画的是穿着海军制服正举着一只轮船模型的几名年轻妇女。它看起来像是美国儿童图书应有的样子,但或许它的目标受众仍是日本成年人,他们可能会觉得这些简单的文字对他们的英语学习有帮助。

虽然盟军最高司令部将美国图书介绍给日本的工作大部分集中在

翻译计划方面,但他们也承受着努力促进英语版美国图书的商务进口的压力。1947年10月,许多杰出的日本知识分子组成了"海外出版物进口促进委员会",向联合国教科文组织寻求协助。请愿书的中心论点是"新日本……是真正民主且真诚热爱和平的",随着这个国家英语知识的扩充而要求这种语言的图书的稳定流通。在伦敦,斯坦利·昂温热情地说服出版人协会将此事提交给外交事务大臣。[96]

来自美国或其他地方的图书进口并没有遭到禁止。一个人只需要从盟军最高司令部获得一张许可证就可以进行这项生意。[97]只是由于货币限制和船舶短缺而从未在大范围内开展过这项生意。政府和各种慈善家已经给民间情报教育局的17座供日本全民使用的图书馆寄送了美国图书。从对日占领一开始,民间情报教育局就避免向盟军最高司令部信托基金要求任何有限的美元资源用来资助进口美国图书以销售给个人,因为这些美元资源可能可以更好地花在食物或其他生活必需品上。然而,截至1948年9月,民间情报教育局的官员得出结论,认为"不能再拖延对美国图书的进口安排了,即便还没有使盟军最高司令部陷入严重窘迫的情况"。盟军最高司令部经济与科学部特地游说民间情报教育局去监管可能"有助于提高日本工业技术"的出版物的进口。民间情报教育局最终愿意接受这一建议,尽管它拒绝认为盟军最高司令部信托基金应当单独用于旨在改善日本技术的图书上,并且寻求这些限制不会被强加的保证。如同民间情报教育局负责人唐纳德·R.纽金特所说:"盟军最高司令部有其他相当重要的关于世界和平和美国人民福祉的使命,而重塑日本绝不是最不重要的使命。"纽金特满怀希望地认为,对于盟军最高司令部批准的美国图书的进口而言,可以实施易货贸易系统,以日元支付进口的美国图书,然后再用这些日元购买日本的出版物出口至美国。有说法是,通过刺激日本图书的海外销售,日本就会有更多美元

第十二章　为被占领的德国和日本而准备的图书

可以用来购买美国图书。[98]

对德国的使命

如同在日本一样,在被占领的德国通过信息控制部的许可系统进行的缓慢而无效率的图书流通,同时也是美国和德国出版社之间生意往来的前提,令人极其失望。这一次美国出版人与政府之间亲密的公共/私人合作关系进行得不是特别顺利。政府和出版人都非常担心针对德国的美国图书计划可能不会成功。

为此,前战时新闻局和美国国际图书协会官员悉尼·苏尔金与其妻子兼助手伊迪丝,在麦克卢尔将军的邀请下于1947年初在美国占领区展开了为期六周的考察。军队希望来访者研究美国占领区内的出版问题,因为这些问题与对德国公民进行朝向自由思想和民主方向的再教育的计划的整体有效性相关。返回之后,萨克因夫妇报告了显而易见之事——面前的困难包括了区域内令人极为震惊的实际情况和在德国出版的低劣文学质量的书籍。

正如苏尔金夫妇了解到的,美国陆军部责备美国出版业的核心角色不愿意合作。虽然军队努力获得合适的美国图书的翻译版权,但太多的出版人、代理人和作者更愿意将德语版权出售给瑞士出版人,他们愿意支付比美国陆军部提出的250美元统一价更高的价格。军队官员坚持认为美国出版人是否协助陆军部努力对德国民众进行再教育具有必要的利害关系。根据悉尼·苏尔金所说,"重要的是认识到再教育计划的成功或失败可能在于多少好的美国图书能够在德国翻译并出版。"[99]几乎没有任何事情立刻得到改变。或许出版人看似缺失的合作源于他们在利用图书进行文化外交这个更大的国家利益上背离了与政府的团结,美国国际图书协会的失败生动地强调了这一点。

作为武器的图书

出版商继而对军事政府办公室在振兴德国图书业上的努力变得极其沮丧。美国图书出版人理事会已经接替图书出版人协会成为主要的行业组织,理事会主席哈里·F. 韦斯特强调大约 3 亿册教科书和其他图书已经在苏联占领区出现,大约 800 万到 1,200 万册图书已经在英国占领区出版,而美国占领区的出版产量只有微不足道的 250 万册。由此计算出人均仅有 1.3 册教科书,而苏联已经生产了将近 6 倍之多。不仅如此,政府获得已经选定的美国图书的翻译版权再销售给德国出版人这一系统已经陷入困境。政府已经让格林上校领导下的《步兵杂志》社参与,让它作为政府在此过程中的代理人,但格林上校只设法获得不到 300 种书的版权,截至 1948 年早春,实际上其中只有 38 种由一家德国出版社出版。韦斯特明智地认识到不仅美国企业的利益受到威胁。随着图书在苏联占领区的大量涌现,美国在这场新的意识形态战争中用自己的作为子弹的图书进行反击的能力处于极大的危险之中。[100]

韦斯特代表美国图书出版人理事会邀请了口袋图书公司的罗伯特·德·格拉夫加入另一个更大更一流的考察委员会,来针对美国占领区的情况做出报告和建议,韦斯特在罗伯特·德·格拉夫来访期间告诉他,政府由于进程缓慢受到的困扰不少。韦斯特强调了任务的公共服务方面。"我们出版业并不经常被政府征召来提供公益性的建议和经验,我个人应该希望看到我们履行这种道德责任,如果我可以这样称呼它的话,这样称呼就已经将这方面的责任强加于我们自身。假如让我来说,德国出版业的情况首先急迫需要有资质的专家进行调查研究。"因此,显而易见的是前一年萨克因夫妇的任务是无效益的,或者至少政府和行业都对它不满意。

与德·格拉夫一样被美国图书出版人理事会提名加入考察委员会的还有威廉·斯隆联合公司总裁威廉·斯隆,以及莱因哈特公司生产与

第十二章 为被占领的德国和日本而准备的图书

研究部主任 H. 斯塔利·汤普森，他曾提出了设计并生产军队版本图书的想法，还作为平面艺术专家在军队的特殊服务部工作。另一个重要的图书产业协会是美国教科书出版人协会，军队也向其征求了提名人选，它选择了麦克米伦公司总裁小乔治·P. 布雷特和 D. 范·诺斯特兰公司总裁爱德华·M. 克兰。考察委员会成员推选克兰担任主席。[101]克兰理解这一任务的重要性。它将不仅要调查图书出版和发行的"非常实际的事情"，还将涉及"包括思想冷战在内的更广泛更重要的领域"。[102]

再一次，一个由杰出的美国出版人组成的代表团远赴重洋去推进产业和政府针对图书的国际市场目标。临行前在纽约集会时，代表们得以与麦克卢尔将军交流，后者正在进行一次美国本土的巡察。麦克卢尔起草了任务声明，要求考察委员会向他建议军队目前对于重新建立"作为德国国内经济一部分的图书出版业"的政策是否可靠，更具体地说，要判断信息控制部是否正在有效运作，以及对于德国出版人和图书经销商的控制是否放松得过快。然而，有两个经常被提及的问题在这份声明中被忽略了：面对正在出现的与苏联的冷战，一个强大、独立的德国出版产业的作用是什么？以及德国读者如何可以成为美国图书的更好的消费者？[103]

代表团于1948年6月20日抵达德国。他们在那里停留了五周，在奥地利停留一周，并在回国前在瑞士逗留了几日。出版人在战时和战后承担各项海外使命的过程中已经养成的习惯，使得代表们为了出版业和国家而勤奋工作，并且暂时忽略了他们自己的生意。然而，不同于以往出版人海外代表团的是，该委员会没有研究独立的国家出版系统，无论是英国的、中国的还是澳大利亚的，而是研究了一个由各占领国绝对控制了三年转变为马上将由德国人运行的系统。代表团发现有关德国出版业的许多令人感到失望或者要批评的地方。这一次，关于代表们所了解到的情况以及他们想要建议的内容就难以达成一致了。

  为了一个民主化的德国,一个民主的图书产业如何得以建立,仅仅针对这一问题的不同意见就使委员会成员产生了分歧,从文献记录不能完全看清在哪些方面存在分歧。参与考察的出版人确实在一些基本问题上达成了共识。其中一个是"归根结底,一个稳固、自由和有效的民主出版产业是民主社会的产物而不是其原因,但出版业却也可以对动乱中的社会产生革命性的影响",可以引用狄德罗和哈丽雅特·比彻·斯托的事例作为证明。委员会担心德国图书业需要花费更长的时间才能运转良好,而这种状况与其他情况共同注定了无法实现美国图书早日源源不断地进入这个国家。他们认为如果政府放弃德国翻译计划,情况将会更糟。对于美国而言,仍然有必要为德国出版人了解美国图书的过程提供指导,从而防止德国出版人采用一种"粗制滥造"的方式出版美国图书。他们最怕的是,如果对德国出版人不控制不引导,他们会出版"许多不能展现我们最好一面而是破坏我们威望的图书,就像现今电影在世界许多地方所做的那样"。[104]看起来戈培尔的有效宣传的遗留问题和好莱坞电影展现的负面形象还没有得到彻底根除。

  斯隆被委派起草代表团的最终报告,报告中纳入了同行们基于自身专长所提供的材料(例如,德·格拉夫有关德国大众图书市场的材料)。斯隆发现撰写这份"该死的报告"是他曾经做过的最艰难的工作之一。[105]一系列个人和专业的问题也加重了他的负担。1946年当得克萨斯石油商克林特·默奇森接管了亨利·霍尔特公司之后,他离开了这家公司,因为他发现默奇森的政治和出版观念与自己的不符。他带走一些霍尔特公司的关键员工以及半数作家开办了一家小的出版公司——威廉·斯隆联合公司。[106]不久他就陷入了严重的个人财务困境。让人惊奇的是,当公司和他自己正经历如此困难的时候,他竟然同意离开公司几

第十二章 为被占领的德国和日本而准备的图书

个月,虽然提供给代表们的可观的每日津贴可能有所帮助。回国之后,他发现由于其他个人事由使他很难完成报告:生病、陪审团成员的职责、自己公司不断的危机以及美国出版业务的整体低迷。[107]但主要地还是代表团成员之间的分歧而使他受阻,分歧主要在他和他的同行之间。当斯隆接近完成报告时,他写道:"其他人希望改动这么多,对这些改动我不愿意苟同,以致整个工作必须从头开始。"[108]斯隆吃力地完成了至少另外两份草案。分歧的本质并不为人确切了解,但很可能与他的信念有关,他认为美国出版人在整体上的最佳利益以及美国甚至德国的国家利益应该胜过较狭隘的美国出版人个人或小团体的利益。[109]斯隆最终完成了这项工作,主要是使一些他不同意的观点变得中和或者恰当。"其中有许多模棱两可的话,"他承认说。[110]信息控制部官员韦普尔斯很同情斯隆在起草报告的过程中面临的困难,并完全同意他的看法,即将美国图书带给德国人的任务是长期并且"相应重要"的任务。"我与我在盟军远征军最高司令部的上级一致认为,"韦普尔斯说,"我们的武器是最慢且最难引爆的武器,但其对于非民主意识形态的影响是最具毁灭性的。"[111]

委员会的报告在1948年12月正式提交至军事首长卢修斯·D. 克莱将军处。虽然关注点集中在与美国出版人进入德国市场机会相关的建议上,但大部分建议却与增强德国出版业自身及其支持环境相关。有趣的是,后者的一些目标同样有助于实现前者的目标,包括建议德国宪法宣布教育和其他领域的国家资助出版为非法或对其严格限制。其目标是将美国占领区的图书翻译和出版水平提升至每年总计50种至75种。其他有关进入市场的建议包括鼓励和促进低价英美图书的进口;为美国图书的德语版权的竞价调拨专项美元基金,每种书最高拨款2,000美元;敦促放松对冻结的马克兑换的限制从而鼓励美国著作权的版权销售;对儿童图书和"更具代表性的美国当代小说选集"给予更多的关注;

以及寻找在苏联占领区增加美国图书交易的途径。[112]

出版人的德国之行的时机很有利,因为正值避免欧洲的经济灾难而大量注入美国金融援助的马歇尔计划刚刚开始执行。国会于1948年4月通过并由杜鲁门总统签署的《经济合作法案》是马歇尔计划的法律基础。根据此法案建立了经济合作署来管理这项计划。对于出版人而言,马歇尔计划通过经济合作署给出的承诺是加快欧洲的复兴可以及时地帮助它们寻求新市场。虽然当时还没有像后来的发展情况那么明显,但马歇尔计划帮助构架了冷战的最初阶段,这个时期使得一些"紧急"刺激措施再次出现,这些措施曾经促进了第二次世界大战时强大的公共/私人合作伙伴关系。

但至少一名信息控制部官员,即曾支持去德国的考察委员会使命的劳伦斯·P. 多尔彻认为,美国出版商由于没有完全利用在经济合作署之下向德国出口图书的机会而自己"把事情弄得一团糟"。多尔彻相信"美国图书出版业还没有向政府提供它们对于在向国外传播美国思想过程中面临的问题的独特知识"。他实际上批评该产业甚至没有就战时出版人赢得的胜利展开讨论,即图书是"一种最持久的宣传",以及出版产业应当继续与政府密切合作从而发挥自身的特殊作用。相反,由于报纸和杂志产业作为美国思想在海外的声音取得了比图书出版业更大的成功而使美国出版人黯然失色,出版人个人的努力则被视为"仅仅为了寻求帮助"。像过去一样,期刊出版社和图书出版人在向经济合作署寻求支持的竞争中都处于不利地位,因为所有这些提案与针对"铁路或肥料"的申请一起被评判。[113]因此,对于出版产业而言,所需要的是在最大程度上利用经济合作署向海外传播美国思想方面向政府提供帮助,使得图书将不会与肥料混为一谈,或许除了在使得思想开花的意义上图书属于肥料。

第十二章 为被占领的德国和日本而准备的图书

再一次，许多事情处在了风险之中。因为严格的货币限制预计在许多欧洲国家还将继续，多尔彻写道："政府必须提供协助，而且必须在认识到它是对思想进行投资而不仅仅是给图书业发放补助的情况下提供协助。"[114]斯隆提供了帮助，但在他的观念里自身产业的良好运作至少与思想投资同等重要。他告诉多尔彻，除非图书业自己想出如何出口美国思想，否则，"杂志男孩们仍将得到所有的钱"。[115]

与此同时，为了解决如何获取经济合作署基金的问题，一些行动正在进行之中。图书行业三大重要协会——美国图书出版人理事会、美国教科书出版人协会和美国大学出版社协会——正在共同努力以让华盛顿了解他们的担忧。某些障碍使得最佳使用经济合作署基金特别困难。首先，根据斯隆所说，给经济合作署提供的图书必须"按成本价，不考虑利润"。尽管将图书视为推动国家文化外交时这种说法是有道理的，但几大主要出版人（大部分专营技术图书）包括麦格劳-希尔公司、麦克米伦公司、范·诺斯特兰公司以及威利公司不情愿参与马歇尔计划，具有讽刺意味的是，他们不参与的前提是如果他们没有得到与其他产业同等的对待。至少麦格劳-希尔公司和麦克米伦公司认为他们大到足以通过自身手段在海外业务中获得良好份额。更糟糕的是，时代公司和读者文摘有限公司已经设法将"按成本价"进行了有利于杂志产业而非图书产业的解读。第二，利用经济合作署基金涉及大量繁文缛节。斯隆引用的事例是，一个欧洲国家向经济合作署申请80万美元购买美国图书，却发现将要通过大约4万个独立的采购订单来实现。[116]这些做法可能已经很好地暗示了杂志和报纸出版人要成为国际上更大出版因素的决心，它们已经通过战争期间为遍布全球的美国军队出版它们的出版物而获得了一些经验。[117]

伴随马歇尔计划进行的1948年货币改革，对于德国出版业而言是一个标志转折点的事件,如同它对于德国人生活的整体影响那样,但它也给美国和德国出版人造成一些不利。一旦货币稳定,出版人和图书经销商已经贮存的图书在那一天就可以出售。政府对诸如纸张等商品的控制被取消。出版人可以自由地满足读者的愿望而不仅是讨好当地的信息控制官员。对于情节轻松的小说、旅游和其他娱乐图书的需求在增长,却是以一些更加严肃的文学类书籍为代价的。政治作品成为市场累赘。一位出版人仅售出了阿瑟·库斯勒的《正午的黑暗》(*Darkness at Noon*)首印10万册中的2万册。最令人泄气的是,相比之前,货币改革之后公众在整体上似乎更不情愿购买图书。[118]原因之一是控制的消除使他们同样可以获得许多其他消费品和娱乐选项。[119]然而,一个充满希望的迹象是马克稳定之后一些移民作家的归国使新的德国作品的出版前景变得光明。[120]尽管这对于德国文化的重生肯定是好的,但它会对美国文学造成更多竞争。然而,如果有什么要说的话,那就是变化的环境强化了美国政府援助美国图书进入冷战德国的理由。

另一项于1948年颁布的立法提高了上述政府援助图书的机会。这项立法不如创立了马歇尔计划的法案那么重要,但它对于美国在海外的信息活动的继续和美国图书流通过程中某种形式的公共/私人合作的继续至关重要。这就是由哈里·杜鲁门总统于1949年1月下旬签署的《史密斯－蒙特法案》(正式名称是《美国信息与教育交流法案》)。这项法律批准继续实施和平时期海外信息计划,为杜鲁门在战时新闻局和美洲事务协调员撤销之后批准的临时计划提供了合法性和类似的永久性。《史密斯－蒙特法案》是建立美国新闻署的立法基础,美国新闻署成为半个世纪内美国宣传和公共外交的平台。[121]但是美国新闻署的建立是在五年之后。

第十二章 为被占领的德国和日本而准备的图书

由占领德国和日本的军事政府实施的图书计划与美国人期待的成功相比还存在相当大的距离。许多适用于欧洲的相同因素也阻止了美国图书计划在日本实现其所有目标。贫穷随处可见。纸张、机器、劳动力、资本和硬通货的短缺阻止了德国和日本出版人以及普通大众购买美国出版人和政府所期望售出的美国图书数量。一旦消费者市场开始恢复正常,图书经销商不得不与其他形式的娱乐和精神补品为顾客手中的马克和日元展开竞争。在这两个国家,美国军事政府对出版业的严格监管的必要性令人沮丧地推迟了美国和外国出版人之间开放且不受限制的版权买卖,这种版权买卖在曾被侵略的欧洲国家已经发生。在德国的美国图书官员不得不与被划分成的四个德国占领区展开竞争。具有讽刺意味的是,他们的同行在中央集权的、美国占领下的日本不得不协助盟国推广它们的图书并与美国图书展开竞争。尽管如此,美国在总体上仍然成功地在日本引入了一个更自由、更民主的出版系统,如同它在德国取得的成功一样,并且成功地使这两个国家在随后的冷战时期基本上成为美国的好朋友和可靠的同盟。

结语　1948年以后美国图书的海外拓展

第二次世界大战之后美国图书占据"世界书架上有利位置"的尝试经常受到栏架、坑洼、水灾和竞争者的手肘的阻碍。不久便清晰可见的是，这场竞赛是一场马拉松而不是一次短跑赛。尽管政府和出版人都以热情顽强的战时努力为不断增长的海外业务打下基础，但由于贸易壁垒、货币困难和北美以外世界普遍的贫穷，实体图书和版权出口遭遇的阻碍令人却步。早期在被占领国家的进展尤其缓慢，军队在那里几乎完全控制了这个过程，并且对即兴创作的限制最大。在德国，美国军事政府缓慢地使德国图书出版产业得以恢复并将一大批美国图书放进公民手中。驻日盟军最高司令麦克阿瑟将军在日本的总督任期内也没能做得更好。

随着第二次世界大战胜利结束这一紧急情况，并不是所有美国图书出版人都愿意与政府维持亲密关系，就像他们在战时图书委员会和战时新闻局那段令人兴奋的日子里曾经与政府建立的关系一样。这意味着，出版人对于由战争激发的外国市场的兴趣并没有熄灭。总体而言，美国图书的国际影响力持续在扩大，甚至在海外推广图书过程中的公共/私人合作关系虽然不坚固但也远没有停止。

1948年以后的图书出口与版权销售

1948年以后，美国图书的出口和外国版权的销售都有可观的增长，

结语 1948年以后美国图书的海外拓展

尽管偶尔出现起伏。可以肯定的是,出版人对于国外业务的兴趣连同他们的努力一起在增长。然而,仅有努力并不总是足够的。在国内业务之外,对外贸易的成功或失败取决于诸多外在因素。海外市场条件,比如外国货币相对美元的价值、关税、审查制度和转变的品味,都可以——也确实可以——挫败崇高意志、决心和艰苦工作。[1]

许多出版人采取措施以制度化、专业化,并致力于扩大他们的图书出口和对外版权销售的业务,即使是在20世纪40年代中期大量补充精神食粮的热潮退却之后。那些面临持续不断的货币、关税和外国卡特尔问题而坚持不懈的人通常能赢得相当大的成功。自20世纪50年代开始,最巨大的外国收益趋于由出版教科书和技术类图书的公司获得。它们是像约翰·威利父子出版公司和麦格劳-希尔这样的专业出版社,一直致力于改进自身向国外顾客进行销售的能力。尽管哈珀兄弟公司作为一家更传统的大众图书出版社,但它有着强大的技术项目,成为了海外市场营销的先导者。

到20世纪50年代中期,麦格劳-希尔在国际方面付出的努力已经有了相当幅度的增长。在澳大利亚、巴西、法国、德国、印度、古巴、日本、智利、墨西哥、菲律宾、丹麦、瑞典和挪威或者设有其出口部的分公司或者派驻全职代表,另外还在其他23个地区设有兼职特约记者。公司成功地使大约1,300种教科书被41个海外国家选用。年度图书总出口销量达到100万册,共约3,500个品种。[2]

虽然威利公司将在伦敦开设业务的计划推迟了,但它仍战略性地关注着海外市场。20世纪40年代末,马歇尔计划的金融刺激使得在欧洲有效率有利润地开展业务的前景变得光明,而指定用于重建欧洲基础设施的款项增加了威利公司出版的关于工程的实用类书籍的需求。截至20世纪50年代中期,在国内收入连续几年停滞不前之后,对外业务变成了"演出明星",一位撰写正式的该公司历史的作家如是说。截至1956年,公司的销售总额已经落后于1948年创造的纪录。但是海外业务份额却增长至总销量的21%,并且海外销售的49%是教育类图书,这些销售全部高度集中于讲英语的国家。几年以后,在1960年,公司通过授予约翰·威利父子有限公司特许经营权而继续其建立海外分支机构的目标,并在英国开设了公司和一家仓库。[3]

基于各种业务模式而在墨西哥城、里约热内卢、悉尼、东京和新德里建立的分部或子公司帮助威利公司在澳大拉西亚和拉丁美洲销售他们的图书。到20世纪60年代初,威利公司已经在澳大利亚建立了"完备的存货设施",这使得他们在那里以及整个西南太平洋地区在价格上比以前更有竞争力,因此至少部分解决了爱德华·汉密尔顿在1945年的出版人代表团访问期间观察到的定价困境。同样有趣的是威利国际版本的发展,那是面向发展中国家大学生的几百种标准教科书的低成本重印,是对英国的出版与营销创新的一种直接模仿。20世纪70年代末,该公司开始了一个被称为"阿拉伯图书"的阿拉伯语翻译版本和阿拉伯语原著版本的新系列。它也朝着在中国取得一个立足点的方向迈出了最初的脚步。[4]

战后对外贸易最热烈的探求者之一是建立于1817年的德高望重的哈珀兄弟公司。这家公司通过1962年的合并成了哈珀与罗(Harper & Row)公司,出版教科书和专业技术资料以及大众图书。20世纪50年代,哈珀公司尤其对培育亚洲和太平洋市场感兴趣。为了实现这个目标,它首先与名为太平洋图书供应公司的实体建立密切的金融联系,这家公司的总部设在纽约,在印度尼西亚的雅加达有一个办事处,在那里它与一家当地公司结成联盟。太平洋图书供应公司为各种美国图书在东南亚构想了巨大的潜在市场,并将进驻印度尼西亚视为一种入场权。

结语　1948年以后美国图书的海外拓展

利他主义与利润动机结合在一起,这可以从公司经理关于"美国图书可以帮助这个崭新而雄心勃勃的年轻国家成长"的信念得到证明。[5]哈珀公司总裁卡斯·坎菲尔德以董事会主要外部成员的身份积极参与市场开拓。后来,太平洋图书供应公司的兴趣从印度尼西亚扩展至泰国、缅甸、印度和巴基斯坦,英国对这些地区的图书发行控制正显示出减弱的迹象。[6]

正如罗斯福执政时期的"睦邻政策"激发了出版社和其他企业对拉丁美洲市场的梦想一样,20世纪60年代初约翰·F. 肯尼迪总统的"进步联盟"和"美国国际开发署"也同样如此。这些刺激政策帮助增进了哈珀公司对于格兰德河以南和其他地方的兴趣。哈珀与罗公司在1963年设立了一个国际部来处理出口和版权方面的对外业务。一家英国公司——哈珀与罗有限公司在伦敦建立,以便在英国销售没有被英国出版社出版的该公司的图书,以及公司在欧洲和中东不受制于地盘权利竞争的全部书目中的图书。除此之外,公司在澳大利亚设立了发行和推广中心,在东京设立了附属公司,并在墨西哥设立了发行中心。为了在贫穷的、正在兴起的国家赢得市场,这些中心发行哈珀国际系列图书,即英语版的哈珀公司精选图书的便宜平装本,以迎合当地需求。另一个固定项目是英语版的科学和技术类图书的出口贸易。

哈珀公司设立了一个专门管理日益增长的国外版权交易的部门,即针对英国出版人的英语版本重印版权和针对其他国家的翻译版权。[7]内部重组和新流程也开始实施以使这种交易回报最大化。对过程的监督交由一名员工单独负责,以改善以前相当松散的责任和交流方式。例如,编辑受到告诫不要对第一个表示感兴趣的国外出版人许诺一本具体图书的版权,而是要鼓励来自几家公司的版权申请并"等待我们能为某部作品拿到的最佳的财务报价和出版人组合"。他们也被强烈警告即使是暂定的报价提议也必须告知版权经理。公司继续细化、集中版权的无数种排列组合情形的记录，这项职责是为了防止公司员工在与代理人、出版人和译者打交道时发生混淆。这种记录长久以来被保存在卡片档案里，但它们从未完全防止混淆以及有时候代价高昂的失礼，比如向一位国外出版人出售它其实并不拥有的版权，或者——造成斯坦利·昂温公司的困扰——在它被限制的地盘上销售它自己的图书。截至1972年，哈珀公司已经将这些版权档案用计算机进行处理。当公司在某个国家不拥有版权时，这个计算机系统甚至具备自动取消来自这个国家的针对某本书的订单的能力。[8]

尽管哈珀公司的国外版权销售数据包含空缺并且显示的美元金额没有做通货膨胀调整，但这些数据仍然揭示了1960年至1975年期间在活动、销售和收入上的稳固增长（这些年关于英国和国外翻译版权的数据都可以获得，1968—1970年是一个空白期）。在此期间从国外版权销售获得的总收入增长超过800%，从62,702美元增长至216,070美元。与英国出版人的交易占总收入的比例的范围从大约四分之一到将近40%。公司的收入份额（扣去代理人、作者和其他版权持有者的收入之后）在20%到37%之间变化。1975年的这一份额是1963年的六倍多。根据每年签订的合同数量进行衡量，公司版权部门的活动在此期间也同样有所提升，只是不引人注目。员工在1975年谈成了290份合同，是1962年数据的两倍多。[9]

将哈珀公司的版权销售收入与整体的贸易收入进行比较是困难的。在美国商务部于2001年开始追踪统计数据之前（虽然数据直到2003年之后才公布），关于向海外销售的美国出版版权的价值是没有产业范围的统计数据可以获得的，这些数据也容易被低估。收入数据显示版权销售在三年期间有所下降：2001年为2.98亿美元，2002年为2.74亿美

结语　1948年以后美国图书的海外拓展

元，2003年为2.3亿美元。一本美国图书在国际出版集团的各种国家品牌内部的国外版权转让是否被统计在商务部的数据之中尚不清楚，但有关出版产业统计数据的一名权威人士认为，这可能是商务部公布的数据相对较低并持续下降的一个因素。[10] 对于更早时期，只有估计数据可以获得。这些估计数据显示了一个明显向上的轨迹，从1970年的大约1700万美元到1990年的3亿至4亿美元之间。[11]

在哈珀公司，转让的翻译版权从南非荷兰语到南斯拉夫语，每年的收入金额变化很大。例如，法语版权在1959年和1960年仅仅带来约1,500美元收入，但1961年为1万美元。截至1967年，只有常见的欧洲语言和日语被分别记账，"其他"语言被归并在一起，收入金额通常低于总收入的10%。德语通常是转让的外语版权中收入最高的语言。截至20世纪70年代初，国外版权部分别展示了所有语言的授权，包括那些较陌生的语言如南非荷兰语、阿拉伯语、孟加拉语、希伯来语、朝鲜语、泰国语和越南语。很可能更详细的语言授权展示所回应的并不是来自第三世界的业务增长，而是事件，例如越南战争，以及公司想要表明它全心全意帮助发展中世界的冷战斗争的承诺，与它一同帮助发展中世界的还有诸如美国新闻署和富兰克林图书计划等政府和准政府机构，富兰克林图书计划是为不结盟国家的出版人提供翻译和出版资助的非营利性团体。

哈珀公司是向美国新闻署和富兰克林图书计划销售图书版权的诸多公司之一，这些美国图书用于为不结盟国家提供的翻译计划。哈珀公司向美国新闻署销售了至少48种——也许更多——图书的版权，同时向富兰克林图书计划销售了7种书的版权。[12] 约四分之一是英语版本的版权，主要用于印度。约有5种是西班牙语或葡萄牙语的翻译版权，更有可能针对的是拉美市场而不是伊比利亚市场。其余的是发展中世界的重要语言的翻译版权。图书主题涉及美国历史、政治、国际关系和社会思想等可预见的领域。

由商务部汇编的关于战后美国图书出口的统计数据是产业范围层面上的最好体现。从1945年到1955年,出口值增长约150%,从至少1,250万美元到3,100万美元。[13]后来的1970年至2005年期间,出口从1.749亿美元增长至19亿美元,增长了将近1,000%。每年数据的波动受到不断变化的世界货币价值的影响。[14]这里同样地,出口很可能被低估,因为许多通过邮寄或速递承运人发往海外的少量图书被商务部的表格所忽略或排除了。出口数字应当提高约50%以弥补低估的部分。[15]总之,考虑到来自互联网以及有线和卫星电视的日益加剧的竞争,美国图书在2005年的出口总额接近19亿美元,这几乎是一个微不足道的金额。

政府与出版人关系的变迁

20世纪50年代,紧随着马歇尔计划和美国新闻署的建立,出版人最初在战后努力使其海外市场营销的尝试合理化和制度化的行动在政府支持下被再次激活。与针对苏联的意识形态斗争相关而不是与美国出版业在海外的推广相关的宣传和文化外交是政府的主要目标,对于出版人而言,这意味着纯粹市场营销意义上的宣传目标较少。以上这一点,以及至少对于出版人而言冷战似乎从未上升至第二次世界大战那样的紧急状态程度,因此在出版人队伍中产生了相当多的怀疑。[16]简而言之,政府与出版人之间的关系从20世纪50年代到现在有冷有热。

冷战合作中最重要的是富兰克林图书计划,该计划为针对中东、亚洲和非洲的不结盟国家人民的图书提供翻译资助和出版资助。[17]1952年,富兰克林计划在国际信息局(美国新闻署的直接前任)的鼓动下作

结语 1948年以后美国图书的海外拓展

为一个非营利性团体设立,它收到了政府以合同形式提供的资助,也收到了来自图书业、美国基金会以及它设有分公司的各个国家的政府的支持。美国国际开发署后来发挥了重要的资助作用。

富兰克林行动与战争期间战时新闻局在海外版本方面的工作有许多有趣的相似之处和不同之处。不同于海外版本,富兰克林图书计划是为第三世界准备的,而不是针对从纳粹噩梦中摆脱出来的欧洲文明的核心国家的。战时新闻局依据非常具体的宣传目标为海外版本选择书目。而富兰克林图书计划则允许目标国的团体来选择要翻译的图书,以满足"美国正在尝试以许多其他方式提供的人民的需要和渴望",富兰克林图书政策声明草案这样写道。这种非帝国主义的选择方式——很容易导致海外出版物偏离美国新闻署的正统观念的方式——激怒了美国新闻署,它继而减少了资助。如同战时新闻局,富兰克林图书计划的焦点在很大程度上在于当地精英,但当地精英主要是作为在选书和翻译方面的知识推动力量而不是作为主要的预期购买者。另一点不同在于富兰克林图书计划希望以协助本地图书产业发展的方式对参与计划的国家的现代化给予援助。虽然鼓励欧洲和亚洲国家本地图书业的早期恢复是战时新闻局的一个目标,但这个机构还没有将现代化作为使命。战时新闻局的计划中无论什么样的"本地发展"方式的元素都是次要而非主要的,是谋私而非利他的。

存在了超过四分之一个世纪之后,1979年,财务困境导致了富兰克林图书计划的正式解体。该组织留下了一种混杂的遗产。它或许在受援国家的出版业现代化方面做的很少。虽然不清楚富兰克林计划设法为其读者带去多少书籍,但最终它确实帮助一些重要的美国图书的译本在敏感地区可以获得。总体上,该计划监督了超过3,000种图书的翻译和出版。这个团体在其存续期间花费了超过1亿美元,多数花费的是外币。将近80%的款项来自与外国政府的合同以及赚取的收入。美国的政府资源贡献了剩下的大部分。富兰克林计划的终止中断了一系列虽然通常商业上不可行但却很重要的美国图书的译本进入其东道国。该计划中以阿富汗、埃及、沙特阿拉伯、伊拉克、伊朗和巴基斯坦为目标国家的阿拉伯语、波斯语和乌尔都语的图书翻译当然成为富兰克林计划破产的受害者,我们只能猜测这对于21世纪初所产生的后果。

作为富兰克林计划的主要赞助者,美国新闻署在使用图书作为冷战公共外交方面保持政府的控制力,虽然努力和成功的程度有所不同,并且关于其自身的继续存在经常成为国会辩论的一个主题。根据美国文化外交的一位老兵的观点,在某种程度上,美国新闻署与包括图书出版人在内的商业媒体进行竞争,但私人部门"总体上默认这种安排,尽管与美国新闻署活动维持一种保持距离的关系以避免被公众与政府宣传画上等号"。[18]特别是通过美国新闻署,山姆大叔成为美国图书出版人的一位非常好的顾客。仅仅在1950年至1969年间,该机构负责发行了超过1.3万个品种的1亿册图书。[19]随着战后政府将宣传重点从欧洲和日本转移到更穷的不结盟国家,出版人大体上都愿意让政府在那些地区对他们的活动进行补充并且经常提供经济担保。出版商无法在拥有软通货且只能负担最便宜图书的顾客的地区展望巨大而持久的市场,至少在没有政府援助的情况下无法展望。正如一位学者所说,"文化冷战赢得了自由市场,但不是因为自由市场才赢得文化冷战",因为"美国新闻署只在美国商业媒体看不到利润的地区运作"。[20]

另一个联邦机构中央情报局更加臭名昭著地暗中参与了各种图书计划,其中包括一项重大任务,即通过巧妙地将反共产主义的图书放到铁幕背后各个国家的精英手中以使海外版本公司的市场战略产生回响。中情局也秘密地资助既有出版社出版像弗雷德里克·普雷格的书,这些书被认为对意识形态斗争有帮助。中情局通过各种真实或虚假的基金会支持自身大量的秘密工作。虚假基金会之一是法弗德基金会,坐在它的"橡皮图章董事会"位置上的是哈珀公司总裁卡斯·坎菲尔德。[21]第二次世界大战期间政府与出版人之间的联盟曾经更加公开,并且建立在对图书的文化价值的共同信心之上。调查研究不时得以展开,结果是呼吁增强政府与出版人的关系。[22]冷战期间这种合作关系在很大程度上处于地下状态,并在苏联帝国崩塌后迅速失去其相关性和紧迫性。

美国图书出版的国际化

从军队卡车和吉普车运载着数百万册美国图书压过有车辙的道路驶向刚刚得到解放的热切民众的时代,到美国图书确实能够在世界各地的书架上找到的时代,这个进步过程并不像战时新闻局和战时图书委员会的计划设计师们渴望和期待的那么直接和明显。虽然太多的障碍——许多目标顾客国家持久的贫穷(尤其是对冷战宣传非常重要的不结盟的第三世界国家)、业务衰退、货币限制、贸易壁垒、地缘政治——横亘在国际图书业务不可阻挡、趋向上升的发展道路中,但由战后繁荣的国际版权贸易激发的极度喜悦之情使得它看起来如此有希望。即使海外条件改善了,处理出口和国外版权销售的复杂性(这种复杂性曾经使许多战前的出版人祈祷这种零散的海外订单可以被吹到他的办公室窗户外从而让他免于填写它)仍然保持了许多年,虽然计算机技术和全球即时通信的兴起无疑已经使这种工作变得更容易并且不那么易于失礼。

尽管如此,但1948年之后美国图书在海外市场的增长仍然令人印象深刻。这要归因于一系列因素。海外版本和跨大西洋版本的推出当然是因素之一,还有其他的平装书革命表现形式,如军队版本(其中许多被留给当地人阅读),以及美国平装本系列的总体成功和提高的声誉,譬如口袋书系列、巴兰坦系列和新美国文库。从海外版本和跨大西洋版本到美国图书在海外的存在力量的进程并不是直线的,但战时公共与私人的合作唤醒了出版人从未丢失过的对于国际业务的愿望。国外对于新型美国大学教科书的旺盛需求也对海外市场的增长做出了贡献。这些美国高等学校教师与出版人的共同产物由于美国高等教育爆炸式的增长在国内得到了巨大提升,大部分要归功于《退伍军人安置法案》。当国外高等教育开始模仿美国模式,包括学生群体的增长和民主化以及新课程的引入,对美国教科书以及科学、医药和技术作品的需求随之增长。在海外,很多情况下得益于美国政府援助的美国研究项目的兴起,也为美国历史、文学和相关学科领域的图书创造了需求。英语作为一种世界语言的扩张使这一切成为可能。战时和战后不久,这门语言的拥护者,例如斯坦利·昂温和弗雷德里克·梅尔彻,也为此做出了一些贡献。类似的,国外的大学和其他图书馆的增多也增加了对美国图书的需求。

1978年《英国传统市场协议》的废除为美国的市场营销清除了一个巨大障碍,涉及的地区包括历史上讲英语的国家如澳大利亚,以及发展中国家如印度,在那里英国殖民者曾比竖立英国国旗还要坚定地进行英语语言教育。昂温曾经捍卫了如此之久的1947年协议的终结,导致在美国庆祝从英国独立200周年时美国司法部恰当地提起了诉讼。这种转变使美国出版人更容易向全世界发行那些通常很昂贵的合作出版的英语图书,对这些图书没有一个单独的市场可以证明其成本。随着越来越多的美国出版人出席莱比锡的替代者法兰克福书展,像这样的复杂项目可以面对面地解决。法兰克福书展也是买卖国外翻译版权和其他版权的场所,这对大众图书出版应尤其重要,即便是非大众图书自20世纪50年代以来占了国际销量的大多数。[23]

结语 1948年以后美国图书的海外拓展

战时图书计划为美国图书在海外的长期扩张做出了贡献，虽然它们不是全部原因。战后美国作为超级大国地位的提升以及由此产生的经济和文化霸权，无疑使美国图书在全世界得以推广，同时在全世界得以推广的还有美国音乐、电影和电视，更不用说李维斯、麦当劳和米勒淡啤了。

除此之外，美国出版业的总体风貌发生了剧烈变化，这种变化始于20世纪60年代第一轮现代合并，随后是大型国际传播集团的建立，这些传播集团虽然在海外受到越来越多的控制，却在某种意义上证实了20世纪40年代出版商和政府鼓吹者们预测的美国图书在海外的重要性和收益率。具有讽刺意味的是，今天一批外国媒体巨头控制了许多美国大众图书的出版，例如德国的贝塔斯曼拥有兰登书屋，它在更早时候合并了克诺夫以及其他领先的美国出版社。改述一下老的雷明顿电动剃须刀的电视广告，可以说贝塔斯曼一定太喜欢美国图书了，他甚至买下了整个公司。

然而，在另一个层面上，全球经济增长已经将图书出版的风貌改变至如此的程度，以至于关于什么构成了一本美国图书这一概念变得毫无意义。类似的还有出口和进口的概念。现在美国图书出版业的地理分布包括美国自己拥有的进行国际化操作的公司以及在美国出版图书的外国公司。这些变化也影响了统计数据的准确性。一本美国人撰写的由跨国的出版公司比如贝塔斯曼出版的小说，其不同版本的价值应该如何归属并且归属到哪个国家名下？由于1978年版权法降低了对美国批量生产的标准，由美国出版社出版但在比如中国印刷的图书的价值已经被算作一种进口。[24]

战时图书委员会和战时新闻局的人们也许在如今的出版世界里感觉并不那么自在，因为如今的出版世界强调收益和企业协同增效多于卓越品质和文化价值，并且它所强调的大众图书市场营销是以更有鉴赏力

作为武器的图书

和影响力的顾客为代价的。最早的公司集团化的案例之一迫使威廉·斯隆在1946年离开亨利·霍尔特公司去设立自己的公司。当得克萨斯石油大亨克林特·默奇森买下霍尔特公司时,斯隆意识到自己无法为一个"有着肮脏历史和对出版没有一丁点儿兴趣"的人工作。当他后来领导罗格斯大学出版社时,他绝望地发现就连大学出版社都开始在出版的最高的价值上让步。[25]切斯特·克尔也离开了大众图书出版界并在耶鲁大学出版社找到了他一生钟爱的工作。在我们的时代,即使在多次集团化合并和收购浪潮之后,一些出版人仍在惋惜已经几乎消失的曾经的世界。与此类似,20世纪下半叶,由贾森·爱泼斯坦(《图书业务:出版的过去、现在与未来》[Book Business: Publishing Past, Present, and Future],2001)和安德烈·希夫林(《图书业务:国际企业联合体如何接管出版业并改变我们的阅读方式》[The Business of Book: How International Conglomerates Took Over Publishing and Changed the Way We Read],2000)撰写的关于出版业主题的论著弘扬了20世纪40年代的出版人、图书经销商和图书管理员所珍视的价值。

政府与出版产业合作的最佳状态,即战时合作以及冷战时期的类似合作,为自由市场的缺陷提供了一个重要支撑。从历史的角度来看,当政府愿意资助具有高尚文化外交价值的美国图书时它为出版业提供了最佳的服务,否则这些图书将无法到达外国海岸,而当政府尝试代为在海外开展业务的出版人的一个"安排者"时,或者如一名贸易官员在20世纪50年代所说,通过"克服各种图书出口的阻碍"帮助出版人的时候,它也为出版业提供了最佳服务。[26]如同在德国的美国图书计划官员劳伦斯·P. 多尔彻在1948年所强调的,政府"在认识到它是在对思想进行投资而不仅仅是给图书业发放补贴的情况下",还得偶尔帮助美国图书的对外出口,以免生疏于此事。[27]

结语 1948年以后美国图书的海外拓展

美国图书在海外的传播成功赢得了人心和思想并使其他人的宣传减弱了吗？也许是也许不是。如果美国文化的模式化形象没有太过频繁地在海外宣传并且至少有一些真实性的话，或许结果会更好。有人回忆起1943年访问美国的三位英国出版人强烈表达的看法，他们认为美国人对其他人的观点充耳不闻，同时美国出版人在扩张其国际市场过程中的进攻性掩盖了可以使美国人被全世界憎恨的一种更广泛的帝国主义。第二次世界大战之后的数年里，由于美国参与了许多其他国家的人民都不想参与的战争，其在海外的声誉似乎遭受了严重损害。但也许美国图书在海外的缺失会使事情更糟，尤其如果许多最糟糕的其他形式的美国文化在国际上自由传播的话。

当下的中东冲突引起了有关美国的海外形象的令人不安的问题，这也许和第二次世界大战前后的那些问题一样重要——令三位英国出版人感到不安的许多这类形象问题。在世贸中心和五角大楼的"9·11"恐怖袭击事件之后，美国受到的广泛同情和支持是短暂的，并且在入侵伊拉克之后遭受严重打击。正如戈培尔对他关于美国社会的粗俗和文化低劣的观点进行大肆宣传的影响一样，自那时起许多在海外的人对美国的动机表示怀疑，并对美国的习俗和文化不屑一顾。

乔治·W. 布什政府在其三心二意的振兴公共外交的尝试中挣扎。就连国防部长唐纳德·拉姆斯菲尔德也在2006年对陆军战争学院如此说道："如果让我打分，我会说作为一个正在参与世界上进行的思想战役的国家，我们在其中的表现可能只能得到'D'或者'D⁺'。"[28] 前美国新闻署的职业顾问及美国富布赖特协会主席理查德·T. 阿恩特在他2006年所著的《国王的第一诉求：20世纪的美国文化外交》(*The First Resort of Kings: American Cultural Diplomacy in the Twentieth Century*)一书中全面回顾了这种外交风格的起起落落。《纽约时报》的专栏作家尼古拉斯·D. 克里斯托夫也曾呼吁通过外交恢复美国的"软实力",他在强调"美国在军乐团里的音乐家比它的外交官多"之后,认为对军事工具的过度投资和对外交投资不足的后果是"一种引起世界其他地区反感并在处理许多现代问题上无效的畸形外交政策"。[29]

这是一种耻辱,如果不是一件丑闻的话。当然,图书只是文化外交计划的一部分,但从历史的角度来看,它们一直是一个重要部分。美国在这个领域的撤退导致的最令人惋惜的结果之一是全球的美国新闻处图书馆的关闭,在那里当地出版人和读者可以体验一部分美国最好的图书,或许也会留意购买版权或进口书册。将资助出版的美国图书投入国外市场的计划则更早就终止了,但有迹象显示这两种图书计划可能复苏。

富兰克林图书计划在20世纪70年代末的终止切断了中东地区阿拉伯语图书的重要源头。然而,在21世纪的第一个十年,一些个人的新方案已经开始尝试纠正这种情况。例如,萨伯瑞基金会已经收集了出版人捐赠的图书——大部分但不完全是科学和技术图书——并将他们运送到伊拉克的大学里。[30] 萨伯瑞基金会已经获得了一些联邦支持,但这个计划没有回应对于普通民众想要阅读的代表美国思想和文化精髓的图书的翻译版本的需求。然而,由密歇根大学中东研究专家胡安·科尔教授建立的全球美国文献研究所(Global Americana Institute)正在尝试通过它的美国文献翻译计划来做这件事。科尔建立这个组织,是由于美国新闻署实际上的资金撤回及其并入国务院,以及中东地区的美国新闻署图书馆的关闭,"坦白讲,在通过政府和基金会得到有关美国对于世界其他地方究竟是什么的信息方面,我们已经失败了"。

科尔的计划是翻译并出版一些有关美国政治及社会思想的重要作品,包括建国之父的作品以及后来的诸如亚伯拉罕·林肯、苏珊·B. 安东尼、约翰·杜威、W. E. B. 杜波依斯和马丁·路德·金等人物的作品用以在中东销售。富兰克林图书计划,除去使本地出版产业现代化的工作之外,它就是科尔计划的模板。该项目进展十分缓慢。截至2009年10月,他手中持有托马斯·杰斐逊作品选集的完整译文,但仍然需要在中东为此译文找到一位出版人。[31]有人也许会质疑这样一个计划有何种效果,特别是在一个图书被视为落后于作为国际舆论塑造者的电子媒体的时代。然而,至少对于处在发展阶段的危机重重的国家中的舆论制造者而言,这或许有助于使他们可以获得一些有关美国民主传统的具有代表性的图书的译本,特别是由于这些地区互联网接入更不完备。在中东大多数地区,市场几乎不可能繁荣到足以使图书出版成为一个纯粹的商业冒险。因此,正如政府资助美国出版人为遭受战争创伤的欧洲和亚洲的那些当时负担不起的人们提供图书一样,针对商业潜力较小的地区的资助图书计划也可能是一个好主意——作为一个权宜之计来由胡安·科尔基金会实施,但最终要得到一个政府机构的支持。

在21世纪初复杂而紧张的世界中,为了具有代表性的美国图书的出口而采取的公共/私人模式可能仍然证明是有效的。巴拉克·奥巴马总统及其国务卿希拉里·罗德姆·克林顿公开表明要在国家的外交中增加软实力的途径。图书难道不应该成为国家工具的一部分,并再次成为思想战争的武器吗?

附录 A 海外版本系列（OE）和跨大西洋版本系列（TE）

作者	书名	语言	系列	编号	版权日期	原著出版社	是否纳入军队版本？
赫伯特·阿加（Agar, Herbert）	《伟大时代》(Keerpunt der Tijden)	荷兰语	TE	USBK/H/54	1942	利特尔和布朗出版社	A-21
	《伟大时代》(A l'échelle de l'époque)	法语	TE	USBK/F/54	1942	利特尔和布朗出版社	A-21
汉密尔顿·巴索（Basso, Hamilton）	《主流》(Mainstream)	英语	OE	E-2	1943	雷纳尔与希契科克出版公司	No
卡尔·L.贝克尔（Becker, Carl L.）	《更好的世界有多新颖?》(How New Will the Better World Be?)	英语	OE	E-7	1944	阿尔弗雷德·A.克诺夫出版社	No
	《更好的世界有多新颖?》(Quel sera le monde de demain?)	法语	OE	F-7	1944	阿尔弗雷德·A.克诺夫出版社	No
	《更好的世界有多新颖》(Die Welt von Morgen)	德语	OE	G-7	1944	阿尔弗雷德·A.克诺夫出版社	No
斯蒂芬·文森特·贝尼特（Benét, Stephen Vincent）	《美国》(America)	英语	OE	E-21	1944	法勒-莱因哈特出版社	N-3
	《美国》(Amérique)	法语	TE	USBK/F/50	1944	法勒-莱因哈特出版社	N-3
	《美国》(Amerika)	德语	OE	G-19	1944	法勒-莱因哈特出版社	N-3
	《美国》(America)	意大利语	OE	I-5	1944	法勒-莱因哈特出版社	N-3

（续表）

作者	书名				出版年	出版社	编号
凯瑟琳·德林克·鲍恩(Bowen, Catherine Drinker)	《来自奥林匹亚的美国佬》(Yankee from Olympus)	英语	OE	E-15	1943-44	利特尔和布朗出版社	P-32
	《来自奥林匹亚的美国佬》(Olympien d'Amérique)	法语	OE	F-15	1943-44	利特尔和布朗出版社	P-32
	《来自奥林匹亚的美国佬》(Der Yankee vom Olymp)	德语	OE	G-15	1943-44	利特尔和布朗出版社	P-32
D. W. 布罗根(Brogan, D. W.)	《政治文化》(Politische Kultur)	德语	OE	G-23	1945	阿尔弗雷德·A. 克诺夫出版社	No
哈里·布朗(Brown, Harry)	《漫步在阳光下》(A Walk in the Sun)	英语	OE	E-18	1944	阿尔弗雷德·A. 克诺夫出版社	No
	《漫步在阳光下》(Promenade au soleil)	法语	OE	F-18	1944	阿尔弗雷德·A. 克诺夫出版社	No
	《漫步在阳光下》(Ein Marsch in der Sonne)	德语	OE	G-18	1944	阿尔弗雷德·A. 克诺夫出版社	No
尤金·伯恩斯(Burns, Eugene)	《如果（文有一个……》(Et s'il n'en reste qu'un...)	法语	OE	F-1	1944	哈考特-布雷斯出版社	No
吉尔伯特·齐纳德(Chinard, Gilbert)	《托马斯·杰斐逊》(Thomas Jefferson)	法语	OE	F-20	1939	利特尔和布朗出版社	No
福斯特·雷亚·杜勒斯(Dulles, Foster Rhea)	《通往德黑兰之路》(The Road to Teheran)	英语	OE	E-1	1944	普林斯顿大学出版社	No
	《通往德黑兰之路》(Le chemin de Téhéran)	法语	OE	F-4	1944	普林斯顿大学出版社	No
	《通往德黑兰之路》(Der Weg nach Teheran)	德语	OE	G-1	1944	普林斯顿大学出版社	No
霍华德·法斯特(Fast, Howard)	《公民汤姆·潘恩》(Citizen Tom Paine)	英语	OE	E-14	1943	迪尤尔/斯隆和皮尔斯出版公司	No
	《公民汤姆·潘恩》(Le citoyen Tom Paine)	法语	OE	F-14	1943	迪尤尔/斯隆和皮尔斯出版公司	No
	《公民汤姆·潘恩》(Il cittadino Tom Paine)	意大利语	OE	I-4	1943	迪尤尔/斯隆和皮尔斯出版公司	No
《财富》杂志的编辑们(Fortune, Editors of)	《日本》(Japan)	英语	OE	E-11	1944	时代出版公司	No
	《日本》(Le Japon)	法语	OE	F-11	1944	时代出版公司	No
	《日本》(Japan)	德语	OE	G-11	1944	时代出版公司	No

(续表)

J.C. 弗纳斯 (Furnas, J.C.)	《美国如何生存》(Schetsen uit het Amerikaansche familieleven)	荷兰语	TE	USBK/H/63	1941–44	亨利·霍尔特出版社	No
	《美国如何生存》(How America Lives)	英语	OE	E–6	1940–44,1945	亨利·霍尔特出版社	No
	《美国如何生存》(Comment vit l'Amérique)	法语	OE	F–6	1940–44,1946	亨利·霍尔特出版社	No
约瑟夫·C. 格鲁 (Grew, Joseph C.)	《东京报告》(Rapport uit Tokio)	荷兰语	TE	USBK/H/60	1942	西蒙和舒斯特出版社	A–2
	《东京报告》(Mission à Tokyo)	法语	OE	F–21	1942	西蒙和舒斯特出版社	A–2
	《东京报告》(Bericht aus Tokio)	德语	OE	G–10	1942	西蒙和舒斯特出版社	A–2
欧内斯特·海明威 (Hemingway, Ernest)	《丧钟为谁而鸣》(For Whom the Bell Tolls)	英语	OE	E–19	1940	查尔斯·斯克里布纳之子出版公司	No
约翰·赫西 (Hersey, John)	《进入山谷》(Descente dans la vallée)	法语	TE	USBK/F/51	1942	阿尔弗雷德·A. 克诺夫出版社	No
	《进入山谷》(Dentro la vallata)	意大利语	OE	I–1	1943,1944	阿尔弗雷德·A. 克诺夫出版社	No
詹姆斯·希尔顿 (Hilton, James)	《沃塞尔医生的故事》(De geschiedenis van Dr. Wassell)	荷兰语	TE	USBK/H/53	1943	利特尔布朗出版社	D–91
	《沃塞尔医生的故事》(L'histoire du Dr. Wassell)	法语	TE	USBK/F/53	1943	利特尔布朗出版社	D–91
拉克姆·霍尔特 (Holt, Rackham)	《乔治·华盛顿·卡弗》(George Washington Carver)	英语	OE	E–5	1943	双日多兰出版公司	A–25
	《乔治·华盛顿·卡弗》(George Washington Carver)	法语	OE	F–5	1943,1944	双日多兰出版公司	A–25
	《乔治·华盛顿·卡弗》(George Washington Carver)	德语	OE	G–5	1943	双日多兰出版公司	A–25

（续表）

唐纳德·霍夫 (Hough, Donald)	《重上战场的上尉》(Captain Retread)	英语	OE	E – 9	1944	W. W. 诺顿出版公司	S – 17
	《重上战场的上尉》(Le capitaine requinqué)	法语	OE	F – 9	1943, 1944	W. W. 诺顿出版公司	S – 17
	《重上战场的上尉》(Nach fünfzwanzig Jahren)	德语	OE	G – 9	1944	W. W. 诺顿出版公司	S – 17
朱利安·赫胥黎 (Huxley, Julian)	《田纳西河流域管理局的奇迹谷》(De wonder-vallei "TVA")	荷兰语	TE	USBK/H/52	1943	建筑出版社	No
	《田纳西河流域管理局的奇迹谷》(La Vallée du miracle "TVA")	法语	TE	USBK/F/52	1943	建筑出版社	No
伯纳德·贾菲 (Jaffe, Bernard)	《美国的科学人》(Men of Science in America)	英语	OE	E – 16	1944	西蒙和舒斯特出版社	809
	《美国的科学人》(Savants américains)	法语	OE	F – 16	1944	西蒙和舒斯特出版社	809
	《美国的科学人》(Männer der Forschung in Amerika)	德语	OE	G – 16	1944	西蒙和舒斯特出版社	809
艾尔弗雷德·卡津 (Kazin, Alfred)	《论本土文学》(On Native Grounds)	英语	OE	E – 17	1942	雷纳尔与希契科克出版公司	No
	《论本土文学》(Der amerikanische Roman)	德语	OE	G – 17	1942	雷纳尔与希契科克出版公司	No
	《田纳西河流域管理局：在民主的征途上》(Construit pour le peuple : "TVA")	法语	TE	USBK/F/57	1944	哈珀兄弟出版公司	No
大卫·E. 利连索尔 (Lilienthal, David E.)	《田纳西河流域管理局：在民主的征途上》(TVA : Democracy on the March)	英语	OE	E – 4	1944	哈珀兄弟出版公司	No
	《田纳西河流域管理局：在民主的征途上》(Die Tennessee-Stromtal-Verwaltung)	德语	OE	G – 4	1944	哈珀兄弟出版公司	No

(续表)

			TE	USBK/H/62	1942-44		C-73(U.S. Foreign Policy)
沃尔特·李普曼 (Lippmann, Walter)	《美国外交政策和美国的战争目标》(Amerika en internationale samenwerking)	荷兰语				利特尔和布朗出版社	
	《美国外交政策和美国的战争目标》(U.S. Foreign Policy & U.S. War Aims)	英语	OE	E-8	1943,1944	利特尔和布朗出版社	C-73(U.S. Foreign Policy)
	《美国外交政策和美国的战争目标》(Buts de guerre des Etats-Unis)	法语	OE	F-8	1944	利特尔和布朗出版社	C-73(U.S. Foreign Policy)
乔治·马歇尔将军(Marshall, Gen. George)，欧内斯特·J.金海军上将(Adm. Ernest J. King)，亨利·H.阿诺德将军(Gen. Henry H. Arnold)	《美国高级指挥部报告》(Rapport du haut commandement américain)	法语	OE	F-12	NA	原版	No
	《美国高级指挥部报告》(Der Bericht des amerikanischen Oberkommandos)	德语	OE	G-8	N/A	原版	No
	《美国高级指挥部报告》(Relazione del comando supremo americano)	意大利语	OE	I-2	N/A	原版	No
海军少校马克思·米勒(Miller, Max L. Cmdr.)	《我们运输舰的黎明》Daybreak for Our Carrier	英语	OE	E-12	1944	惠特尔西出版社	No
艾伦·内文斯(Nevins, Allen)和亨利·斯蒂尔·康马杰(Henry Steele Commager)	《袖珍美国史》(The Pocket History of the United States)	英语	OE	E-20	1942	利特尔和布朗出版社	No
	《袖珍美国史》(Petite histoire des Etats-Unis)	法语	OE	F-22	1942	利特尔和布朗出版社	No
	《袖珍美国史》(Die Geschichte der Vereinigten Staaten)	德语	OE	G-21	1942	利特尔和布朗出版社	No

(续表)

弗莱彻·普拉特 (Pratt, Fletcher)	《海军战争》(Front de mer: Pacifique, 1941—1942)	法语	TE	USBK/F/58	1942-44	哈珀兄弟出版公司	No
	《海军战争》(Amerikas Flotte in Kriege)	德语	OE	G-12	1942	哈珀兄弟出版公司	No
	《海军战争》(Zeeslagen in den Grooten Oceaan, 1941—1942)	荷兰语	TE		1942	哈珀兄弟出版公司	No
厄尼·派尔 (Pyle, Ernie)	《美国大兵乔》(G. I. Joe)	英语	OE	E-10	1942-44	亨利·霍尔特出版社	F-17O/P-30
	《美国大兵乔》(G. I. Joe)	法语	OE	F-10	1942-44	亨利·霍尔特出版社	F-17O/P-30
约翰·D. 拉特克利夫 (Ratcliff, John D.)	《来自科学世界》(Aus der Welt der Wissenschaft)	德语	OE	G-20	1945	双日多兰出版公司	M-9
康斯坦丝·鲁尔克 (Rourke, Constance)	《美式幽默》(Audubon)	法语	OE	F-3	1936	哈考特-布雷斯出版公司	No
威廉·萨罗扬 (Saroyan, William)	《人间喜剧》(The Human Comedy)	英语	OE	E-3	1943	哈考特-布雷斯出版公司	A-15
	《人间喜剧》(La commedia umana)	意大利语	OE	I-3	1943	哈考特-布雷斯出版公司	A-15
罗伯特·谢罗德 (Robert, Sherrod)	《塔拉瓦》(De strijd om Tarawa)	荷兰语	TE	USBK/H/64	1942	迪尤尔/斯隆和皮尔斯出版公司	No
	《塔拉瓦》(Tarawa)	法语	OE	F-2	1944	迪尤尔/斯隆和皮尔斯出版公司	No
	《塔拉瓦》(Tarawa)	德语	OE	G-2	1944	迪尤尔/斯隆和皮尔斯出版公司	No
林肯·斯蒂芬斯 (Steffens, Lincoln)	《驶入生命》(L'enfant à cheval)	法语	OE	F-17	1931, 1935	哈考特-布雷斯出版公司	No
	《驶入生命》(Ritt ins Leben)	德语	OE	G-22	1931, 1935	哈考特-布雷斯出版公司	No

(续表)

约翰·斯坦贝克(Steinbeck, John)	《投下炸弹!》(Lâchez les bombes!)	法语	OE	F-13	1942	维京出版社	No
爱德华·L.斯特蒂纽斯(Stettinius, Edward L.)	《租借》(Le Prêt-bail: arme de victoire)	法语	TE	USBK/F/55	1944	法国之家出版社和麦米伦出版公司	No
亨利·斯廷森(Stimson, Henry)	《入侵前奏》(Vorspiel zur Invasion)	德语	OE	G-3	1944	公共事务出版社	No
罗伯特·特朗布尔(Trumbull, Robert)	《木筏》(34 dagen op een reddingsvlot)	荷兰语	TE	USBK/H/65	1942	亨利·霍尔特出版社	No
	《木筏》(The Raft)	英语	OE	E-22	1942	亨利·霍尔特出版社	No
	《木筏》(Le radeau)	法语	OE	F-19	1942	亨利·霍尔特出版社	No
	《木筏》(Das Floss)	德语	OE	G-6	1942	亨利·霍尔特出版社	No
卡尔·范多伦(Van Doren, Carl)	《本杰明·富兰克林》(Benjamin Franklin)	法语	TE	USBK/F/56	1938	维京出版社	K-30
	《本杰明·富兰克林》(Benjamin Franklin)	英语	OE	E-13	1938	维京出版社	K-30
	《本杰明·富兰克林》(Benjamin Franklin)	德语	OE	G-13	1938	维京出版社	K-30
E. B.怀特(White, E. B.)	《人各有异》(Au fil des jours)	法语	TE	USBK/F/59	1938-44	哈珀兄弟出版社	P-26
	《人各有异》(Des anderen Brot)	德语	OE	G-14	1938-44	哈珀兄弟出版公司	P-27
无作者	《和平与战争》(Vrede en oorlog)	荷兰语	TE	USBK/H/61	1943	美国政府印刷局	No

附录B 新世界书架系列中的图书

以下图书依据各自在丛书里的数字顺序列出。其中两本书分两卷出版,每卷有其自己的编号。

1. Stephen Vincent Benét(斯蒂芬·文森特·贝尼特),*Amerika*(《美国》)

2. Wendell Willkie(温德尔·威尔基),*Unteilbare Welt*(《天下一家》)

3. Joseph Conrad(约瑟夫·康拉德),*Der Freibeuter*(《巴伦特雷的主人》)

4. Ernest Hemingway(欧内斯特·海明威),*Wem die Stunde schlägt*(《丧钟为谁而鸣》)

5. Franz Werfel(弗朗茨·韦尔弗),*Das Lied von Bernadette*(《贝纳德特之歌》)

6. Eve Curie(伊芙·居里),*Madame Curie*(《居里夫人》)

7. Joseph Roth(约瑟夫·罗思),*Radetzskymarsch*(《拉德斯基进行曲》)

8. Leonhard Frank(伦哈德·弗兰克),*Die Räuberbande*(《那帮强盗》)

9. Alfred Einstein(艾尔弗雷德·爱因斯坦)编,*Die schönsten Erzählunger deutscher Romantiker*(《最美丽的德国浪漫故事》)

10. Thomas Mann(托马斯·曼),*Achtung, Europa! Aufsätze zur Zeit*(《注意,欧洲!》)

11. Carl Zuckmayer(卡尔·楚克迈尔),*Der Hauptmann von Köpenick*(《科佩尼克

---

* 附录B的资料来源:Robert E. Cazden, *German Exile Literature in America, 1933—1950*, Chicago: American Library Association,1970,pp. 193—194。

作为武器的图书

上尉》）

12. Alfred Einstein（艾尔弗雷德·爱因斯坦）编, *Brief deutsche Musiker*（《德国音乐家的信函》）

13. Erich Maria Remarque（埃里希·玛利亚·雷马克）, *Im Westen nichts Neues*（《西线无战事》）

14. Thomas Mann（托马斯·曼）, *Der Zauberberg*, erster Band（vol. 1）（《魔山》卷1）

15. Thomas Mann（托马斯·曼）, *Der Zauberberg*, zweiter Band（vol. 2）（《魔山》卷2）

16. Heinrich Heine（海因里希·海涅）, *Meisterwerke in Vers und Prosa*（《诗歌散文精选》）

17. Franz Werfel（弗朗茨·韦尔费）, *Die vierzig Tage des Musa Dagh*, erster Band（vol. 1）（《穆萨·达的四十天》卷1）

18. Frans Werfel（弗朗茨·韦尔弗）, *Die vierzig Tage des Musa Dagh*, zweiter Band（vol. 2）（《穆萨·达的四十天》卷2）

19. Arnold Zweig（阿诺德·茨威格）, *Der Streit um den Sergeanten Grischa*（《格里沙中士案件》）

20. Vicki Baum（维基·鲍姆）, *Liebe und Tod auf Bali*（《巴厘岛上的爱与死》）

21. Thomas Mann（托马斯·曼）, *Lotte in Weimar*（《洛特在魏玛》）

22. Carl Zuckmayer（卡尔·楚克迈尔）, *Ein Bauer aus dem Taunus*（《一个来自陶努斯的农民》）

23. John Scott（约翰·斯科特）, *Jenseits des Ural*（《乌拉尔山那边》）

24. William Saroyan（威廉·萨罗扬）, *Menschliche Komödie*（《人间喜剧》）

注 释

档案来源里的缩写可见于参考文献。

前言和致谢

1. 这一方案依据的是战时图书委员会的提案部门将该计划分为"问题"和"解决"两部分的建议。"Council on Books in Wartime Overseas Book Project," July 6, 1944, CBW Records, box 32, folder 8, Princeton.

2. Travis, "Books As Weapons," 353—399.

导言

1. *Psychological Warfare Division*, 66—68.

2. Richard Hollander, draft of history of Allied psychological warfare in northwestern France, Paris, Oct. 10, 1944, 60—61, 331/87/16, NACP. (马里兰州大学帕克学院国家档案馆给出的参考如下：331/87/16 表示 331 记录组/87 词条/16 号箱。) 也见 François, *Normandy*, 14, 196, 273, and Wieviorka, *Normandy*, 222—226。

3. Tebbel, *Between Covers*, 280—281.

4. Cheney, *Economic Survey*; Tebbel, *Between Covers*, 280—281.

5. Dave Wilson to Washington Review Board, Nov. 30, 1944, 208/415/

807,NACP.

6. "British Public Opinion and the United States," Feb. 23,1942,INF 1/102,TNA;Wallace Carroll to Edward W. Barrett,June 14,1945,Harper & Row,Series II,Columbia.

7. Travis,"Books As Weapons,"362.

8. Ballou,*Council*,p. 358。

9. Simon to Roosevelt,December 8,1941,Simon Papers,Columbia.

10. Winkler,*Politics of Propaganda*,55,110—111.

11. Kerr to Norton,Apr. 26,1944,CBW Records,box 32,folder 8,Princeton. 也见 Ballou,*Council*,83—94,esp. 83—87。

12. A. Ben Candland to Arthur Myers,Feb. 4,1944,208/465/2953,NACP.

13. Kerr to Norton,Apr. 26,1944,CBW Records,box 32,folder 8,Princeton. 也见 Ballou,*Council*,83—94,esp. 83—87。盟军远征军最高司令部心理战部英美员工之间的不信任问题被提及在 Garnett,*Secret History of PWE*。

14. Mildred E. Allen to E. Trevor Hill,Aug. 14,1944,208/6B/4,NACP.

15. Kerr to Norton,Apr. 26,1944/4,CBW Records,box 32,folder 8,Princeton.

16. Draft of Operational Memorandum for Books,n. d.[ca. Aug. 1944],208/464/2949,NACP;"Take a Bow:Harold Guinzburg,"*PW*,Feb. 3,1945,634—636.

17. "Revised Draft of Operational Memorandum for Books," ca. Aug. 1944,208/464/2949,NACP.

18. Green, *American Propaganda Abroad*, 67—68; Saunders, *Cultural Cold War*, 18—19; Benjamin, *U. S. Books Abroad*, 24—27.

19. See Laville and Willford, eds. , *U. S. Government, Citizen Groups, and the Cold War*.

第一章

1. 关于本章的这些观点，见 James L. W. West Ⅲ, "The Expansion of the National Book Trade System," 载于 Kaestle and Radway 编, *Print in Motion*, 第 78—79 页。

2. Cheney, *Economic Survey*, 233—250. 对切尼报告进行的一项有趣的性别研究，见 Travis, "Reading Matters," 41—51。

3. *Report by the Three Delegates*, 44.

4. Cheney, *Economic Survey*, 321—337.

5. Tebbel, *Between Covers*, 280—281.

6. Satterfield, *World's Best Books*, 25—27.

7. 同上，第 135 页。

8. Rubin, *Middlebrow Culture*, 92—147; Radway, *A Feeling for Books*, esp. 154—186.

9. Rubin, *Middlebrow Culture*, 101; Radway, *A Feeling for Books*, 182.

10. Satterfield, *World's Best Books*, 27—28.

11. Davis, *Two-Bit Culture*, 31—39.

12. 同上，第 50—60 页。

13. 同上，第 59—63 页。

14. Dizard, *Strategy of Truth*, 32; Dizard, *Inventing Public Diplomacy*, 10, 13.

15. Friedman, *Nazis and Good Neighbors*, 2—3; Pilgert, 3.

16. Reich, *Nelson Rockefeller*, 208—209; Fleming, *New Dealers' War*, 132.

17. "Our Relations with South America," *PW*, Dec. 9, 1939, 2148.

18. 关于法语版本，见 Nettelbeck, *Forever French* 以及 Mehlman, *émigré New York*。

19. Davie, *Refugees in America*, esp. 37—46.

20. "Exiled Writers and America," *PW*, Oct. 1941, 1376—1379.

21. Cazden, *German Exile Literature*, 90—93; Pfanner, *Exile in New York*, 115—116.

22. Cazden, *German Exile Literature*, 94.

23. Nettelbeck, *Forever French*, 58—61; *PW*, May 31, 1941, 2170—2172.

24. *PW*, Sept. 6, 1941, 804—805; Hanna Kister, "Books and the Peace," *PW*, Nov. 25, 1944, 1283—1285; *Time*, June 26, 1944; *PW*, Nov. 25, 1944, 2075.

25. Affadavit of support, n. d., and Mildred Adams, Emergency Rescue Committee, to Walsh, Oct. 16, 1940; both John Day Company Archives, Editorial Correspondence, box 150, folder 35, Princeton.

26. Tebbel, *Between Covers*, 276—284.

27. Tebbel, *Between Covers*, 276—284, and West, "Expansion of the National Book Trade System," in Kastle and Radway, eds., *Print in Motion*, 80.

28. Charles A. Seavey with Caroline F. Sloat, "The Government as Publisher," in Kaestle and Radway, eds., *Print in Motion*, 471—473.

29. James P. Danky, "Reading, Writing, and Resisting: African Ameri-

can Print Culture," in Kaestle and Radway, eds., *Print in Motion*, 356—357.

第二章

1. Annual report to the stockholders[1942], Henry Holt and Company Archives, box 161, folder 15, Princeton; "Revised Draft of Operational Memorandum for Books,"[ca. Aug. 1944], 208/464/2949, NACP.

2. Minutes of board of directors, Feb. 28, 1945, Henry Holt and Company Archives, Box 198, Princeton; Benjamin W. Huebsch to Jonathan Cape, Nov. 14, 1944, Huebsch Papers, Box 4, LC; James L. W. West Ⅲ, "The Expansion of the National Book Trade System," in Kastle and Radway, eds., *Print in Motion*, 81.

3. OWI, Overseas Branch, "Draft of Operational Memorandum for Books," n. d.[ca. Aug. 1944], 208/464/2949, NACP. See also Butler, eds., *Books and Libraries in Wartime*, 101—102, and Greco, *Book Publishing Industry*, 21.

4. *Time*, Dec. 18, 1944, 104.

5. Bennett Cerf to Donald S. Klopfer, August 25, 1943, in Cerf and Klopfer, *Dear Donald*, 107.

6. Cerf to Klopfer, Jan. 7, 1944, 同上, 第127页。

7. Cerf to Klopfer, Mar. 21, 1944, 同上, 第145—146页。

8. Klopfer to Cerf, Jan. 12, 1944, 同上, 第130页。

9. Tebbel, *Book Publishing* 4:9—10.

10. *PW*, May 13, 1944, 1840—1841, and Dec. 16, 1944, 2311.

11. 同上, Sept. 29, 1945, 1538—1540。

12. 同上，Oct. 30，1943，1705。

13. Tebbel，*Book Publishing* 4：9.

14. *PW*，Jan. 13，1945，142；同上，May 13，1944，第 1854 页；同上，June 10，1944，第 2180—2181 页。

15. R. V. B. Sinclair，Bennington，Vt. ，Bookshop，Letter to the editor，同上，June 10，1944，第 2169—2170 页。

16. 同上，June 20，1942，第 2263 页；同上，Aug. 25，1945，第 734 页。

17. National Publishers Association，"Bulletin No. 797，" Jan. 29，1943，Publishers' Weekly Collection，box 1，Princeton.

18. Circular letter，Donald L. Geddes et al. to literary organizations，Mar. 26，1943，Publishers' Weekly Collection，box 7，Princeton.

19. "The Essentiality of Books，" *PW*，Sept. 18，1943，974—977.

20. Minutes of the board of directors meeting，Macmillan Company （New York），July 2，1947，Macmillan Publishing Archives，MSS 54877，British Library。

21. *PW*，Feb. 7，1942，661.

22. *Report by the Three Delegates*，15.

23. Melville Minton，Edward M. Crane，Norman V. Donaldson，and Lawrence Saunders to board of directors and ［Book Publishers］Bureau subscribers，July 27，1943，Publishers' Weekly Collection，box 1，Princeton.

24. *PW*，Mar. 4，1944，1021—1022. 有关获取"必不可少的"地位的运动，见"The Essentiality of Books，" *PW*，Sept. 18，1943，974—977；Badmington，ed. ，*Books Are Indispensable*；"Editorial：No. 1 Critical War Material，" *PW*，May 13，1944，1837；and "The Essentiality of Books，" 同上，Aug. 12，1944，第 489—490 页。

25. 同上,Mar. 28,1942,第1248页。

26. 同上,May 9,1942,添加在第1740页和第1741页之间。

27. Kingsford,*Publishers Association*,1896—1946,113—114.

28. William G. Corp,"The British Book Trade during 1938," *PW*,Jan. 21,1939,193.

29. *PW*,Apr. 25,1942,1572.

30. Feather,*British Publishing*,215;Calder,*People's War*,511;Gardiner,*Wartime*,484—486. 关于一般的主题,也见 Calder-Marshall,*The Book Front*,第30—41页,以及 Unwin,*Publishing in Peace and War*。

31. Kingsford,*Publishers Association*,162.

32. Unwin,*Truth about a Publisher*,393;Kingsford,*Publishers Association*,158;Feather,*British Publishing*,215—216;Gardiner,*Wartime*,485—487.

33. Kingsford,*Publishers Association*,172,185.

34. Waller,*London 1945*,95.

35. Kingsford,*Publishers Association*,207;Gardiner,*Wartime*,485;Hodges,*Gollancz*,146;Holman,*Print for Victory*,244,248—249.

36. Kingsford,*Publishers Association*,171;Unwin,*Truth about a Publisher*,392—393;Munby and Norrie,*Publishing and Bookselling*,400.

37. *Bookseller*,Jan. 18,1945,38.

38. Kingsford,*Publishers Association*,181;Holman,*Print for Victory*,75—82.

39. Calder,*People's War*,511.

40. Gardiner,*Wartime*,484.

41. "Confidential to the Publishing Industry—Not for Publication

Dec. 28,1942,"CBW Records,box 5,folder 11,Princeton。也见 Feather,*British Publishing*,第 214—215 页。

42. Calder,*People's War*,512,citing S. Nowell Smith,*The House of Cassell*(London：Cassell,1958),225.

43. *PW*,May 9,1942,1745.

44. Klopfer to Cerf,Feb. 17,1944,Cerf Papers,box 6,Columbia. 关于超额利润税,见 Holman,*Print for Victory*,第 238—239 页。

45. Feather,*British Publishing*,216.

46. Unwin,*Truth about a Publisher*,252—253,278;Feather,*British Publishing*,216.

47. Stanley Unwin to David S. Unwin,November 8,1940,AUC 101/5,Reading.(AUC 表示 George Allen & Unwin,Ltd.,Records,Correspondence。)

48. *PW*,Feb. 1,1941,624—627.

49. 图书制造商协会股份有限公司发行的小册子,未注明日期,收藏于 Publishers' Weekly Collection,box 7,Princeton。

50. Unwin,*Truth about a Publisher*,252.

51. Ziegler,*London at War*,256;Calder,*People's War*,511;Gardiner,*Wartime*,486,491—492;Hewison,*Under Siege*,22.

52. "Editorial：In Sympathy and Admiration,"*PW*,Feb. 1,1941,617.

53. 同上,May 9,1942,第 1760—1761 页。

54. Walsh to Cape,Dec. 30,1940,box 149,folder 24,editorial correspondence,John Day Archives,Princeton.

55. R. J. L. Kingsford,The Publishers Association,circular letter to members,Dec. 2,1941,CW 91/22,Reading.(CW 表示 Chatto & Windus,

Ltd. ,Records。)

56. Cape to Walsh,Dec. 6,1940,box 149,folder 24,editorial correspondence,John Day Archives,Princeton.

57. 事例见 Unwen to Mrs. M. A. Hamilton, M. P. , Oct. 2 , 1944, AUC 193/10,Reading。也见 Brophy,*Britain Needs Books*,31—33,41。

58. Brett to Macmillan,Nov. 16,and Dec. 2,1939,both Macmillan Publishing Archives,BL.

59. Walsh to W. G. Cousins,May 27,1940,box 148,folder 19,John Day Archives,Princeton.

60. "Confidential to the Publishing Industry—Not for Publication Dec. 28,1942,"CBW Records,box 5, folder 11,Princeton. 也见 *Bookseller*, Apr. 1,1943,283。关于任务的背景,见 *PW*, Oct. 3,1942,1435—1436,1444。

61. 释义于 John Carter, "A Bookseller's Day in London," *PW*, Nov. 2,1940,1764。也见 Waller,*London* 1945,94。

62. Calder,*People's War*,513;*Bookseller*,Aug. 5,1943,103—104.

63. *PW*,Oct. 23,1943,1609.

64. 同上,May 9,1942,1747。

65. "Confidential to the Publishing Industry—Not for Publication Dec. 28,1942,"CBW Records,box 5,folder 11,Princeton.

66. 事例见 Unwin to Sir William Beveridge,June 11,1943,AUC 157/16,Reading。

67. Letter to the editor,*PW*,Nov. 6,1943,1777.

68. "Revised Draft of Operational Memorandum for Books," n. d. [ca. Aug. 1944],208/464/2949,NACP.

69. *PW*,June 12,1943,2230—2233.

70. 同上,1945 年 12 月 15 日,第 2616—2620 页。

71. 同上。

72. 同上。

73. "Draft of Operational Memorandum for Books," n. d. [ca. Aug. 1944],208/464/2949,NACP.

74. Brooks,*Prisoners of Hope*,114—115,132.

75. 同上,第 185—192 页。

76. 同上,第 192—193 页。

77. Hanna Kister,"Books and the Peace,"*PW*,Mar. 25,1944,1283.

78. *PW*,Sept. 6,1941,804—5;同上,1946 年 12 月 28 日,第 3404—3405 页。

79. S. O. Gregory,"Books in the Far East after the War," *PW*,Dec. 29,1945,2771—2773.

80. William M. Sloane,"War and China's Publishing Industry,"n. d.,Sloane Papers,box 7,unnumbered folder,Princeton. 也见"Take a Bow:William Sloane,"*PW*,1943 年 8 月 21 日,第 574—575 页。

81. Sloane,"To Chungking,"unpublished memoir,n. d. [ca. 1944],p. 25,Sloane Papers,box 6,unnumbered folder,Princeton.

82. Sloane to Johnson,Dec. 13,1944,Sloane Papers,box 2,folder 1;Stanley Hunnewell,Book Publishers Bureau,to Sloane,June 29,1943,Sloane Papers,box 2,folder 2;both Princeton.

83. *PW*,Aug. 21,1943,568. 也见 Sloane,"Confidential Memorandum to Mr. Malcolm Johnson [Book Publishers Bureau] Regarding the New Copyright Treaty with China,"July 14,1943,Sloane Papers,box 2,folder 2,

Princeton。

84. *PW*, Aug. 21, 1943, 568.

85. "From James T. Ruddy's letter of July 9, 1943," Sloane Papers, box 2, folder 2 Princeton.

86. Sloane to Henry Blundin, OWI, Aug. 6, 1943, and David H. Stevens, Rockefeller Foundation, to Charles A. Thomson, Department of State, Aug. 6, 1943; both Sloane Papers, box 2, folder 2, Princeton.

87. Sloane, "To Chungking," p. 10, Sloane Papers box 7, unnumbered folder, Princeton.

88. Sloane to Johnson, Jan. 1, 1944, Sloane Papers, box 2, folder 1, Princeton.

89. Sloane to Kerr, "Memorandum of Kunming Book Situation," n. d., Sloane Papers, Box 2, folder 1, Princeton.

90. Sloane to Malcolm Johnson, Nov. 17, 1943, and Sloane to Johnson, Jan. 1, 1944; both Sloane Papers, box 2, folder 1, Princeton.

91. Sloane to Johnson, Nov. 27, 1943, Sloane Papers, box 2, folder 1, Princeton.

92. 同上。

93. 同上。

94. Sloane to Johnson, Dec. 11, 1943, and Sloane to Johnson, Dec. 18, 1943; both Sloane Papers, ox 2, folder 1, Princeton.

95. Sloane to Johnson, Jan. 1, 1944, Sloane Papers, box 2, folder 1, Princeton.

96. "China Book Week," Northwestern University on the Air, *Of Men and Books*, Mar. 25, 1944, transcript of broadcast over the Columbia Broad-

cast System.

97. Dachin Yih to Li Soh – Ming, n. d. , ca. Mar. 1944, Sloane Papers, box 2, folder 2, Princeton.

98. Benjamin H. Stern, Stern & Reubens, to Sloane, Aug. 2, 1944, Sloane Papers, box 2, folder 2, Princeton; "Statement of Marybeth Peters, the Register of Copyrights, before the Subcommittee on Intellectual Property, Committee of the Judiciary," United States Senate, May 25, 2005, 4, http://www. copyright. gov/docs/regstat052505. html.

99. *PW*, July 27, 1946, 382.

100. Kurt Bernheim, "The Swedish Book Trade Carries On," *PW*, July 25, 1942, 234—236.

101. *PW*, Feb. 2, 1947, 1256; Fischer, *My European Heritage*, 116—132; *PW*, Sept. 16, 1944, 996—997; British Publishers Guild, "Memo on Visit to Sweden," ca. June 1945, CW 98/17, Reading.

102. British Publishers Guild, quarterly circular no. 2, Aug. —Nov. 1945, CW 98/17, Reading.

103. Harrap to Jonathan Cape and Harold Raymond, Sept. 6, 1944, CW 98/17, Reading.

104. Hellmut Lehmann-Haupt, "The German Booktrade in 1945. Part 1. Bookselling and Publishing under National Socialism," *PW*, Nov. 24, 1945, 2332.

105. *German Book Publishing*, 14.

106. "Exiled Writers and America," *PW*, Oct. 4, 1941, 1376—1379.

107. "Revised Draft of Operational Memorandum for Books," ca. Aug. 1944, 208/464/2949, NACP.

108. Emil Lengyel,"The Sad Plight of Books in Germany,"*PW*,Jan. 11,1939,676.

109. H. J. Krould to Jackson et al. , Feb. 28, 1945, 208/464/2950, NACP;Lehmann-Haupt,"The German Booktrade in 1945,Part 1:Bookselling and Publishing under National Socialism,"*PW*, Nov. 24, 1945, 2332—2334.

110. Edgar Bielefeld, Hans Brockhaus, Georg Petermann, and Th. Volckmar-Frentzel,"The German Book-Trade at the Time of Occupation by the Allied Military Government:Situation, Problems, Hopes,"May 8, 1945,260/16(A1)18/258,NACP. 这是一份德国图书业成员在占领当局的要求下所写的文件。也见*PW*,1944年8月19日,第578—580页。

111. Lehmann-Haupt to Maj. Douglas Waples, Mar. 1, 1945, 260/16(A1)18/258,NACP.

112. *PW*,Dec. 11,1943,2157.

113. Reichmann,"The First Year of American Publishing Control in Germany,"*PW*,Nov. 16,1946,2810—2812.

114. Lehmann-Haupt,"German Booktrade in 1945,"2333—34.

115. *German Book Publishing*,4—15.

116. Melcher,"A Report on the Japanese Book Market,"*PW*,May 3, 1947,2295,and *PW*,Oct. 23,1948,1815.

117. Capt. Charles E. Tuttle, "Japan Wants American Books,"*PW*, Mar. 9,1946,1518—1519;Shillony,*Wartime Japan*,148—151.

118. Melcher, "Japanese Book Publishing Today," *PW*, Sept. 20, 1947,1261.

119. Morris,*Traveller from Tokyo*,59—60,141—146.

120. Shillony, *Wartime Japan*, 110.

121. Melcher, "Japanese Book Publishing Today," *PW*, Sept. 20, 1947, 1256.

122. Morris, *Traveller from Tokyo*, 61—62; Shillony, *Wartime Japan*, 120—122.

123. Shillony, *Wartime Japan*, 112—118, 126—129.

124. Melsher, "Japanese Book Publishing Today," *PW*, Sept. 20, 1947, 1256.

第三章

1. Lingeman, *Don't You Know There's a War On?*

2. Reynolds, *Rich Relations*, xxiv.

3. 以下主要借用了 Travis, "Books As Weapons"。关于术语"bookmen,"见她的"Reading Matters",第6—8页。

4. Ballou, *Council*, 3—6, 32—53; Travis, "Books As Weapons," 358. 诺顿因发起这个口号而获得好评。见 Norton to Stanley Unwin, Dec. 2, 1945, AUC 233/1, Reading。图书业接受了作者的这一口号。见 *PW*, Dec. 2, 1944, 2158。迪斯雷利(Benjamin Disraeli)的警句"一本书可能是如同一场战役一样的事情"("A book may be as great a thing as a battle")表达了相同的情感。见 Saunders, *Cultural Cold War*,第21—22页。

5. Ballou, *Council*, 3—5.

6. Travis, "Books As Weapons," 356.

7. 同上,第366—368页。

8. 同上,第359, 368—371页。

9. 同上,第363—365, 373页。

10. 同上,第 384,393—395 页。

11. Melcher to Stanley Hunnewell, July 3, 1942, CBW Records, box 12, folder 11, Princeton; Feather, *British Publishing*, 191; Unwin, *Truth about a Publisher*, 370—371.

12. Tebbel, *Book Publishing*, 25—26.

13. 见战时图书委员会记录中的信笺的信头, box 32, folder 9, Princeton。

14. 特别董事会会议纪要, 1943 年 4 月 14 日, box 2, folder 5; Archibald Ogden to J. Kendrick Noble, Noble and Noble, Dec. 19, 1944, box 3, folder 6; and Noble to Ogden, Jan. 26, 1945, box 2, folder 9; all CBW Records, Princeton。关于教科书协会,见 Tebbel, *Between Covers*, 343, 441。

15. Ballou. *Council*, 11—19.

16. "Report of the Reorganization Committee," Jan. 28, 1943, CBW Records, box 1, folder 9, Princeton.

17. Kerr to Norton, Jan. 26, 1943, CBW Records, box 14, folder 2, Princeton.

18. Davis to Norton, Jan. 26, 1943, CBW Records, box 14, folder 2, Princeton.

19. "Proceedings, Luncheon Meeting, Council on Books in Wartime, Inc.," Feb. 2, 1943, p. 29, CBW Records, box 1, folder 9, Princeton.

20. Johnson to Norton, Oct. 13, 1943, CBW Records, box 3, folder 3, Princeton.

21. Ballou, *Council*, 46—48; Travis, "Reading Matters," 61—68.

22. Kerr to Gardner Cowles Jr., Apr. 9, 1943, 208/339/1695, NACP; Ballou, *Council*, 55—59.

23. Ballou, *Council*, 65; Jamieson, *Books for the Army*, 142; Cole, ed. , *Books in Action*, 3.

24. 特别董事会会议纪要, 1944 年 10 月 19 日, CBW Records, box 2, folder 7, Princeton; George G. Harrap to Stanley Unwin, Jan. 15, 1945, AUC 224/3; and Unwin to Howard Timmins, Mar. 12, 1945, AUC 241/5, Reading。

25. 在作者收集的海报里。

26. Jamieson, *Books for the Army*, 60—63, 285.

27. 同上, 第 60—62 页。

28. "Manual for State and Local Directors, Victory Book Campaign, Number 1, Jan. 1942," p. 6, Publishers' Weekly Papers, box 2, Princeton.

29. "Final Reports, Victory Book Campaign 1942—1943," 1944, p. 19, Publishers' Weekly Papers, Box 2, Princeton.

30. 注销的支票, box 2, Publishers' Weekly Papers, Princeton。

31. Lee Barker to Melcher, June 19, 1942, Publishers' Weekly Papers, box 2, Princeton, and Miller, *Books Go to War*, 6. 也见 *PW*, July 11, 1942, 112。

32. Ballou, *Council*, 75; "Armed Services Editions," memo issued by Armed Library Branch, July 1945, Publishers' Weekly Collection, box 1, Princeton.

33. Jamieson, *Books for the Army*, 156—157.

34. 特别董事会会议纪要, 1944 年 4 月 20 日, CBW Records, box 2, folder 7, Princeton; Tebbel, *Book Publishing* 4:31; Ballou, *Council*, 64—82。军队版本的完整书目(按编号和作者名字的字母顺序排列)见于 Jamieson, *Editions for the Armed Services*, 35—139, 以及(仅按作者名字的字母顺序排列, 但对以前的书目做了更正和修改) Cole, ed. , *Books in Action*,

33—78。用于占领部队的最后144本书是以更传统的竖开本印刷的。Jamieson, *Editions for the Armed Services*, 23—24.

35. Lewis Gannett, "Books," in Goodman, ed., *While You Were Gone*, 460.

36. *PW*, Apr. 25, 1942, 1579—1580; Col. Joseph Ⅰ. Greene, "Military Books for the General Reader," *PW*, July 24, 1943, 254—261.

37. Greene, ed., *Infantry Journal Reader*, ⅴ—ⅺ.

38. C. B. Boutell to Ivan Veit, May 9, 1942, CBE Records, box 1, folder 2, Princeton.

39. Greene, "Standard Military Books," *PW*, Jan. 31, 1942, 424—426; *PW*, June 5, 1943, 2143—2144.

40. Enoch, *Memoirs*, 157—158; Lewis, *Penguin Special*, 213.

41. *PW*, Apr. 25, 1942, 1579—1580.

42. Tebell, *Book Publishing* 4:75; Davis, *Two-Bit Culture*, 60—63, 102; Lewis, *Penguin Special*, 214.

43. 执行委员会会议纪要, 1943年7月21日, CBW Records, box 3, folder 5, Princeton。

44. Davis, *Two-Bit Culture*, 78—79; Michael Hackenberg, "The Armed Services Editions in Publishing History," in Cole, ed., *Books in Action*, 19—20.

45. Ballou, *Council*, 27—31.

46. *PW*, June 14, 1947, 2937—2938.

47. Schlesinger, *A Life in the Twentieth Century*, 288.

48. Warburg, *Unwritten Treaty*, 88—89. 也见 Dizard, *Strategy of Truth*, 34。

49. Robert Bruce Lockhart, Minutes, Aug. 28, 1944, INF 1/907, TNA.

50. Warburg, *Unwritten Treaty*, 55.

51. Winkler, *Politics of Propaganda*, 110—111.

52. Donaldson, *Archibald MacLeish*, 363—364.

53. Winkler, *Politics of Propaganda*, 63—65; Schlesinger, *A Life in the Twentieth Century*, 289—293; Dizard, *Strategy of Truth*, 34.

54. Winkler, *Politics of Propaganda*, 64, 156—157.

55. 同上, 第154—157页。

56. 同上, 第55页, 110—111页。有关战时新闻局海外图书计划的主要目标是帮助反对法西斯主义, "只要它的势力抬头"("wherever it raises its head"), 见"Revised Draft of Operational Memorandum for Books," n. d. [ca. Aug. 1944], 208/464/2949, NACP。

57. *Psychological Warfare Division*, 25. 也见 Lerner, *Psychological Warfare against Nazi Germany*。

58. 一个会议记录……有战时新闻局的代表参加, 1942年7月31日, FO 898/102, TNA。

59. Winkler, *Politics of Propaganda*, 113—114.

60. Garnett, *Secret History of PWE*, 251, 327, 350—351.

61. Tebbel, *Between Covers*, 428—430. 也见 Weybright, *Making of a Publisher*。

62. Stacks, *Scotty*, 74—76.

63. Weybright, *Making of a Publisher*, 129—130.

64. Davis, *Two-Bit Culture*, 250—251.

65. Oscar Schisgall to Harold S. Latham, Apr. 7, 1944, CBW Records, box 14, folder 3, Princeton; "Book and Magazine Bureau," Feb. 1945, 208/

339/1695, NACP.

66. 执行委员会会议纪要, 1944 年 2 月 23 日, CBW Records, box 3, folder 7, Princeton; Elmer Davis to W. W. Norton, Mar. 31, 1944, Norton to Davis, Apr. 6, 1944, and Kerr to Norton, Apr. 17, 1944, all CBW Records, box 14, folder 3, Princeton。也见 Ballou, *Council*, 59。

67. Kerr to Davis, and file memo, both Apr. 29, 1944, 208/464/2949, NACP.

68. Grace Hogarth to David Unwin, May 28, 1945, AUC 225/4, Reading.

69. 见 Madison, *Jewish Publishing in America*。

70. Travis, "Reading Matters," 34.

71. http://www.freedomhouse.org/template.cfm? page = 2 and http://infosharel.princeton.edu/libraries/firestone/rbsc/finding_aids/FH/; and "Agar Called to Navy," *NY Times*, Aug. 17, 1942.

72. 见 CBW Records, box 11, folder 5, Princeton。

73. *PW*, June 9, 1945, 2289.

74. Schlesinger, *A Life in the Twentieth Century*, 114.

75. Kerr, 简短的传记梗概, Chester Brooks Kerr Papers, Princeton。

76. 同上。

77. "Mr. Kerr's remarks at organization luncheon of Council on Books in Wartime." 208/339/1695, NACP.

78. Kerr to Fredric G. Melcher, Mar. 6, 1944, Publishers' Weekly collection, box 1, Princeton; Kerr to W. W. Norton, July 14, 1943, Chester Brooks Kerr Papers, Princeton。也见 *PW*, Mar. 18, 1944, 1217。

79. Kerr, 简短的传记梗概, ca. Apr. or May 1944, 同上。

80. Kerr to Ferris Greenslet, Houghton Mifflin, Nov. 5, 1943, 同上。

81. Melcher, "Editorial," *PW*, Aug. 21, 1943, 553; also 569.

82. 见第十章。

83. Barbara [possibly Barbara McClure White] to Kerr, Apr. 23, 1944, Chester Brooks Kerr Papers, Reese Co.

84. Chester Kerr to Richard L. Simon, Jan. 22, 1945, 208/464/2951A, NACP; Tebbel, *Book Publishing* 4：635—37; Kerr 在《纽约时报》上的讣告, 1999 年 8 月 26 日; Kerr 在《耶鲁大学公告和日历》上的讣告, 1999 年 9 月 6 至 13 日, http://www.yale.edu/opa/v28.n3/story10.html。

85. Col. H. A. Guinzburg 的讣告, 见《纽约时报》, 1928 年 11 月 17 日。

86.《纽约时报》, 1938 年 5 月 22 日。

87. "Take a Bow：Harold Guinzburg," *PW*, Feb. 3, 1945, 634—636; Tebbel, *Between Covers*, 157, 221, 253—255, 292, 392; Harold K. Guinzburg 在《纽约时报》上的讣告, 1961 年 10 月 19 日。

88. Mahl, *Desperate Deception*, 64—65. 在 William Stevenson 的索引里没有提及 Guinzburg, *A Man Called Intrepid：The Secret War*（New York：Harcourt Brace Jovanovich, 1976）。

89. *PW*, Apr. 17, 1943, 1576.

90. Dizard, *Inventing Public Diplomacy*, 28.

91. "A Man of Integrity," *NY Times*, Oct. 20, 1961.

92. 见 quotation by Melcher in "Books for Our Fighting Men," the transcript of the broadcast of *Northwestern University on the Air：Of Books and Men*, Columbia Broadcast System, Sept. 11, 1943, 3。

93. *PW*, Jan. 2, 1943, 27.

94. 同上，1942 年 9 月 26 日，第 1235 页。

95. "Conferences between Representatives of Council on Books in Wartime, OWI and Public Relations Bureaus of the Government," Sept. 17, 1942; Washington Committee of the Council on Books in Wartime, "Report on Government Agencies and their Relation to Books in Wartime," Dec. 1942, 2—5; both Publishers' Weekly Archives, box 7, Princeton。也见 Ballou, *Council*, 54—55。

第四章

1. 有关这一口号在英国使用的一个实例，见 Stanley Unwin, "Status of Books in War-Time England," *PW*, Dec. 27, 1941, 2288—2291。

2. 同上，1942 年 5 月 9 日，第 1752 页。也见 Ryback, *Hitler's Private Library*。

3. MacLeish, "The Strongest and the Most Enduring Weapons," *PW*, May 16, 1942, 1810.

4. "Guidance Notes, Part II. Consolidation Activities in Liberated Areas," June 14, 1944, 331/87/11, NACP.

5. "Joint M. O. I. and P. W. B. Plan for Liberated France," July 20, 1944, FO 898/393, TNA.

6. Cruickshank, *The Fourth Arm*, 40.

7. Psychological Warfare Branch, COSSAC, "Composition, Functions and Relations to Other Agencies or Departments," Dec. 22, 1943, FO 898/385, TNA.

8. "Revised Draft of Operational Memorandum for Books," n. d. [ca. Aug.—Sept. 1944］. 208/464/2949, NACP.

9. 术语"纸子弹"（"paper bullets"）出现于 Sea Bee, May 23, 1945, 13; copy in 208/356/1721, NACP。

10. Melcher, "Editorial," PW, Oct. 13, 1945, 1755.

11. Gen. McChrystal, PWB SHAEF, to Barrett and Bernard, [ca. mid-1944], 208/464/2951A, NACP.

12. 执行委员会会议纪要，1943年5月12日，CBW Records, box 3, folder 4, Princeton。

13. "China Book Week," Northwestern University on the Air, Of Men and Books, Mar. 25, 1944, transcript of broadcast over the Columbia Broadcast System; Charles S. Miner, "Postwar Gains in Book Trade Seen by Sloane," Shanghai Evening Post and Mercury (U. S. edition), Mar. 31, 1944, in Sloane Papers, box 7, Princeton.

14. Brooks, Prisoners of Hope, 52.

15. PW, Jan. 12, 1946, 172—173.

16. Dower, Embracing Defeat, 180—181, 186.

17. Edward Barrett to Pat Allen, June 8, 1944, 208/464/2949, NACP.

18. Stanley M. Rinehart Jr. to Archibald Ogden, Apr. 2, 1945, quoting Irwin Ross citing M. Monnet, director of the Cercle de la Librarie, Paris, CBW Records, box 8, folder 2, Princeton。也见 Bishop, "Overseas Branch," 147。

19. Cruickshank, Fourth Arm, 136.

20. A. Ben Candland to Arthur Myers, Feb. 4, 1944, 208/465/2953, NACP.

21. 执行委员会会议纪要，1944年4月19日，box 3, folder 7,

and Kerr to Norton, Apr. 26, 1944, box 32, folder 8, both CBW Records, Princeton; "Basic Plan for Books," Sept. 20, 1944, 208/480/2997, NACP。

22. "Report upon Methods of Increasing Trade in British Books Overseas," BW 70/1, TNA.

23. Unwin, *Truth about Publishing*, 215—16; Unwin, *Truth about a Publisher*, 422.

24. 图书和期刊委员会会议纪要，1941年6月12日，BW 70/1，以及图书和期刊委员会会议纪要，1942年2月12日，BW 70/2；both TNA。

25. 图书和期刊委员会会议纪要，1941年7月31日，BW 70/1，TNA。

26. 图书和期刊委员会会议纪要，1942年4月9日，BW 70/2，TNA。

27. 关于英国战时图书贸易的整体情况，见 Holman, *Print for Victory*。

28. Evans, "English Books in War—& After," *Times* (London), May 27, 1944, in CBW Records, box 14, folder 5, Princeton。

29. E. Sykes, "Annual Report on Books and Periodicals," Feb. 16, 1942, BW 70/2, TNA.

30. 图书和期刊委员会会议纪要，1942年7月9日，BW 70/2，TNA。

31. 图书和期刊委员会会议纪要，1942年7月9日，以及图书和期刊委员会会议纪要，1942年9月10日，both BW 70/2，TNA。

32. 图书和期刊委员会会议纪要，1943年9月9日，BW 70/2，TNA。

33. John Lehmann, "An International Writers' Conference," typescript, n. d. ca. Apr. 1943, 其中受英国情报部正式委托的一篇文章是用于其俄语杂志的, Britanski Soyuznik, and Marris Murray to John Lehmann, Apr. 26, 1943; both Lehmann Family Papers, box 35, folder 11, Princeton。

34. 图书和期刊委员会会议纪要, 1942 年 11 月 12 日, BW 70/2, TNA。

35. Ulich, *Can the Germans Be Reeducated*?, 3; "U. S. Takes School Planning Part for Europe, Asia in Post-War Era," *NY Times*, Oct. 2, 1943, "The United Nations Educational, Scientific and Cultural Organization (UNESCO): Creation," http//www. nationsencyclopedia. com/United-Nations-Related-Agencies/The-United-Nations-Educational-Scientific-and-Cultural-Organization-UNESCO-CREATION. html.

36. "Educators Urge World Committee," *NY Times*, Oct. 9, 1943; "U. S. To Help Build War-Torn Schools," *NY Times*, Apr. 11944.

37. "U. S. Takes School Planning Part for Europe, Asia in Post-War Era," *NY Times*, Oct. 2, 1943.

38. "Remembering Jack Fobes," http://auhighlights. blogspot. com/2006/10/jack-fobes-lien-link-memorial-articles. html, consulted Nov. 15, 2006; Donaldson, *Archibald MacLeish*, 376; "Fulbright Will Head Talks on Education," *NY Times*, Apr. 7, 1944.

39. "Historical Context," http://portal. unesco. org/ education/ en/ ev. php-URL_ID=9021&URL_DO=DO_TOPIC&URL_SECTION=201. html.

40. Pat Allen to Edward Barrett, June 8, 1944, 208/464/2949, NACP.

41. M. R. D. Foot, "Political Warfare Executive," in I. C. B. Dear,

ed., *The Oxford Companion to World War II* (Oxford and New York: Oxford University Press, paperback edition, 2001), 709.

42. Cruickshank, *Fourth Arm*, 149.

43. Sylvain Mangeot to Col. Sutton, Apr. 20, 1943, FO 898/435, TNA.

44. Mr. Paniguian to Mangeot, Apr. 21, 1943, FO 898/435, TNA.

45. West, "Books for Liberated Europe," 3—6; reported in *PW*, Mar. 4, 1944, 1022ff.

46. 图书和期刊委员会会议纪要, 1942 年 5 月 14 日, BW 70/2, TNA。

47. Rinehart to Norton, Mar. 9, 1944, referencing an earlier letter to Kerr, W. W. Norton II Papers, box 2, Columbia; 执行委员会会议纪要, 1944 年 3 月 29 日, CBW Records, box 3, folder 7, Princeton。

48. Gen. McChrystal 给 Barrett 和 Bernard 的电报释义, n. d. [1943], 208/464/2951A, NACP。

49. Fred Schwed Jr. to Joseph Barnes, Apr. 13, 1943, 208/6B/5, NACP; Bishop, "Overseas Branch," 81—82.

50. "Work of the Book Section," Apr. 30, 1943, and "Operational Procedures for Books," Oct. 27, 1943; both 208/6B/5, NACP.

51. A. Ben Candland to George Snell, Dec. 18, 1943; Joseph Barnes to all bureau chiefs, Dec. 21, 1943; both 208/6B/5, NACP.

52. Col. Ray L. Trautman, in "Third Annual Meeting of the Council on Books in Wartime," Feb. 1, 1945, CBW Records, box 1, folder 15, Princeton.

53. Vincenzo Petrullo and Trevor Hill to Edward Barrett, Apr. 5,

1944, 208/415/806, NACP.

54. 见 *OWI in the ETO*, 18。

55. Petrullo and Hill to Barrett, Apr. 5, 1944, 208/415/806, NACP. 也见 Gerson and Michon, eds., *History of the Book in Canada* 3: 201—202。

56. Petrullo and Hill to Barrett, Apr. 5, 1944/, 208/415/806, NACP.

57. Samuel T. Williamson to all bureau division chiefs, Mar. 18, 1944, 208/465/2953, NACP.

58. First draft, "History, Bureau of Publications, Overseas Branch, Office of War Information," Nov. 1944, 208/6H/1, NACP.

59. "Book Operations Plan April to June 30, 1944," Apr. 12, 1944, 208/464/2949, NACP.

60. Petrullo and Hill to Edward Barrett, Apr. 5, 1944, 208/415/806, NACP. 也见 minutes of the meeting of the Advisory Committee on Books for France, Apr. 20, 1944, 208/415/806, NACP。

61. "Book Operations Plan, April to June 30, 1944," Apr. 12, 1944, 208/464/2949, NACP. 也见 Mildred E. Allen 致纽约评审委员会成员的信函, 1944年4月10日以及1944年4月18日, "copying a report of the Book Section of the London Office dated April 5th and distributed by the Outpost Bureau on April 17th"; both 208/415/806, NACP。也见执行委员会会议纪要, 1944年4月12日, CBW Records, box 3, folder 7, Princeton。虽然支持在很大程度上源于商业出版社, 但也有观点认为是为了应对配合英国计划的需要, 关于这一观点, 见 T. L. Barnard to Barrett, Apr. 16, 1944, 208/464/2951, NACP。

62. Copy of a memorandum from Williamson, Apr. 15, 1944, in Mildred E. Allen to members of the New York Review Board, Apr. 16, 1944, 208/415/806, NACP.

第五章

1. "Book Operations Plan, April to June 30, 1944," Apr. 12, 1944, and Chester Kerr to W. W. Norton, Apr. 17, 1944; both CBW Records, box 14, folder 3, Princeton; "Monthly Progress Report," May 6, 1944, 208/464/2949, NACP.

2. Mildred E. Allen to New York Review Board, Apr. 10, 1944, copying a letter from Ronald Freelander in London to Samuel Williamson, Apr. 1, 1944, 208/415/806, NACP; Kerr to Norton, Apr. 26, 1944, CBW Records, box 32, folder 8, Princeton.

3. Memorandum by Williamson, Apr. 15, 1944, quoted in Mildred E. Allen to New York Review Board, Apr. 16, 1944, 208/415/806, and Williamson to Washington Review Board, Aug. 14, 1944, 208/415/807, both NACP.

4. Ballou, *Council*, 85.

5. 执行委员会会议纪要, 1944 年 4 月 19 日, CBW Records, box 3, folder 7, Princeton。

6. 执行委员会会议纪要, 1944 年 3 月 15 日, CBW Records, box 3, folder 7, Princeton。

7. 执行委员会会议纪要, 1944 年 3 月 22 日, CBW Records, box 3, folder 7, Princeton。

8. 执行委员会会议纪要, 1944 年 3 月 29 日, CBW Records, box

3，folder 7，Princeton。

9. 执行委员会会议纪要，1944年4月5日，CBW Records，box 3，folder 7，Princeton。

10. 执行委员会会议纪要，1944年4月19日，CBW Records，box 3，folder 7，Princeton。

11. Kerr to Norton, Apr. 20, 1944, 208/464/2951A, NACP.

12. 关于巩固性宣传，见 Thomson, *Overseas Information Service*, 106—107。

13. 执行委员会会议纪要，1944年4月26日，CBW Records，box 3，folder 7，Princeton。

14. Excerpts from a letter from Norton to Elmer Davis, May 19, 1944, 208/464/2951A, NACP.

15. Kerr to Norton, Apr. 26, 1944, CBW Records, box 32, folder 8, Princeton. 科尔出席了1944年4月26日的会议，战时图书委员会考虑了他的建议。执行委员会会议纪要，1944年4月26日，CBW Records，box 3，folder 7，Princeton。也见 Ballou, *Council*, 83—94。关于斯特恩，见 Tebbel, *Between Covers*, 344—345。

16. Ballou, *Council*, 86.

17. Davis to Norton, Apr. 26, 1944, 208/464/2951A, NACP；执行委员会会议纪要，1944年4月26日，CBW Records，box 3，folder 7，Princeton；Kerr to N. Locker, June 23, 1944, 208/464/2951A, NACP；执行委员会会议纪要，1944年7月5日，CBW Records，box 3，folder 8，Princeton。

18. Rinehart, Best and Sloane to Norton, May 3, 1944, CBW Records, box 32, folder 8, Princeton.

注 释

19. "Basic Plan for Books," Sept. 20, 1944, 208/480/2997, NACP.

20. "Book Section Monthly Progress Report," June 19, 1944, 208/464/2951, and Williamson to Edward W. Barrett, July 17, 1944, 208/6B/3, both NACP; 执行委员会会议纪要, 1944年7月12日, 执行委员会会议纪要, 1944年8月9日, both CBW Records, box 3, folder 8, Princeton。

21. Guinzburg to Kerr, Apr. 29, 1944, 208/464/2949, NACP. 也见 Althea Chantre to Vincenzo Petrullo for Kerr, Apr. 26, 1944, copying cable from Guinzburg to London, 208/464/2949, NACP。

22. De Graff to Kerr, May 9, 1944, 208/464/2951A, NACP.

23. Ballou, *Council*, 89.

24. 因为法律禁止战时新闻局在发货前给承包商付款, 所以它需要一个启动资金的来源。"Report to the Chairman, Council on Books in Wartime from the Committee on Overseas Editions," May 3, 1944, box33, folder 12, 管理委员会会议纪要, 1944年8月30日, box 33, folder 6。协议包含在海外版本公司主席给德·格拉夫的一封信中, 1944年9月14日, box 32, folder 8。All CBW Records, Princeton.

25. Mildred E. Allen to memebersof New York Review Board, Apr. 10, 1944, copying letter from Freelander to Williamson, Apr. 1, 1944, 208/415/806, 以及执行委员会会议纪要, 1944年8月26日, CBW Records, box 33, folder 7, Princeton。

26. Kerr to Althea Chantre, text for cable to Guinzburg, Apr. 20, 1944, 208/464/2949, NACP.

28. Lehmann-Haupt et al., *Book in America*, 409.

29. Allen to members of New York Review Board, Apr. 10, 1944, copying letter from Freelander to Williamson, Apr. 1, 1944, 208/415/806; Kerr to Chantre, cable to Guinzburg, London, Apr. 20, 1944, 208/464/2949; Chantre to Petrullo for Kerr, cable #24755 April from Guinzburg – Freelader in London, Apr. 26, 1944, 208/464/2949; all NACP.

30. Chantre to Petrullo for Chester Kerr, cable #24755 April from Guinzburg/Freelander in London, Apr. 26, 1944, and Norton to Davis, May 19, 1944; both 208/464/2951A, NACP.

31. 《纽约时报》，1944年5月22日。

32. "Extracts form Hearings before the Subcommittee of the Committee on Appropriations... June 1, 1944," 208/6B/4, NACP.

33. Ballou, *Council*, 87—89; Cowan/Williamson/Kerr to Hamblet/Guinzburg/Freelander, June 3, 1944; and Chantre to Hill, June 9, 1944, transmitting text of cable from Cowan/Williamson/Kerr to Hamblet/Guinzburg/Freelander, all 208/464/2949, NACP. 也见管理委员会会议纪要，海外版本公司，1944年8月30日，box 33, folder 6; "Notes of meeting held in Pocket Books' office," Sept. 7, 1944, box 33, folder 7; 以及海外版本公司主席给德·格拉夫的信，1944年9月14日，box 32, folder 8; Sloane to de Graff, Oct. 5, 1944, box 32, folder 9; all CBW Records, Princeton。

34. Chantre to Hill, Aug. 15, 1944, transcribing cable from Guinzburg in London, 208/464/2949, NACP.

35. Williamson to Washington Review Board, Aug 14, 1944, 208/415/807, NACP.

注 释

36. Williamson to Eva Polak, New York Review Board, Sept. 11, 1944, 208/464/2951A, NACP.

37. Kerr to Sloane, Oct. 4, 1944, 208/464/2949; "Special Report on Overseas Book Program," in "Monthly Progress Report, October 1 – November 1, 1944," 208/413/2201, both NACP.

38. "Monthly Progress Report—May 6th, [1944]," 208/464/2949, NACP.

39. Memorandum, Chantre to Williamson and Hill, Aug. 4, 1944, transcribing cable from Hamblet/Guinzburg, 208/464/2949, NACP.

40. "Revised Draft of Operational Memonrandum for Books," [ca. Aug.—Sept. 1944], 208/464/2949, NACP.

41. Hill to Allen, Aug. 14, 1944; memo, n. d.; both 208/464/2939, NACP.

42. "Plan for Belgian Publications," n. d. [ca. Aug. 1944], 208/464/ 2939, NACP.

43. Webber, London, to Williamson and Hill, Sept. 22, 1944, 208/464/2949, NACP.

44. 这就解释了为什么巴卢所撰写的关于战时图书委员会及其下属机构的官方历史中跨大西洋版本未被提及。

45. Ronald Freelander to Kerr, July 6, 1944, 208/464/2494, NACP. 关于战时新闻局在海外用美国新闻处的名字，见 Bishop, "Overseas Branch," 272, 以及 Green, *American Propaganda Abroad*, 17。

46. 只印刷英文版是"为了统一"。Kerr to Freelander, Aug. 30, 1944, 208/464/2494, NACP.

47. Hill to Guinzburg, July 10, 1944, 208/464/2494, NACP. 也见

Mahl, *Desperate Deception*, 64—65, 171, 195。

48. Guinzburg to Jean Parket, text for cable to Hamblet, Sept. 5, 1944, 208/464/2494, NACP; Ballou, *Council*, 88—89.

49. "Monthly Progress Report, November 28th to December 29th, 1944," 208/413/2201, NACP.

50. Agenda and minutes, P. W. E. /O. W. I. /PWD Tripartite Committee, Overlord Plan FO 898/375, TNA.

51. Freelander to Hill, Apr. 3, 1945, 208/464/2949, NACP, and Kerr to Ogden, Apr. 30, 1945, CBW Records, box 33, folder 1, Princeton.

52. Kerr to Milton MacKaye, Feb. 13, 1945, 208/464/1749, NACP.

53. Minutes of the Board of Directors meeting, Aug. 9, 1945, CBW Records, box 2, folder 10, Princeton.

第六章

1. Kerr to Rex Stout, Dec. 9, 1944, 208/44/2949, NACP.

2. Samuel T. Williamson to Kerr, May 28, 1944, 208/464/2949, NACP; Ballou, *Council*, 92; "Special Report on Overseas Book Program," ca. Oct. 1944, 208/413/2201, NACP.

3. 执行委员会会议纪要，1945年3月28日，box 3, folder 10, CBW Records, Princeton。有关海外版本系列和跨大西洋版本系列的书目表见附录A。

4. Ballou, *Council*, 92; handwritten memo, Kerr to Williamson, May 28, [1944]; cable, Cowan/Williamson/Kerr to Hamblet/Guinzburg/

注 释

Freelander, June 3, 1944; cable, Hamblet/Guinzburg/Freelander to Trevor Hill, June 9, 1944; all 208/464/2849, NACP. 也见战时图书委员会年会会议纪要,1946 年 1 月 30 日, CBW Records, box 1, folder 16, Princeton。

5. 我有幸得到了原属于切斯特·克尔的一整套海外版本和跨大西洋版本图书。

6. "Revised Draft of Operational Memorandum for Books," n. d. [ca. Aug. 1944], 208/464/2949, NACP.

7. Handwritten annotations on Kerr to A. Ben Candland, Feb. 13, 1945; "List of OWI Materials for Italian Prisoners of War" and "List of OWI Materials for German Prisoners of War," ca. winter 1945, all 208/467/2060; "German Committee Minutes," May 4—5, 1945, 208/404/803. All NACP. 见第十一章。

8. Dave Wilson to Washington Review Board, Nov. 30, 1944, 208/415/807, NACP.

9. 同上。

10. "British Public Opinion and the United States," Ministry of Information, Home Intelligence, Special Report No. 8, Feb. 23, 1942, INF 1/102, TNA.

11. Wieviorka, *Normandy*, 110.

12. Wallace Carroll to Edward W. Barrett, June 14, 1945, Harper & Row, Series II, Columbia.

13. Warburg, *Unwritten Treaty*, p. 99; Winkler, *Politics of Propaganda*, p. 59; and Koppes and Black, *Hollywood Goes to War*, 91—93.

14. Dizard, *Inventing Public Diplomacy*, p. 21—22。

15. *PW*, June 2, 1945, 2191—2192.

16. Dave Wilson to Washington Review Board, Nov. 30, 1944, 208/415/807, NACP.

17. Williamson to Barrett, May 10, 1944, 208/415/807, NACP.

18. "Procedure for Selection of Books for Inclusion in Overseas Editions Series," May 31, 1944, 208/464/2949, NACP.

19. Rubin, *Making of Middlebrow Culture*, p. 110—147; Radway, *A Feeling for Books*, p. 176 - 83。

20. Barrett to Wallace Carroll, May 13, 1944; Althea Chantre to Williamson, quoting teletype #606 May from Carroll in Washington; both 208/415/2949, NACP. Kerr to Philip Van Doren Stern, June 1, 1994, 208/464/2951A; "Members of Outside Advisory Committee Serving OWI in Selection of Overseas Editions," 208/464/2949; both NACP.

21. Kerr to E. Trevor Hill, Aug. 16, 1944, 208/464/2949, NACP.

22. "Procedure for Selection of Books for Inclusion in Overseas Editions Series," 208/464/2949, NACP; Kerr to Stern, Aug. 15, 1944, CBW Records, box 14, folder 4, Princeton.

23. Ferdinand Kuhn Jr. to Senator James M. Mead, June 5, 1944, 208/464/2951A; Barrett to Pat Allen, June 8, 1944, 208/464/2949; both NACP.

24. Cable, Kerr to Freelander, June 3, 1944, 208/464/2949, NACP.

25. Robert Hollander, 有关在法国西北部展开的盟军心理战的历史的草稿, 58—59, 331/87/16, NACP。

26. Kerr to Rex Stout, Dec. 9, 1944, 208/44/2949, NACP.

27. Williamson to Louis G. Cowan, May 24, 1944, 208/467/2060, NACP.

28. Sidney Sulkin, "The OWI and Book-Hungry Europe," *NY Times Book Review*, Oct. 28, 1945.

29. S. Spencer Scott, "Memonrandum on Royalties," Nov. 29, 1944, CBW Records, box 3, folder 8, Princeton.

30. Carol Lunett to Capt. K. Carrick, Jan. 13, 1945, 208/6B/3; "Extracts from Hearings before the Subcommittee of the Committee on Appropriations...June 1, 1944," 208/6B/4; both NACP.

31. De Graff to Kerr, May 9, 1944, 208/464/2951A, NACP.

32. "Leaflets, Publications and Books: Instructions on Policy and Practice," ca. mid-1943, FO 898/435, TNA.

33. Chantre to Hill, quoting cable from Cowan/Williamson/Kerr to Hamblet/Guinzburg/Freelander, June 9, 1944, 208/464/2949; Memorandum, Mar. 24, 1945, "Minutes of the German Committee Meeting on March 23, in New York," 208/404/803; both NACP.

34. Kerr to J. C. Furnas, Oct. 10, 1944, 208/464/2949, NACP; Furnas, *How America Lives* (New York: Overseas Editions, Inc., 1945), vii–xi.

35. Chester Kerr to Philip Van Doren Stern, Oct. 30, 1944, 208/464/2949, NACP. 范多伦所著的《本杰明·富兰克林》也在跨大西洋版本系列中出版过，没有关于删节的说明。

36. Minutes of the Overseas Branch Review Board Book meeting, June 22, 1944, 208/415/807, NACP.

37. Minutes of the Overseas Branch Review Board Book meeting, June

22, 1944, 208/415/807, NACP。

38. "Books Currently Being Considered for Overseas Editions," July 5, 1944, CBW Records, box 32, folder 6, Princeton.

39. Natalie Gammon to Susan Klein, July 15, [1944], CBW Records, box 35, folder 10, Princeton.

40. "Recommendations of Subcommittee on Books Herewith Submitted for Review Board's Approval," n. d., 208/464/2951, NACP.

41. July 23, 1944, 208/464/2949, NACP.

42. 见 Allen to Barrett, June 8, 1944, and Lehmann-Haupt to Guinzburg, Nov. 9, 1944; both 208/464/2949; and "Books in German," Dec. 11, 1944, 208/404/803, all NACP。

43. "British Public Opinion and the United States," Ministry of Information, Home Intelligence, Special Report No. 8, Feb. 23, 1942, INF 1/102, TNA.

44. Upton Sinclair to Benjamin W. Huebsch, Viking Press, June 12, 1944; and Sinclair to Ryo Namikawa, Apr. 12, 1948, both box 1, Viking Press Manuscripts, Lilly.

45. Review Branch, OPMG, Washington, to Review Branch, New York, June 20, 1945, 389/459A/1646, NACP.

46. Press release, July 27, 1945, CBW Records, box 33, folder 2, Princeton.

47. Midred E. Allen, New York Review Board, to Alice Curran, Washington Review Board, Aug. 6, 1944; M. J. van Schravan to Wallace C. Carroll, [ca. Aug. 1944]; both 208/415/807, NACP.

48. David Wilson to Washington Review Board, Apr. 18, 1945, 208/

6E/2, NACP.

49. Chantre to Williamson and Hill, Aug. 4, 1944, transcribing cable from Hamblet and Guinzburg in London; Williamson to Barrett and Bernard, Aug. 5, 1944; Chantre to Hill, Aug. 15, 1944, transcribing cable from Guinzburg in London; all 208/464/2949, NACP.

50. Hill to Allen, Aug. 14, 1944, 208/464/2949, NACP.

51. 见附录A的书目列表。

52. "Working Plan for P. W. D. in Holland [draft]," June 12, 1944, 331/87/11, NACP.

53. 有关戴维斯与图书出版人在纽约公共图书馆的会议的说明, Nov. 3, 1943, CBW Records, box 14, folder 3, Princeton。

54. "Revised Draft of Operational Memorandum for Books," n. d. [ca. Aug. 1944], 208/464/2949, NACP. 另一份文件说明在伦敦制作了印数为5000册的用于荷兰的图书; 208/464/2949, NACP。但另一份文件说明印数是1.5万册, 208/413/2201, NACP。

55. Book Section, London, "Monthly Progress Report," May 6, and June 5, 1944, 208/415/807, NACP; *PW*, Oct. 9, 1943, 1442—1443.

56. 见 Claude A. Buss, OWI, San Francisco, to Monroe E. Deutsch, University of California, July 13, 1944, and Barrett to Buss, June 18, 1944; both 208/488&489/3104, NACP.

57. Buss to John K. Fairbank, June 2, 1944, and Buss to David MacDougall, British Political Warfare Executive Mission, San Fransisco, Apr. 4, 1944; both 208/488&489/3104, NACP.

58. 见第二章。

59. "Publications Plan for China," Sept. 14, 1944, 208/464/2951,

NACP.

60. 同上。

61. W. L. Holland and Catherine Porter to Hill or Kerr, Nov. 8, 1944, 208/464/2949, NACP.

62. "Publications Plan for China," Sept. 14, 1944, 208/464/2951, NACP.

63. Sloane, "To Chungking," pp. g-nn, box 6, Sloane Papers, Princeton; 执行委员会会议纪要, 1944年3月8日, CBW Records, box 3, folder 7, Princeton。

64. 畅销书有卡尔·范多伦所著的《本杰明·富兰克林》（列于1938年的书目清单中），海明威所著的《丧钟为谁而鸣》（1940—1941），威廉·萨罗扬所著的《人间喜剧》（1943），沃尔特·李普曼所著的《美国外交政策》（1943），厄尔·派尔所著的《这是你的战争》（1943）和《勇敢的人们》（1944—1945），以及凯瑟琳·德林克·鲍恩所著的《来自奥林匹亚的美国佬》（1944）。Korda, *Making the List*, p. 72, 88—89. 根据另一个汇编目录，除了范多伦所著的富兰克林传记之外其他的书也全都显示为"畅销书"或者"卖得较好的书", Mott, *Golden Multitudes*, 314—315。李普曼的这本畅销书与他的《美国的战争目标》的海外版本和跨大西洋版本配对销售；派尔的两本畅销书由海外版本公司以《美国大兵乔》的书名一同出版。

65. 每月一书俱乐部的选目中包括康斯坦丝·鲁尔克所著的《奥杜邦》，以及范多伦、海明威、萨罗扬和鲍恩的书。每月一书俱乐部的选目，208/464/2949，NACP。

66. D. F. Fleming, *NY Times Book Review*, Apr. 9, 1944.

67. Orville Prescott, *NY Times*, Oct. 30, 1942.

注 释

68. Frederick L. Schuman, *NY Times Book Review*, Nov. 28, 1945.

69. Stegner, *NY Times Book Review*, Feb. 28, 1943; Commager, *NY Times Book Review*, Oct. 9, 1938.

70. *NY Times Book Review*, Nov. 29, 1942.

第七章

1. 引自希契科克, *Bitter Road to Freedom*, 第170页。

2. Dower, *Embracing Defeat*, 39—40.

3. "Draft Operational Plan for Germany," fourth draft, n. d., 389/459A/1627, NACP.

4. Marlene J. Mayo, "Civil Censorship and Media Control in Early Occupied Japan: From Minimum to Stringent Surveillance," in Wolfe, ed., *Americans as Proconsuls*, 285.

5. 法国的一次盖洛普民意调查称美国是"将帮助法国在战后再次崛起的国家"。Jackson to McClure, ca. Sept. 1944, FO 898/391, TNA.

6. 见第十二章。

7. "Operational Plan for Germany," third draft, Jan. 16, 1945, 208/4040/803, NACP; William Harlan Hale, PWD/SHAEF, to Col. William S. Paley and Mr. Schneider, June 18, 1945, 260/16（A1）16/254, NACP.

8. McClure to the director-generals of the British PID and MoI and the directors of the London offices of the U.S. OWI and OSS, Aug. 8, 1944; Oliver [illeg.] to Sir Cyrid Radcliff, MoI, Sept. 4, 1944; both INF 1/987, TNA. 也见 memorandum, Sub-Committee to Deal with Books for Germany to the Joint Publications Committee, Sept. 6, 1944,

U. S. copy, 208/464/2949, NACP, British copy, FO 898/471, TNA; and PWD/SHAEF to Chinef of Staff, "Prohibition of Publication in and Importation to Germany by Allied and Neutral Nationals, of Newspapers, Books, and Periodicals," Apr. 1945, 331/6/3/, NACP.

9. "London—Monthly Progress Report—May 6th—Book Section," May—June 1944, 208/415/807, NACP.

10. 关于从瑞典和瑞士购买图书的政策汇总, n. d., 260/16 (A1) 16/254, NACP; Packard, *Neither Friend Nor Foe*, 155; Leitz, *Sympathy for the Devil*, passim。

11. Mildred E. Allen to Wallace Carroll et al., "Minutes of German Committee Meeting on February 17th in Washington," Feb. 20, 1945, 208/404/803, NACP.

12. Allen to members of the German Committee, Mar. 3, 1945, 208/404/803, NACP.

13. Agwar/Marshall to SHAEF PWD/Eisenhower, May 16, 1945, 331/6/3, NACP.

14. PWD/SHAEF to Chief of Staff, "Prohibition of Publication in and Importation to Germany by Allied and Neutral Nationals, of Newspapers, Books, and Periodicals," Apr. 1945, 331/6/3/, NACP.

15. "Points on Which Recommendations Are Required by PID and OWI in Connection with Books for Germany," Mar. 15, 1945, 260/16 (A1) /254; "Minutes of German Committee Meeting on February 17th in Washington," Feb. 20, 1945, 208/404/803; Maj. Douglas Waples to C. D. Jackson, Mar. 29, 1945, and Paley to Gen. Robert A. McClure, Apr. 4, 1945; both 260/16 (A1) 16/254; all NACP.

16. Waples to Jackson, Mar. 29, 1945, 260/16（A1）16/254, NACP.

17. "Operational Plan for Germany," second draft, Jan. 2, 1945, 208/464/2949, NACP.

18. "Operational Plan for Germany," third draft, Jan. 16, 1945; "Book List to Implement the Long-Range Directive of Dec. 4, 1944," draft, Feb. 28, 1945; both 208/404/803, NACP.

19. Norman Counsins to Harold Guinzburg, Apr. 20, 1945, 208/404/803, NACP. 关于无条件投降的政策，见 Fleming, *New Dealers' War*, 180—188, and Goedde, *GIs and Germans*, 12—13, 60。

20. "Draft Operational Plan for Germany," fourth draft, 389/459A/1627, NACP.

21. "De-Nazifying Reich Is Tough OWI Job," article by Associated Press correspondent Trudi McCullough, Milwaukee Journal, June 10, 1945, clipping in 208/356&357/1721, NACP.

22. Allen to Wallace Carroll et al., "Minutes of the German Committee Meeting on March 23 in New York," Mar. 24, 1945, 208/404/803, NACP.

23. Kerr to Allen, Oct. 5, 1944, 208/464/2949, NACP.

24. "Overseas Editions for Germany," minutes of the German Committee, Apr. 6, 1945, 208/404/803, NACP.

25. "Statement Prepared for German Committee Meeting, New York, Apr. 20, 1945," 208/404/803, NACP.

26. "Operational Plan for Germany," fourth draft, n. d., 208/459A/1627, NACP。

27. Hellmut Lehmann-Haupt to Guinzburg, Nov. 9, 1944, 208/464/2949, NACP.

28. "Operational Plan for Germany," fourth draft, n. d., 389/459A/1627, NACP.

29. Minutes of the Joint PWD/OWI/MOI/PID Publication Committee meeting, Aug. 10, 1944, FO 898/471, TNA; "Draft Operational Plan for Germany," fourth draft, n. d., 389/459A/1627, NACP.

30. Psychological Warfare Division, "Report on the Books 'Sub-Committee'," [ca. fall 1944], FO 898/471, TNA.

31. 例如，见 Allan Nevins and Henry Steele Commager, *Die Geschichte der Vereinigten Staaten* (New York: Overseas Editions, Inc., n. d.) and Bernard Jaffe, *Männer der Forschung in Amerika* (New York: Overseas Editions, Inc., n. d.)。

32. Fiedler, *Enemy among US*, 6, 11.

33. Keefer, *Italian Prisoners of War*, 28.

34. Robin, *Barbed-Wire College*, 6.

35. 同上，第18页。

36. Gazden, *German Exile Literature*, 122.

37. Robin, *Barbed-Wire College*, 18.

38. 同上，第22—23页。

39. Krammer, *Nazi Prisoners of War*, 194—195.

40. 同上，第195页。

41. Keefer, *Italian Prisoners of War*, 52—54; Davison to Italian service units, Aug. 22, 1945, 389/459A/1647, NACP.

42. 这个单位开始是作为特别项目分支机构（SPB），但在1944年

12月升级为一个部门。见 Edward Davison to Col. Joseph I. Greene, Dec. 14, 1944, 389/459A/1645, NACP。美国陆军部队宪兵司令办公室特别项目部（Special Projects Division, SPD）这一名称在此被用于全文。

43. *PW*, Feb. 10, 1945, 759.

44. "Final Reports, Victory Book Campaign 1942—1943,"（1944）, 19, Publishers' Weekly Papers, box 2, Princeton.

45. Simmons, *Swords into Plowshare*, 20.

46. Waters, *Lone Star Stalag*, 13, 37—38.

47. Robin, *Barbed-Wire College*, 91—92.

48. Davison, "Criteria for the Selection of Books," Oct. 20, 1944, 389/459A/1647, NACP. 也见 Robin, *Barbed-Wire College*, 92。

49. Krammer, *Nazi Prisoners*, 207. 一份未获批准的书目列表长达11页，其中包括托马斯·卡莱尔、休斯顿·S. 张伯伦、弗里德里希·尼采、罗曼·罗兰、奥斯瓦尔德·斯宾格勒、阿尔弗雷德·冯·提尔皮茨和威廉一世的作品。389/459A/1645, NACP. 另一份书目表长达196页，收编于389/459A/1648。

50. 见附录B列表。

51. "These were printed in cooperation with the 'Infantry Journal' although its name is not used." Ben Gedalecia to Guinzburg, June 11, 1945, 208/407/2192, NACP. 在战时新闻局内部，新世界书架系列被称为"步兵杂志图书"，208/406/2191。

52. Krammer, *Nazi Prisoners*, 79, 83—84.

53. Lt.（later Capt.）Walter Schoenstedt to Lt. Col. Edward Davison, Oct. 19, 1944, 389/459A/1648, NACP.

54. Robin, *Barbed-Wire College*, 46—48.

55. Greene to Davison, Nov. 2, 1944, 389/459A/1648, NACP.

56. Davis, *Two-Bit Culture*, 20—25, 58—59; Lewis, *Penguin Special*, 212; Enoch to Norton, Dec. 10, 1942, CBW Records, box 4, folder 1, Princeton. 也见 Enoch, *Memoirs*。

57. Greene to Davison, Feb. 8, 1945, 389/459A/1648, NACP.

58. Davis, *Two-Bit Culture*, 56—63; Lewis, *Penguin Special*, 212—13.

59. Cazden, *German Exile Literature*, 10.

60. Schoenstedt to Davison, Feb. 5, 1945; Davison to Greene, Feb. 6, 1945; Greene to Davison, Feb. 8, 1945; all 389/459A/1648, NACP.

61. Lerch to Chief, Army Exchange Service, Dec. 12, 1944, 389/459A/1648, NACP.

62. Davison to Greene, Dec. 14, 1945, 389/459A/1648, NACP.

63. Enclose, Davison to Chief, Materials and Distribution Branch, and Chief, Field Services Branch, Dec. 14, 1944, 389/459A/1645, NACP.

64. Paul Mueller, Schoenhof Publishers, to Davison, Aug. 18, 1945, 389/459A/1647, NACP.

65. "Justification of the Selection for the First Series of the Buecherreihe Neue Welt," Apr. 3, 1945, 389/459A/1645, NACP.

66. Davison, "Statement for Press Concerning Publication of Buecherreihe Neue Welt," to General Bryan, May 10, 1945, 389/459A/1648, NACP.

67. 在其书中讨论新世界书架系列对在美国战俘营的德国战犯再教育的作用，罗恩·罗宾围绕引用了摘自"第一系列的理由"这一文件中关于选目的简短说明。他还对许多图书的内容进行了深度阅读，同时指出这些图书的内容如何让人听上去像是美国陆军部队宪兵司令办公室（OPMG）希望德国战俘去听的各种不同主题的方方面面。尽管如此，但是没有证据证明在美国陆军部队宪兵司令办公室特别项目部内部真正发生过像罗宾的分析那样精密的反复思考。如果说罗宾注意提到了第二份文件（新闻稿），他也没有提及这一点。实际上，他根本没有提及伯曼－费希尔及其对计划所做的贡献。因为忽略了新世界书架系列复杂的出版历史，罗宾没有意识到美国陆军部队宪兵司令办公室特别项目部的官员们在为计划挑选图书时都会受到何种策略层面和操作层面上的限制。无论计划的根据是什么——也许是实用主义，甚至是机会主义——它都不是像罗宾所声称的和平时期实施计划的人文学科教授们所带来的"对'伟大著作'传统的认可"。Robin, *Barbed-Wire College*, 96—105.

68. 有关难民作家的人物传记，见 Davie, *Refugees in America*, 333—344。也见 Krammer, *Nazi Prisoners*, 207。

69. 见书目于 Leonidas E. Hill, "The Nazi Attack on Un-German Literature, 1933—1945," 载于 Rose 编, *Holocaust and the Book*, 13。也见 Krammer, *Nazi Prisoners*, 207。

70. Greene to Davison, Nov. 2, 1944, and Schoenstedt to Davison, Nov. 3, 1944; both 389/459A/1648, NACP.

71. 准备印刷的 24 本书中只有 1 本为列在书目中。Greene to Bermann-Fischer Verlag, Jan. 9, 1945, 389/459A/1648, NACP.

72. Maj. J. A. Ulio to Commanding Genrals, Jan. 23, 1945, 389/

459A/1648, NACP; "Re – Education of Enemy Prisoners of Wars," Historical Monograph, OPMG, Office of the Chief of Military History, 1945, 87—88, copy in the Center for Military History, Fort McNair, Washington, D. C.

73. Lerch to Chief of Army Exchange Service, Dec. 12, 1944; Davison to Greene, Dec. 18, 1944; McKnight to Maj. Gemmill, Dec. 26, 1944; all 389/ 459A/1648, NACP.

74. Greene to Bermann-Fischer, Jan. 9, 1945, 389/459A/1648, NACP.

75. Ulio to commanding generals, Jan. 23, 1945; Greene to Erich Maria Remarque, June 9, 1945; both 389/459A/1648, NACP.

76. Davison to Greene, Feb. 17, 1945, 389/459A/1648, NACP.

77. Bermann-Fischer to Schoenstedt, Mar. 22, 1945, 389/459A/1648, NACP.

78. McKnight to Capt. Richards and Capt. Banke, June 4, 1945, 389/ 459A/ 1648, NACP.

79. Ulio to commanding generals, Jan. 23, 1945, 389/459A/1648, NACP.

80. Lt. Charles G. Stefan, to SPD, June 8, 1945, 389/459A/1646; Robin, *Barbed-Wire College*, 105.

81. Maj. Maxwell S. McKnight, acting director, SPD, to Gen, Bryan, June 6, 1945, 389/459A/1646, NACP.

82. Davison to Greene, Jan. 20, 1945, 389/459A/1645, NACP.

83. Cazden, *German Exile Literature*, 72.

84. Krammer, *Nazi Prisoners*, 208—209; Jones, *Autobiography*,

217—218.

85. Capt. Robert F. Richards to Greene, Apr. 25, 1945, 389/459A/1645, NACP.

86. Richards to Greene, July. 13, 1945, 389/459A/1646, NACP.

87. Lt. Col. W. L. Wolcott to SPD, June 25, 1945; Davison to director, Prisoner of War Operations Division, Sept. 21, 1945; both 389/459A/1647, NACP.

88. ASF circular, No. 383, Oct. 11, 1945, 389/459A/1647, NACP.

89. Richard to Chiefs, Transportation, Apr. 4, 1946, 389/459A/1648, NACP.

90. Richards to Chief, Army Exchange Division, June 17, 1946, 389/ 459A/1648, NACP.

91. Greene to Davison, Nov. 2, 1944, 389/459A/1648, NACP.

92. 一个基于对作者所拥有的这一系列图书中的四本书的观察的初步描述：第一，史蒂芬·文森特·贝尼特的《美国》；第十，托马斯·曼的《注意，欧洲！》；第二十二，卡尔·楚克迈尔的《一个来自陶努斯的农民》；以及第二十三，约翰·斯科特的《乌拉尔山那边》。我得益于巴贝特·格恩里奇翻译的贝尼特作品封面的题词。

93. Krammer, *Nazi Prisoners*, 208.

94. Robin, *Barbed-Wire College*, 106.

95. Krammer, *Nazi Prisoners*, 207—208; Robin, *Barbed-Wire College*, 105—106.

第八章

1. Blanche Knopf to Harry Brown, May 18, 1945, Alfred A. Knopf

Papers, Series III, Blanche Knopf, box 686, folder 6, HRC.

2. Archibald G. Ogden to W. B. Schnapper, Public Affairs Press, Nov. 28, 1944, CBW Records, box 36, folder 22, Princeton.

3. 见每本书的印制合同档案，CBW Records, box 33—38, Princeton。样本合同收编于 208/464/2951A, NACP。

4. O. W. Riegel to Edward J. Barrett, Aug. 2, 1944, 208/415/807, NACP.

5. W. Kenward Zucker to J. E. French, H. O. Houghton&Co., May 11, 1945, box 39, folder 15, CBW Records, Princeton.

6. Sanford Greenburger to Archibald Ogden, Dec. 8, 1944; Ogden to Greenburger, Dec. 12, 1944; both CBW Records, box 14, folder 9, Princeton.

7. http://www.frencheuropean.com/French%20Books/EMF.htm; Nettelbeck, *Forever French*, 58—66. 见 Okrent, *Great Fortune*, 192, 277, 432。

8. Chester Kerr to C. Raymond Everitt, Little, Brown, and Co., Dec. 4, 1944, CBW Records, box 38, folder 5, Princeton.

10. 见各种信件和简历，CBW Records, box 40, folder 7, Princeton。

11. Ballou, *Council*, 92.

12. Contract, Oct. 31, 1944, CBW Records, box 40, folder 6, Princeton.

13. 薪酬数目收编于 208/480/2997&2999, NACP。

14. Memorandum, 208/6B/3, NACP.

15. 见 Charles Schulz to Zucker, Nov. 21, 1944, CBW Records, box 40, folder 7, Princeton。

注 释

16. Elizabeth Porter to Ogden, Sept. 26, 1944; Marian G. Candy to Ogden, Nov. 21, 1944; Canby to Ogden, Dec. 7, 1944, and Dec. 13, 1944; all CBW Records, box 40, folder 7, Princeton.

17. 在许多情况下，译者的外国出生地都会在他们的信件和简历中清晰地表明，因此从这些信件和简历中可以获得译者的外国出生地的信息。另一些情况下，他们的笔迹、写作风格、词汇选择、单词拼写以及标点符号也能反映出他们来自欧洲。还有他们的名字本身就是一个强有力的证明，虽然这种情况并不绝对。例如，见 curricula vitae of Peter de Scandiano and Lucy Tal, and Inga Tuteur to Irene Rakosky, Oct. 25, 1944, and Frida Friedberg to CBW, Oct. 26, 1944; all CBW Records, box 40, folder 7, Princeton。

18. Kenneth T. Jackson, ed., *The Encyclopedia of New York City* (New Haven: Yale University Press and New York: New-York Historical Society, 1995), s. v. "Kew Gardens," 635.

19. Rochedieu to Ogden, Oct. 9, 1944, CBW Records, box 37, folder 7, Princeton. 也见 Roger Picard to Ogden, Nov. 25, 1944, CBW Records, box 40, folder 7, Princeton。

20. David to Rakosky, May 23, 1945, CBW Records, box 35, folder 2, Princeton.

21. Irene Rakosky to Kerr, Feb. 19, 1945, CBW Records, box 36, folder 9, Princeton.

22. Anderson, ed., *Hitler's Exiles*, 154; Fry, *Surrende on Demand*, photo between 114—115 and 187; Karina von Tippelskirch, "Hans Sahl: A Profile," www. logosjournal. com/issue _ 4. 2/sahl _ profile. htm; Varian Fry, "What Has Happened to Them Since," *PW*, June

23, 1945, 2436.

23. Aldo Caselli to CBW, July 15, 1944, CBW Records, box 35, folder 31, Princeton.

24. 例如，见 Dow to Ogden, July 10, 1944, box 33, folder 27; Kerr to Ogden and Ogden to Caselli, both Aug. 3, 1944, box 35, folder 31; all CBW Records, Princeton。

25. Ogden to Boorsch, Aug. 28, 1944, CBW Records, box 37, folder 23, Princeton.

26. www.yalealumnimagazine.com/issues/2006_3/milestones.html.

27. Pinthus to Ogden, Feb. 24, 1944, CBW Records, box 35, folder 13, Princeton.

28. Pinthus to Ogden, March 10, 1945, and Ogden to Pinthus, Mar. 5, 1945, and Mar. 12, 1945; all CBW Records, box 36, folder 5, Princeton.

29. Telegram, Pinthus to Ogden, Mar. 27, 1945, CBW Records, box 36, folder 5, Princeton.

30. Grace Ernestine Ray, "*Books Abroad* in Wartime," *PW*, Mar. 22, 1941, 1291—94. 关于 Pinthus, 见 www.ushmm.org/museum/exhibit/online/bookburning/author_detail.php?content=bbpinthus.xml。

31. A. Ben Candland to W. W. Norton, Aug. 4, 1944, CBW Records, box 40, folder 6, Princeton.

32. Kerr to Ogden, July 5, 1944, and Ogden to Paul E. Jacob, July 6, 1944; both CBW Records, box 38, folder 6, Princeton.

33. Kerr to Ogden, July 5, 1944, CBW Records, box 35, folder 22, Princeton.

注 释

34. Kerr to Ogden, Oct. 26, 1944, CBW Records, box 36, folder 14, Princeton.

35. *NY Times*, Oct. 6, 1981; Fry, *Surrender and Demand*, esp. 48—53; Fry, "What Has Happened to Them Since," *PW*, June 23, 1945, 2436.

36. Ogden to Possony, Jan. 5, 1945, CBW Records, box 40, folder 7, Princeton.

37. Wolfgang Saxon 所写的讣告, *NY Times*, May 2, 1995。

38. Gammon to Klein, July 13, 1944, box 37, folder30; Ogden to Elbau, Oct. 31, 1944, box 36, folder 3; and Ogden to Pinthus, Nov. 14, 1944, box 36, folder 5; all CBW Records, Princeton.

39. Kerr to Ogden, Oct. 26, 1944, CBW Records, box 38, folder 2, Princeton.

40. Jacob to Ogden, July 10, 1944, CBW Records, box 38, folder 6, Princeton.

41. "In Memorian: Domenico Vittorini," *Italica* 35 (1958): 77—82; Vittorini to Ogden, Sept. 10, 1944, and April 22, 1945, both CBW Records, box 35, folder 22, Princeton.

42. Rochedieu to Ogden, Aug. 30, 1944, CBW Records, box 37, folder 7, Princeton.

43. Ogden to Picard, Nov. 22, 1944, CBW Records, box 36, folder 8, Princeton.

44. Denkinger to Ogden, June 19, 1945, CBW Records, box 40, folder 6, Princeton.

45. Rakosky to Keww, May 23, 1945, CBW Records, box 36, fold-

er 2，Princeton.

46. Hill to Williamson and Kerr，Sept. 7，1944，208/464/2949，NACP.

47. Ogden to M. E. Coindreau，Nov. 9，1944，and Coindreau to Ogden，Nov. 9，1944；both CBW Records，box 36，folder 13，Princeton.

48. Kerr to Milton MacKaye，Feb. 13，1945，208/464/1749，NACP.

49. 同上。

50. Norton to Harry F. West，June 7，1944；J. Joseph Whalan to George A. Hecht，Oct. 6，1944；both CBW Records，box 40，folder 3，Princeton.

51. Ballou，*Council*，87.

52. Jack W. Powell，Bermingham & Prosser Co.，to Zucker，Nov. 29，1944；Zucker to Ogden，n. d.［late 1944］；and untitled chart of paper supplies，n. d.［late 1944］；all CBW Records，box 40，folder 3，Princeton。关于通常情况下海外版本系列图书印刷的各个方面，见 Ballou，*Council*，90—92。

53. Minutes of the Board of Directors meeting，Nov. 16，1944，CBW Records，box 2，folder 7，Princeton；*NY Times*，Jan. 14，1946.

54. Ballou，*Council*，90—92；Candland to Thomas Carroll，Oct. 18，1944，208/465/2954，NACP.

55. 执行委员会会议纪要，Oct. 29，1944，CBW Records，box 3，folder 8，Princeton；Glick to Kerr，Oct. 15，1944，CBW Records，box 32，folder 9，Princeton。

56. 见图书营销商的引述，CBW Records，box 32，folder 8，Prin-

ceton。

57. "Report of Work to Date—Mar. 28, 1945," CBW Records, box 40, folder 5, Princeton.

58. J. E. French to Zucker, 1944/11/27, CBW Records, box 37, folder 10, Princeton.

59. Zuker to Ogden, Feb. 14, 1945, CBW Records, box 33, folder 6, Princeton.

60. C. Holmes, Secretary, Association Provinciale des Maitres Imprimeurs du Québec, to Charles Chartier, Quebec Trade Bureau, New York, May 11, 1944, in response to letter from Stern, CBW Archives, box 14, folder 3, Princeton. 也见 Gerson and Michon, eds., *History of the Book in Canada* 3: 201—2。

61. Ballou, *Council*, 89—92. 见 W. F. Hallletterheads, CBW Records, box 40, folder 10, Princeton.

62. Untitled, undated text, enclosed with Ranald Savery to Zucker, Apr. 17, 1945, box 33, folder 1; Zucker to French, Feb. 20, 1945, box 39, folder 15; Zuker to H. A. Wisotzkey Jr., Dec. 13, 1944; all CBW Records, box 40, folder 2, Princeton.

63. 数量和成本显示在每本书的印制记录中, box 33—38, CBW Records, Princeton。

64. 见 Zucker to M. B. Wall, Apr. 10, 1945, CBW Records, box 34, folder 33, Princeton。

65. Ogden to Kerr, Jan. 8, 1945, CBW Records, box 37, folder 24, Princeton.

66. Gammon to Annie Von Wasserman, Jan. 30, 1945, CBW Re-

cords, box 37, folder 31, Princeton.

67. "Operational Plan for Germany," third draft, Jan. 16, 1945, 208/404/803, NACP.

68. Ballou, *Council*, 90. 然而, 在"海外版本的实际"("Physical Specifications for Overseas Editions")中给出的切纸尺寸是 $4^1/_4$ x $6^1/_4$, June 15, 1944, CBW Records, box 32, folder 8, Princeton。

69. 图书封面的特征以及许多其他细节都在海外版本成本列表中作了说明。例如, 见《美国大兵乔》英文版的成本列表, CBW Records, box 34, folder 32, Princeton。

70. Stern to Office of Emergency Management, Oct. 20, 1944; H. J. Revere, to OEI, Dec. 12, 1944; and Zucker to Kerr, Mar. 20, 1945; all CBW Records, box 40, folder 3, Princeton.

71. Glick to Kerr, Jan. 4, 1945, 208/464/2951A, NACP.

72. Ogden to Kerr, Dec. 19, 1944, CBW Records, box 39, folder 6, Princeton. 设计和印制图书需注意的事项通常可见于每本书的印制档案, CBW Records, box 33—38。

73. 例如, 见 Andre Leveque, n. d., box 40, folder 6, and miscellaneous order no. 95, issued to Elsie Lumley, Feb. 3, 1945, box 35, folder 10; both CBW Records, Princeton。

74. Glick to Kerr, Jan. 4, 1945, 208/464/2951A, NACP.

75. 执行委员会会议纪要, 1944 年 8 月 24 日, CBW Records, box 3, folder 8, Princeton; Milton B. Glick to Chester Kerr, Jan. 4, 1945, 208/464/2951A; cable, Hamblet/MacKaye to Williamson/Candland/Foulke/Kerr/Hill, Jan. 25, 1945; cable, Cowan to Williamson, Jan. 25, 1944; both 208/464/2949; all NACP。

76. "Report of Work to Date—January 24, 1945", CBW Records, box 40, folder 5, Princeton.

77. "Report of Work to Date—April 19, 1946," CBW Records, box 40, folder 5, Princeton.

78. "Report of Work to Date—September 12, 1945," CBW Records, box 40, folder 5, Princeton.

79. Ogden to Zucker, Aug. 28, 1945, CBW Records, box 14, folder 10, Princeton.

第九章

1. OWI in the ETO, 5, 22.

2. *Psychological Warfare Division*, 65.

3. Richard Hollander to Commanding General, PWD/SHAEF, Feb. 6, 1945; Gen. Robert A. McClure to Chief of Staff, 6th Army Group, Feb. 23, 1945; both 331/87/11, NACP.

4. 见 Wieviorka, *Normandy*, 323—355。

5. 见 Paul Brooks, "Books Follow the Jeep," *PW*, Dec. 8, 1945, 2528—30。有关盟军远征军最高司令部心理战部投入在巩固性宣传中的人员构成，见 "Guidance Notes, Part Ⅱ. Consolidation Activities in Liberated Areas," June 14, 1944, "The Authorities for the Conduct of Psychological Warfare Consolidation Propaganda by SHAEF in Rear of the Combat Zone," n. d.; both 331/87/11, NACP。

6. *Psychological Warfare Division*, 65.

7. 同上。

8. Kerr to Alfred McIntyre, Little, Brown, Apr. 26, 1945, 208/

464/2949, NACP.

9. *Psychological Warfare Division*, 65; "House of Hachette Never Collaborated with Nazis," *PW*, Oct. 21, 1944, 1642. 关于阿歇特公司的垄断地位，见 Assouline, *Gaston Gallimard*, 189—190。

10. 见 Wieviorka, *Normandy*, 217—226。

11. *OWI in the ETO*, 18.

12. Richard Hollander, draft of history of Allied psychological warfare in northwestern France, Oct. 10, 1944, 331/87/16, NACP.

13. *Psychological Warfare Division*, 65; *OWI in the ETO*, 23.

14. *Psychological Warfare Division*, 65—66.

15. 同上，66。

16. 同上，66—67。

17. *OWI in the ETO*, 32.

18. *Psychological Warfare Division*, 65—66.

19. Hollander, draft of history of Allied psychological warfare in northwestern France, Oct. 10, 1944, 331/87/16, NACP.

20. *Psychological Warfare Division*, 68. 也见 Sugarman, *My War*，描述了一名年轻的美国海军军官亲眼目睹的从 D 日到海滩行动结束历时四个月的反攻海滩行动。

21. *Psychological Warfare Division*, 67—68.

22. Flora Russell to William Bourne, Sept. 20, 1945, 208/464/2951, NACP.

23. Minutes of the Board of Directors meeting, Aug. 9, 1945, CBW Records, box 2, folder 10, Princeton.

24. Minutes of the Board of Directors meeting, Sept. 20, 1945, CBW

Records, box 2, folder 10, Princeton.

25. Brooks, "Books Follow the Jeep," 2529.

26. Sulkin, "The OWI and Book-Hungry Europe," *NY Times Book Review*, Oct. 28, 1945.

27. A copy of the issue of May 5, 1945, is in 208/464/2951, NACP.

28. Sulkin, "America's Position in World Publishing," lecture before Anglo-American Society, Leeuwarden, the Netherlands, Jan. 23, 1946, 206/16 (A1) 16/254, NACP.

29. Sulkin, "The OWI and Book-Hungry Europe."

30. *Psychological Warfare Division*, 92.

31. Ballou, *Council*, 93—94.

32. Theodotos to OEI, Dec. 19, 1945, CBW Records, box 33, folder 12, Princeton.

33. 与军队版本图书的大量读者来信相比,海外版本图书的读者来信的缺乏是可以理解的。欧洲人很可能不知道信应该写给谁。即使他们知道写给谁,大多数海外版本图书到达各位读者手中时正是盟军远征军最高司令部和战时新闻局解散不久之前,这就意味着这些机构没有留下任何人接收、回答并保存这些信件。

34. Press release, June 27, 1945, 208/464/2951, NACP.

35. Cruickshank, *Fourth Arm*, 159—175.

36. *PW*, Oct. 14, 1944, 1577.

37. Ingeborg Anderson to Blanche Knopf, Oct. 10, 1945, Alfred A. Knopf, Inc., Papers, Series III, box 4, folder 2, HRC.

38. *PW*, Mar. 24, 1945, 1282—1283.

39. Laurence Pollinger to Albert H. Walsh, Jule 24, 1945, John Day

Archives, box 206, folder 1, Princeton.

40. G. C. Lang to Charles Scribner's Sons, New York, June 21, 1945, Charles Scribner's Son Archives, Foreign Rights, box 9, folder 28, Princeton.

41. Albert Walsh to P. A. Gruenais, Nov. 8, 1945, box 198, folder 36; Albert Walsh to édition Nagel, Dec. 14, 1945, box 205, folder 10; Richard Walsh Jr. to Mildred C. Smith, Dec. 20, 1945; all John Day Archives, Princeton.

42. *PW*, Feb. 9, 1946, 999.

43. *PW*, Jan. 26, 1946, 607—608.

44. *PW*, Jan. 25, 1947, 442.

45. *PW*, June 1, 1946, 2904.

46. *PW*, Feb. 8, 1947, 880.

47. 例如，见 Albert Walsh to Charles Muller Publishing Company, Budapest, Oct. 3, 1945, John Day Archives, box 205, folder 8, Princeton。关于美国国际图书协会，见第十章。

48. 例如，见 A. Cleyman, American Compensation Corp., Antwerp, to the John Day Company, Oct. 23, 1945, John Day Archives, box 198, folder 1, Princeton。

49. Marguerite Bogatko, Translation Department, USIBA, to Albert Walsh, Sept. 25, 1945, John Day Archives, box 205, folder 8, Princeton.

50. Frederic Melcher, editorial, PW, Sept. 30, 1944, 1397; Mildred C. Smith, editorial, PW, Oct. 21, 1944, 1637.

51. 见 Elizabeth Pryor, "The John Day Company," in Dzwonkoski,

ed., Dictionary of Literary Biography 46: 104—106。

52. Korda, Making the List, 65—66.

53. *PW*, Jan. 20, 1945, 234—235; Richard J. Walsh to Stanley Unwin, Apr. 23, 1945, John Day Archives, box 198, folder 23, Princeton.

54. Flora B. Luddington, report on India, Jan. 7, 1947, Chester Brooks Kerr Papers, Princeton.

55. 关于这一点，见第十一章。

56. Richard Walsh Jr. to Lt. Commander Leo Monteleoni, Jan. 26, 1945, John Day Archives, box 198, folder 46, Princeton.

57. Albert Walsh to Margaret Landon, Mar. 23, 1945, box 203, folder 31; Richard Walsh to William D. Ten Broeck, Apr. 23, 1945; both John Day Archives, Princeton.

58. Mike Meyer, "Pearl of the Orient," *NY Times Book Review*, May 5, 2006.

59. 见 various agreements in John Day Archives, box 199, folder 13, Princeton。

60. Richard Walsh Jr. to Dr. Ragussi, Bompiani & Co., Jan. 18, 1945, John Day Archives, box 198, folder 46, Princeton.

61. John Day Archives, boxes 198—203, Princeton.

62. John Day Archives, boxes 199, 204, Princeton.

63. Richard Walsh to Laurence Pollinger, June 25, 1945, John Day Archives, box 206, folder 1, Princeton.

64. Pearl S. Buck to David Lloyd, Nov. 13, 1944, David Lloyd Agency Papers, box 49, folder 8, Princeton.

65. "Memorandum of Agreement," Mar. 13, 1945, John Day Ar-

chives, box 198, folder 46, Princeton.

66. Albert Walsh to Sonia Chapter, Sept. 26, 1945, John Day Archives, box 199, folder 13, Princeton.

67. Tebbel, *Book Publishing* 4: 144—152; Herbert H. Johnson and Margaret Becket, "Alfred A. Knopf," Dzwonkoski, ed., *Dictionary of Literary Biography* 46: 202—208.

68. Ambassador Henri Bonnet to Blanche Knopf, Sept. 30, 1949, Alfred A. Knopf Papers, Series III, box 690, folder 6, HRC.

69. "Our Relation with South America," *PW*, Dec. 9, 1939, 2148; Melcher, "Editorial: To Learn About Our Neighbors," *PW*, June 29, 1940, 2391.

70. Blanche Knopf, "South America—1942," Alfred A. Knopf Papers, Series III, box 696, folder 11, HRC.

71. Blanche Knopf to Summer Welles, Feb. 13, 1945; Welles to Blanche Knopf, Feb. 17, 1945; Herbert Weinstock to Blanche Knopf, June 8, 1945; all Alfred A. Knopf Papers, Series III, box 697, folder 4, HRC.

72. Blanche Knopf, "43 Trip to England," Alfred A. Knopf Papers, Series III, box 696, folder 8, HRC.

73. Maj. Walter R. King to Capt. Donald Reap, June 12, 1946, Alfred A. Knopf Papers, Series III, box 696, folder 7, HRC.

74. Kerr to Lt. Col. Richard G. Elliott, July 17, 1946, 208/464/2949, NACP.

75. Blanche Knopf, untitled, undated reminiscence of trip to Berlin, Jan. 1949, Alfred A. Knopf Papers, Series III, box 696, folder 7, HRC.

注　释

76. Grace Hogarth to Stanley Unwin, Feb. 5, 1945, George Allen & Unwin, Ltd., Records, 225/4, Reading.

77. Blanche Knopf, untitled, undated observation of publishing in Britain and Europe, ca. summer 1946, Alfred A. Knopf Papers, Series III, box 696, folder 9, HRC.

78. Tebbel, *Book Publishing* 4: 235—239; Margaret Becket, "Charles Scribner's Sons," in Dzwonkoski, ed., *Dictionary of Literary Biography* 46: 412—19.

79. Charles Kingsley to Charles Scribner, Oct. 13, 1939, Charles Scribner's Sons Archives, London Office, box 18, folder 6, Princeton.

80. Kingsley to Scribner, Jan. 15, 1940, Charles Scribner's Sons Archives, London Office, box 18, folder 7, Princeton.

81. Carter's career is detailed in Dickinson, *John Carter*.

82. Kingsley to Scribner, Mar. 8, 1940; Scribner to Kingsley, Mar. 20, 1940; both Charles Scribner's Sons Archives, London Office, box 18, folder 7, Princeton.

83. Carter, "Memorandum of Plans Made for the Conduct of the Rare Book Department During the War," Sept. 13, 1939, Charles Scribner's Sons Archives, London Office, box 18, folder 6, Princeton; Carter, "A Bookseller's Day in London," *PW*, Nov. 2, 1940, 1764—1765.

84. Kingsley to Scribner, Oct. 15, 1939, Charles Scribner's Sons Archives, London Office, box 18, folder 6, Princeton.

85. Carter to Scribner, Oct. 16, 1940, Charles Scribner's Sons Archives, London Office, box 19, folder 1, Princeton。见卡特和他的员工与伦敦办事处门口飞扬的英美两国国旗的合影，*PW*, Dec. 27,

1941，2291。

86. Dickinson, *John Carter*, 141—142.

87. Scribner to Arthur Dust, May 11, 1945, Charles Scribner's Sons Archives, London Office, box 19, folder 6, Princeton.

88. 见第十一章。

89. Carter to Scribner, May 13, 1945; Scribner to Carter, Dec. 13, 1945; both Charles Scribner's Sons Archives, London Office, box 19, folder 6, Princeton.

90. Scribner to Carter, Dec. 13, 1945, Charles Scribner's Sons Archives, London Office, box 19, folder 6, Princeton.

91. 出版人协会在1946年对其成员所做的调查显示，排队等待印制的图书包括4万册绝版书和超过8000种准备就绪等待印制的手稿。这个数量相当于英国印刷厂和装订厂以前三年半的总产量。John Carter to Charles Scribner, Jan. 11, 1946, Charles Scribner's Sons Archives, London Office, box 19, folder 7, Princeton.

92. Burlingame, *Endless Frontiers*, 251—253, 377—382; Carole B. Michaels-Katz and Martha A. Bartter, "McGraw-Hill," in Dzwonkoski, ed., *Dictionary of Literary Biography* 46：231—234.

93. Burlingame, *Endless Frontiers*, 324.

94. 见第十章。

95. "McGraw-Hill's Foreign Department Expands," *PW*, Apr. 14, 1945, 1560; Walter A. Bara to Archibald Ogden, Mar. 9, 1945, CBW Records, box 5, folder 13, Princeton.

96. "Proposed Trip to India and Russia," Sept. 19, 1945, 59/1559/179, NACP.

97. Kenji Arakawa, Tokyo, to GHQ, SCAP, n. d. (ca. fall 1949), 331/ 1664/5256, NACP.

98. Cazden, *German Exile Literature*, 10—11; Fischer, *My European Heritage*, 111.

99. Cazden, *German Exile Literature*, 10—11; Fischer, *My European Heritage*, 117—123.

100. Hendrik Willem Van Loon to Mr. and Mrs. Gottfried Bermann-Fischer, Aug. 5, 1940, S. Fischer Verlag Papers, Lilly. Courtesy Lilly Library, Indiana University, Bloomington.

101. Cazden, *German Exile Literature*, 10—11; Fischer, *My European Heritage*, 125—135.

102. A. I. Ward, U. S. embassy, Moscow, to Van Loon, June 12, 1940; Gottfried Bermann-Fischer to Van Loon, July 10, 1940; Bermann-Fischer to Van Loon, July 20 [?], 1940; all in S. Fischer Verlag Papers, Lilly.

103. Fischer, *My European Heritage*, 134—137.

104. *PW*, Oct. 9, 1943, 1442—1443.

105. 扉页背面的说明, Brooks, *Prisoners of Hope*。

106. Cazden, *German Exile Literature*, 11—12, 97—98; Fischer, *My European Heritage*, 143.

107. *PW*, Nov. 23, 1940, 1968; cited in Cazden, *German Exile Literature*, 98.

108. Cazden, *German Exile Literature*, 98—100.

109. 见第七章。

110. *PW*, Sept. 16, 1944, 996—997.

111. Fischer, *My European Heritage*, 163—166, 200.

112. Cazden, *German Exile Literature*, 167; Fischer, *My European Heritage*, 165—167.

113. Cazden, *German Exile Literature*, 167; Fischer, *My European Heritage*, 201, 213—215.

114. Cazden, *German Exile Literature*, 124.

115. 同上

116. 见第七章。

117. Cazden, *German Exile Literature*, 103—105, 192—193.

118. Krammer, *Nazi Prisoners*, 206; Cazden, *German Exile Literature*, 103—106, 121—123, 134n144. 也见 *PW*, July 14, 1945, 139。

119. Werner Herzfelde to Karl Burger, Mar. 15, 1946; Capt. David J. Coleman to Herzfelde, Apr. 24, 1946; both 260/16（A1）16/242, NACP; Cazden, *German Exile Literature*, 106, 124.

120. Interview with Emanuel Molho（Isaac's son and current owner of the business）, New York City, May 17, 2007; Nettelbeck, *Forever French*, 58—65; *PW*, May 31, 1941, 2170—2172; *NY Times*, Sept. 2, 2009; www. frencheuropean. com.

121. *PW*, Mar. 10, 1945, 1125.

122. *PW*, June 9, 1945, 2288—2289.

123. Jacques Michon, "Book Publishing in Quebec," in Gerson and Michon, eds., *History of the Book in Canada* 3：202.

第十章

1. 关于1942年9月的第一次"高峰"会议，见第三章。

注 释

2. Kerr to Samuel T. Williamson, Aug. 18, 1944, 208/464/2949; Llewellyn White to Williamson, Aug. 28, 1944, 208/6E/2; White to Edward W. Barrett, Sept. 11, 1944, 208/6E/2; all NACP.

3. Williamson to Edward W. Barrett, Aug. 28, 1944, 208/6E/2, NACP.

4. "Revised Draft of Operational Memorandum for Books," ca. Aug.—Sept. 1944, 208/464/2949, NACP.

5. "Memorandum on OWI Overseas Book Operations for Consideration at Book Conference Held at Office of War Information, Oct. 3, 1944," n. d., CBW Records, box 38, folder 26, Princeton.

6. "Book Activities of the Division of Cultural Cooperation, Department of State," n. d., before Oct. 3, 1944, CBW Records, box 38, folder 26, Princeton.

7. "Distribution of U. S. Books Abroad," Oct. 2, 1944, 208/464/2849, NACP.

8. 同上。

9. Untitled, undated minutes of the meeting of Oct. 3—4, 1944, CBW Records, box 38, folder 26, Princeton.

10. *PW*, June 12, 1943, 2236; Macmahon, *Postwar International Information Program*, 89—91.

11. *Report by the Three Delegates*, 62.

12. Kerr to Edward Klauber, Dec. 16, 1944, 208/464/2950, NACP.

13. Reich, *Nelson Rockfeller*, 208—209; Fleming, *New Dealer'War*, 132; Hilton, *Hitler's Secret War in South America*, 201.

14. David Loth to Don Francisco, Mar. 21, 1944, 229/127/1467, NACP.

15. Reich, *Nelson Rockefeller*, 261.

16. Kerr to Klauber, Dec. 16, 1944, 208/464/2950, NACP.

17. Kerr to Crane, Nov. 17, 1944, 208/6E/2, NACP.

18. *PW*, Dec. 2, 1944, 2151.

19. "Prospectus for the United States International Book Association," Feb. 15, 1945, CBW Record, box 20, folder 6, Princeton.

20. *PW*, Jan. 26, 1946, 603.

21. Kerr to Klauber, Dec. 16, 1944, 208/464/2950, NACP.

22. *NY Times*, Jan. 19, 1946.

23. Crane, "The Formation of an American Book Export Organization," *PW*, Dec. 2, 1944, 2137—2140.

24. Melcher, editorial, *PW*, Feb. 3, 1945, 621.

25. *PW*, Sept. 1, 1945, 859.

26. "Prospectus for the United States International Book Association," Feb. 15, 1945, CBW Records, box 20, folder 6, Princeton.

27. http://www.teachmefinance.com/Financial_Terms/Webb-Pomerene_Association.html.

28. 除了克兰，委员会成员还包括：Donald C. Brace（Harcourt Brace）, George P. Brett Jr.（Macmillan）, Melville Minton（Putnam's）, Burr L. Chase（Silver Burdett）, Hugh Gibson（Doubleday Doran）, Edward P. Hamilton（John Wiley）, Curtice N. Hitchcock（Reynal & Hitchcock）, Malcolm Johnson（Van Nostrand）, John O'Connor（Grosset & Dunlap）, Lawrence Saunders（Saunders）, M. Lincoln Schuster（Si-

mon & Schuster), Charles Scribner (Scribner's), and James Thompson (McGraw-Hill)。"Prospectus for the United States International Book Association," Feb. 15, 1945, CBW Records, box 20, folder 6, Princeton.

29. 同上。

30. Reynal, address to USIBA annual meeting, Jan. 18, 1946, 59/1559/183, NACP.

31. "Confidential to the Publishing Industry—Not for Publication Dec. 28, 1942," CBW Records, box 5, folder 2, Princeton.

32. "Prospectus for the United Stated International Book Association," Feb. 15, 1945, CBW Records, box 20, folder 6, Princeton.

33. 同上。

34. 同上。

35. Crane to Raymond Everitt, Feb. 23, 1945, 208/464/2950, NACP.

36. *PW*, Apr. 20, 1946, 2186—2191.

37. "The United States International Book Association, Inc.," Sept. 24, 1945, 260/16 (a1) 16/254, NACP; *PW*, Nov. 9, 1946, 2725.

38. Carroll to Kerr, Dec. 1, 1945, Chester Brooks Kerr Papers, Princeton。

39. Philip H. Hiss, "United States International Book Association Activities in Holland," Feb. 2, 1946, 208/356&357/1721, NACP; *PW*, July 27, 1946, 368—375.

40. Reynal, address to USIBA annual meeting, Jan. 18, 1946, 59/1559/183, NACP.

41. Reynal, "New Horizons for the Book Business," *PW*, Feb. 2, 1946, 851—854.

42. *PW*, July 27, 1946, 372.

43. *NY Times*, Dec. 16, 1946.

44. *PW*, Nov. 9, 1946, 2725; *NY Times*, Dec. 16, 1946.

45. Kerr to Crane, Sept. 17, 1946, Chester Brooks Kerr Papers, Princeton.

46. Kerr to Sulkin, Oct. 26, 1946, 同上。

47. Kerr to Crane, Sept. 16, 1946, 同上。

48. Thompson to Kerr, Oct. 23, 1946, 同上。

49. Tebbel, *Book Publishing* 4: 504.

50. Kerr to Brett, Sept. 26, 1946, Chester Brooks Kerr Papers, Princeton.

51. Thompson to Kerr, Oct. 23, 1946, 同上。

52. Kerr to Ronald Freelander, Oct. 31, 1946, 同上。

53. *PW*, 1946/12/21, 3295—3297.

54. *NY Times*, Dec. 16, 1946. 也见 *Bookman*, Jan. 4, 1947, 8。

55. Anne Perlman, *NY Herald Tribune*, Jan. 9, 1947.

56. *NY Herald Tribune*, European edition, Jan. 8, 1947; reprinted in *NY Herald Tribune*, Jan. 9, 1947.

57. *PW*, Dec. 31, 1946, 3279.

58. Crane to Richard Heindel, Jan. 10, 1947, 59/1559/183, NACP.

59. Heindel to William Benton et al., Jan. 14, 1947, 59/1559/183, NACP.

60. Heindel to William T. Stone, Dec. 19, 1946, 59/1559/183, NACP; *PW*, Dec. 31, 1946, 3295.

61. Melville Minton to council members, ABPC, Apr. 18, 1947, and Kerr to Crane [letter not sent], both Chester Brooks Kerr Papers, Princeton.

62. Bound, *A Banker Looks at Book Publishing*, 52.

63. 七位出版人给他们的欧洲老主顾的信的草稿, 未注明日期, Chester Brooks Kerr Papers, Princeton。

64. Hazel Ferguson to Mr. Rose et al., June 18, 1947, 七位出版人给他们的欧洲老主顾的信的草稿, 未注明日期, 同上; "New Expor[t] Services Organized for Europe Following Dissolution of USIBA," *PW*, Jan. 28, 1947, 147, 402—405。

65. *PW*, Nov. 16, 1946, 2821.

66. "Points in Russak's Jan. 13th Letter Answered in HKG's Letter of Jan. 23rd," Chester Brooks Kerr Papers, Princeton.

67. Johnson to Reynall, Jan. 31, 1947, 同上。

68. *PW*, Jan. 4, 1947, 57; *PW*, Jan. 11, 1947, 177.

69. "New Expor[t] Services Organized for Europe Following Dissolution of USIBA," *PW*, Jan. 28, 1947, 402—405.

70. 见第三章。

第十一章

1. *Report by the Three Delegates*, 60.

2. Kingsford, *Publishers Association*, 187; Bryant, "English Language Publication and the British Traditional Market Agreement,"

374—375.

3. Kingsford, *Publishers Association*, 162, 178, 187; Unwin, *Truth about Publishing*, 337; Brophy, *Britain Needs Books*, 17.

4. Frederic G. Melcher, "Editorial: Our Imports from England," *PW*, Aug. 10, 1940, 391.

5. F. D. Sanders, circular letter to members of the PA, Dec. 29, 1943, AUC 176/4, Reading; Kingsford, *Publishers Association*, 187.

6. Matons of INLE, Barcelona, to Wendy Simpson, British Council, n. d. (circa Nov. 1945), AUC 213/15, Reading.

7. Unwin to Simpson, Oct. 1, 1945, Nov. 15 and 19, 1945; all AUC 213/15, Reading.

8. Simpson to Unwin, Sept. 23, 1945, AUC 213/15, Reading.

9. Walter Starkie, British Institute, Madrid, to B. Kennedy Cooke, British Council, Dec. 13, 1945; Starkie to Unwin, Mar. 6, 1945; both AUC 213/15, Reading.

10. Kingsford, *Publishers Association*, 163; Unwin, *Truth about a Publisher*, 392.

11. Unwin, *Truth about a Publisher*, 395—396.

12. 关于缴税，见 Calder, *People's War*, 114。

13. *Bookseller*, May 15, 1945, 353—354.

14. *Bookseller*, Mar. 22, 1945, 372; OWI, "Basic Plan for Books," Sept. 20, 1944, 208/480/2997, NACP.

15. Kingsford, *Publishers Association*, 168—69, 176, 183; Unwin, *Truth about a Publisher*, 393.

16. Unwin, "Are Books a Necessity?" in Hopkins, ed., *Battle of the*

注 释

Books, 11—12.

17. Kingsford, *Publishers Association*, 162, 166—167.

18. 同上, 162—165。

19. 同上, 159—186, passim; John Carter, Charles Scribner's Sons, Ltd., to Charles Scribner III, Jan. 11, 1946, Charles Scribner's Sons Archives, London-New York office correspondence, box 19, folder 7, Princeton。

20. Kingsford, *Publishers Association*, 159—197, passim.

21. Memo from president of the PA to members of both houses of Parliament, in *Bookseller*, Jan. 11, 1945, 24.

22. Brophy, *Britain Needs Books*, 17, 28—39, 44. 也见 Feather, *British Publishing*, 215—216.

23. Weybright, "On Viewing Some Books from Britain," *Bookseller*, Nov. 14, 1946.

24. Unwin, *Truth about a Publisher*, 295.

25. Brophy, *Britain Needs Books*, 42—43; John Hampden, "Envoys Extraordinary," in Hopkins, ed., *Battle of the Books*, 31.

26. "Confidential to the Publishing Industry—Not for Publication。Dec. 28, 1942," CBW Records, box 5, folder 11, Princeton.

27. Unwin to Juliet O'Hea, Dec. 21, 1945, AUC 215/3, Reading.

28. Biographical information is taken from S. Unwin, *Truth about a Publisher* and P. Unwin, *Publishing Unwins*。

29. Unwin, *Truth about a Publisher*, 112—113.

30. P. Unwin, *Publishing Unwins*, 73, quoting Munby in *Publishing and Bookselling*。

31. P. Unwin, *Publishing Unwins*, 90, 105.

32. Unwin, *Truth about a Publisher*, 368—369; P. Unwin, *Publishing Unwins*, 80—81; Unwin to Frederic Melcher, Jan. 28, 1946, AUC 275/6, Reading.

33. Unwin, *Truth about a Publisher*, 200—201; P. Unwin, *Publishing Unwins*, 80—81.

34. D. Unwin, *Fifty Years with My Father*, 106.

35. Unwin, *Truth about a Publisher*, 368; P. Unwin, *Publishing Unwins*, 64.

36. Crane to Unwin, Feb. 24, 1948, AUC 380/10; P. Unwin, *Publishing Unwins*, 94—95.

37. 见 the chapter titled "How to Make a Nuisance of Oneself", in Unwin, *Truth about a Publisher*, 335—354。

38. Unwin, *Truth about a Publisher*, 388—389.

39. White, *British Council*, 1, 30—31.

40. Unwin, "Confidential Report to the Council of the Publishers Association" (draft, corrected by hand), n. d., AUC 203/10, Reading.

41. Holman, *Print for Victory*, 20.

42. Unwin, *Truth about a Publisher*, 394, 416—439, esp. 416—417, 422; White, *British Council*, 6; P. Unwin, *Publishing Unwins*, 140.

43. Kingsford, *Publishers Association*, 63, 118; Feather, *British Publishing*, 204; Bryant, "British Traditional Market Agreement," 375.

44. Bryant, "British Traditional Marketing Agreement," 372—373.

45. Richard Walsh to Padumai Padippaham, Ltd., Mar. 26, 1945,

注 释

John Day Archives, box 203, folder 49, Princeton.

46. H. P. Wilson, W. W. Norton & Company, to W. N. Beard, Allen & Unwin, Dec. 1, 1944, AUC 201/5, Reading.

47. Memo from president of the PA to members of both houses of parliament, in *Bookseller*, Jan. 11, 1945, 24.

48. *PW*, Nov. 28, 1942, 2185—2186.

49. Page, *Australian Bookselling*, xi, 95—96.

50. Kingsford, *Publishers Association*, 191.

51. Holman, *Print for Victory*, 200.

52. Wilson to Beard, Dec. 1, 1944, AUC 201/5, Reading.

53. L. C. Z. , Dec. 12, 1944, enclosure in Canberra legation to secretary of state, Jan. 24, 1945, 59/1559/183, NACP.

54. Memo from president of the PA to members of both houses of parliament, in *Bookseller*, Jan. 11, 1945, 24。

55. Timmins to Unwin, extrscted in Unwin to F. D. Sanders, Publishers Association, June 18, 1943, AUC 176/3, Reading.

56. Unwin to Harrap, Sept. 7, 1944, AUC 193/8; Unwin to Melcher, Apr. 27, 1945, AUC 236/6; both Reading.

57. Sanders to Unwin, Oct. 2, 1944, AUC 203/10。也见 Kingsford, *Publishers Association*, 190。

58. Timmins to Union Booksellers, Pretoria, May 23, 1945; Timmins to F. D. Sanders, July 7, 1945; Timmins to Unwin, Feb. 10, 1945; Timmins to Unwin, May 17, 1945; Timmins to Unwin, July 18, 1945; all AUC 241/5, Reading.

59. Timmins to Unwin, Mar. 1, 1945, AUC 241/5, Reading.

60. Timmins to Unwin, May 17, 1945, AUC 241/5, Reading.

61. Timmins to P. Unwin, Nov. 21, 1945; Unwin to Timmins, Dec. 28, 1945; both AUC 241/5, Reading.

62. Timmins to Unwin, May 8, 1945, AUC 241/5, Reading.

63. Richard Walsh to Melville Minton, Book Publishers Bureau, Apr. 24, 1945, John Day Archives, box 201, folder 10, Princeton.

64. Richard Walsh to William D. Ten Broeck, International Book House, Ltd., Bombay, Apr. 23, 1945, John Day Archives, box 203, folder 3, Princeton.

65. Richard Walsh to Juliet O'Hea, Curtis Brown, Ltd., London, Jan. 20, 1945, John Day Archives, box 199, folder 13, Princeton.

66. O'Hea to James Walsh, Dec. 22, 1945, box 199, folder 13; O'Hea to Richard Walsh, July 6, 1945, box 199, folder 13; Richard Walsh to Melville Minton, July 2, 1945, box 204, folder 23; and Curtis Brown to John Day Co., July 20, 1945, box 199, folder 13; all John Day Archives, Princeton。

67. Richard Walsh to Minton [publ. assn.], Apr. 24, 1945, John Day Archives, box 201, folder 10, Princeton.

68. Winkler, *Politics of Propaganda*, 83—84; Cruickshank, *Fourth Arm*, 41—42.

69. Lovat Dickson, "Anglo-Canadian Publishing: The Chance before Us," *Bookseller*, Aug. 2, 1944, 58—61.

70. Kingsford, *Publishers Association*, 120, 190—191; minutes of meetings between representatives of the Canadian book trade and the PA, Oct. 2, 8, 10, 16, 1945, AUC 236/4, Reading.

71. Dickson, "Anglo-Canadian Publishing," 58.

72. 例如，见 W. G. Low, Charles Scribner's Sons, to Braby & Waller, London, Apr. 20, 1945。Charles Scribner's Sons Archives, foreign rights, box 9, folder 2, Princeton.

73. Kingsford, *Publishers Association*, 190, 194; Dickson, "Anglo-Canadian Publishing," 58—61; minutes of meetings [between British and Canadian publishers], Oct. 2, 8, 16, 1945, AUC 236/4, Reading; "Publishers' Odyssey," *Bookseller*, Oct. 21, 1943, 431—434.

74. Copy of letter, dated June 9, 1943, from British Council to president of the PA, AUC 176/3, Reading.

75. Ann Brown, MoI, to P. Unwin, May 18, 1944, AUC 199/6/1, Reading.

76. Harrap, circular letter to members of the PA, May 12, 1941, CW 91/22; Sir William Beveridge to Unwin, May 21, 1943, and Unwin to Beveridge, June 11, 1943; both AUC 157/16, Reading.

77. Feather, *British Publishing*, 172—173.

78. Unwin, *Truth about Publishing*, 75—76.

79. Feather, *British Publishing*, 208—209; Lewis, *Penguin Special*, 75—78.

80. British Publishers Guild, "Report on Visit to Sweden," ca. June 1945, CW 98/17, Reading.

81. Lyle Fowler McInnes, Prentice-Hall, to Juliet O'Hea, Curtis Brown, Dec. 13, 1943 and Dec. 31, 1943, both AUC 186/9, Reading.

82. Unwin to O'Hea, Jan. 29, 1944 and Feb. 18, 1944, both AUC 186/9, Reading. Allen & Unwin published the book, in several editions.

83. Unwin to Norton, Mar. 8, 1945, AUC 245/11, Reading。

84. Unwin to Melcher, n. d. [probably Dec. 1944], AUC 203/12.

85. 梅尔彻也公开发表了这一观点，刊登在1943年12月4日发行的《出版人周刊》的第2081页。

86. Melcher to Unwin, Mar. 16, 1945, AUC 236/6, Reading.

87. Unwin to Melcher, Feb. 27, 1945, and Melcher to Unwin, Mar. 22, 1945; both AUC 236/6, Reading.

88. Unwin to Melcher, Apr. 27, 1945, AUC 236/6, Reading.

89. B. W. Fagan, circular letter, Apr. 14, 1943, AUC 176/3, Reading.

90. These conferences and meetings are briefly described in Kingsford, *Publishers Association*, 191—197.

91. 同上，195—196。

92. "Australia and New Zealand," position paper by Walter Harrap, dated July 12, 1942, copied as memo from the BPB, Jan. 18, 1943, Random House Papers, box 135, Columbia; Kingsford, *Publishers Association*, 192—193.

93. "Confidential to the Publishing Industry—Not for Publication Dec. 28, 1942," CBW Records, box 5, folder 11, Princeton.

94. "Publishers' Odyssey," *Bookseller*, Oct. 21, 1943, 422—424; Kingsford, *Publishers Association*, 193—194; *PW*, Aug. 7, 1943, 397—400.

95. "Publishers'Odyssey," 429.

96. *Report by the Three Delegates*, 36, 50—51, 55—56, 59.

97. 同上，56—58。

98. 同上, 58—60; Holman, *Print for Victory*, 136。

99. *Report by the Three Delegates*, 63.

100. "Memorandum of British-American Publishing Problems and Their Effect on the Export Trade in Books," Feb. 1944, BT 11/2026, TNA.

101. 同上; Holman, *Print for Victory*, 137。

102. Kingsford, *Publishers Association*, 196—197; Bryant, "British Traditional Market Agreement," 376—377; "Minutes of a Meeting between Representatives of the Canadian Book Trade and of the Publishers Association," Oct. 16, 1945, AUC 236/4, Reading.

103. Unwin to O'Hea, Dec. 21, 1945, AUC 215/3, Reading.

104. 见 Canfield, *Up and Down and Around*, 74。

105. Sanders, circular letter to members of the PA, August 3, 1948, AUC 370/1, Reading.

106. Bryant, "British Traditional Market Agreement," 376—378. The countries in the British Traditional British Market, defined as of 1948, are listed on 394—95. 也见 Richard Abel, "The Internationalization of the US Book Trade: The World's Rediscovery of America," in Graham and Abel, eds., *The Book in the United States Today*, 91。

第十二章

1. Janet Flanner, "Letter from Cologne," Mar. 19, 1945; reprinted in *Reporting World War Ⅱ: Part Two, American Journalism, 1944—1946* (New York: Library of America, 1995), 662.

2. Dower, *Embracing Defeat*, 39—43.

3. Mayo, "American Wartime Planning," in Wolfe, ed., *Americans as Proconsuls*, 286.

4. *Psychological Warfare Division*, 219.

5. Dobbins et al., *America's Role in Nation-Building*, section on Japan, 30—32, 39.

6. Dower, *Embracing Defeat*, 27.

7. Central Liaison Office, Tokyo, to imperial Japanese government, Jan. 1946, and memo for the chief of staff, Jan. 23, 1946; both 331/1651/51; and Nugent, "Confiscation of Books," Sept. 9, 1946, 331/1647/5061; all NACP.

8. Dower, *Embracing Defeat*, 175.

9. Reichmann, "Reorganization of the Book Trade in Germany," 196. 也见 "Proposed Statement Opening the Meeting of the Bösenverein," Sept. 27, 1945, 260/16（A1）18/258, NACP。

10. Ben Gedalecia to Ferdinand Kuhn, Director, Interim Information Service, Nov. 6, 1945, 208/406/2191, NACP.

11. 同上；"List of OWI Materials for German Prisoners of War," ca. late 1945, 208/467/2060, NACP。

12. Kerr to J. Robert Paxton, Nov. 7, 1945, and Lt. Col. Edward Davison, Director, Special Projects Division, to Gedalecia, Nov. 2, 1945; both 208/406/2191, NACP.

13. Davison to Gedalecia, Nov. 2, 1945, 389/459A/1647; Gedalecia to Robert Paxton, NOv. 16, 1945, 208/406/2191; Gedalecia to Davison, Nov. 16, 1945, 389/459A/1647; all NACP.

14. Donald R. Nugent, "Reprints of American Books," Feb. 27, 1946,

and Nugent, "Reprints of American Books," Mar. 22, 1946; both 331/1647/5061, NACP.

15. "Release of Army Books," Oct. 30, 1948, 331/1647/5069, NACP.

16. Power, *Embracing Defeat*, 182.

17. Brig. Gen Robert A. McClure to the director-generals of the British PID and MoI and the directors of the London offices of the U. S. OWI and the OSS, Aug. 8, 1944; Sub-Committee to Deal with Books for Germany to the Joint Publications Committee, Sept. 6, 1944; both 208/464/2949, NACP.

18. *Psychological Warfare Division*, 192.

19. Breitenkamp, *Information Control Division*, 37—40.

20. Pilgert, *Press, Radio and Film*, 19—21.

21. Breitenkamp, *Information Control Division*, 40—41.

22. *Psychological Warfare Division*, 99, 102, 219—220; *German Book Publishing*, 21; Ziemke, *U. S. Army in the Occupation*, 374—375; Mildred E. Allen to Harold Guinzburg, June 7, 1945, copying memorandum from Ronald Freelander to Raymond Everitt, May 31, 1945, 208/404/803/, NACP; "Report of the Military Governor, U. S. Zone, 20 Aug. 1945, No. 1," Sloane Papers, box 2, folder 9, Princeton.

23. Breitenkamp, *Information Control Division*, 59—60, 68.

24. Anonymous, *Woman in Berlin*, 237—260.

25. Paley, *As It Happened*, 176—77; Clay, *Decision in Germany*, 282.

26. "Short-Range German Information Plan," July 30, 1945, 331/87/6, NACP.

27. "Report of the Military Governor, U. S. Zone, No. 5, 20 December 1945," Sloane Papers, box 2, folder 9, Princeton; Pilgert, *Press, Radio and Film*, 19—21.

28. *German Book Publishing*, 111.

29. Breitenkamp, *Information Control Division*, 71.

30. "Semi-monthly Report, Publications Branch," OMGUS, Jan. 20, 1949, Sloane Papers, box 2, folder 9, Princeton.

31. Breitenkamp, *Information Control Division*, 45—47.

32. Review of Waples et al., *What Reading Does to People* (Chicago: University of Chicago Press, 1941), in *NY Times Book Review*, Mar. 2, 1941, 33.

33. Breitenkamp, *Information Control Division*, 41—44; Lehmann-Haupt, "The German Booktrade in 1945, Part 1: Bookselling and Publishing under National Socialism," *PW*, Nov. 24, 1945, 2332—2334; Part 2: "After V-E Day," *PW*, Dec. 8, 1945, 2531—2534; Part 3: "Problems of Reconstruction," *PW*, Dec. 22, 1945, 2684—2686.

34. 关于这一点，见第七章。

35. Breitenkamp, *Information Control Division*, 40—44.

36. 阿恩特在战后成为了位于马萨诸塞州伍斯特的克拉克大学的德语教授。他曾持有的布赖滕坎普所著图书的注释本为：Breitenkamp's *Information Control Division*，藏于 Clark's Robert H. Goddard Library，见 pp. 40, 44。

37. Unwin, *Truth About a Publisher*, 239—240.

38. Unwin to Waples, Jan. 5, 1946; Unwin to Waples, June 16, 1947; Unwin to Waples, Oct. 28, 1947; all AUC 282/15, Reading. 也

见 Unwin to Waples, Dec. 5, 1946, and Waples to Unwin, Feb. 12, 1946; both AUC 282/15, Reading。

39. Unwin to Waples, Mar. 4, 1946, and Unwin to Waples, Apr. 9, 1946; both AUC 282/15, Reading.

40. Waples to Unwin, May 1, 1946; Unwin to Waples, May 9, 1946; both AUC 282/15, Reading.

41. Furth to Unwin, Sept. 12, 1945, and July 30, 1945; both AUC 221/14, Reading.

42. Dower, *Embracing Defeat*, 182.

43. Weekly Report for 1—8 December 1945, 331/1651/5116, NACP.

44. CIE to Public Health & Welfare Section, Apr. 8, 1946, 331/1647/5061, NACP.

45. Odette Jensen, "Japan Needs and Wants American Books," *PW*, May 22, 1948, 2159—2160.

46. Capt. Charles E. Tuttle, "Japan Wants American Books," *PW*, May 9, 1946, 1520.

47. Dower, *Embracing Defeat*, 180—181.

48. 同上, 185—186。

49. Tuttle, "Japan Wants American Books," 1518—1520; *PW*, July 24, 1948, 309; T. C. Morehouse, Macmillan, report to the ABPC et al., ca. 1949。

50. Nugent to chief, Civil Affairs Division, Special Staff, Jan. 2, 1948, 331/1647/5062, NACP.

51. Nugent to Ginn and Company, Nov. 6, 1948, 331/1664/5257;

Nugent to Shigetaro Yamanaka, Mar. 7, 1946, 331/1647/5061; both NACP.

52. "Translation Rights License," July 7, 1947, 331/1647/5062, NACP.

53. Lt. S. Scheuer and Anthony Cornell, "Foreign Books Translated into Japanese" [subsequent to NOvember 1945], Apr. 8, 1948, 331/1664/5256, NACP; Dower, *Embracing Defeat*, 182.

54. Tuttle, "Japan Wants American Books," 1520.

55. Dower, *Embracing Defeat*, 163, 188—190; Memorandum re "Die vollkommene Ehe—The perfect marriage" by Van de Velde, Sept. 17, 1948, 331/1664/5256, NACP.

56. Dower, *Embracing Defeat*, 237—39.

57. "The Japan Publishers Association Inc.," May 18, 1948, 331/1647/ 5069, NACP.

58. Weekly Report for 1—8 December 1945, 331/1651/5116, NACP.

59. SCAP to Japanese government, "Application of Directives to Copyright," Sept. 9, 1948, 331/1664/5256, NACP.

60. Tuttle, "Japan Wants American Books," 1519.

61. Lt. Col. Harold Fair to commanding general, 8th Army, Jan. 26, 1946, 331/1647/5061, NACP.

62. Melcher, "A Report on the Japanese Book Market," and "Infantry Journal to Act as Procurement and Contractual Agent for War Department," both *PW*, May 3, 1947, 2295 and 2297; Col. Joseph I. Greene to Maj. Gen. Paul J. Mueller, Far East Command, Dec. 13, 1948, 331/

1647/5072，NACP.

63. Furth to Unwin, July 30, 1945, George Allen & Unwin, Ltd. , Records, 221/14, Reading.

64. Dower, *Embracing Defeat*, 175.

65. Breitenkamp, *Information Control Division*, 94—95.

66. Peterson, *American Occupation of Germany*, 351; Dobbins et al. , *America's Role in Nation - Building*, section on Germany, 13—14.

67. Walter L. Dorn, "The Unfinished Purge of Germany: An Examination of Allied Denazification Policy," unpublished typescript, chap. 1, p. 27, box 13, Dorn Papers, Columbia。

68. Pilgert, *Press, Radio and Film*, 60—61.

69. Greene to Mueller, Dec. 13, 1948, 331/1647/5027, NACP.

70. 同上，以及 Mueller to Greene, Jan. 6, 1949, both 331/1647/5072, NACP。

71. Book officer to chief, Information Division, July 29, 1948, 331/1664/5257, and memorandum for record, "Translation Program for Japan," Jan. 1, 1949, 331/1647/5072; both NACP.

72. ESS to CIE, Mar. 31, 1949, 331/1664/5256, NACP.

73. CIE to NY field office, CAD, "Translation and Publication," Feb. 25, 1949, 331/1647/5072; Nugent to chief, Special Staff, CAD, Aug. 6, 1948, 331/1647/5066; both NACP.

74. CIE to NY field office, CAD, "Translation and Publication," Feb. 25, 1949, 331/1647/5072, NACP.

75. Nugent to Noble and Noble, Feb. 15, 1949; Michael Weyl, chief, Libraries and Book Rights Section, to chief, CIE, June 1, 1949;

and CIE to NY field office, CAD, "Translation and Publication," Feb. 25, 1949; all 331/1647/5072, NACP.

76. Nugent, "Shurter's *Effective Letters in Business*," July 18, 1949, 331/1664/5257, NACP.

77. W. K. Bunce, chief, Religion and Cultural Resources Division, to Mr. Wheeler, Press & Publications Branch, Information Division, Aug. 13, 1949, 331/1664/5256, NACP.

78. Book officer, Press and Publication Branch, to chief, Information Division, July 20, 1948, 331/1664/5257, NACP.

79. A. A. Gromov to chief, CIE, Nov. 23, 1948, 331/1647/5072, NACP.

80. Donald Brown to book officer, Press and Publications Branch, Feb. 20, 1949, 331/1664/5257, NACP.

81. SCAP, "Summation No. 32. Non-Military Activities, Japan, for the Month of May 1948," Foreign Office Records, 371/69897, and "Summation No. 33. Non-Military Activities, Japan, for the Month of June 1948" FO 371/69898; both TNA.

82. "Japanese Publishers Granted Translation Rights to 58 Foreign Books," Oct. 25, 1948, 331/1664/5256, NACP.

83. Book officer, Press & Publications, to chief, Information Division, Aug. 23, 1948, 331/1664/5257, NACP.

84. "Successful Bidders for Translation Rights," July 13, 1949, 331/ 1664/5257, NACP.

85. 见具有代表性的"翻译版权授权合同"("Contract for Assignment of Translation Rights"),日期1948年8月18日,331/1647/5072,

NACP。

86. Data sheets in 331/1664/5256, NACP.

87. John Jamieson, H. W. Wilson Co., to Harriet Rourke, CAD, Oct. 20, 1949; and Nugent to Kenneth Roberts, Nov. 25, 1949; both 331/1664/5257; Benjamin O. Warren to CIE, July 18, 1949, 331/1647/5072; all NACP.

88. 与授权和其他有关图书翻译和出版计划的事项相关的主要文件可见于 331/1664/5256, NACP。

89. Col. G. P. Lynch to chief, CIE, May 21, 1950, 331/1664/5257, NACP.

90. Nugent to chief, NY field office, CAD, May 3, 1949, 331/1647/5072; and Col. G. P. Lynch, chief, Reorientation Branch, to chief, CIE, 331/ 1664/ 5257; both NACP.

91. Book officer and magazine officer, Press and Publications Unit, CIE, to OIC, Press and Publications Unit, CIE, May 27, 1948; and Nugent to Frederick A. Praeger, Nassau Distributing Co., Sept. 10, 1949; both 331/ 1664/5257, NACP; and Maj. A. J. Rehe, assistant adjutant general, to Alfred A. Knopf, Inc., Dec. 31, 1948, 331/1664/5256, NACP; *PW*, June 25, 1949, 2458—2459. 关于设定汇率，见 Dower, *Embracing Defeat*, 540。

92. Nugent to chief, NY field office, CAD, May 3, 1949; plus enclosed lists of titles, ca. same date; all 331/1647/5072, NACP.

93. 同上。

94. 编辑后的翻译文章见于 *Nippon Dokusho Shimbum*, June 28, 1950, 331/1664/5257, NACP.

95. http://lib.umd.edu/prange/index.jsp.

96. "Petition for Importation of Overseas Publications," Oct. 17, 1947; Maruzen Company, Ltd., to Unwin, Jan. 15, 1948; and Unwin to Maruzen Co., Mar. 31, 1948; all AUC 361/15, Reading.

97. "Telecom Items," May 7, 1948, 331/1664/5256, NACP.

98. "Proposed Barter of Scientific Books," Sept. 20, 1948, 331/1664/5256; and CIE to ESS/ST, Oct. 13, 1948, 331/1647/5069; both NACP.

99. "Problems Confronting Publication Control in Germany," *PW*, Mar. 29, 1947, 788—791.

100. West to Robert F. de Graff, Mar. 9, 1948, and a list of the books already published or to be published when there was sufficient paper; both Sloane Papers, box 7, Princeton.

101. *German Book Publishing*, 3—4. 关于汤普森, 见 Jamieson, *Books for the Army*, 144, 149。

102. Crane to Sloane, Mar. 24, 1948, Sloane Papers, box 2, folder 4, Princeton.

103. *German Book Publishing*, 3—11; Sloane to Crane, Mar. 22, 1948, Sloane Papers, box 2, folder 4, Princeton.

104. Visiting committee to Waples and Laurence Dalcher, June 28, 1948, Sloane Papers, box 7, Princeton.

105. Sloane to Maj. Thomas W. Simpson, Nov. 22, 1948; Sloane to Ralph Lewis, U.S. Information Center, Feb. 1, 1949; both Sloane Papers, box 2, folder 5, Princeton.

106. Tebbel, *Between Covers*, 387—388, 411—412.

注　释

107. Sloane to Gilbert Loveland, Feb. 19, 1948, box 2, folder 11; West to de Graff, Mar. 9, 1948, box 7, unnumbered folder; Sloane to Crane, Mar. 22, 1948, box 2, folder 4; Sloane to Simpson, Nov. 10, 1948, box 2, folder 5; all Sloane Papers, Princeton.

108. Sloane to Fritz Wolcken, Nov. 22, 1948, box 2, folder 5, Sloane Papers, Princeton.

109. Sloane to Crane, Dec. 4, 1948, Sloane Papers, box 2, folder 4, Princeton.

110. Sloan to Dalcher, Dec. 13, 1948, Sloane Papers, box 2, folder 4, Princeton.

111. Waples to Sloane, Aug. 17, 1948, 260/16（A1）18/259, NACP.

112. *German Book Publishing*, 36, 64, 72, 92, 133, 142—143, 162.

113. Sloane to Dalcher, Feb. 17, 1949, Sloane Papers, box 2, folder 4, Princeton.

114. Dalcher to Sloane, Dec. 1, 1948, Sloane Papers, box 2, folder 4, Princeton.

115. Sloane to Dalcher, Dec. 13, 1948, Sloane Papers, box 2, folder 4, Princeton.

116. Sloane to Dalcher, Dec. 24, 1948, Sloane Papers, box 2, folder 4, Princeton.

117. Jamieson, *Books for the Army*, 128—141.

118. Breitenkamp, *Information Control Divison*, 92—93.

119. Philip H. Hiss, "United States International Book Activities in

Holland," Feb. 2, 1946, 208/356&357/1721, NACP.

120. Breitenkamp, *Information Control Division*, 95.

121. Dizard, *Strategy of Truth*, 37—38; Dizard, *Inventing Public Diplomacy*, 176.

结语

1. 有关20世纪50年代这些问题的总结，见 Jennison, "Distribution of American Books Abroad," 载于 Grannis 编, *What Happens in Book Publishing*, 第274—295页, 尤其是276—277页。

2. Burlingame, *Endless Frontiers*, 381—382.

3. Moore, *Wiley*, 168, 174.

4. Moore, *Wiley*, 174—175, 181—187, 191—194, 237—242.

5. Alvin Grauer to Cass Canfield, May 17, 1951, box 222, Harper & Row Papers, Series II, Columbia.

6. Grauer to Canfield, Sept. 9, 1953, box 222, Harper & Row Papers, Series II, Columbia.

7. Exman, *House of Harper*, 292—293.

8. R. B. McAdoo to all editors, Aug. 3, 1966, box 196, and Tom Yodice to distribution list, July 21, 1972, box 226; both Harper & Row Papers, Series II, Columbia.

9. Box 196, Harper & Row Papers, Series II, Columbia.

10. E-mail from Albert N. Greco to author, July 25, 2008.

11. Lofquist, "United States Statistics on Exports and Imports," 30.

12. Box 196, Harper & Row Papers, Series II, Columbia.

13. Jennison, "Distribution of American Books Abroad," in Grannis,

ed., *What Happens in Book Publishing*, 275.

14. Greco, "Market for U. S. Book Exports and Imports, 2005," 524—525; Greco, Rodriguez, and Wharton, *Culture and Commerce of Publising*, 53.

15. Jennison, "Distribution of American Books Abroad," in Grannis, ed., *What Happens in Book Publishing*, 275; Richard Abel, "The Internationalization of the US Book Trade: The World's Rediscovery of America," in Graham and Abel, ed., *The Book in the United States Todays*, 97.

16. Evan Dubrule to Evan Thomas, Sept. 6, 1962, box 196, Harper & Row Papers, Series II, Columbia.

17. 以下许多关于富兰克林图书计划的描述，经作者同意，摘自 Amanda Laugesen, "The Creation of a Global Modern Publishing Culture in the Cold War: Franklin Book Programs, Translation, and Modernization in the Developing World, 1952—1968," unpublished paper delivered at the annual conference of the Society for the History of Authorship, Reading and Publishing (SHARP), Oxford, England, June 2008; from the same author's "Books for the World: American Book Programs in the Developing World during the Cold War, 1948—1968," in Gregory Barnhisel and Cathy Turner, eds., *Pressing the Fight: Print, Propaganda, and the Cold War* (Amherst: University of Massachusetts Press, forthcoming); and from Benjamin, *US Books Abroad*, 24—27.

18. Dizard, *Inventing Public Diplomacy*, 6—7.

19. Henderson, *United States Information Agency*, 75—77.

20. Nicholas J. Cull, "Public Diplomacy and the Private Sector," in

Laville and Wilford, *US Government, Citizen Groups, and the Cold War*, 222.

21. Sauders, Cultural Cold War, 135—137.

22. Benjamin, *U. S. Books Abroad*, and Childs and McNeil, eds. , *American Books Abroad*.

23. Richard Abel, "The Internationalization of the US Book Trade," in Graham and Abel, eds. , *The Book in the United States Today*, 85—99.

24. Luey, "Origanization of the Book Publishing Industry," in Nord, Rubin, and Schudson, eds. , *A History of the Book in America*, vol. 5: *The Enduring Book*.

25. Gilbert, ed. , House of Holt, 196; Sloane to Horace G. Butler, Apr. 12, 1946, box 2; Sloane to Herbert S. Bailey Jr. , Princeton University Press, Aug. 4, 1966, box 1, folder 5; all Sloane Papers, Princeton.

26. Jennison, "Distribution of American Books Abroad," in Grannis, ed. , *What Happens in Book Publishing*, 280.

27. Dalcher to Sloane, Dec. 1, 1948, box 2, folder 4, Sloane Papers, Princeton.

28. Fred Kaplan, "Barnes & Noble Goes to Bagdad," *Slate*, posted Apr. 28, 2006, http://www. slate. com/id/2140682/.

29. Kristof, "Make Diplomacy Not War," Week in Review, *NY Times*, Aug. 9, 2008.

30. "Sabre Foundation Ships More than 50, 000 New Books and CD-ROMs to Iraqi Universities in New Program," Dec. 31, 2007, http: //sa-

bre. org/publications/PressRelease_Iraq_12%2031%2007. pdf.

31. Cole, "Americana in Arabic," posted Apr. 17, 2006, http：// www. juancole. com/2006/04/americanan-in-arabic-challenge-to. html; http:// www. globam. org/;email from Cole to author,Oct. 14, 2009.

参考文献

档案来源

Alfred A. Knopf, Inc. , Papers. Harry Ransom Humanities Research Center, University of Texas, Austin [HRC] Cerf, Bennett A. , Papers. Rare Book and Manuscript Library, Columbia University, New York, N. Y.

Cerf, Bennett A. , Papers. Rare Book and Manuscript Library, Columbia University, New York, N. Y.

Charles Scribner's Sons Archives. Manuscripts Division, Department of Rare Books and Special Collections, Princeton University Library, Princeton, N. J.

Chatto & Windus Ltd. , Records. Special Collections Services, Reading University, Reading, England [CW]. By permission of The Random House Group Ltd.

Council on Books in Wartime Records, 1942—1947. Public Policy Papers, Department of Rare Books and Special Collections, Princeton University Library, Princeton, N. J. [CBW].

David Lloyd Agency Papers. Manuscripts Division, Department of Rare Books and Special Collections, Princeton University Library,

参考文献

Princeton, N. J.

Dorn, Walter Louis, Papers. Rare Book and Manuscript Library, Columbia University, New York, N. Y.

D. Van Nostrand Company Collection of Edward M. Crane. Manuscripts Division, Department of Rare Books and Special Collections, Princeton University Library, Princeton, N. J.

George Allen & Unwin Ltd. , Records, Correspondence. Special Collections Services, Reading University, Reading, England [AUC] . By permission of the Estate of Sir Stanley Unwin.

Harper & Row, Series II. Rare Book & Manuscript Library, Columbia University, New York, N. Y.

Henry Holt and Company, Archives. Manuscripts Division, Department of Rare Books and Special Collections, Princeton University Library, Princeton, N. J.

Huebsch Benjamin W. , Papers. Manuscript Division, Library of Congress, Washington, D. C. [LC] .

John Day Company, Archives. Manuscripts Division, Department of Rare Books and Special Collections, Princeton University Library, Princeton, N. J.

Kerr, Chester Brooks, Papers. Public Policy Papers, Department of Rare Books and Special Collections, Princeton University Library, Princeton, N. J.

Lehmann Family Papers. Manuscripts Division, Department of Rare Books and Special Collections, Princeton University Library, Princeton, N. J.

作为武器的图书

Macmillan Publishing Archives. Department of Manuscripts, British Library, London [BL].

National Archives (UK), Kew, England [TNA].

 Board of Trade Records [BT].

 British Council Records [BW].

 Central Office of Information Records [including Ministry of Information] [INF].

 Colonial Office Records [CO].

 Foreign Office Records [FO].

National Archives (U.S.), College Park, Md. [NACP]. (Example of form of references in notes: 208/44/2949 denotes record group 208/entry 44/box 2949).

 Record group 59, general records of the Department of State.

 Record group 208, records of the Office of War Information.

 Record group 229, records of the Office of Inter-American Affairs.

 Record group 260, records of U.S. Occupation Headquarters, World War II.

 Record group 331, records of Allied Operational and Occupation Headquarters, World War II (SHAEF).

 Record group 389, records of the Office of the Provost Marshal General.

Publishers' Weekly Collection. Manuscripts Division, Department of Rare Books and Special Collections, Princeton University Library, Princeton, N. J.

Random House Papers. Rare Book & Manuscript Library, Columbia University, New York, N. Y.

S. Fischer Verlag Papers. Lilly Library, Indiana University, Bloomington [Lilly].

Simon, Richard L., Papers. Rare Book & Manuscript Library, Columbia University, New York, N. Y.

Sloane, William M., Papers. Manuscripts Division, Department of Rare Books and Special Collections, Princeton University Library, Princeton, N. J.

Viking Press Manuscripts. Lilly Library, Indiana University, Bloomington [Lilly].

W. W. Norton & Co., Norton Collection, Series Ⅱ. Rare Book & Manuscript Library, Columbia University, New York, N. Y.

二手资料

Anderson, Mark M., ed., *Hitler's Exiles: Personal Stories of the Flight from Nazi Germany to America*. New York: New Press, 1998.

Anonymous. *A Woman in Berlin: Eight Weeks in the Conquered City*. New York: Metropolitan/Holt, 2005.

Arndt, Richard T. *The First Resort of Kings: American Cultural Diplomacy in the Twentieth Century*. Washington, D. C.: Potomac Books, 2006.

Assouline, Pierre. *Gaston Gallimard: A Half Century of French Publishing*. San Diego: Harcourt Brace, 1984.

Badmington, Barbara Leslie, ed., *Books Are Indispensable*. New

York: Book Publishers Bureau, 1943.

Ballou, Robert O. *A History of the Council on Books in Wartime, 1942—1946*. From a working draft by Irene Rakosky. New York, 1946.

Benjamin, Curtis G. *U. S. Books Abroad: Neglected Ambassadors*. Washington, D. C. : Library of Congress, 1984.

Bishop, Robert Lee. "The Overseas Branch of the Office of War Information. " PhD diss. , University of Wisconsin, 1966.

Bound, Charles F. *A Banker Looks at Book Publishing*. New York: Bowker, 1950.

Breitenkamp, Edward C. *The U. S. Information Control Division and Its Effect on German Publishers and Writers, 1945 to 1949*. Grand Forks, N. Dak. : privately printed, 1953.

Brooks, Howard L. *Prisoners of Hope: Report on a Mission*. New York: L. B. Fischer, 1942.

Brophy, John. *Britain Needs Books*. London: National Book Council, 1942.

Bryant, Mary Nell. "English Language Publication and the British Traditional Market Agreement. " *Library Quarterly* 49 (Oct. 1979): 374—375.

Burlingame, Roger. *Endless Frontiers: The Story of McGraw-Hill*. New York: McGraw-Hill, 1959.

Butler, Pierre, ed. , *Books and Libraries in Wartime*. Chicago: University of Chicago Press, 1945.

Calder, Angus. *The People's War: Britain, 1939—1945*. New York: Pantheon, 1969.

Calder-Marshall, Arthur. *The Book Front.* London: Bodley Head, 1947.

Canfield, Cass. *Up and Down and Around: A Publisher Recollects the Time of His Life.* New York: Harper's Magazine Press, 1971.

Cazden, Robert E. *German Exile Literature in America, 1933—1950: A History of the Free German Press and Book Trade.* Chicago: American Library Association, 1970.

Cerf, Bennett, and Donald Klopfer. *Dear Donald, Dear Bennett: The Wartime Correspondence of Bennett Cerf and Donald Klopfer.* New York: Random House, 2002.

Cheney, O. H. *Economic Survey of the Book Industry, 1930—1931.* New York: National Association of Book Publishers, 1931.

Childs, William M., and Donald E. McNeil, ed., *American Books Abroad: Toward a National Policy.* Washington, D. C.: Helen Dwight Reid Educational Foundation, 1986.

Clay, Lucius D. *Decision in Germany.* Garden City, N. Y.: Doubleday, 1950.

Cole, John Y., ed. *Books in Action: The Armed Services Editions.* Washington, D. C.: Library of Congress, 1984.

Coser, Lewis A. *Refugee Scholars in America: Their Impact and Their Experiences.* New Haven, Conn.: Yale University Press, 1984.

Cruickshank, Charles. *The Fourth Arm: Psychological Warfare, 1938—1945.* Oxford: Oxford University Press, 1981.

Davie, Maurice R. *Refugees in America: Report of the Committee for the Study of Recent Immigration from Europe.* New York: Harper, 1947.

Davis, Kenneth C. *Two-Bit Culture: The Paperbacking of America.* Boston:

Houghton Mifflin, 1984.

Dickinson, Donald C. *John Carter: The Taste & Technique of a Bookman*. New Castle, Del: Oak Knoll, 2004.

Dizard, Wilson P., Jr. *Inventing Public Diplomacy: The Story of the U. S. Information Agency*. Boulder, Colo., and London: Lynne Reinner Publishers, 2004.

——. *The Strategy of Truth: The Story of the U. S. Information Service*. Washington, D. C. : Public Affairs Press, 1961.

Dobbins, James, John G. McGinn, Keith Crane, Seth G. Jones, Rollie Lal, Andrew Rathmell, Rachel M. Swanger, Anga R. Timilsina. *America's Role in Nation-Building: From Germany to Iraq*. Santa Monica, Calif. : RAND, 2003. http://www.rand.org/pubs/monograph_reports/MR1753/.

Donaldson, Scott. *Archibald MacLeish: An American Life*. Boston: Houghton Mifflin, 1992.

Dower, John W. *Embracing Defeat: Japan in the Wake of World War II*. New York: Norton and The New Press, 1999.

Dzwonkoski Peter, ed. *Dictionary of Literary Biography*. Vol. 46, *American Literary Publishing Houses, 1900—1980: Trade and Paperback*. N. p. : Gale Group, 1986.

Enoch, Kurt. *Memoirs of Kurt Enoch*. N. p. : privately printed by Margaret M. Enoch, ca. 1984.

Epstein, Jason. *Book Business: Publishing Past, Present, and Future*. New York: Norton, 2001.

Exman, Eugene. *The House of Harper: One Hundred and Fifty Years of Publishing*. New York: Harper & Row, 1967.

Fairbank, John King. *Chinabound: A Fifty-Year Memoir*. New York: Harper Colophon, 1983.

Fairbank, Wilma. *America's Cultural Experiment in China, 1942—1945*. Washington, D. C. : Government Printing Office, 1976.

Feather, John. *A History of British Publishing*. London: Routledge, 1988.

Fiedler, David. *The Enemy among Us: POWs in Missouri during World War II*. St. Louis: Missouri Historical Society Press, 2003.

Fischer, Brigitte B. *My European Heritage: Life among the Great Men of Letters*. Boston: Branden, 1986.

Fleming, Thomas. *The New Dealers' War: Franklin D. Roosevelt and the War within World War II*. New York: Basic Books, 2001.

François, Dominique. *Normandy: Breaching the Atlantic Wall: From D-Day to the Breakout and Liberation*. Minneapolis: Zenith, 2008.

Friedman, Max Paul. *Nazis and Good Neighbors: The United States Campaign against the Germans of Latin America in World War II*. New York: Cambridge University Press, 2003.

Fry, Varian. *Surrender on Demand*. Boulder, Colo. : Johnson, 1997.

Gardiner, Juliet. *Wartime: Britain 1939—1945*. London: Review, 2004.

Garnett, David. *The Secret History of PWE: The Political Warfare Executive, 1939—1945*. London: St. Ermin's, 2002.

German Book Publishing and Allied Subjects: A Report by the Visiting Committee of American Book Publishers. Munich, 1948.

Gerson, Carole, and Jacques Michon, ed. , *History of the Book in*

Canada. Vol. 3, 1918—1980. Toronto: University of Toronto Press, 2007.

Gilbert, Ellen D., ed. *The House of Holt, 1866—1946: A Documentary Volume*. Detroit: Thomson Gale, 2003.

Goedde, Petra. *GIs and Germans: Culture, Gender, and Foreign Relations, 1945—1949*. New Haven, Conn.: Yale University Press, 2003.

Goodman, Jack, ed. *While You Were Gone: A Report on Wartime Life in the United States*. New York: Simon and Schuster, 1946.

Graham, Gordon, and Richard Abel, eds. *The Book in the United States Today*. New Brunswick, N. J.: Transaction, 1996.

Grannis, Chandler B., ed. *What Happens in Book Publishing*. New York: Columbia University Press, 1957.

Greco, Albert N. *The Book Publishing Industry*. Boston: Allyn and Bacon, 1997.

——. "The Market for U. S. Book Exports and Imports, 2005: Dynamic Changes."

In *Library and Book Trade Almanac*, 2006. 51st ed. Medford, Mass.: Information Today, 2006.

Greco, Albert N., Clara E. Rodriquez, and Robert M. Wharton. *The Culture and Commerce of Publishing in the 21st Century*. Stanford, Calif.: Stanford Business Books, 2007.

Green, Fitzhugh. *American Propaganda Abroad*. New York: Hippocrene Books, 1988.

Greene, Col. Joseph I., ed. *The Infantry Journal Reader*. Garden City, N. Y.: Doubleday, Doran, 1943.

Henderson, John W. *The United States Information Agency*. New York:

Praeger, 1969.

Hewison, Robert. *Under Siege: Literary Life in London 1939—1945*. New York: Oxford University Press, 1977.

Hilton, Stanley E. *Hitler's Secret War in South America: German Military Espionage and Allied Counterespionage in Brazil, 1939—1945*. Baton Rouge: Louisiana State University Press, 1981.

Hitchcock, William I. *The Bitter Road to Freedom: A New History of the Liberation of Europe*. New York: Free Press, 2008.

Hodges, Sheila. *Gollancz: The Story of a Publishing House, 1928—1978*. London: Victor Gollancz, 1978.

Holman, Valerie. *Print for Victory: Book Publishing in England, 1939—1945*. London: British Library, 2008.

Hopkins, Gerard, ed. *The Battle of the Books*. London: Allan Wingate, 1947.

Jamieson, John. *Books for the Army: The Army Library Service in the Second World War*. New York: Columbia University Press, 1950.

——. *Editions for the Armed Services, Inc.: A History*. New York: Editions for the Armed Services, Inc., n. d.

Jones, Howard Mumford. *An Autobiography*. Madison: University of Wisconsin Press, 1979.

Kaestle, Carl F., and Janice A. Radway, eds. *Print in Motion: The Expansion of Publishing and Reading in the United States, 1880—1940*. Vol. 4 of *A History of the Book in America*. Chapel Hill: University of North Carolina Press, 2009.

Keefer, Louis E. *Italian Prisoners of War in America, 1942—*

1946. New York: Praeger, 1992.

Kingsford, R. J. L. *The Publishers Association, 1896—1946.* Cambridge: Cambridge University Press, 1970.

Koppes, Clayton R. , and Gregory D. Black. *Hollywood Goes to War: How Politics, Profits, and Propaganda Shaped World War Ⅱ Movies.* New York: Free Press, 1987.

Korda, Michael. *Making the List: A Cultural History of the American Bestseller 1900—1999.* New York: Barnes and Noble, 2001.

Krammer, Arnold. *Nazi Prisoners of War in America.* Lanham, Md. : Scarborough House, 1996.

Laville, Helen, and Hugh Wilford, eds. *The US Government, Citizen Groups, and the Cold War: The State – Private Network.* London: Routledge, 2006.

Lehmann-Haupt, Hellmut. *The Book in America: A History of the Making and Selling of Books in the United States.* In collaboration with Lawrence C. Wroth and Rollo G. Silver. 2nd ed. New York: Bowker, 1952.

Leitz, Christian. *Sympathy for the Devil: Neutral Europe and Nazi Germany in World War Ⅱ.* New York: New York University Press, 2001.

Lerner, Louis. *Psychological Warfare against Nazi Germany: The Sykewar Campaign, D-Day to VE-Day.* Cambridge, Mass. : MIT Press, 1971.

Lewis, Jeremy. *Penguin Special: The Life and Times of Allen Lane.* London: Viking, 2005.

Lingeman, Richard R. *Don't You Know There's a War On？ : The American Home Front, 1941—1945.* New York: Putnam's, 1970.

Lofquist, William S. "United States Statistics on Exports and

Imports. " *Publishing Research Quarterly* 8 (Fall 1992): 30.

Luey, Beth. "Translation and the Internationalization of Culture. " *Publishing Research Quarterly* 17 (Winter 2001): 41—49.

Macmahon, Arthur W. *Memorandum on the Postwar International Information Program of the United States.* Washington, D. C. : Department of State, 1945.

Madison, Charles A. *Jewish Publishing in America: The Impact of Jewish Writing on American Culture.* New York: Sanhedrin, 1976.

Mahl, Thomas E. *Desperate Deception: British Covert Operations in the United States, 1939—1944.* Dulles, Va. : Brassey's, 1999.

Mehlman, Jeffrey. *émigré New York: French Intellectuals in Wartime Manhattan, 1940—1944.* Baltimore: Johns Hopkins University Press, 2000.

Miller, Daniel J. *Books Go to War: Armed Services Editions in World War Two.* Charlottesville, Va: Book Arts Press, 1996.

Moore, John Hammond. *Wiley: One Hundred and Seventy Five Years of Publishing.* New York: Wiley, 1982.

Morris, John. *Traveller from Tokyo.* London: Book Club, 1945.

Mott, Frank Luther. *Golden Multitudes: The Story of Best Sellers in the United States.* New York: Macmillan, 1947.

Munby, Frank Arthur, and Ian Norrie. *Publishing and Bookselling in the 20th Century.* 5th ed. London: Jonathan Cape, 1974.

Nettelbeck, Colin W. *Forever French: Exile in the United States, 1939—1945.* New York: Berg, 1991.

Nord, David, Joan Shelley Rubin, and Michael Schudson, eds. *A History of the Book in America.* Vol. 5, *The Enduring Book: Print Culture in*

Postwar America. Chapel Hill: University of North Carolina Press, 2009.

Okrent, Daniel. *Great Fortune: The Epic of Rockefeller Center.* New York: Viking, 2003.

OWI in the ETO: A Report on the Activities of the Office of War Information in the European Theatre of Operations, January 1944—January 1945. London: U. S. Office of War Information, 1945.

Packard, Jerrold M. *Neither Friend nor Foe: The European Neutrals in World War* II. New York: Scribner's, 1992.

Page, Roger. *Australian Bookselling.* Melbourne: Hill of Content, 1970.

Paley, William S. *As It Happened: A Memoir.* Garden City, N. Y. : Doubleday, 1979.

Peterson, Edward N. *The American Occupation of Germany: Retreat to Victory.* Detroit: Wayne State University Press, 1977.

Pfanner, Helmut F. . *Exile in New York: German and Austrian Writers after 1933.* Detroit: Wayne State University Press, 1983.

Pilgert, Henry P. *Press, Radio and Film in West Germany, 1945—1953.* With the assistance of Helga Doggert. N. p. : Historical Division, Office of the Executive Secretary, Office of the U. S. High Commissioner for Germany, 1953.

The Psychological Warfare Division, Supreme Headquarters, Allied Expeditionary Force: An Account of Its Operations in the Western European Campaign, 1944—1945. Bad Homburg, Germany, 1945.

Radway, Janice A. *A Feeling for Books: The Book-of-the-Month Club, Literary Taste, and Middle-Class Desire.* Chapel Hill: University of North Carolina Press, 1997.

Reich, Cary. *The Life of Nelson Rockefeller*: *Worlds to Conquer*, *1909—1958*. New York: Doubleday, 1996.

Reichmann, Felix. "The Reorganization of the Book Trade in Germany." *Library Quarterly* 17 (July 1947): 196.

Report by the Three Delegates of the Publishers' Association Sent to North America...1943. London: Publishers'Association, 1944.

Reynolds, David. *Rich Relations*: *The American Occupation of Britain*, *1942—1945*. London: HarperCollins, 1996.

Robin, Ron. *The Barbed-Wire College*: *Reeducating German POWs in the United States during World War* II. Princeton, N. J.: Princeton University Press, 1995.

Rose, Jonathan E., ed. *The Holocaust and the Book*: *Destruction and Preservation*. Amherst: University of Massachusetts Press, 2001.

Rubin, Joan Shelley. *The Making of Middlebrow Culture*. Chapel Hill: University of North Carolina Press, 1992.

Ryback, Timothy W. *Hitler's Private Library*: *The Books That Shaped His Life*. New York: Knopf, 2008.

Satterfield, Jay. *The World's Best Books*: *Taste*, *Culture*, *and the Modern Library*. Amherst: University of Massachusetts Press, 2002.

Saunders, Frances Stonor. *The Cultural Cold War*: *The CIA and the World of Arts and Letters*. New York: New Press, 1999.

Schiffrin, André. *The Business of Books*: *How International Conglomerates Took Over Publishing and Changed the Way We Read*. London: Verso, 2000.

Schlesinger, Arthur M., Jr. *A Life in the Twentieth Century*: *Innocent*

Beginnings, 1917—1950. Boston: Houghton Mifflin, 2000.

Shillony, Ben-Ami. *Politics and Culture in Wartime Japan.* Oxford: Clarendon Press, 1981.

Simmons, Dean B. *Swords into Plowshares: Minnesota's POW Camps during World War II.* St. Paul, Minn.: Cathedral, 2000.

Stacks, John F. *Scotty: James B. Reston and the Rise and Fall of American Journalism.* Boston: Little, Brown, 2003.

Sugarman, Tracy. *My War: A Love Story in Letters and Drawings.* New York: Random House, 2000.

Tebbel, John. *Between Covers: The Rise and Transformation of American Book Publishing.* New York: Oxford University Press, 1987.

——. *A History of Book Publishing in the United States.* Vol. 4, *The Great Change, 1940—1980.* New York: R. R. Bowker, 1981.

Thomson, Charles A. H. *Overseas Information Service of the United States Government.* Washington, D. C.: Brookings Institution, 1948.

Travis, Patricia Ann (Trysh). "Reading Matters: Book Men, 'Serious' Readers, and the Rise of Mass Culture, 1930—1965." PhD diss., Yale University, 1998.

Travis, Trysh. "Books As Weapons and 'The Smart Man's Peace': The Work of the Council on Books in Wartime." *Princeton University Library Chronicle* 60 (1999): 353—399.

Ulich, Robert. *Can The Germans Be Reeducated?* G. I. Roundtable Series, no. 26. Washington, D. C.: American Historical Association, 1945.

Unwin, David. *Fifty Years with My Father: A Relationship.* London: Allen & Unwin, 1982.

Unwin, Philip. *The Publishing Unwins*. London: Heinemann, 1972.

Unwin, Stanley. *Publishing in Peace and War*. London: Allen & Unwin, 1944.

——. *The Truth about a Publisher*. London: Allen & Unwin, 1960.

——. *The Truth about Publishing*. New York: Macmillan, 1960. First published in 1927 by Houghton Mifflin.

Waller, Maureen. *London 1945: Life in the Debris of War*. New York: St. Martin's, 2005.

Warburg, James P. *Unwritten Treaty*. New York: Harcourt, Brace, 1946.

Waters, Michael R. *Lone Star Stalag: German Prisoners of War at Camp Hearne*. College Station: Texas A&M University Press, 2004.

Weiskopf, F. C. "German Publishers Have Their Problems." *Books Abroad* 21 (1947): 9.

West, Rebecca. "Books for Liberated Europe." *English-Speaking World* 26 (Dec. 1943—Jan. 1944): 3—6.

Weybright, Victor. *The Making of a Publisher: A Life in the 20th Century Book Revolution*. New York: Reynal, in association with William Morrow, 1967.

White, A. J. S. *The British Council: The First 25 Years 1934—1959*. London: British Council, 1965.

Wieviorka, Olivier. *Normandy: The Landings to the Liberation of Paris*. Cambridge, Mass.: Harvard University Press, 2008.

Winkler, Allan M. *The Politics of Propaganda: The Office of War Information 1942—1945*. New Haven, Conn.: Yale University Press, 1978.

Wolfe, Robert, ed. *Americans as Proconsuls: United States Military Government in Germany and Japan, 1944—1952.* Carbondale: Southern Illinois University Press, 1984.

Ziegler, Philip. *London at War.* Knopf, 1995.

Ziemke, Earl F. *The U. S. Army in the Occupation of Germany, 1944—1946.* Honolulu: University Press of the Pacific, 2005.

索 引

（索引后的页码为英文原书的页码，即本书边码。）

Accident Investigation Manual（Kreml）《事故调查手册》（克雷姆尔），246

Achtung Europa!（Mann）《注意，欧洲！》（曼），127, 296n92

Adams, James Truslow 詹姆斯·特拉斯洛·亚当斯，114

Agar, Herbert 赫伯特·阿加，58, 60, 102

Aitken, William Maxwell, 1st Baron Beaverbrook 比弗布鲁克勋爵，28

Albatross Books 信天翁图书，15, 120—121, 213

Alcott, Louisa May 路易莎·奥尔科特，248

Alfred A. Knopf, Inc., 阿尔弗雷德·A. 克诺夫图书公司，32, 132—133, 163—166, 265

Allen, Hervey 赫维·艾伦，50

Alliance for Progress 进步联盟，259

Allied Information Services（AIS）盟国新闻处，153—154, 197

Alsop, Stewart 斯图尔特·艾尔索普，60

America（Maurois）《美国》（莫洛亚），248

America（Scherer）《美国》（谢勒），248

Americana Translation Project 美国文献翻译计划，268

American Book Publishers Council（ABPC）美国图书出版人委员会（ABPC），195, 240, 250—251, 254

American Booksellers Association 美国图书销售商协会，23

American Civil Liberties Union 美国公民自由联盟，60, 63

American Council of Learned Societies 美国学术团体联合会，247

作为武器的图书

American Friends Service Committee 美国友好服务委员会,129

American Government and Politics (Beard)《美国政府与政治》(比尔德),236

American Guide Series 美国指南系列丛书,18

American Harvest《美国丰收》,103

American Humor (Rourke)《美式幽默》(鲁尔克),100

American Jewish Committee 美国犹太人委员会,63

American Library Association 美国图书馆协会,51,187

American Red Cross 美国红十字会,43,51

The American Scholar and Other Addresses (Emerson),《论美国学者及其他演说集》(爱默生),248

American Textbook Publishers Institute 美国教科书出版人协会,47,184,195—196,251,254

Amerika (Benét)《美国》(贝尼特),99,106,122—123,125—126,129,295nn71,92

Andersen-Nexö, Martin 马丁·安德森-力索,122

Anderson, Paul B. 保罗·B.安德森,244

Anderson, Sherwood 舍伍德·安德森,63

Animal Farm (Orwell)《动物庄园》(奥威尔),245

Anna and the King of Siam (Landon)《安娜与暹罗王》(兰登),161,163

Apartment in Athens (Westcott)《雅典公寓》(威斯科特),113

Arc de Triomph (Remarque)《凯旋门》(雷马克),239

Armed Services Editions (ASEs): and CBW,军队版本(ASEs):与战时图书委员会,13—14,47,50,52—54,61,178;与获取版权授权,132;与平装系列,14—15,52;其生产与发行,51—52,78—79,81,84—85,88,141,251;其选目,97,99;其成功,48,264;有关书迷来信,157,299n33

Arndt, Karl 卡尔·阿恩特,233,309n36

Arndt, Richard T. 理查德·T.阿恩特,267

Arnold, Matthew 马修·阿诺德,248

Asia Press, Inc. 亚洲出版公司,161

As I Remember Him (Zinsser),《我记忆中的他》(津瑟),101

Associated Booksellers of Great Britain and Ireland,大不列颠和爱尔兰图书经销商联盟,206

索 引

Association for the Study of American Education 美国教育研究协会, 247

Association of American University Presses 美国大学出版社协会, 159, 195—196, 254

Aswell, Edward 爱德华·阿斯韦尔, 97

As You Were (Woollcott)《像往常一样》（沃尔考特）, 63

Auden, W. H. W. H. 奥登, 40

Aurora Bücherei 极光文库出版社, 176

Aurora Verlag 极光出版社, 119, 121, 172, 175—176

Australia: and Armed Services Editions 军队版本与澳大利亚, 51; 与英国出版业, 3, 204, 208—209, 212, 219—220; 与美国出版业, 27, 65, 189, 208—210, 212, 215—216, 218—220, 222, 259, 265

Babbitt (Lewis)《巴比特》（刘易斯）, 29

The Babe Ruth Story (Considine)《娃娃兵》（康西丹）, 245

Ballantine, Ian 伊恩·巴兰坦, 14, 53, 121

Ballantine paperbacks 巴兰坦平装本系列, 264

Ballou, Robert O. 罗伯特·O. 巴卢, 289n44

Balzac, Honoré de 奥诺雷·德·巴尔扎克, 100

Bantam Books 班坦图书公司, 53, 58

Barker, Ernest 厄恩斯特·巴克, 75

Barker, Lee 李·巴克, 52

Barnes, Joseph 约瑟夫·巴恩斯, 79

Barrett, Edward 爱德华·巴雷特, 180

Basso, Hamilton 汉密尔顿·巴索, 100, 108, 113

The Battle for Britain《为英国而战》, 50

Baudoin, Gaston 加斯东·博杜安, 30, 31

Ein Bauer aus dem Taunus (Zuckmayer)《一个来自陶努斯的农民》（楚克迈尔）, 129, 296n92

Baum, Vicki 维基·鲍姆, 246

Beard, Charles 查尔斯·比尔德, 101, 114, 236

Beauvoir, Simone de 西蒙娜·波伏娃, 164

Behrendt, Ernst 厄恩斯特·贝伦特, 135

Behrendt, Ilse 伊尔丝·贝伦特, 135

Belgium 比利时, 79, 92, 157

Benét, Rosemary 罗斯玛丽·贝尼特, 97

Benét, Stephen Vincent 斯蒂芬·文森特·贝尼特, 49, 99, 103, 106, 122—123, 125, 129, 295nn71, 92

Benjamin, Walter 瓦尔特·本雅明, 136

471

作为武器的图书

Benjamin Franklin（Van Doren）《本杰明·富兰克林》（范多伦），99，108，291n35

Benton, William 威廉·本顿，62

Berle, Adolf 阿道夫·伯利，46

Bermann-Fischer, Brigitte 布丽吉特·伯曼－费希尔，172，174

Bermann-Fischer, Gottfried: and Bücherreihe Neue Welt series, 戈特弗里德·伯曼－费希尔与新世界书架系列丛书，119—122，124—126，128—129，174，175，295n67；移民去美国，7，172—174；返回德国，17；与瑞典出版业，36

Bermann-Fischer Verlag 伯曼－费希尔出版社，119—120，126，172，174，176

Berne Convention 《伯尔尼版权公约》，215—216

Bertelsmann 贝塔斯曼，241，265，266

Bessie, Siomon Michael 西蒙·迈克尔·贝西，58—59

Best, Marshall 马歇尔·贝斯特，86

Between Tears and Laughter（Lin Yutang），《啼笑皆非》（林语堂），162，211

Bibles 圣经，21

Bingham, Jonathan 乔纳森·宾厄姆，60

Birley, Robert 罗伯特·伯利，114

Black Beauty（Sewell）《黑骏马》（休厄尔），101

Blackwell, Basil 巴兹尔·布莱克威尔，206

Bloch, Ernst 厄恩斯特·布洛克，175

Bomber Command《轰炸机指挥部》，50

Bombs Away（Steinbeck）《投弹完毕》（斯坦贝克），108，144

Boni, Albert 阿尔伯特·博尼，13，14，59

Boni, Charles 查尔斯·博尼，13，59

Boni & Liveright 博尼和利夫莱特，12

Bonniers 邦尼尔出版公司，36，172，214

Book Business（Epstein）《图书业务》（爱泼斯坦），266

book demand and access: and British publishing industry 图书的需求和获得与英国出版业，25—26，200—201，213；与德国出版业，38，174，228，230；与日本出版业，40，228，237—238；与被占领的欧洲，70—71，74—77，82，105，108—110，158—160；与海外版本，154—156，264；与美国国际图书协会，191；与美国出版业，12，21，40，86，166，177

Book Export Scheme 图书出口计划，73，189，206

Book-of-the-Month Club 每月一书俱乐部，11，13—14，63，97，107

Book Publishers Bureau (BPB): and British

publishing industry,图书出版人协会（BPB）与英国出版业,27—28,168,218,220;与战时图书委员会,47—48;与中国出版业,32—33;与国际图书交易,65,180—184;战时图书委员会,22—23

Books Abroad《海外图书》,138

The Bookseller《图书经销商》,216

Books in World Rehabilitation《世界复兴中的图书》,195

Boorsch,Jean 琼·布尔什,137

Börsenverein der deutschen Buchhändler 德国出版商协会,36—38

Bowen,Catherine Drinker 凯瑟琳·德林克·鲍恩,292n64

Brace,Donald 唐纳德·布莱斯,27

Braden,Spruille 斯普鲁伊尔·布雷登,185

Branner,Henning 亨宁·布兰纳,29—30

Branner,Povl 波弗·布兰纳,30

Brave Men（Pyle）《勇敢的人》（派尔）,292n64

Breitenkamp,Edward C. 爱德华·C.布赖滕坎普,230—233,235—236,241

Brentano's bookstore,Paris 巴黎布兰坦诺书店,155,155;作为纽约的出版人,177

Brett,George P.,Jr. 小乔治·P.布雷特,27,32,184,193,195,197,213,251

Britain Needs Books（Brophy）《英国需要图书》(布罗菲),201—202

British Council 英国文化协会,72—74,77,186,188—189,197,206,213,216

British government:and British publishing industry 英国政府与英国出版业,22,169,182,200—201;与战俘关押,116;纸张和印刷需要,25

British propaganda:and book exports 英国宣传与图书出口,202,211;与巩固性宣传,50,71,75—76,78,86,99,151—152;与图书储备计划,6,50,72,74,81—82,86

British publishers Guild 英国出版人协会,36

British publishing industry:and British government 英国出版业与英国政府,22,182,200—201;二战对它的影响,3,19,24—28,38,159,171,199,201,208,209,214—215,219;与国际图书贸易,2,8,24—25,28,34,39,51,72—73,161,166—167,198—214,216,223—224,259—260;与日本,227,238—239;与英国情报部,50,72,75;与战时新闻局,58,218;与平装本系列,14;与纸张

473

作为武器的图书

短缺,23—25,169,200—202,209—210,301n91,305n41;对美国出版业的研究,12;其传统市场,28,206—14,215,216,218,219,220,221,222—24,265;与翻译,73—74,76,81;与美国出版业的比较,11;美国出版业与它的竞争,71—72,81—83,165,171,187—189,197—200,204—216,218—223,234;美国出版业与它的合作,74,79,90,168—169,197,223—224,234

Brogan,D. W. D. W. 布罗根,114

Brooks,Howard L. 霍华德·L. 布鲁克斯,30—31

Brooks,Paul 保罗·布鲁克斯,58,59,156,159

Brophy,John 约翰·布罗菲,201—202

Brown,Margaret Wise 玛格丽特·怀斯·布朗,245

Brown Americans(Embree)《棕色美国人》(恩布里),103

Bruckner,Ferdinand 斐迪南德·布鲁克纳,175

Bücherreihe Neue Welt series: cover of books,新世界书架系列丛书的图书封面,129;关于它的创作,119—21;关于它的挑选,121—127,295n67;关于它的斯德哥尔摩版本,129—30;关于它的剩余,128—129;与翻译,126,228—229

Buck,Pearl 赛珍珠,17,31,50,161—163,210—211,245—246

Burma Surgeon(Seagrave)《缅甸医生》(西格雷夫),101,106

Bush,George W. 乔治·W. 布什,267

The Business of Books(Schiffrin)《图书业务》(希夫林),266

Caldwell,Erskine 厄斯金·考德威尔,78,103,166,246

The Call of the Wild(London)《野性的呼唤》(伦敦),102

Camus,Albert 阿尔贝·加缪,164

Canada 加拿大,51,65,212—13,216,218,223—24

Canfield,Cass 卡斯·坎菲尔德,58—59,259,264

Cape,Jonathan 乔纳森·凯普,27

Capra,Frank 弗兰克·卡普拉,56

Captain Retread(Hough)《重上战场的上尉》(霍夫),101

Carroll,Wallace 华莱士·卡罗尔,96,190

Carter,Dagny 达格尼·卡特,161

Carter,John 约翰·卡特,167,169

Cather,Willa 薇拉·凯瑟,103,247

索引

censorship:and British publishing industry 审查制度与英国出版业,211;与德国出版业,38,40;与戈培尔,3,38,125;与知识封锁,3,19,70—72,105;与日本出版业,3,38,40,227—228,236—237,246,248;被占领的欧洲的审查,29—31,70,225

Central Intelligence Agency(CIA) 美国中央情报局(CIA),263—264

Cerf,Bennett 贝内特·瑟夫,5,13,20,23,26,59—60

Charles Scribner's Sons 查尔斯·斯克里布纳的儿子们,166—69,168,196

Chase,Burr L. 伯尔·L. 蔡斯,184

Chemical Publishing Co., 化学出版公司,196

Cheney,O. H. O. H. 切尼,12,14

Chester,Kenneth 肯尼思·切斯特,247

China:and consolidation propaganda 中国与巩固性宣传,104—106;日本入侵中国,31—32;中国与海外版本,92,105;关于中国的出版业,31—35,80,106,187;中国与斯隆,32—35,58,70,104,106;中国与美国出版业,32—35,65,259

China Magnificent(Dagny Carter) 《锦绣中华》(达格尼·卡特),161

Chinard,Gilbert 吉尔伯特·齐纳德,99,139

Chinard,Marian 玛丽安·齐纳德,139

Christie,Agatha 阿加莎·克里斯蒂,73

Chung Hwa Book Company 中华书局,34,35,106

Churchill,Winston 温斯顿·丘吉尔,246

Citizen Tom Paine(Fast),《公民汤姆·潘恩》(法斯特),139—140

Civil Censorship Detachment(CCD) 民间审查支队,248

Clay,Lucius D. 卢修斯·D. 克莱,165,253

Clinton,Hillary Rodham 希拉里·罗德姆·克林顿,268

cold war:and German publishing industry 冷战与德国出版业,251,255—256;冷战与国际图书贸易,203;冷战与日本出版业,240,244,256;冷战与马歇尔计划,254;冷战与美国出版业,262—263,266;冷战与二战图书计划,8

Cole,Juan 胡安·科尔,268

Commager,Henry Steele 亨利·斯蒂尔·康马杰,102—103,108,114,157

Commercial Press 商务印书馆,106

Common Sense(Paine) 《常识》(潘恩),47

作为武器的图书

Communism 共产主义,8,241,244

Compton,Arthur 阿瑟·康普顿,75

Conant,James Bryant 詹姆斯·布赖恩特·科南特,247

The Condition of Man(Mumford),《人类的状态》(芒福德),246

Conference of Allied Ministers of Education(CAME) 盟军教育部长会议(CAME),74—75

Conference on the Character and State of Studies in Folklore(American Council of Learned Societies)《民俗学研讨会论文集》(美国学术团体联合会)247

Conrad,Joseph 约瑟夫·康拉德,125

Considine,Bob 鲍勃·康西丹,245

copyright clearances:and Bermann-Fischer 版权许可与伯曼-费希尔,175;版权许可与英国出版业,169,209—210;版权许可与德国出版业,111,242,250,256;版权许可与日本出版业,236—238,240,243,245—247;版权许可与战时新闻局,15,78—79,131—133,177;战后时期的版权许可,258—261;版权许可与美国国际图书协会,188,192;版权许可与美国出版业,158—160,162—163,169,171,182,214,216,257,260—261,266

copyright treaties 版权保护条约,33,34,39,236—237,239

Council on Books in Wartime(CBW):agenda of 战时图书委员会(CBW)的议事日程,45—47,49,52,65,106—8,257;战时图书委员会与军队版本,13—14,47,50,52—54,61,178;关于战时图书委员会的解散,111,177;and Imperative Books,战时图书委员会与"必读图书",49—50;与国际图书贸易,183;与海外版本,147,156,178;与战时新闻局,47—51,57—60,84—86,89,91,94,108;与平装本系列,15,52;与战后规划,65—66;关于战时图书委员会的宣传,4—5,7,23;战时图书委员会与阅读推广,46—47,54,264;与翻译,77,133—135;与美国国际图书协会的比较,186,188

Cousins,Norman 诺曼·卡森斯,58,113—114,126

Covici,Pascal 帕斯卡尔·科维奇,59,63

Cowles,Gardiner,Jr. 小加德纳·卡洛斯密尔顿,55

Coyne Electrical School 科因电气学校,196

Crane,Edward M. 爱德华·M.克兰,185—186,188—189,192,195,205,

218，223，251

Crespin，Vitalis 维塔利斯·克雷斯平，17，133，176—77

Crowell 克罗韦尔，196

Crusade in Europe（Eisenhower）《十字军在欧洲》（艾森豪威尔），246

The Crusaders（Heym）《今日十字军》（海姆），246

Curie，Eva 伊芙·居里，125

Curti，Merle 默尔·柯蒂，101，103，114

Curtis Brown，Spencer 斯潘塞·柯蒂斯·布朗，115，234

Curtis Brown Ltd. 柯蒂斯·布朗有限公司，115，162，234

Dalcher，Laurence P. 劳伦斯·P. 多尔彻，254，266

Dallin，David 大卫·达林，244

Darkness at Noon（Koestler）《正午的黑暗》（库斯勒），255

Darrow，Whitney 惠特尼·达罗，218

David，Simone 西蒙尼·戴维，136

Davies，Joseph E. 约瑟夫·E. 戴维斯，35

Davis，Elmer 埃尔默·戴维斯，48—49，54—56，59，85，88，102—103，113—114，179—80

Davison，Edward 爱德华·戴维森，120，122，126—28

D-Day 诺曼底登陆日，1，2，72，75，82，87，151，153

Decision in Germany（Clay）《在德国的决定》（克莱），163

de Gaulle，Charles 夏尔·戴高乐，152

de Graff，Robert F. 罗伯特·F. 德·格拉夫，5，14，87，89，99，184，186，251—252

De Huszar，George B. 乔治·B. 德·胡萨尔，246

De Lange，Albert 阿尔伯特·德·兰格，29

Dillinger，David 戴维·德林杰，60

democracy：and consolidation propaganda 民主与巩固性宣传，79—80；民主与德国，111—112，116，250，252—253，256；民主与日本，237，242，248—249，256；民主与海外版本，97，101；民主与阅读推广，46

Denkinger，Marc 马克·邓金格，139—140

Denmark 丹麦，29，30，92，190

Dewey，John 约翰·杜威，247

Diderot，Denis 德尼·狄德罗，252

Discourses in America（Arnold）《美国评

论集》(阿诺德),248

Disney,Walt 沃尔特·迪斯尼,245

Disraeli,Benjamin 本杰明·迪斯雷利,282n4

Dizard,Wilson 威尔逊·迪扎德,15

Döblin,Alfred 艾尔弗雷德·多布林,172,175

Dodd,Edward H. 爱德华·H. 多德,58

Donovan,William 威廉姆·多诺万,184

Dorn,Walter L. 沃尔特·L. 多恩,241

Dos Passos,John 约翰·多斯·帕索斯,114

Dreiser,Theodore 西奥多·德莱塞,102

Duell,Sloan & Pearce 迪尤尔-斯隆-皮尔斯出版公司,196

Dulles,Foster Rhea 福斯特·雷亚·杜勒斯,113

Dust,Arthur 阿瑟·达斯特,167,169

D. Van Nostrand Co. 范·诺斯特兰出版公司,186,196,218,223

Dystel,Oscar 奥斯卡·迪斯特尔,58

Eastman,Max 马克斯·伊斯特曼,244

Economic Cooperation Administration (ECA) 经济合作署(ECA),253—255

Economic Policy and Full Employment (Hansen)《经济政策与充分就业》(汉森),245

Les Éditions de la Maison Française (EMF) 法国之家出版社(EMF),17,79,132—133,176—177

Éditions Didier 迪迪埃出版社,177

Education after School《再教育》,244

Education for One World(Conant)《为了同一个世界的教育》(科南特),247

The Education of Henry Adams(Adams)《亨利·亚当斯的教育》(亚当斯),101—102

Einstein,Albert 阿尔伯特·爱因斯坦,247

Eisenhower,Dwight D. 德怀特·D. 艾森豪威尔,6,57,75,84,94,109,112,152,226,246

Eisenhower,Milton 密尔顿·艾森豪威尔,55

Elbau,Julius 朱利叶斯·埃尔鲍,135,139

Electromagnetic Engineering(King)《电磁工程》(金),247

Eliasberg,Vera 薇拉·伊莱亚斯伯格,135,139

Eliot,T. S. T. S. 艾略特,103

Embree,Edwin R. 埃德温·R. 恩布里,103,114

索 引

Emerson, Ralph Waldo 拉尔夫·沃尔多·爱默生, 248

Engels, Friedrich 弗里德里希·恩格斯, 239

English language: and British Council 英语与英国文化协会, 206; 英语与英国出版业, 215—216, 222; 英语在中国, 105—106; 英语与德国战犯, 128; 英语在日本, 39, 249; 关于英语的传播, 66, 73, 183, 188, 265

Enoch, Kurt 库尔特·伊诺克, 15, 120—121, 128

E. P. Dutton and Co. E. P. 达顿出版公司, 196

Epstein, Jason 贾森·爱泼斯坦, 266

Escape from Freedom(Fromm)《逃避自由》(弗罗姆), 101

Europe 欧洲。见 occupied Europe; and *specific countries*

Evans, B. Ifor B. 艾弗·埃文斯, 73

Everitt, C. Raymond C. 雷蒙德·埃弗里特, 58, 59, 188

Everyman's Library "人人文库", 13

Faber, Geoffrey 杰弗里·费伯, 62, 201, 218, 220—221, 223

Far East Service, Inc. 远东服务公司, 160

Farfield Foundation, 法弗德基金会, 263—264

Farmer, Arthur 阿瑟·法默, 50

Farrar, John 约翰·法勒, 58, 59, 60

Farrell, James T. 詹姆斯·T. 法雷尔, 13

fascism 法西斯主义, 23, 55—56, 116, 120, 173, 184, 227

Fast, Howard 霍华德·法斯特, 139—140

Faustina Orner International, Inc. 福斯蒂娜·奥尔那国际有限公司, 196

Federal Writers' Project 联邦作家计划, 18

Fellows, Bonner F. 邦纳·F. 费洛斯, 227

Feuchtwanger, Lion 莱昂·福伊希特万格, 16, 63, 175

Fighting Forces series, "战斗力"系列图书, 15, 53, 119, 121, 128, 197

films 电影, 4, 56, 96, 99, 106, 252

Fischer, Samuel 萨缪尔·费希尔, 172

Fisher, Louis 路易斯·费希尔, 244

Fitzgerald, F. Scott F. 斯科特·菲茨杰拉德, 166

The 500 Hats of Bartholomew Cubbins(Seuss)《巴塞洛缪的500顶帽子》(苏

479

斯),245

Flanner, Janet 珍娜·福兰纳,225

Fleming, Alexander 亚历山大·弗莱明,245

Flexner, Jennie 珍妮·弗莱克斯纳,97

Foerster, Norman 诺曼·福斯特,245

For Whom the Bell Tolls(Hemingway)《丧钟为谁而鸣》(海明威),123,125,236,292n64

Fowler, Lyle 莱尔·福勒,196

France: and consolidation propaganda 法国与巩固性宣传,75—76,79,86,89,98,105,151—155,157;法国的图书需求,166;法国的纳粹宣传,46,82;法国与诺曼底战役,151—152;法国与海外版本,92;法国与美国国际图书协会,189,194

Frankfurt Book Fair 法兰克福书展,265

Franklin Book Programs 富兰克林图书计划,261—63,268

Frederick Praeger,弗雷德里克·普雷格,263

Freedom House 美国自由之家,60,63

Freelander, Ronald 罗纳德·弗里兰德,140,159,189—192,197

Freeman, Ira 艾拉·弗里曼,245

Freeman, Mae 梅·弗里曼,245

Free World Movement 自由世界运动,173

French publishing industry: effect of World War II on 二战对法国出版业的影响,3,30—31,71,75,79,89,108;法国出版业与去到美国的移民,172;法国出版业与政府补贴,182;法国出版业与国际图书贸易,2,39,176—177;法国出版业与日本,227,238—239;法国出版业与平装本,85;对法国出版业的重建,76,137,183;法国出版业与美国宣传,79,89,152

Friede, Donald 唐纳德·弗里德,59

Friede ohne Sicherheit(Rück)《和平无保障》(吕克),122

Fromm, Erich 埃里克·弗罗姆,101—102

Fry, Varian 瓦里安·弗赖伊,136,138

F. S. Crofts F. S. 克罗夫茨出版社,141

Fulbright, J. William J. 威廉·富布赖特,75

Fun with Science(Mae and Ira Freeman)《科学的乐趣》(梅和艾拉·弗里曼),245

Furnas, J. C. J. C. 弗纳斯,99,113

Furth, Charles A. 查尔斯·A. 弗思,234—235

索 引

Gandhi, Mohandas 莫罕达斯·甘地, 205

The Gathering Storm (Churchill) 《铁血风暴》(丘吉尔), 246

Geneva Convention 《日内瓦公约》, 116—117, 120, 124, 126

George Allen & Unwin, Ltd. 乔治·艾伦和昂温图书有限公司, 26—27, 59, 204—205, 209—210, 214, 234, 246

George Washington Carver (Holt) 《乔治·华盛顿·卡佛》(霍尔特), 101

German prisoners of war: and Aurora Verlag 德国战俘与极光出版社, 176; 德国战俘与新世界书架系列丛书, 119—127, 129—130, 174, 228—229, 295n67; 关于德国战俘的再教育, 7, 73, 95, 110, 112, 115—119, 124, 127—130, 233, 294n49

German publishing industry: and censorship 德国出版业与审查制度, 38, 40; 德国出版业与图书需求, 38, 174, 228, 230; 二战对德国出版业的影响, 3, 19, 36—38, 250; 德国出版业与去到美国的移民, 115, 119, 171—172, 232—233; 德国出版业与国际图书贸易, 2, 37, 39, 171, 197, 213; 与日本, 238—39; 许可限制, 230—233, 235, 241, 249—250; 德国出版业与纳粹宣传, 37—38, 80; 德国出版业与平装本系列, 14; 德国出版业的复兴, 110—112, 115, 165, 171, 175—176, 183, 226—227, 230—233, 235—236, 251—257; 德国出版业与翻译, 241—242, 250, 252

Germany: book policy for 针对德国的图书政策, 230—31, 249—256; 德国与巩固性宣传, 97—98, 108—109, 111—115, 227; 德国的图书需求, 70, 230; 德国的信息控制, 231—233, 241; 德国与海外版本, 92, 111, 228—229; 关于德国投降, 放弃, 225

GI Bill of Rights 《退伍军人安置法案》, 20, 264

Gide, André 安德烈·纪德, 164, 239, 240

G. I. Joe (Pyle) 《美国大兵乔》(派尔), 292n64

Gill, Brendan 布伦丹·吉尔, 60

Giraudoux, Jean 让·季洛杜, 164

Glick, Milton B. 密尔顿·B. 格里克, 58—59, 141—142, 145

Global Americana Institute 全球美国文献研究所, 268

Goebbels, Joseph 约瑟夫·戈培尔, 37—38, 56, 69, 113, 125—126, 252, 267

Gone With the Wind (Mitchell) 《飘》(米

481

作为武器的图书

切尔），239，246

The Good Earth（Buck）《大地》（赛珍珠），161—163，246

Good Neighbor Policy 睦邻友好政策，15，164，259

Graf, Oskar Maria 奥斯卡·玛丽亚·格拉夫，175

The Grapes of Wrath（Steinbeck）《愤怒的葡萄》（斯坦贝克），29

Graves, Robert 罗伯特·格雷夫斯，164

Gray, George 乔治·格雷，101

Great Depression 大萧条，12，18，32，65，161

Great East Asian Co-Prosperity Sphere 大东亚共荣圈，39

Great Japan Patriotic Writers Association 大日本爱国作家协会，40

Greene, Graham 格雷厄姆·格林，63，246

Greene, Joseph I. 约瑟夫·I. 格林，53，121，126—128，197，250

Grew, Joseph C. 约瑟夫·C·格鲁，103，236，245

Gromov, A. A. A. A. 格罗莫夫，244

The Growth of American Thought（Curti）《美国思想的发展》（柯蒂），101，103

The Growth of the American Republic（Morison and Commager）《美利坚合众国的成长》（莫里森和康马杰），103

Guinzburg, Harold：and Freedom House 哈罗德·金兹伯格与自由之家，60，63；与德国人，114；与国际图书贸易，185；与海外版本，89—90，141，147，153；与战时新闻局，5，7，58—60，62—65，82—83，87；与跨大西洋版本，90—91，102，140，145—146；与维京出版社，63

Guinzburg, Henry A. 亨利·A. 金兹伯格，63

Gullion, Allen W. 艾伦·W. 格里恩，116

Gumpert, Martin 马丁·冈伯特，16，37

Hachette 阿歇特。见 Messageries Hachette

Hamilton, Edward P. 爱德华·P. 汉密尔顿，218，259

Hamilton, Hamish 哈密什·汉密尔顿，28

Hamsun, Knut 克努特·汉姆生，164

Hansen, Alvin H. 阿尔文·H. 汉森，245

Hansen, Harry 哈利·汉森，97

Harcourt, Alfred 艾尔弗雷德·哈考特，173

索 引

Harcourt, Brace, and Co. 哈考特布雷斯出版公司,173,196

Harlem Renaissance 哈莱姆文艺复兴,18

Harper & Row 哈珀与罗出版公司,196,258—261

Harrap, Walter G. 沃尔特·G.哈拉普,36,209,218,220—221,223

Hauptmann, Gerhart 格哈特·豪普特曼,37,63

Der Hauptmann von Köpenick(Zuckmayer)《科佩尼克上尉》(楚克迈尔),123

Hayden, Carl 卡尔·海登,88—89

Heckscher, August 奥古斯特·赫克舍,60

Heindel, Richard 理查德·海因德尔,28

Heine, Heinrich 海因里希·海涅,122,125

Hemingway, Ernest 欧内斯特·海明威,35,103,123,166,236,292n64

Henry Holt & Company 亨利·霍尔特出版公司,32,196,252

Here Is Your War(Pyle)《这是你的战争》(派尔),292n64

Heroic Leningrad《英勇的列宁格勒》,244

Hersey, John 约翰·赫西,49,60,138,246

Herzfelde, Wieland 威兰·赫茨菲尔德,117,121,175—176

Heym, Stefan 斯蒂芬·海姆,246

Hicks, Granville 格兰维尔·希克斯,13

Hill, James Alexander 詹姆斯·亚历山大·希尔,170

Hill, Trevor 特里沃·希尔,58—59,190

Hilton, James 詹姆斯·希尔顿,104,106,246

Hirohito(emperor of Japan) 裕仁(日本天皇),225

Hiroshima(Hersey)《广岛》(赫西),246

The History of Rome Hanks(Pennell)《罗梅·汉克斯的历史》(彭内尔),236

Hitchcock, Curtice 柯蒂斯·希契科克,27—28,33,65,187,190—191,198,218—220

Hitler, Adolf 阿道夫·希特勒,7,15,24,26,46,68,112,226

H. M. Snyder & Co. H. M.斯奈德出版公司,196

Hodge, Philip 菲利普·霍奇,58—59

Hogben, Lancelot 兰斯洛特·霍格本,205

Holt, Rackham 雷克汉姆·霍尔特,101

483

作为武器的图书

Horch, Franz 弗朗兹·霍奇, 162

Hough, Donald 唐纳德·霍夫, 101

Houghton, Mifflin Co. 霍顿·米夫林出版公司, 159, 165

How America Lives（Furnas）《美国如何生存》（弗纳斯）, 99, 113

Howard, Wren 雷恩·霍华德, 218, 220—221, 223

How Green Was My Valley（Llewellyn）《我的山谷多么绿》（卢埃林）, 73

How to Translate Japanese into English（Kagatani）《如何将日语翻译成英语》（景谷淳之介）, 246

Huckleberry Finn（Twain）《哈克贝利·费恩历险记》（吐温）, 102

Huebsch, Benjamin 本杰明·许布希, 59, 63

Hull, Cordell 科德尔·赫尔, 246

The Human Comedy（Saroyan）《人间喜剧》（萨罗扬）, 100, 108, 125, 130, 292n64

The Humanities and the Common Man（Foerster）《人文与普通人》（福斯特）, 245

Hurston, Zora Neale 佐拉·尼尔·赫斯顿, 166

Ikuta, Tsutomu 生田努, 246

Illustrated Modern Library series 插图版现代文库系列, 128

The Importance of Living（Lin Yutang）《生活的艺术》（林语堂）, 162

Im Westen nichts neues（Remarque）《西线无战事》（雷马克）, 124, 126

India 印度, 74, 161, 171, 208, 210—211, 261, 265

Infantry Journal: and book programs《步兵杂志》与图书计划, 240, 243, 250;《步兵杂志》与英国出版业, 81; 与新世界书架系列丛书, 119—120, 124, 126—127; 与"战斗力"系列图书, 15, 53, 119, 121, 128, 197; 与国际图书贸易, 196—197; 与德国战俘的再教育, 115, 127—128

international book trade: and British publishing industry 国际图书贸易与英国出版业, 2, 8, 24—25, 28, 34, 39, 51, 72—73, 161, 166—167, 198—214, 216, 223—224, 259—260; 国际图书贸易与法国出版业, 2, 39, 176—177; 与德国出版业, 2, 37, 39, 171, 197, 213; 与美国国际图书协会, 160, 169, 189—194, 223; 与美国出版业, 8, 11, 16, 27—28, 40, 65—66, 72, 82, 94, 107, 160—189, 195—197, 216, 258—261, 264—268

International Red Cross 国际红十字协会,117

International Student Services 国际学生服务处,117—118

International Study Center for Democratic Reconstruction 民主重建国际研究中心,60

International YMCA, War Prisoners' Aid Committee 国际基督教青年会战俘援助委员会,117,119

Intervues Imaginaires(Gide)《架空会见记》(纪德),239

Into the Valley(Hersey)《进入山谷》(赫西),49,138

Isherwood, Christopher 克里斯托弗·伊舍伍德,40

Italian prisoners of war, reeducation of 对意大利战俘的再教育,73,77,95,115—117

Italy: books shipped to 被运往意大利的图书,2;意大利与巩固性宣传,71—72,77—78,86,92,94,97,112,152—153;意大利的出版业,90,108,137

Iwanami Shoten 岩波书店,39

Jacob, Paul 保罗·雅各布,138—139
Jaffe, Bernard 伯纳德·贾菲,97,101,139

Japan: and Armed Services Editions 日本与军队版本 88;针对日本的图书计划,240,243,256;日本与巩固性宣传,108—111,227,236;日本的图书需求,70;日本与民主,237,242,248—249,256;日本与国际图书贸易,197;入侵中国,31—32;占领英国在亚洲的殖民地,221;日本与海外版本,92,110,228—229,236,238;关于日本的宣传,40,105;美国对日占领,107,171,225—227,229,237—238,248,257;日本与美国出版业,238—239,259

Japanese prisoners of war 日本战俘,115—116

Japanese Publishers Society 日本出版人协会,40

Japanese publishing industry: and censorship 日本出版业与审查制度,3,38,40,227—228,236—237,246,248;二战对日本出版业的影响,19,38—40;日本出版业与平装本,39;日本出版业的复兴,226—229,236—240,242—249,257;日本出版业与翻译,236,238—240,242—247,249

Japan Publishers' Association(JPA) 日本出版人协会(JPA),240,243,246

作为武器的图书

Jefferson, Thomas 托马斯·杰斐逊, 268

Jennison, Keith 凯斯·杰尼逊, 58, 59

Jenseits des Ural（Scott）《乌拉尔山那边》（斯科特）, 120, 123, 125, 296n92

Jewish publishers and writers 犹太出版人和作家, 37, 59, 125

John Day Company 约翰·戴图书公司, 17, 26—27, 159, 161—163, 196, 210—211

Johnson, Malcolm 马尔科姆·约翰逊, 34, 49, 180—184

John Wiley and Sons 约翰·威利和桑斯图书公司, 193, 258—259

Jonathan Cape 乔纳森·凯普, 246

Journey to a War（Auden）,《战争旅行》（奥登）, 40

Joyce, James 詹姆斯·乔伊斯, 39, 63

Juan in America（Linklater）《胡安在美国》（林克莱特）, 29

Kagatani, Binnosuke 景谷淳之介, 246

Kazin, Alfred 艾尔弗雷德·卡津, 99, 107—108, 139

Kennedy, John F. 约翰·F. 肯尼迪, 259

Kent, Rockwell 罗克韦尔·肯特, 63

Kerr, Chester: and book-burning 切斯特·克尔与图书焚毁, 49; 切斯特·克尔与海外版本, 85, 87—88, 94—95, 98, 100, 108, 121, 132, 135—138, 140—141, 145, 147, 153, 228; 他与战时新闻局, 5, 7, 48, 50, 58—62, 83—84, 93; 他在战后与公共和私人的合作, 179—181, 184—185; 他与美国国际图书协会, 190, 192—193, 195; 他与耶鲁大学, 266

King, Ronald 罗纳德·金, 247

Kingsford, R. J. L. R. J. L. 金斯福德, 212

Kingsley, Charles 查尔斯·金斯利, 166—167

Kister, Hanna 汉纳·基斯特, 17, 31

Kister, Marian 马里安·基斯特, 17, 31

Kitarō, Nishida 西田几多郎, 70, 237

Klauber, Edward 爱德华·克劳伯, 58—59, 89

Klopfer, Donald 唐纳德·克洛普弗, 13, 20, 26, 59

Knight, Frank H. 弗兰克·H. 奈特, 114

Knopf, Alfred A. 阿尔弗雷德·A. 克诺夫, 32, 59, 164—166

Knopf, Blanche 布兰奇·克诺夫, 131—132, 158, 164—166

Kodansha 讲谈社, 241

Koestler, Arthur 阿瑟·库斯勒, 244, 255

Korea 韩国, 92

Krause, Friedrich 弗雷德里克·克劳斯, 17, 117

Kreml, Franklin M. 富兰克林·M. 克雷姆, 246

Kristof, Nicholas D. 尼古拉斯·D. 克里斯托夫, 267

Kurt Wolff Verlag 库尔特·沃尔夫出版公司, 137

Ladies' Home Journal 《妇女家庭杂志》, 99

Landon, Margaret 玛格丽特·兰登, 161, 163

Landshoff, Fritz 弗里茨·兰德肖夫, 173

Lane, Allen 艾伦·莱恩, 14—15, 121

Lardner, Ring 林·拉德纳, 166

Laski, Harold 哈罗德·拉斯基, 63, 205

Latin America: and Association of American University Presses 拉丁美洲与美国大学出版社协会 159; 拉丁美洲与英国出版业, 213; 拉丁美洲与睦邻友好政策, 15, 164, 259; 与国际图书贸易, 66, 160, 163—165, 170—171, 183—185, 192, 213, 259, 261; 拉丁美洲的纳粹宣传, 4, 15, 46, 164, 184; 拉丁美洲与美洲事务协调员办公室, 11, 15—16, 66, 164, 181, 184—185; 与美国出版业, 20, 65, 164—165, 184, 213, 216, 220

Lattimore, Owen 欧文·拉铁摩尔, 236

Lawrence, D. H. D. H. 劳伦斯, 63

L. B. Fischer Publishing Corporation L. B. 费希尔出版公司, 173—174

Leaf in the Storm(Lin Yutang) 《风声鹤唳》(林语堂), 163

Leaves of Grass(Whitman) 《草叶集》(惠特曼), 102

Lehmann-Haupt, Hellmut 赫尔穆特·莱曼–豪普特, 114, 233, 235

Lend-Lease(Stettinius) 《租借》(斯特蒂纽斯), 79—80

Lenin, Vladimir 弗拉基米尔·列宁, 239, 247

Leningrad(Tikhonov)《列宁格勒》(吉洪诺夫), 244

Levi, Jacqueline 杰奎琳·利瓦伊, 135

Lewis, Sinclair 辛克莱·刘易斯, 29, 102

liberated populations, and book distribution 被解放的民众与图书发行, 6, 13, 15, 57, 78—80, 83—84, 86, 90, 108—110, 147, 154, 156, 158—160, 166, 177, 264

Librairie de France 法国书店, 17, 133, 176

Lilienthal, David A. 大卫·A. 利连索尔, 97, 107, 139, 245, 247

Lin Adet 阿德特·林,162

Linen, James A. 詹姆斯·A. 林恩,58

Linklater, Eric 艾里克·林克莱特,29

Lin Taiyi 林太乙,162

Lin Yutang 林语堂,31,161—163, 210—211

Lippmann, Walter 沃尔特·李普曼,49, 99,133,139,292n64

Li Soh-Ming 李叔明,34

literary agents 文学经纪人,11,121, 162—163,169,222

Literary Guild 文学协会,63

Little House in the Big Woods(Wilder) 《大森林中的小木屋》(怀德),247

Little Leather Library 小皮本文库,13

Little Women(Alcott)《小妇人》(奥尔科特),248

Liveright, Horace 霍勒斯·利夫莱特, 13,18,59

Ljus 利亚斯,36

Llewellyn, Richard 理查德·卢埃林,73

Lloyd, David 大卫·劳埃德,163

Lockhart, Robert Bruce 罗伯特·布鲁斯·洛克哈特,55

London, Jack 杰克·伦敦,102

Lotte in Weimar(Mann)《洛特在魏玛》(曼),130

Loveman, Amy 埃米·洛夫曼,14,97

Lumb, Janet 珍妮特·卢姆,48

MacArthur, Douglas 道格拉斯·麦克阿瑟,6,102,109,225—227,237,248,257

MacLeish, Archibald 阿奇博尔德·麦克莱什,55,57,61,68,75

Macmillan, Harold 哈罗德·麦克米伦,27

Macmillan Company 麦克米伦公司,27, 197,207,209,213,255

Main Currents in American Thought(Parrington),《美国思想的主要趋势》(帕林顿),101

Mainstream(Basso)《主流》(巴索), 100,108,113

Malik Verlag 马立克出版社,176

Mann, Heinrich 海因里希·曼,175

Mann, Thomas 托马斯·曼,16,123,125, 127,130,164,172—174,246,296n92

Mansfield, Katherine 凯瑟琳·曼斯菲尔德,164

Margolies, Joseph 约瑟夫·马戈利斯,97

Marie Antoinette(Zweig),《玛丽·安托瓦内特》(茨威格),122

Marshall Plan 马歇尔计划,253—255, 258,262

索 引

Maruzen Company 丸善公司,38—39

Marx,Karl 卡尔·马克思,239

Marx,Lenin,and the Science of Revolution(Eastman)《马克思、列宁和革命的科学》(伊斯特曼),244

Mathematics for the Million(Hogben)《大众数学》(霍格本),205

Maurois,André 安德烈·莫洛亚,172,176,248

McClure,Robert A. 罗伯特·A.麦克卢尔,85,111,227,231—232,250—251

McCormick,Anne O'Hare 麦考密克,45,46

McGraw,James H. 詹姆斯·H.麦格劳,170

McGraw-Hill Book Company 麦格劳-希尔图书公司,159,170—171,193,197,255,258

McKellar,Kenneth D. 肯尼思·D.麦凯勒,88—89

Mehring,Walter 沃尔特·梅林,138

Mein Kampf(Hitler)《我的奋斗》(希特勒),68,205,226

Meisterwerke in Vers und Prosa(Heine)《诗歌散文精选》(海涅),125

Melcher,Frederic G.;and British publishing industry 弗雷德里克·G.梅尔彻与英国出版业,26,27;他与战时图书委员会,7,45—46,52;他与英语,265;他与德国出版业,38;他与国际图书贸易,185—186;他与克尔,62;他与纸张短缺,23;他与斯坦利·昂温,214—216,218;他与美国国际图书协会,195

Memoirs(Hull)《回忆录》(赫尔),246

Men and Politics(Fisher)《人和政治》(费舍尔),244

Men of Science in America(Jaffe)《美国的科学人》(贾菲),97,101,139

Messageries Hachette 阿歇特公司,153,154—155,183

Mexico 墨西哥,171,218,260

Middle East;and British publishing industry,中东与英国出版业,73,213;中东与巩固性宣传,2;中东与国际图书贸易,213,218,262,267—268;中东与海外版本,92;中东与跨大西洋版本,95;中东与美国出版业,163,171,213,259

Military Service Publishing Company 军事服务出版公司,53

Miller,Arthur 阿瑟·米勒,136

Ministry of Information(MoI)(UK):and John Carter 英国情报部(MoI)与约翰·卡特,167;英国情报部与巩固性宣传,50,75—76,86,151—152;与国际图

书贸易,206,213;与美国出版业,72,96,218

Mitchell,Margaret 玛格丽特·米切尔,239,246

Moberly,Walter 沃尔特·莫伯利,25

Moberly,Pool 普尔·莫伯利,25

Modern English Grammar(Kagatani)《现代英语语法》(景谷淳之介),246

Modern Library 现代文库,11—14,20,196

Molho,Isaac,艾萨克·莫尔霍,17,176

The Moon Is Down(Steinbeck)《月亮下去了》(斯坦贝克),34

Morgenröte《朝霞》,176

Morison,Samuel Eliot 塞缪尔·埃利奥特·莫里森,103,114,246

Morris,John 约翰·莫里斯,39—40

Mumford,Lewis 刘易斯·芒福德,246

Murchison,Clint 克林特·默奇森,252,266

Mussolini,Benito 贝尼托·墨索里尼,101

My Antonia(Cather),《我的安东尼亚》(凯瑟),247

My Country and My People(Lin Yutang)《吾国与吾民》(林语堂),161—162

My Friend Flicka(O'Hara)《弗利卡》(奥哈拉),101,236,245,248

National Association of Book Publishers 全国出版人协会,12

National Book Council(UK)国家图书委员会(英国),47,206,216

Native Son(Richard Wright)《土生子》(理查德·赖特),78

Nature and Prevention of Plant Disease(Chester)《植物疾病的性质与防治》(切斯特),247

Nausée(Sartre)《恶心》(萨特),239

The Navy's War(Pratt)《海军战争》(普拉特),137,139

Nazi propaganda:effectiveness of 关于纳粹宣传的效果,80—82;在法国的纳粹宣传,46,82;纳粹宣传与德国出版业,37—38,80;在拉丁美洲的纳粹宣传,4,15,46,164,184;在被占领的欧洲的纳粹宣传,6,29,70—71,81,95—96;纳粹宣传与战俘的再教育,116,118—119;美国政府对纳粹宣传的担忧,3—4,7—8,15;纳粹宣传与美国形象,56,69,95—96,113—114,126

Nazi regime:and book-burning 纳粹政权与焚毁图书,7,49,63,68,121,125,130,138;纳粹政权与德国出版业,3;纳

索 引

粹政权与难民图书经销商,16;纳粹政权的战争罪行,113—114

Netherlands 荷兰, 29, 92, 103—104, 108, 120, 156—157, 190—191

Netherlands Publishing Co. 荷兰出版有限公司,104

Nevins, Allan 艾伦·内文斯, 102, 114, 157

New American Library 新美国图书馆, 58, 264

New York Times 《纽约时报》, 107—108

New Zealand 新西兰, 27, 65, 204, 208—210, 212, 218

Nishamura, Kay K. 凯·K. 尼沙穆拉, 160

Noble and Noble 诺布尔与诺布尔公司, 243

North Africa 北非, 2, 57, 71—72, 77—78, 94, 152

Norton, W. Warder: and "books are weapons" slogan W. 沃德·诺顿与"图书是武器"的口号, 45, 282n4; W. 沃德·诺顿与战时图书委员会, 5, 7, 48—49, 50, 84—85; 与中国, 32; 与海外版本, 147; 与斯坦利·昂温, 214—215, 218

Norway 挪威, 92, 158, 173—174, 190—191, 201

Nugent, Donald R. 唐纳德·R. 纽金特, 249

Obama, Barack 巴拉克·奥巴马, 268

occupied Europe: and book demand and access 被占领的欧洲与图书的需求和获得, 70—71, 74—77, 82, 105, 108—110, 158—160; 被占领的欧洲的图书发行, 28—31, 71—72, 84—86, 226; 被占领欧洲的纳粹宣传, 6, 29, 70—71, 81, 95—96。也见 *specific countries*

Odets, Clifford 克利福德·奥德茨, 13

Office of Facts and Figures 事实与数据办公室, 5, 54—55, 61

Office of Price Administration 价格管理办公室, 66—67

Office of Strategic Services (OSS) 战略情报局, 104, 120, 135, 184

Office of the Coordinator of Inter-American Affairs (CIAA): and book exports 美洲事务协调员办公室(CIAA)与图书出口, 23, 184, 187; 与拉丁美洲, 11, 15—16, 66, 164, 181, 184—185; 与翻译, 83; 与美国国际图书出版协会, 189—190

Office of the Provost Marshal General (OPMG) 美国陆军部队宪兵司令办公室(OPMG), 115—128, 130, 228, 233

491

作为武器的图书

Office of War Information(OWI):and book exports,战时新闻局(OWI)与图书出口,23,29—30,81,187;与英国出版业,58,218;与战时图书委员会,47—51,57—60,84—86,89,91,94,108;与中国出版业,32—33;国会对战时新闻局的反对;战时新闻局与巩固性宣传,95,104;与版权许可,15,78—79,131—133,177;战时新闻局的解散,111,177;战时新闻局与德国出版业,37—38,228;战时新闻局的内部分工,54—56;战时新闻局与国际图书贸易,65,160,179—181,183—184,223;与中立国家,111—112;与海外版本,85—87,89—91,143,152,156,181—182,228,262,288n24;与平装本系列,15;战时新闻局所扮演的角色,54—57,257,264;战时新闻局与图书的作用,70,79,95—99,102,106—108;战时新闻局与跨大西洋版本,90—92,181—182;与翻译,77,79—80,83—84,86,88,98,100—104,106,108,126,134,136—141,143;与美国国际图书协会,185,188—190;与美国宣传,5—7,48,50,54—57;

Ogden,Archibald G. 阿奇博尔德·G.奥格登,58—60,133—140,147

O'Hara,Mary,玛丽·奥哈拉,101,236,245,248

OMGUS(Office of Military Government,United States) OMGUS(美国军事政府办公室),227,250;美国军事政府办公室的信息管理部(ICD),230—235,241,249,251,253—254

O'Neill,Eugene 尤金·奥尼尔,136

One Man's Meat(E. B. White)《人各有异》(E. B. 怀特),138,140

One World(Willkie)《天下一家》(威尔基),29,49

On Native Grounds(Kazin)《论本土文学》(卡津),99,107—108

Oppenheimer,George 乔治·欧本海默,63

Orwell,George 乔治·奥威尔,25,245

"Our Men Want Books" campaign "我们的军人需要图书"运动,51—52

Overseas Editions,Inc.(OEI):administration of,海外版本公司(OEI)的管理,62,64,85—90,94;海外版本与版权许可,131—133;海外版本的封面设计,143—144,144,298n69;海外版本系列图书的需求,154—156,264;海外版本图书的发行,147,151—155,157;海外版本图书与"必读图书",50;海外版本图书的制造,141—147;海外版本系列

索 引

与平装本系列,14—15;海外版本图书的印刷,131,142—143;海外版本图书的生产,140—143,147,178;海外版本图书与德国战俘的再教育,119;海外版本系列的选目,94,96—102,106—108,112,114—115,118,121,125—126,182;海外版本图书的运输,92—93,147;海外版本系列与图书储备计划,6—7,14,47,83,97;书迷来信,157—158,299n33;与跨大西洋版本系列的比较,90—92,103,108,145—146,289n44;与翻译,86,88,94—95,103,110—112,117,131—141,147,228,296n17;与美国宣传,14,88,137,141,158,262—263;牛津大学出版社,207

Pacific Book & Supply Corporation 太平洋图书供应公司,259

Paine, Thomas 托马斯·潘恩,47

Paley, William S. 威廉·S. 佩利,231

Pantheon Books 潘塞恩图书公司,172,196

paper shortages: and Bermann-Fischer, 纸张短缺:与伯曼－费希尔,174;与英国出版业,23—25,169,200—202,209—210,301n91,305n41;与德国出版业,36—37,255—256;与日本出版业,237,242,256;与海外版本,87,141,145;与美国出版业,20—23,53,121

Parrington, Vernon L. 弗农·L. 帕林顿,101,107

Parsons, Talcott 塔尔科特·帕森斯,116

Pelle der Eroberer (Andersen-Nexö)《征服者佩尔》(安德森－力索),122

Penguin Books: and international book trade, 企鹅图书公司与国际图书贸易,213;企鹅图书公司与海外版本,106;与平装本系列,24,52,85;企鹅图书公司美国分公司,11,14—15,53,58,115,119—120,196,197,

Penicillin (Fleming)《青霉素》(弗莱明),245

Pennell, Joseph F. 约瑟夫·F. 彭内尔,236

People, Church, and State in Modern Russia (Paul Anderson)《现代苏俄的人民、教会与国家》(保罗·安德森),244

Petrullo, Vincenzo 文森佐·彼得鲁洛,62,79,80

Philippines 菲律宾,104,207

Picard, Roger 罗杰·皮卡德,139

Pinthus, Kurt 库尔特·平图斯,137—139

493

作为武器的图书

Pocket Books, Inc.: establishment of 袖珍图书公司的成立, 11; 袖珍图书公司与海外版本, 87, 89, 106, 141; 与平装本系列, 14, 52, 85, 221, 264; 与德国战俘的再教育, 128; 与士兵市场, 15; 与美国宣传, 81

The Pocket History of the United States(Nevins and Commager)《袖珍美国史》(内文斯和康马杰), 102, 157

Poland 波兰, 31, 74

Political Warfare Executive (PWE)(UK) 英国政治作战部(PWE), 55, 57, 75—76

Portugal 葡萄牙, 80, 200

Possony, Stefan 斯蒂芬·波索尼, 138—139

Practical Application of Democracy(De Huszar)《实用民主》(德·胡萨尔), 246

Prange, Gordon W. 戈登·W. 普朗格, 248

Pratt, Fletcher 弗莱彻·普拉特, 137, 139

Prefaces to Peace《和平的序言》, 99, 138

Prentice-Hall 普伦蒂斯·霍尔出版社, 160, 214

Presidential Agent(Sinclair)《总统特工》(辛克莱), 102

Priestley, J. B. J. B. 普里斯特利, 200

prisoners of war 战俘。见 German prisoners of war; Italian prisoners of war; Japanese prisoners of war

propaganda 宣传。见 British propaganda; Nazi propaganda; U. S. propaganda

psychological warfare 心理战。见 SHAEF(Supreme Headquarters, Allied Expeditionary Force); U. S. Army

Publishers Associations(UK); and British Traditional Markets Agreement 英国出版人协会与英国传统市场协议, 224; 英国出版人的成立, 205—206; 与国际图书贸易, 199, 201, 207—213, 216; 与日本出版业, 249; a 与纸张短缺, 25; 与美国出版业, 166, 184, 218, 221—222

Publishers' Weekly,《出版人周刊》, 21, 23, 51—52, 65—66, 135, 160—161

Pyle, Ernie 厄尼·派尔, 292n64

Querido 奎里多, 29, 104, 173, 175, 196

Querido, Emanuel 伊曼纽尔·奎里多, 173

Quest for Certainty(Dewey)《确定性的寻求》(杜威), 247

索 引

Radetzky March（Roth）《拉德斯基进行曲》（罗思），124

The Raft（Trumbull）《木筏》（特朗布尔），100—101

Rakosky, Irene　艾琳·雷科斯基，136

Random Harvest（Hilton）《鸳梦重温》（希尔顿），246

Random House　兰登书屋，13，20—21，74，196，265

Ransom, John Crowe　约翰·克罗·兰塞姆，108

Rawlings, Marjorie Kinnan　玛乔丽·金南·罗林斯，101，166

Readers' Digest Co.　读者文摘公司，255

reading communities, creation of　阅读群体的建立，47，79

The Real Soviet Russia（Dallin）《真实的苏俄》（达林），244

Reconstruction Finance Corporation　重建金融公司，89

refugees: effect on German literature　难民对德国文学的影响，37，125；难民对美国出版业的影响，3，11，15—18，77，121；难民与德国出版业，232—33；难民与流亡政府，74，77，187；难民与民主重建国际研究中心，60；犹太难民，63，173；难民与出版社，115，119，171—177；难民与德国战俘的再教育，116，119；作为海外版本图书的译者的难民，133—136；作为作家的难民，16—17，35，40，60，77，84，133，135，137—138，171，175—176

religious materials　宗教资料，21，38

Remarque, Erich Maria　埃里希·玛利亚·雷马克，124—126，239

Report from Tokyo（Grew）《东京报告》（格鲁），103

Report of the American High Command《美国高级指挥部报告》，138

The Republic（Beard）《共和国》（比尔德），101，236

Reston, James B. "Scotty"　詹姆斯·B."斯科蒂"·莱斯顿，58

Reynal, Eugene　尤金·雷纳尔，186—187，190—191

Reynal & Hitchcock　雷纳尔与希契科克出版社，186，192，196

Ripley, C. Dillon　C. 狄龙·里普利，60

The Road to Teheran（Dulles）《通往德黑兰之道路》（杜勒斯），113

Robin, Ron　罗恩·罗宾，295n67

Rochedieu, C. A.　C. A. 罗奇迪奥，135—136，139

Rockefeller, Nelson　纳尔逊·洛克菲勒，

495

作为武器的图书

11,15,164,181,184—185

Rockefeller Foundation 洛克菲勒基金会,32,83

Roj publishers 罗伊出版社,17,31

Roosevelt, Eleanor 埃莉诺·罗斯福,116,117

Roosevelt, Franklin D. 富兰克林·D.罗斯福,4—6,15,23,45,54,101,112,116—117

Rostow, Walt W. 沃尔特·W.罗斯托,60

Roth, Joseph 约瑟夫·罗思,124

Rourke, Constance 康斯坦丝·鲁尔克,100

Rowohlt 罗沃尔特,137

Roy Publishers 罗伊公司的出版人,17

Rück, Fritz 弗里茨·吕克,122

Der Ruf (The Call)《号召》(The Call),117

Rumsfeld, Donald 唐纳德·拉姆斯菲尔德,267

Russak, Ben 本·拉萨克,192,196

Russak Group 拉萨克集团,196

Russell, Bertrand 伯特兰·罗素,205

Sabre Foundation 萨伯瑞基金会,268

Sahl, Hans 汉斯·萨赫尔,136

Sandburg, Carl 卡尔·桑德伯格,103,114

Saroyan, William 威廉·萨罗扬,100,108,125,130,292n64

Sartre, Jean-Paul,让-保尔·萨特,164,239—240

Saturn Verlag 土星出版社,16

Sayers, Dorothy 多萝西·塞耶斯,73

SCAP (Supreme Command for the Allied Powers) SCAP(盟军最高司令部),227—228,257;盟军最高司令部的民间情报教育局,229,236—240,242—249

Scherer, James A. B. 詹姆斯·A.B.谢勒,248

Scherman, Harry 哈里·谢尔曼,13,60

Schiffrin, André 安德烈·希夫林,266

Schlesinger, Arthur M., Jr. 小阿瑟·M.施莱辛格,54—55

Schlesinger, Arthur M., Sr. 老阿瑟·M.施莱辛格,114

Schnitzler, Arthur 阿图尔·施尼茨勒,172

Schoenhof Foreign Books 舍恩霍夫外语图书公司,176

Schoenstedt, Walter 沃尔特·舍恩斯特德,120

Die schoensten Erzaelungen deutscher ro-

496

mantiker《最美丽的德国浪漫故事》,123

Schuster, Max 麦克斯·舒斯特,59

Science at War(Gray)《战争时期的科学》(格雷),101

Scott, John 约翰·斯科特,120,123,125,296n92

Scribner, Charles, III 查尔斯·斯克里布纳三世,167

Seagrave, Gordon 戈登·西格雷夫,101,106

Seuss, Dr. 苏斯博士,245

Seven Seas Bookshop 七大洋书店,117,176

Sewell, Anna 安娜·休厄尔,101

S. Fischer Verlag S.费希尔出版社,125,172,175

SHAEF(Supreme Headquarters, Allied Expeditionary Force): and Overseas Editions SHAEF(盟军远征军最高司令部)与海外版本,147;与战时新闻局,6—7;盟军远征军最高司令部的心理战分队(PWB)/心理战部(PWB),6,57,71—72,75,77—78,82—85,93,95,98,103,111—112,115,151—154,157,197,227,230—231

Shaw, George Bernard 萧伯纳,172

Sherman Antitrust Act《谢尔曼反托拉斯法案》,220,223—224

Sherrod, Robert 罗伯特·谢罗德,137

Sherwood Robert E. 罗伯特·E.舍伍德,55

Shirer, William L. 威廉·L.夏勒,35

Sholokhov, Mikhail 米哈伊尔·肖洛霍夫,164

Silver, Burdett 西尔弗·伯德特出版公司,196

Simon, Richard L. 理查德·L.西蒙,5,59,63,84,99

Simon & Schuster 西蒙和舒斯特出版社,14,63,196

Sinclair, Upton 厄普顿·辛克莱,102,247

Sleep Little Lion(Brown and Ylla)《沉睡的小狮子》(布朗和伊利亚),245

Sloane, William: and Armed Services Editions 威廉·斯隆与军队版本图书,47;斯隆前往中国的使命,32—35,58,70,104,106;斯隆与德国出版业,251—53,255;斯隆与亨利·霍尔特出版社,32,252,266;斯隆与战时新闻局,59,86;斯隆与海外版本图书的筛选,97

Smith-Mundt Act《史密斯-蒙特法案》,255—256

497

作为武器的图书

Snow White and the Seven Dwarfs（Disney）《白雪公主和七个小矮人》（迪斯尼），245

Solution in Asia（Lattimore），《亚洲的出路》（拉铁摩尔），236

The Song of Bernadette（Werfel）《贝纳德特之歌》（韦尔弗），130

South Africa：and Armed Services Editions 南非与军队版本图书，51；南非与英国出版业，3，204，208—210，212；南非与国际图书贸易，218；南非与美国出版业，189，208，210

Soviet publishing industry 苏联出版业，34，227，238—239

Soviet Union：blockade of Berlin 苏联对柏林的封锁，241；苏联与对德占领，235；苏联与德国出版业，250；与苏联的意识形态斗争，236，262；苏联与日本出版业，227，243—244；斯科特关于苏联的观点，125；作为美国盟友的苏联，113，118；苏联与美国出版业，187。也见 cold war。

Spain 西班牙，80，182—183，200，216

Spengler, Oswald 奥斯瓦尔德·斯宾格勒，164

Stalin, Josef 约瑟夫·斯大林，247

State Department：and book exports 美国国务院与图书出口，23，62，66，180—185，194—195，220，223；美国国务院与日本出版业，美国国务院与海外版本，229

Stechert, Kurt 库尔特·斯特克特，122，128

Stechert and Company 斯特考特公司，128

Stegner, Wallace 华莱士·斯特格纳，108

Steinbeck, John 约翰·斯坦贝克，29，34，63，103，108，144

Stephenson, William 威廉·史蒂芬森，63

Stern, Philip Van Doren 菲利普·范多伦·斯特恩，85，87，141

Stettinius, Edward 爱德华·斯特蒂纽斯，79—80，180

Stevens, George 乔治·史蒂文斯，58—59

Stewart, George R. 乔治·R. 斯图尔特，100

Stimson, Henry L. 亨利·L. 斯廷森，117

Storm（Stewart）《风暴》（斯图尔特），100

The Story of Dr. Wassell（Hilton）《瓦塞尔

医生的故事》(希尔顿),104,106

Stout, Rex 雷克斯·斯托特,60

Stowe, Harriet Beecher 哈丽雅特·比彻·斯托,252

Suhrkamp, Peter 彼得·舒赫坎普,172,175

Sulkin, Edith 伊迪丝·苏尔金,191,250—251

Sulkin, Sidney 悉尼·苏尔金,156—157,189—192,250—251

Swedish publishing industry 瑞典出版业,19,30,35—36,80,111—112,120,172—173,189—190

Swiss publishing industry 瑞士出版业,19,36,80,111—112,120,159,250

Synge, J. M. J. M. 辛格,205

Tan Yun 谭云,162

Tarawa(Sherrod) 《塔拉瓦》(谢罗德),137

Target: Germany 《目标:德国》,29

Tate, Allen 艾伦·泰特,108

Tauchnitz Books 陶赫尼茨珍藏版图书,36,121,213

Ten Years in Japan(Grew) 《日本十年》(格鲁),236,245

textbooks 教科书,47—48,170—171,195—196,245—246,250,258—259,264—265

Their Funest Hour(Churchill) 《荣光时刻》(丘吉尔),246

Theodotos, Sophocles 索福克勒斯·西奥多托斯,157

They Burned the Books(Benét),《他们焚毁了图书》(贝尼特),49

They Were Expendable(W. L. White),《他们是可以消费的》(W. L. 怀特),49

Thomas Jefferson(Chinard),《托马斯·杰斐逊》(齐纳德),99,139

Thompson, Dorothy 多萝西·汤普森,60

Thompson, H. Stahley H. 斯塔利·汤普森,251

Thompson, James S. 詹姆斯·S. 汤普森,170—171,184,193

Tikhonov, Nikolai 尼古拉·吉洪诺夫,244

Time, Inc. 时代公司,255

A Time for Greatness(Agar),《伟大时刻》(阿加),102

Timmins, Howard B. 霍华德·B. 蒂明斯,209—210

Tobacco Road(Caldwell) 《烟草路》(考德威尔)78

Tojo, Hideki 东条英机,40,240

作为武器的图书

Transatlantic Editions:cover design of 跨大西洋版本的封面设计,145,146;对跨大西洋版本图书的需求,154—155,264;跨大西洋版本图书的发行,151,157;与海外版本图书的比较,90—92,103,108,145—146,289n44;跨大西洋版本图书的印数,64,95;跨大西洋版本图书与德国战俘的再教育,119;跨大西洋版本图书的筛选,94,96—98,100,102—103,106—108,118,125—126,182;跨大西洋版本图书与图书储备计划,7,14,97;与翻译,90—91,103,110,140;与美国宣传,158

Transport Goes to War 《战争运输》,50

Truman,Harry S. 哈里·S. 杜鲁门,102,253,256

Trumbull,Robert 罗伯特·特朗布尔,100—101

The Truth about Publishing(Stanley Unwin)《关于图书出版的真相》(斯坦利·昂温),205,234—235

Turner,Ralph E. 拉尔夫·E. 特纳,75

Tuttle,Charles 查尔斯·塔特尔,237,240

TVA:*Democracy on the March*(Lilienthal)《田纳西河流域管理局:在民主的征途上》(利连萨尔),97,107,139,245,247

Twain,Mark 马克·吐温,102,246

Ulysses(Joyce) 《尤利西斯》(乔伊斯),39

UNESCO 联合国教科文组织,75,249

Ungar,Frederick 弗雷德里克·昂加尔,16—17,172

Unitarian Service Committee 一神论服务委员会,30

Unteilbare Welt(Willkie)《天下一家》(威尔基),127

Untermeyer,Louis 路易斯·昂特迈耶,97

Unwin,David,戴维·昂温,59,205

Unwin,Philip,菲利普·昂温,205,210

Unwin,R. H. R. H. 昂温,234

Unwin,Stanley:and Book Export Scheme,斯坦利·昂温与图书出口计划,73;与英国出版业,26—28;与英语语言,265;与德国出版业,234—235;与国际图书贸易,199—210,213—214,216,223—224,260;与日本出版业,249;与梅尔彻,214—216,218;与纸张短缺,24;与图书储备,74

Unwin,T. Fisher T. 费希尔·昂温,204

U.S.A. Book News 《美国图书新闻》,160

索 引

U. S. Agency for International Development 美国国际开发署,259,262

U. S. Armed Forces Institute,美国武装部队协会,119

U. S. Army, Psychological Warfare Branch (PWB) 美国陆军心理战分队(PWB),57,84—85,152

U. S. Foreign Policy（Lippmann）《美国外交政策》(李普曼),49,292n64

U. S. Foreign Policy and U. S. War Aims（Lippmann）,《美国外交政策和美国的战争目标》（李普曼）,99,133,139,264n64

U. S. Government：and Chinese market 美国政府与中国市场,32;美国政府对纳粹影响的担忧,3—4,7—8,15;出版业与美国政府的合作,2,5,7—8,11,43,46,54,57—60,66—67,84,86,106,178—189,250—257,262—264,266;美国政府与志愿主义,43,45

U. S. Infantry Association 美国步兵协会,53

U. S. Information Agency 美国新闻署,256,261—263,268

U. S. Information Library 美国信息图书馆,161

U. S. Information Service 美国新闻处,62,77,91,267

U. S. International Book Association：dissolution of 美国国际图书协会的解散,194—195,238,240,250;美国国际图书协会的建立,62,178—179,184—185;其目标,185—189,191—193;与国际图书贸易,160,169,189—194,223

USO（United Services Organization）USO（美国联合服务组织）,43,51

U. S. propaganda：consolidation phase of 美国宣传的巩固阶段,1—2,6—8,11,56—57,69—72,77—81,83—84,86,89,92,94—98,104—106,108—115,151—158,299n20;美国宣传的目标,68—71,99,100—102,123,263;美国宣传与美国图书市场,40,67;与美洲事务协调员办公室,15,184;与海外版本,14,88,137,141,158,262—263;与战时新闻局,5—7,48,50,54—57;与美国新闻署,256;与美国出版业,60,67,262,265;与战时图书储备计划,6—7,11,14,47,72,77—81,83,97,104—106,109

U. S. publishing industry：British publishing industry's competition with,美国出版业与英国出版业的竞争,71—72,81—83,165,171,187—189,197—200,

501

作为武器的图书 204—216,218—223,234；与英国出版业的合作,74,79,90,168—69,197,223—24,234；与中国,32—35,65,259；与文化外交,8,29—30,182,193—194,196,250,262,264,266—268；向新市场发行,2—3,7—8,11—16,19,22—23,27,32—33,38—40,51,57,62,65—67,82,86,158,160—163,207,254；二战对美国出版业的影响,19,20—23,57,65；美国出版业与欧洲办事处,159—160；关于美国出版业的政府合作,2,5,7—8,11,43,46,54,57—60,66—67,84,86,106,178—189,250—257,262—264,266；与国际图书贸易,8,11,16,27—28,40,65—66,72,82,94,107,160—189,195—197,216,258—261,264—268；美国出版业的国际化,264—268；在战争期间,11—13,18；与日本,238—239,259；美国出版业的现代化,2,11—12,14；美国出版业与平装书,14—15,20；与战后规划,65—67,82,86,94,121,178；对美国出版业的管制,22；美国出版业与翻译,77—81,83,262—263；与美国宣传,60,67,262,265；与战争努力,45—48；与战时图书储备计划,6—7,11,63—64,72,77—81,83

Valentino Bompiani 瓦伦蒂诺·邦皮亚尼出版社,162—163

Van de Velde, T. H. T. H. 范德费尔德,239—240

Van Doren, Carl, 卡尔·范多伦,99,108,291n35,292n64

Van Doren, Mark, 马克·范多伦,97

Van Loon, Hendrik Willem 亨德里克·威廉·范·隆,172—173

Veblen, Thorstein 索尔斯坦·凡勃伦,107

Victory at Midway 《中途岛战役的胜利》,102

Victory Book Campaigns 胜利图书运动,51—52,117

Viertel, Berthold 伯特霍尔德·维尔特尔,175

Vigil of a Nation (Lin Yutang)《枕戈待旦》(林语堂),162

Viking Portables 维京口袋书系列,63

Viking Press 维京出版社,63,141,196

Vittorini, Domenico 多梅尼科·维托里尼,138—139

V-Loan progarm 可变动利率贷款项目,89

von Hofmannsthal, Hugo 霍夫曼史达

索 引

尔,172

Waldinger, Ernst 厄恩斯特·沃尔丁戈,175

Walsh, Albert 艾伯特·沃尔什,162

Walsh, Richard J. 理查德·J. 沃尔什,17,26—27,161—162,211

Walsh, Richard J., Jr. 小理查德·J. 沃尔什,162

Walter G. Harrap & Company 沃尔特·G. 哈拉普公司,209

Waples, Douglas L. 道格拉斯·L. 韦普尔斯,112,233—235,253

Warburg, James P. 詹姆斯·P. 沃伯格,54,57

Warde, Beatrice 比阿特丽斯·沃德,26

War Department 美国陆军部,126,250

Ward Lock 沃德·洛克出版公司,207

Warfel, Harry 哈里·沃菲尔,180—181

War Manpower Commission 战时人力委员会,22

War Papers(Franklin D. Roosevelt)《战争文件》(富兰克林·D. 罗斯福),101

War Production Board(WPB) 美国战时生产委员会(WPB),22—23,87,141,174

Wassermann, Jakob 雅克布·瓦塞曼,172

Water Buffalo Children(Buck)《水牛孩子》(赛珍珠),245

Watkins, Armitage 阿米蒂奇·沃特金斯,58

Watson-Guptill 沃斯顿·格普蒂尔公司,196

Webb-Pomerene Act of 1918 1918 年的《韦布-波默雷恩法案》,186

Weinstock, Herbert 赫伯特·温斯托克,165

Weiskopf, Franz Carl 弗朗兹·卡尔·魏斯科普夫,175

Welles, Summer 萨姆纳·威尔斯,165

Werfel, Franz 弗朗茨·韦尔弗,16,63,130,172,174

West, Harry F. 哈里·F. 韦斯特,250—251

West, Rebecca 丽贝卡·韦斯特,63,76—77

Westcott, Glenway 格伦韦·威斯科特,113

West Indies 西印度群岛,213

Weybright, Victor 维克托·韦布赖特,58,70,202

W. F. Hall Printing Company W. F. 霍尔印刷公司,143

503

作为武器的图书

Wharton, Edith 伊迪丝·沃顿, 166

When Democracy Build (Frank Lloyd Wright)《当民主建立时》(弗兰克·劳埃德·赖特), 245

White, E. B. E. B. 怀特, 138, 140

White, W. L. W. L. 怀特, 49

Whitman, Walt 沃尔特·惠特曼, 102

Whittlesey House 惠特尔西出版社, 170

Why We Fight (film)《我们为何而战》(电影), 56

Wie war das möglich (Stechert)《这怎么可能》(斯特克特), 122

Wilder, Laura Ingalls 萝拉·英格斯·怀尔德, 247

Wilder, Thornton 索顿·怀尔德, 136

Wilkins, Vaughan 沃恩·威尔金斯, 28

William Heinemann Ltd. 威廉·海尼曼出版公司, 159, 211

Williams, Tennessee 田纳西·威廉姆斯, 136

William S. Hall & Co., 威廉霍尔公司, 196

William Sloane Associates 威廉·斯隆联合出版公司, 196, 246, 252—253

Williamson, Samuel T. 塞缪尔·T. 威廉姆森, 58—59, 62, 83, 89—90, 97—98, 108, 180

Willkie, Wendell 温德尔·威尔基, 29, 49, 127

Wilson, Edmund 埃德蒙·威尔逊, 13, 103

The Wisdom of China and India (Lin Yutang)《中国印度之智慧》(林语堂), 162

Wodehouse, P. G. P. G. 伍德豪斯, 247

Wolfe, Thomas 托马斯·沃尔夫, 166

Wolff, Helen 海伦·沃尔夫, 17, 172

Wolff, Kurt 库尔特·沃尔夫, 17, 172

Wood, Robert L. 罗伯特·L. 伍德, 190

Woollcott, Alexander 亚历山大·沃尔考特, 63

World Publishing 世界图书出版公司, 196

World's End (Sinclair)《世界尽头》(辛克莱), 247

World War I 第一次世界大战, 17, 118

World War II: and British publishing industry 第二次世界大战与英国出版业, 3, 19, 24—28, 38, 159, 171, 199, 201, 208—209, 214—215, 219; 与中国出版业, 31—35; 与德国出版业, 3, 19, 36—38, 250; 与日本出版业, 19, 38—40; 与美国出版业, 19, 20—23, 57, 65

Wright, Frank Lloyd 弗兰克·劳埃德·

索 引

赖特,245

Wright, Richard A. 理查德·A.赖特,78

W. W. Norton & Company W. W. 诺顿出版公司,4—5,32,196,208,209

Yankee from Olympus(Bowen)《来自奥林匹亚的美国佬》(鲍恩),292n64

The Yearling(Rawlings)《鹿苑长春》(罗林斯),101,166

Ylla 伊利亚,245

The Yogi and the Commissar(Koestler)《修行者与人民委员》(库斯勒),244

Der Zauberberg(Mann)《魔山》(曼),123

Zephyr Books 西风丛书,36,214

Ziff-Davis 齐夫-戴维斯出版公司,196

Zinsser, Hans 汉斯·津瑟,101

Zucker, W. Kenward W.肯沃德·朱克,141—142,147

Zuckmayer, Carl 卡尔·楚克迈尔,123,125,129,172,296n92

Zweig, Arnold 阿诺德·茨威格,63

Zweig, Stefan 斯蒂芬·茨威格,63,122,247

图书在版编目(CIP)数据

作为武器的图书：二战时期以全球市场为目标的宣传、出版与较量／(美)亨奇著；蓝胤淇译．—北京：商务印书馆，2016

（国际文化版图研究文库）

ISBN 978-7-100-11877-4

Ⅰ.①作… Ⅱ.①亨… ②蓝… Ⅲ.①图书—出版工作—研究—美国—现代 Ⅳ.①G239.712

中国版本图书馆CIP数据核字(2015)第301338号

所有权利保留。
未经许可，不得以任何方式使用。

作为武器的图书

二战时期以全球市场为目标的宣传、出版与较量

〔美〕约翰·B.亨奇 著

蓝胤淇 译

商务印书馆出版
（北京王府井大街36号 邮政编码100710）
商务印书馆发行
北京鑫海达印刷有限公司印刷
ISBN 978-7-100-11877-4

2016年1月第1版　　开本700×1000　1/16
2016年1月北京第1次印刷　印张32¾

定价：79.90元